SHENZHEN
PROPERTY MANAGEMENT
YEARBOOK 2021

深圳物业管理年鉴

2021

《深圳物业管理年鉴》编辑委员会　编著

中国建筑工业出版社

图书在版编目（CIP）数据

深圳物业管理年鉴 . 2021 = SHENZHEN PROPERTY
MANAGEMENT YEARBOOK 2021 /《深圳物业管理年鉴》编
辑委员会编著 . —北京：中国建筑工业出版社，
2021.12

ISBN 978-7-112-26954-9

Ⅰ . ①深… Ⅱ . ①深… Ⅲ . ①物业管理—深圳—
2021 —年鉴 Ⅳ . ①F299.276.53-54

中国版本图书馆 CIP 数据核字（2021）第 259918 号

责任编辑：毕凤鸣
责任校对：张 颖

深圳物业管理年鉴 2021
SHENZHEN PROPERTY MANAGEMENT YEARBOOK 2021
《深圳物业管理年鉴》编辑委员会 编著
*
中国建筑工业出版社出版、发行（北京海淀三里河路 9 号）
各地新华书店、建筑书店经销
逸品书装设计制版
广州市一丰印刷有限公司印刷
*
开本：880 毫米 ×1230 毫米 1/16 印张：18½ 插页：4 字数：458 千字
2021 年 12 月第一版 2021 年 12 月第一次印刷
定价：**128.00** 元
ISBN 978-7-112-26954-9
（38763）

编辑指导单位　中华人民共和国住房和城乡建设部
编辑主持单位　深圳市住房和建设局
承 编 单 位　深圳市住宅与房地产杂志社有限公司
编 著 者　《深圳物业管理年鉴》编辑委员会

编辑委员会

编 辑 部

编辑说明

一、《深圳物业管理年鉴2021》(以下简称本书)是在住房和城乡建设部指导下,深圳市住房和建设局主持编写的一本反映2020年深圳市物业管理历史与现状的资料性工具书。

二、本书综合性资料,来自中华人民共和国住房和城乡建设部官网、深圳市住房和建设局官网;专业性资料,来自深圳市住房和建设局统计年报、2020年度深圳市物业管理行业发展报告、公开出版物,各区住建局,深圳市物业管理行业协会、各区物业管理协会(联合会),深圳物业管理相关出版机构、研究机构、培训机构,深圳市物业管理相关企业及专业机构的官方网站。缘于资料出处的不同和统计口径的差异,虽做过一些技术处理,但仍有参差。

三、年鉴本应以一年划分,但因截至2021年3月10日深圳物业管理行业迎来40年大庆,本书专设了一节,介绍了40年来深圳物业管理行业部分物业服务企业的经典发展模式(其中有个别企业的统计数据截至2021年发稿时),并整理了行业发展40年大事记,以作纪念。

四、本书有部分内容因各区住建局统计口径不一,只能原始照录。

五、本书对物业管理行业理性评判的标准尺度没有完全统一,因此对物业管理发展历史及现状以描述存在或发生过的事实为主,部分为专业人士与专家的解读分析,谨供读者参考。

对于本书中的不足与存疑,恳请有关领导、专家与同行们批评指正。

编著者
2021年11月

　　2020年2月2日，深圳市委常委杨洪与深圳市住房和建设局相关领导、深圳市物业管理行业协会相关领导一起，赴全市多个小区，慰问坚守一线的物业人员，检查指导各项目的疫情防控工作。

　　2020年2月28日，时任深圳市住房和建设局局长张学凡召开市政府惠企16条措施工作情况介绍会。

2020年2月19日，深圳市住房和建设局局领导朱文芳带队前往银湖蓝山（华润物业）、松泉山庄、松泉公寓、东盛苑、大地花园开展物业小区新冠肺炎督导工作。

2020年2月17日，深圳市住房和建设局将爱心单位深圳市建筑产业化协会、深圳市启瑞建设工程有限公司联合捐赠的一万个"防护面罩"调配至物业服务行业，由深圳市物业管理行业协会向会员单位进行发放。

左图：2020年2月21日，深圳市住房和建设局物业监管处下发24000支酒精消毒液。

右图：2020年2月10日，深圳市住房和建设局致全市业主委员会和广大住户的一封信。

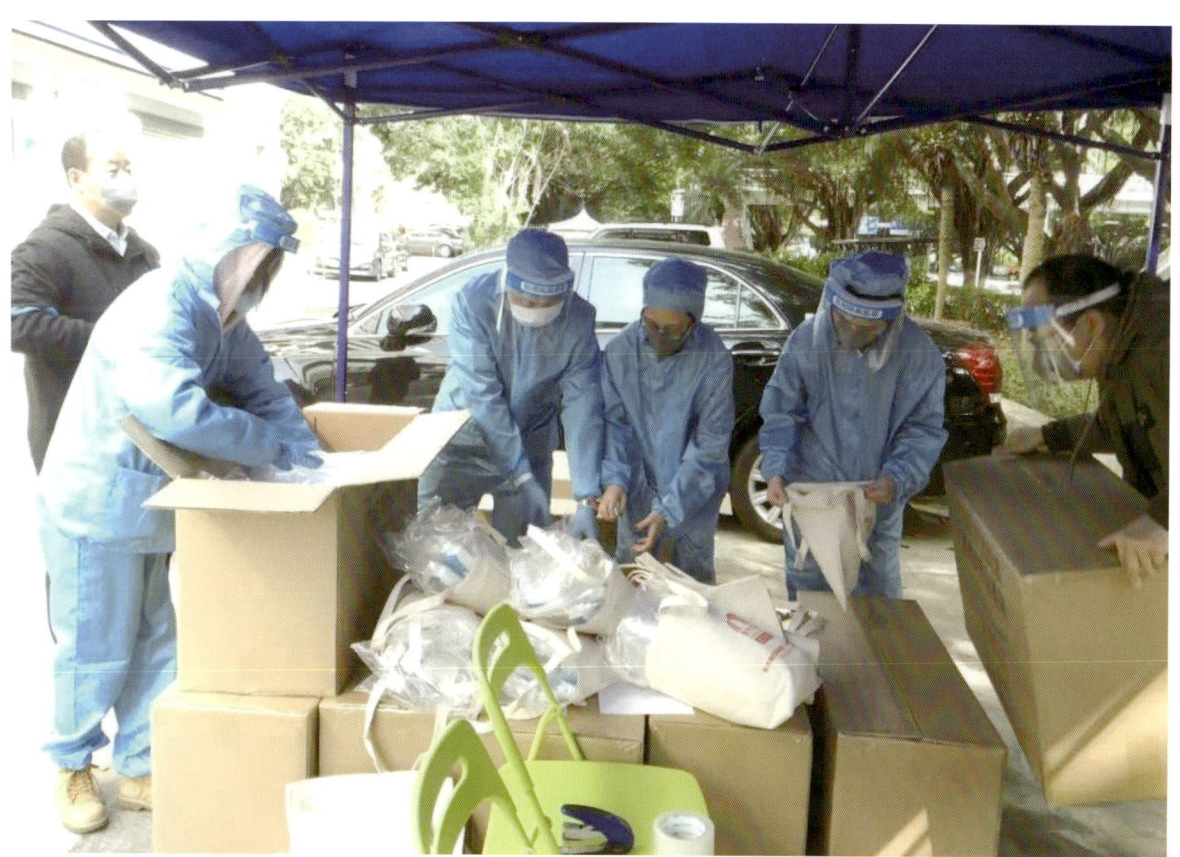

2020年2月17日，深圳市物业管理行业协会向会员单位发放爱心单位捐赠的防护面罩。

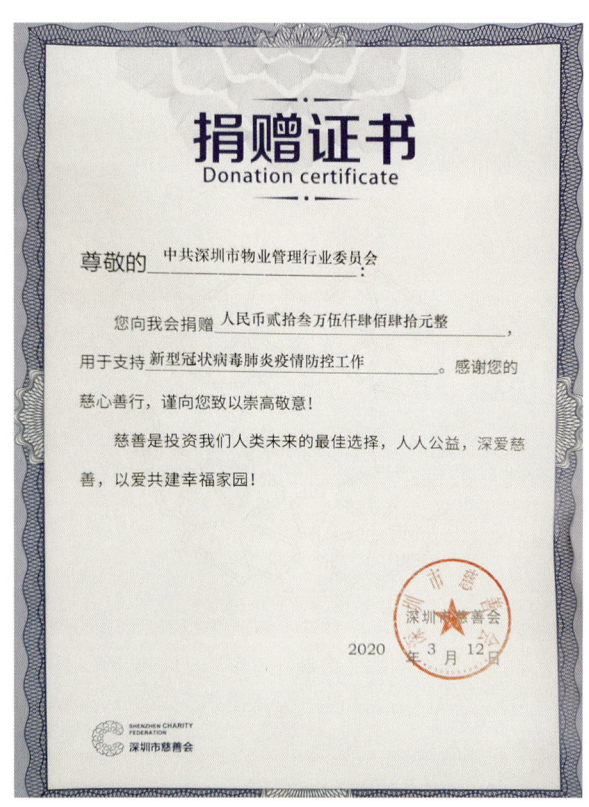

左图：2020年2月，深圳市物业专项维修资金管理中心党员先锋队走进社区，用热血传递温情。

右图：2020年1月28日，深圳物业管理行业捐资23.5万元，支援武汉一线同行疫情防控，此次捐款也是继深圳物业管理行业向武汉同行捐赠六批次物资之后，再次以现金形式进行的援助。

2020年3月2日，爱心单位向深圳市物业管理行业协会捐赠20万罐功能饮品，由协会统一发放给各物业企业，用于慰问坚守在疫情防控一线的物业人员。

深圳市住房和建设局局领导朱文芳主持召开物业管理条例配套文件专题会议，研究《深圳经济特区物业管理条例（修订）》配套规范性文件公开征集意见的采纳情况。

2020年9月25日，深圳市盐田区住房和建设局组织召开业主委员会专项培训，深圳市住房和建设局物业监管处副处长仇晨卉亲临授课，辖区业主委员会成员、各街道办事处以及社区工作站共计100余人参加培训。

2020年6月22日，深圳市物业专项维修资金管理中心与中国银行开展党建知识竞赛活动。

2020年6月28日，深圳市物业管理行业党委与交通银行深圳分行党委共同组织了"迎七·一重温红色记忆"联学联建主题教育活动。

　　2020年8月9日下午，由深圳市总工会、深圳市人力资源和社会保障局、深圳市住房和建设局主办，深圳市建设工会、深圳市物业管理行业协会承办，深圳市职业技能鉴定指导办公室指导的"深圳市第十届职工技术创新运动会暨2020年深圳技能大赛——电工(物业电工)职业技能竞赛"圆满落幕。

　　2020年9月21日上午，由深圳市住房和建设局主办，深圳住宅与房地产杂志社承办的深圳市"最美物业人"颁奖仪式暨新闻发布会在深圳市住房和建设局科研楼隆重举行。深圳市住房和建设局局领导朱文芳，物业监管处处长张雁、副处长瞿能友，深圳市物业专项维修金管理中心主任谢吾德等出席了本次颁奖仪式与新闻发布会。

2020年1月15日，深圳市物业管理行业协会在六届五次会员代表大会上向全行业发起"千物企双百万"活动。

2020年11月25日下午，由深圳住宅与房地产杂志社主办的"2020第二届中国幸福社区范例奖颁奖典礼暨第三届幸福社区超级演说大会"在深圳隆重举行。深圳市住房和建设局局领导朱文芳、物业监管处处长张雁、法规处处长王必丰、深圳市物业专项维修金管理中心主任谢吾德等领导出席了此次活动。

C目 录
Contents

第一章

物业管理发展概况

SHENZHEN
PROPERTY MANAGEMENT
YEARBOOK 2021

第一节　全市物业管理发展概况

1.深圳市物业管理发展概述

截至2020年12月31日，深圳全市纳入统计的物业服务企业共1533家，在全国的从业人员约68万，其中深圳从业人员约22.4万。在管全国物业项目24030个，建筑面积33.46亿平方米。在管深圳市物业项目7708个，建筑面积6.76亿平方米，其中，住宅物业3799个，建筑面积3.36亿平方米。全市物业服务企业2020年度总收入1182亿元，其中，主营业务收入达到1011亿元，超额完成"十三五"规划550亿元目标。

2.物业管理行政监管工作

【《条例》正式施行】　新修订的《深圳经济特区物业管理条例》(以下简称《条例》)于2020年3月1日正式施行。《条例》强化以人民为中心、以党建为引领，在保障业主合法权益、规范业主大会和业主委员会运作、提升物业服务质量、加强党的领导和政府监管等方面有重大创新。《条例》降低业主委员会成立门槛，推动物业小区成立业主组织，完善业主大会备案制度，发放业主大会统一社会信用代码证书，建立业主共有资金制度，明确小区共有物业收益权属等，从而构建以业主组织为基础，以基层党组织建设为核心，以各方参与为依托的小区共建共治共享新体系，助力深圳"先行示范"。

【制订出台《条例》配套文件】　推进《条例》配套文件的制订和发布，从制度层面进一步落实《条例》规定，规范业主委员会运作，加强物业服务企业监管，保障业主合法权益。截至2020年12月31日，已出台12个配套文件。其中，4个为规范性文件，分别对物业专项维修资金、业主共有资金、业主组织备案、微信投票等进行了规定；5个为示范文本，分别涉及管理规约、议事规则、物业合同、业主自管、应急预案等，将为业主组织规范性运作提供参考；另外3个为行为规范，分别涉及物业管理信息公开、行政处罚自由裁量权、共有资金会计核算等。

【物企坚守防疫一线，牢筑安全防线】　2020年1月23日，广东省启动重大突发公共卫生事件I级响应。同一天，深圳市住房和建设局向深圳物业行业发出了《关于做好物业管理区域新型冠状病毒感染肺炎疫情防控工作的紧急通知》，全面拉开了深圳物业行业疫情防控工作的序幕。疫情防控中，1500多家深圳物业企业克服人手严重不足、防疫物资紧缺、岗位易感风险和企业成本陡增的困难，坚守在全市防控第一线，配合属地街道、社区开展群防群控，为广大群众筑起安全屏障。同时，深圳市住房和建设局还发出《致全市业主委员会和广大住户的一封信》，呼吁各业委会和全体住户：响应政府号召，按政府要求做好疫情期间的居家安排和自我防护；关爱物业，与自己居住小区的物业服务企业员工同舟共济、并肩抗疫；邻里之间相互关爱、同心协力，共渡难关。《一封信》发布后，当天阅读量已逾9万，市民们纷纷点赞转发，积极为物业企业捐款捐物。

【率先出台政策对参与疫情防控的物业企业进行补贴】 2020年2月7日，深圳市政府发布《深圳市应对新型冠状病毒感染的肺炎疫情支持企业共渡难关的若干措施》，明确了"各区政府（新区管委会、深汕特别合作区管委会）对辖区物业管理服务企业的疫情防控服务，按在管面积每平方米0.5元的标准实施两个月财政补助"，支持物业服务企业渡过难关。为了尽快落实这项惠企政策，深圳市住房和建设局立即成立了疫情防控服务补贴申请系统开发团队，在物业管理信息平台上增设"疫情防控补贴"模块。据统计，全市共有6574个物业项目通过平台申请财政补助约3.69亿元。

【强化党建引领小区物业管理活动】 为推动社区治理创新发展，将党建工作有机融入基层治理中去，深圳市住房和建设局积极配合市委组织部，大力推进"党建进小区"工作，先后在1300多个小区成立党支部或联合党支部，推动基层党组织向物业小区延伸，切实把关业委会人选、监督业委会运作。"小区党支部＋业委会＋物业公司"的治理模式，被市直机关工委评为"2020年度机关党建优秀工作案例"。2020年11月，全省住建行业社区物业党建工作试点现场会在深圳召开，深圳市蓝漪花园被选为社区物业党建工作观摩点，向全省推广经验。

【建立完善多方参与小区治理机制】 2020年，将"小区党支部成立率""业委会成立率"纳入对各区平安建设（综治工作）考核指标体系，督促各区完善住宅小区治理组织架构，建立联席会议制度，区领导每年至少召开一次加强住宅小区治理工作联席会议，区、街道、社区各级明确专人负责本辖区物业管理活动的监督管理。街道办推动业主大会成立、业主委员会选举、换届，发挥业主在小区治理中的主体作用，同时加强对业主大会和业主委员会日常活动的指导、监督，调解辖区内物业管理纠纷。

【加大物业小区信息公开力度】 2020年，深圳市住房和建设局通过建立物业管理信息公开系统，为物业项目经理和小区业主委员会落实新《条例》规定公开相关小区信息的义务提供小区信息公开平台，进一步规范物业小区信息公开活动，增强物业管理工作透明度。同时，制定印发《深圳市物业小区信息公开指引》，推动区住房建设部门加强对物业服务企业、业主委员会开展小区信息公开工作的指导和督促，对于信息公开不到位、不及时的公开主体，区住房建设部门应依据新《条例》相关条款，提出整改要求或给予行政处罚。

【建立共有资金制度，管好业主们的"钱袋子"】 制定印发《深圳市业主共有资金监督管理办法》，明确物业管理费、共有物业收益等属于全体业主共有资金，强调未经业主大会决定或者授权，任何单位和个人不得使用业主共有资金，正本清源，维护业主的合法权益。同时，全国率先给业主大会发放统一社会信用代码证书，并选定17家数据共享银行，业主大会自此可以在数据共享银行开设业主共有资金基本账户，数据共享银行每天将账号余额流水推送给市物业管理信息平台，业主在物业管理微信公众号就能看到本小区业主共有资金账户的实时余额和流水，提升物业费等资金使用的透明度，保障业主知情权、监督权，推动物业服务企业规范经营，提升物业服务水平。

【以打促建，建立健全扫黑除恶长效工作机制】 2020年是扫黑除恶专项斗争收官之年，在为期三年的深圳物业行业扫黑除恶专项整治行动中，深圳市住房和建设局会同各区、街道和市物业协会通过"以打促建"，建立健全物业领域长效工作机制，不断加强对物业服务企业的监督管理，督促物业服务企业改进和提升物业服务，全市物业管理领域的投诉举报数量逐年下降。截至2020年12月31日，对全市2584个物业项目进行了检查，发现违法违规行为206起，发出责令整改通知书273份，行政处罚43起，对61家物业企业进行了约谈、警告、通报批评。进一步规范物业管理行为，调处各种矛盾纠纷，不断提升人民群众的获得感、幸福感、安全感，促进物业管理行业健康有序发展。

【坚持问题导向，调处信访矛盾纠纷】 以人民为中心，以解决问题为出发点，分类收集、整理、解析物业管理普遍性问题，会同法规部门认真研究，做出答复，并抄送各区住建部门，统一适用口径。同时，针对争议较大的信访矛盾，深圳市住房和建设局积极主动赴街道、社区一线，会同区住建部门事无巨细地分析、研判信访问题，将矛盾纠纷化解在萌芽状态，解决在基层。2020年，市、区住房建设部门和物业管理协会共受理物业信访投诉1500余件（其中市局受理394件），全市政府在线咨询1500余件（其中市局受理407件），12345市长专线投诉5680件（其中市局受理288件），信访办结率99%。约谈物业企业和业主委员会委员1341人，召开信访协调会464次、信访联席会议95次，化解重大矛盾纠纷96件。

【抓宣贯培训，提升物业管理人员素质】 2020年，深圳市住房和建设局利用物业管理专业能力测评系统，组织全市物业管理项目负责人、业主委员会委员（候选人）等物业管理相关从业人员参加物业管理法律法规等知识在线答题活动，督促从业人员及时掌握最新法规和物业管理知识，切实增强法律意识、业务能力，形成自我培训、自我学习的习惯。同时，组织各区住房建设部门、街道办、社区工作人员赴湖南大学和西安建筑科技大学进行专题学习，全面、准确掌握《条例》内容，提升政府工作人员物业管理监管能力，更好地对辖区物业管理活动进行监督管理。

【举办物业管理技能竞赛和评选活动】 2020年，由深圳市总工会、深圳市人力资源和社会保障局、深圳市住房和建设局主办，深圳市建设工会、深圳市物业管理行业协会承办，深圳市职业技能鉴定指导办公室指导的"深圳市第十届职工技术创新运动会暨2020年深圳技能大赛——电工（物业电工）、物业管理员职业技能竞赛"先后举办。此次全市性的技能竞赛，旨在弘扬精益求精的工匠精神，激励从业人员崇尚技能、勤学苦练、争创一流、求实奉献，进一步加快培养和选拔一批物业管理行业物业电工高技能人才，促进深圳市高技能人才队伍提质增量，努力推动争创深圳质量新优势。此外，深圳市住房和建设局通过组织开展深圳市"最美物业人"评选活动，最终评选出"最美保安员""最美保洁员""最美抗疫人""最美维养技工"和"最美项目经理"各10名，在行业内挖掘了一批爱岗敬业、无私奉献、业务精湛的基层物业人，激励了物业从业人员和物业服务企业不断提高服务本领和服务品质。

第二节 各区物业管理

1.福田区

根据深圳市物业管理统计年报统计，截至2020年12月31日，在福田区注册的物业服务企业321家，在管全国项目11195个，在管建筑面积约158276.2万平方米，辖区在管项目从业人员约350004人。

另据深圳市福田区住房和建设局（以下简称"福田区局"）统计，截至2020年12月31日，福田区共有住宅类物业项目883个，其中既有物业管理也有业主委员会的物业项目263个，有物业管理但无业主委员会的物业项目567个，既无物业管理也无业主委员会的物业项目53个。

※ 日常工作

（1）2020年，福田区局共处理12345政府热线投诉2114件、电话投诉3000通、信访局转办件92宗、舆情信息34宗，出席协调联席会议36次。业主大会和业委会备案52个，物业服务合同备案55个，应急预案备案68个，日常金追缴完成项目78个，首期金追缴完成项目4个，物业专项维修资金专项使用首、尾款申请共388个，物业专项维修资金紧急使用申请78个，备用金拨付、核销申请共292个。

（2）对全区物业服务企业员工开展党政知识、物业管理法规、安全管理、礼仪等培训，累计培训1500余人（次）；继续推动小散工程和零星作业智慧监管系统运行，将大量高度动态变化的小散工程和零星作业点纳入统一平台进行管理，系统上备案的全区小散工程和零星作业项目31026个，完成案件核销18622件，责令整改2006处，责令停工126处，执法立案15宗。

（3）组织第三方专业检查机构进行物业领域专项监督检查，重点包括小散工程及零星作业、有限空间作业、新能源充电设施、电动自行车管理、消防安全管理及小区的用电安全、物业管理应急预案等内容，通过对存在的问题责令整改或进行行业通报，持续跟踪整改情况，形成完整的物业安全监管工作闭环，累计下发责令整改通知书53份，检查物业项目304个；向物业服务企业下达了60余份《责令整改通知书》；通过开展福田区业主委员会及其成员履职负面行为专项整治工作，会同10个街道对辖区约200个业委会的负面行为进行摸排，对其中21项负面行为进行了整治，有效规范了福田区业主委员会的履职。

※ 专项工作

【筑牢物业疫情防线，多措并举惠民惠企】

（1）辖区物业项目数量多，防疫压力大、任务重，在尚无先例的情况下，福田区局牵头编制的《福田区产业园区、商业办公楼疫情防控和复工复产物业服务工作指引二十条》在全市推广。物业服务企业在社区小区疫情防控工作中发挥了重要的作用，辖区企业深圳市万厦居业有限公司获广东省抗击新冠肺炎疫情先进集体称号。

（2）制定《深圳市福田区住房建设领域防控疫情同舟共济支持企业若干措施》等惠企政策，完成对辖区812个住宅小区及40个优秀项目的疫情防控补助核拨约5508.33万元，极大地提振了物业企业抗击疫情的斗志。

（3）率先制定住宅小区疫情防控综合性标准，率先对住宅小区实行封闭围合式管理，率先为复工复产提供精准疫情防控保障。多措并举传温暖，出台"惠企八条"等支持企业复工复产若干措施，以资金补贴形式与企业共克时艰。

（4）发起"捐一个口罩，保一方平安"宣传活动，传递居民情温暖物业心。经统计，2020年2月初为物业企业募集了20.55万只口罩、8.9万双防护手套等物资及342.3万现金，有效弥补防疫物资缺口。

【进一步深化"党建+物管"改革】

（1）"党建+物管"模式的施行充分发挥了基层党组织对物业管理的领导，福田区局强化"区—街道—社区—小区"党组织四级联动，使基层党建工作能够从社区进一步下沉到小区，切实提升党组织凝聚服务群众的能力水平及发挥基层治理的核心引领作用，对物业领域扫黑除恶工作起到了源头整治的作用。

（2）通过"三抽一"选聘物业服务企业的招标模式，促进小区物业选聘、更换的公正公开，净化物业选聘竞标市场环境。福田区已有309个住宅小区成立住宅小区党组织，全市率先首批试点设立14个党建指导员办公室。物业行业信访投诉大幅下降，业主安全感、满意度明显提升。

【全市率先开展"防高坠·促安全"公益行动】

（1）印发了《福田区住宅小区"防高坠"标准化手册》，要求物业服务企业做好房屋使用安全隐患排查工作，严格防范房屋外墙脱落、阳台窗台等高空坠物导致的伤人事故，对发现房屋外墙有剥离、脱落迹象的，要立即设置警示标识，启动应急维修机制。

（2）在全市率先推进"瞭望者"高空坠物智能预警监测系统建设，排查整治高坠安全隐患2722处。组建福田区"防高坠·促安全"志愿者服务队伍，覆盖33个试点小区近6万户居民。

（3）组建福田区"防高坠·促安全"志愿者服务队伍。2020年招募防高坠志愿者549人，印发宣传资料40000余份，组织入户宣传316人次，覆盖服务试点小区近6万户居民。"防高坠、促安全"公益行动获第八届南都街坊口碑榜智慧民生金奖。

2.罗湖区

根据深圳市物业管理统计年报统计，截至2020年12月31日，在罗湖区注册的物业服务企业281家，在管全国项目2066个，在管建筑面积25548.01万平方米，从业人员56996人。

另据深圳市罗湖区住房和建设局（以下简称"罗湖区局"）统计，截至2020年12月31日，罗湖区共有物业项目*1450个，其中既有物业管理也有业主委员会的物业项目176个，有物业管理但无业主委员会的物业项目1274个。

※ 日常工作

（1）罗湖区局完成物业服务合同备案100件。

（2）完成物业管理区域安全防范应急预案备案149件。

（3）完成业主委员会备案43件。

（4）完成业主大会统一社会信用代码证书38件。

（5）受理物业管理纠纷573件。

（6）约谈监管对象23次，询问监管对象17次，开具责令通知书4份，行政警告3次。

（7）组织召开4次区级物业管理联席会。

（8）出动1488人次，对662个物业项目开展行业安全检查，发现隐患787处，开具整改通知书366份。

（9）开展住宅小区新能源汽车充电桩的安全督导工作，出动1898人次，共排查项目291个，发现隐患523处，发出整改通知书236份。

（10）开展8场物业管理区域内消防、化粪池、极端天气、电动自行车等突发事件的应急处置能力演练。

（11）组织了"罗湖区2020年'安康杯'物业新条例知识竞赛"，约3600人参赛。

（12）开设罗湖物业管理微课堂，微课堂线下授课25节，通过在线直播平台线上授课达100场，通过企业微信群宣讲新条例368次，受众达到10万余人，在线点击播放累计超100万人次。

（13）完成房屋公用设施专用基金追缴项目30个，涉及金额为4842.7万元。

（14）完成日常收取的专项维修资金催缴65个，涉及金额为666.9万元。

（15）完成专项使用申请备案76项次，涉及金额为1460万元。

（16）完成应急使用申请备案18项次，涉及金额为49万元。

（17）完成备用金拨付及核销备案291项次，涉及金额为820.6万元。

（18）开展为期三个月的物业专项维修资金相关规定及使用程序的政策宣讲活动，微信小程序授课40余场，通过直播平台累计已培训上万人次，培训和服务不受空间和时间限制，通过网络随时随地开展指导，受到辖区企业和业主住户一致好评。

※ 专项工作

（1）罗湖区局完成1个五星级宜居社区（东湖街道金湖社区）创建，累计5个社区获得五星宜居社区称号。目前，全区共有83个社区，其中78个社区获得四星宜居社区称号，其余5个社区处于棚户改造、城市更新中，均不符合宜居社区创建标准，累计创建率达92.7%。

（2）完成13个共建共治共享宜居示范小区。

（3）持续开展扫黑除恶专项斗争，印发8000份扫黑除恶专项斗争工作宣传海报的形式，加强辖区扫黑除恶专项斗争工作的宣传，营造浓厚氛围，并对相关线索进行调查。

（4）抗击疫情，助力复工复产。发布全市首个"傻瓜式"楼宇空调通风系统检查指南；成立物业小区疫情防控督导组，共出动检查人员1863人次，检查物业项目562个，针对小区疫情防范不当行为分别发出《防疫责令通知书》并以通报和专报形式通报企业92家；遵循"应补尽补"的原则，为监管行业企业筹集各类防疫物资、发放资金补贴，累计发放4488万余元。

（5）全面完成无物业管理住宅小区规范化管理。通过市场＋政府的措施，为106个无物业管理住宅小区进行综合整治并引导其选聘物业服务企业，实现了物业管理覆盖率达100%，该项目作为经典案例被全国智能建筑及居住区数字化标准化技术委员会作为绿色物业全国4个优秀案例之一列入《蓝皮书》。

（6）探索透明物管模式。罗湖区局积极探索互联网＋物业管理模式——透明物管模式，该模式以政府管理精细化、企业服务透明化、业主体验可视化为目标，打造罗湖物业新名片，已在全区筛选了10个小区进行试点。

（7）引导小区基层党建。已成立小区党支部的数量是505个，占全区物业小区数量的比例约为：54.36%。坚持因地制宜，不搞"一刀切"，实事求是根据罗湖区实际情况，积极稳步推进工作。形成了黄贝街道怡景花园、桂园街道鸿翔花园小区、百仕达花园三期为代表的"小区党支部、物业服务公司、业主委员会、居民小组'四位一体'党建模式"，罗湖区共建立8个试点小区先试先行。

（8）住宅小区化粪池及粪渣监管情况。一是开展罗湖区住宅小区化粪池安全监管督导工作，已抽检项目177个，发现隐患114处，已整改103处。二是化粪池清掏备案，目前报备登记187家企业。三是编制罗湖区住宅小区化粪池体系标准，引导物业服务企业做好化粪池清掏专业化。四是4个试点小区12台化粪池检测仪器投放了生物复合益菌的点位，表现出3～4个月的浓度持续下降，生物复合益菌对改善化粪池内部环境、抑制毒害燃爆气体浓度效果明显，彻底显现安全环保，标本兼治的地下有限空间治理目标。

3. 盐田区

根据深圳市物业管理统计年报统计，截至2020年12月31日，在盐田区注册的物业服务企业39家，在管全国项目122个，在管建筑面积约660.81万平方米，辖区在管项目从业人员约2746人。

另据深圳市盐田区住房和建设局（以下简称"盐田区局"）统计，截至2020年12月31日，盐田区共有物业项目163个，其中既有物业管理也有业主委员会的物业项目41个，有物业管理但无业主委员会的物业项目122个。

※ 日常工作

（1）2020年，盐田区局严格落实对住宅小区物业管理活动的安全监管责任，加强对小区物业管理安全检查，全方位、多渠道督促物业服务企业开展物业安全管理各项具体工作。一是通过书面通知、网络平台以及安全监管系统等多样化的方式，向企业传达安委办、消安委等各部门关于消防、有限空间、防高坠、有限空间作业、新能源汽车充电设施安全管理等工作，2020年度印发通知8份，转发通知39份，发送天气预警信息54条，发送短信500余条。同时，指导和督促各小区物业管理负责人完成在物业管理信息平台系统的身份绑定工作。二是以消防通道、有限空间作业、高空坠物及新能源汽车充电桩等为重点领域，委托第三方机构对所有住宅小区的物业服务企业在安全管理制度建立、隐患排查情况等方面进行检查，现场指导等形式督促企业改进，出动人员270余人次。

（2）2020年，盐田区局处理通过民心桥节目、来访等各类信访途径的案件总计168件，指导、参与各街道社区进行现场纠纷调解70余次，主要涉及业主大会表决比例、业主委员会履职、业主共有资金、漏水、外墙维修、物业专项维修资金等物业管理纠纷。

※ 专项工作

按照深圳市住房和建设局2020年工作方案，盐田区局印发了年度工作方案，确定2020年的工作任务和目标。委托深圳市盐田区物业管理联合会对抽取辖区14个社区进行了区级回访检查，结合回访情况组织街道、社区进行培训，指导和督促街道办事处对照省宜居社区评价标准落实整改，巩固盐田区宜居社区创建工作成果。2020年，盐田区中英街管理局成功创建为"五星级"宜居社区。

4. 南山区

根据深圳市物业管理统计年报统计，截至2020年12月31日，在南山区注册的物业服务企业210家，在管全国项目3737个，在管建筑面积51618.95万平方米，从业人员116092人。

另据深圳市南山区住房和建设局（以下简称"南山区局"）统计，截至2020年12月31日，南山区共有住宅物业项目771个，依法成立业主委员会397个，有物业管理但无业主委员会的住宅物业项目374个。

※ 日常工作

（1）自2020年1月23日起，南山区局全体公职人员到岗到位，安排101个工作组共330多人，深入全区1108个物业管理区域，指导物业服务企业守好小区入口关，全面实施双向测温、查粤康码、查轨迹，对住宅小区全面消杀，配合三位一体人员开展排查，做好居家隔离人员的服务工作。向社区、物业小区发放测温枪523支。

（2）为做好南山区物业服务企业疫情防控服务财政补助工作，多举措保障防疫期间惠企惠民政策落到实处，帮助解决物业服务企业疫情防控资金支出困难，2020年，南山区局共对830个住宅小区发放物业服务企业疫情防控服务财政补助资金6195.38万元，惠及物业服务企业324家。

（3）2020年，申报创建四星级宜居社区1个、五星级宜居社区2个，每年对南山区已获评"广东省宜居社区"的四星级和五星级宜居社区进行回访复查，督促其做好宜居社区的建设工作。2020年超额完成新建116个5G宏站工作任务。

（4）2020年，南山区局共受理物业领域信访投诉56件，12345市长专线投诉2250件。约谈物业企业266人次（主要针对疫情期间防疫工作），召开信访协调会、信访联席会议共119次、化解重大矛盾纠纷15件。

※ 专项工作

【制定配套文件】 为进一步推动党建引领社区治理改革落地实施，根据《南山区党建引领社区治理改革实施方案》，在多轮征求意见基础上，经公众参与、公平性竞争审查、法制审查等环节，南山区局联合区委组织部、区民政局制定了《南山区物业管理指导委员会工作指导意见（试行）》《南山区物业管理服务评价工作方案》《南山区业主委员会委员、候补委员"负面清单"》《南山区业主委员会任前谈话工作指引》《南山区业主委员会重大事项报备工作指引》《南山区住宅小区公约制订（修订）工作指引》等6个改革配套文件。

【推动成立物业管理指导委员会】 根据党建引领社区治理改革方案及配套文件，推动粤海街道办16个社区和其他街道办的区级试点社区成立物业管理指导委员会共计23个，街道级试点社区成立5个，共计28个社区成立了物业管理指导委员会。

【开展物业管理服务评价】 对试点街道、社区的物业管理项目进行物业管理服务评价。物业管理服务评价工作通过公开招标投标，委托南山区物业管理协会进行评价，南山区物业管理协会已建立物业管理服务评价专家库，其成员60多人。2020年10月各街道办事处已将试点社区的住宅小区项目报送南山区局，共计161个项目需要进行物业管理服务评价。

【支部建在小区上】 蓝漪花园是省住房建设领域社区物业党建试点小区。2020年11月23日省城乡住房建设厅在南山区成功举办全省住房城乡建设行业"两新"党建工作推进会暨建筑工地、社区物业党建工作试点现场会，蓝漪花园是现场观摩点之一。

5.宝安区

根据深圳市物业管理统计年报统计，截至2020年12月31日，在宝安区注册的物业服务企业264家，在管全国项目1609个，在管建筑面积17772.63万平方米，从业人员46881人。

另据深圳市宝安区住房和建设局（以下简称"宝安区局"）统计，截至2020年12月31日，宝安区共有物业项目1110个，其中既有物业管理也有业主委员会的物业项目176个，有物业管理但无业主委员会的物业项目225个，无物业管理但有业主委员会的物业项目3个，既无物业管理也无业主委员会的物业项目4个。

※ 日常工作

【推动物业管理品质提升】 一是实现物业管理全覆盖，通过属地物业公司接管、市场化物业公司托管、国企"红色物业"兜底管等举措，1110个小区实现物业进驻。二是强化制度建设，围绕"品质提升、党建引领、化解纠纷"出台3+N等系列制度文件。三是深化党建引领，推动符合条件的住宅小区成立党支部，党支部覆盖小区共计311个。四是强化行业自律，2019年10月推动成立了宝安区物业行业管理协会。五是实施星级评价，通过量化考核、专家评审、交叉检查，对商住小区物业服务水平评星定级，每半年公布结果。六是实施以奖代补，对全区399个"村改居"小区及105个社区工作站开展以奖代补复查评分，发放奖补1.46亿元。七是推动城中村物业管理专业化，推动标杆小区建设，航城后瑞村、松岗沙二新村获评"市十佳城中村"。

【推动行业纳统发展】 2020年，宝安区物业服务企业共有391家，其中在宝安区注册的有264家，已纳统房地产物业服务企业共计58家，其中规上44家，规下14家，企业纳统率约为30%。据统计，2020年物业领域GDP核算指标"劳动人员工资"合计14.8亿元，同比2019年8.55亿元增长73.10%。

【强化安全生产监管】 宝安区局每月派出检查组，深入各街道、各物业小区开展安全抽查。2020年共出动717人次，检查物业小区287项次，发出整改通知书23份，消除隐患100处。

【妥善化解物业矛盾纠纷】 出台《物业服务主体退出和交接指引（试行）》《业主委员会成立和换届指引（试行）》、"铁十条"等配套文件。2020年全区共受理物业纠纷1533件，其中区本级350件，共约谈物业企业和业主委员会委员450余人次，发出诚信扣分4起，化解西城品阁物业交接等重大矛盾纠纷5件。

【依法履行物业行业行政监管职责】 2020年以来，宝安区局办理业委会备案38份，物业服务合同备案63份，发放业主大会统一社会信用代码22份。

※ 专项工作

【落实住宅小区疫情防控】 一是制定印发了物业管理区域疫情防控通知、指引20余份。二是开展疫情防控督导检查，对全区1110个物业小区及260栋写字楼实现全覆盖检查。三是落实惠企撑企政策，对1061个物业项目发放补助0.98亿元。

【推动老旧小区加装电梯】 2020年，已有16个小区、38个单元申请加装电梯，群贤花园、雅景居等多小区17处电梯均已完成加装投入使用。其中雅景居小区加装电梯获"第一现场"新闻报道，深圳市2020民生实事加装电梯工作推进情况良好。

【推进宜居社区创建】 全区124个社区均完成四星宜居社区创建，新安海裕和海旺社区、福永凤凰社区、西乡桃源社区、新桥沙企社区等5个社区被评为省"五星级宜居社区"。

【开展"打通生命通道"专项检查】 针对小区消防通道、楼道、地下车库、垃圾房、工具房等重点区域及机动车占用小区消防通道等重点隐患进行排查，并联合消防部门、街道及社区工作人员对宝安区住宅小区开展夜查行动。共抽查物业小区85个，经查累计发现安全隐患29处，均已整改完毕。

【实施以奖代补工作】 对全区399个"村改居"小区及105个社区工作站开展以奖代补复查评分，发放奖补1.46亿元。

6.龙岗区

根据深圳市物业管理统计年报统计，截至2020年12月31日，在龙岗区注册的物业服务企业222家，在管全国项目2914个，在管建筑面积39768.06万平方米，从业人员60315人。

另据深圳市龙岗区住房和建设局（以下简称"龙岗区局"）统计，截至2020年12月31日，龙岗区现有花园小区456个，城中村499个，物业服务企业226家；成立业主大会并选举产生业主委员会的商品房住宅小区145个。

※ 日常工作
【备案工作】 物业服务合同备案24宗；审核全区业主大会和业主委员会备案申报信息226项；业主委员会成立、变更、换届、注销等备案登记事项97个；下发新版《备案通知书》31份、出具《业主大会统一社会信用代码证书》35张。

【信访工作】 共处理信访物业投诉381件，12345热线128宗，约谈物业企业和业主委员会委员139人次，召开信访协调会36次、信访联席会议24次，化解重大矛盾纠纷8件。

【住宅小区日常安全和充电桩检测工作】 委托第三方专业安全指导公司完成了对全区440多个物业管理区域全覆盖安全检查工作，出动人数892人次，发现安全隐患3687条，同比2019年减少2610条，同比下降26%。同时，委托第三方专业安全指导公司完成对辖区11个街道262个商品房住宅小区的充电桩隐患检查工作，出动524人次，排查出安全隐患463条。针对排查出的安全隐患，建立安全隐患台账，并督促整改落实。

※ 专项工作
【组织《龙岗区物业服务行业信用管理办法》修编工作】 为进一步解决街道办无抓手和规范业委会和委员的职务行为问题，龙岗区局首次将业委会和业委会的职务行为纳入信用评价范畴，新增12类业委会不良行为和7类业委会委员的不良行为；将物业服务企业参与社会治理纳入加分项，鼓励物业服务企业创新形式参与社会治理。

【出台住宅小区星级服务评价方案】 制定并印发《龙岗区商品房住宅小区物业管理星级服务评价工作方案》，旨在创造更强大、更有效的物业管理抓手，培育和树立品牌、发挥物业"星级"小区项目引领作用，有效提高龙岗区物业管理服务质量，不断提升物业行业整体服务水平。

【加强宜居社区创建】 印发《关于加快宜居社区创建巩固宜居创建成果行动方案（2020—2022）》，指导各街道组织辖区社区按照通知要求做好2020年广东省宜居社区的申报工作，按"因地制宜，先多后少，先易后难，逐年递增"的创建思路，加快推进未获评社区的"广东省四星级宜居社区"创建。提高宜居回访通过比率，已完成35个已获评社区的回访实地调研工作。

【做好疫情防控】 组成11个工作组对11个街道所有物业小区进行两轮疫情防控全覆盖专项检查，共发放26份《责令整改通知书》。对国务院和市区等上级部门转来督办的25个小区进行督查，出动包括局主要领导在内的督查人员26人次，并及时将督查情况报送上级部门。印发12期《龙岗区关于物业服务企业新型冠状病毒防控督查系列通报》，与龙岗融媒合作发布物业小区疫情防控"红黑榜"，引发媒体和社会各界广泛关注。印发《龙岗区物业服务企业疫情防控服务财政补助工作方案》（深龙住建〔2020〕10号），明确向符合补助情形物业项目的物业服务企业或者城中村股份公司，按照0.5元/平方米·月的标准，发放两个月的财政补助。目前，全区商品房住宅小区补助申请审核通过金额51971771.61元。其中，全区非商品房住宅小区审核通过金额53025163.18元。全区商品房小区和非商品小区审核通过金额共计104996934.79元。

【扎实推进全省基层社会治理示范点创建】 按照全省基层社会治理示范点创建工作部署，龙岗区局会同区政法委和龙岗街道办开展龙园大观物业服务企业参与基层治理示范点创建工作，形成"1+5"展示模式（即1个主展厅，智能识别系统、警网+物业、高空抛物监控、睦邻空间、文化驿站等5个现场展示点）创建方案。由两位处级领导和三位科级干部组成创建专班，并抽调一名副科级干部脱产创建。

【以"党建引领"赋能物业管理高质量发展】 一是印发《关于加强社区党建引领、指导业委会等有关工作的通知》，指导各街道强化社区党委的领导作用，认真把好业委会"三关"（筹备时机关、筹备组人选关和业委会人选关）。二是指导市级试点龙城街道及区级试点吉华街道中海怡翠社区、坂田街道第五园社区积极开展社区党委指导业委会工作试点工作，打造社区党委指导和监督业委会工作的样板。三是建立党建参与物业服务企业和业委会星级评价机制，将小区党支部、社区党委作为评价主体，参与对小区物业服务企业、业主委员会的评价考核，打造"红色业委会""红色物业服务企业"。四是联合区委组织部共同摸索党建引领红色基因全周期全链条打造宜居小区工作机制，拟出台《党建引领红色基因全周期全链条打造宜居小区工作方案》。

【推进既有住宅加装电梯工作】 选取龙城街道福园小区和吉华街道中海怡翠小区作为既有住宅加装电梯试点小区。遵循"业主自愿、政府引导、多元参与、共同推进"的原则，在充分尊重业主意愿的基础上，鼓励和倡导既有住宅多层业主发挥物权所有人的主体作用。同时，市、区人大代表和政协委员多次带队现场调研加装电梯工作，并举行加装电梯专题座谈会。

7.龙华区

根据深圳市物业管理统计年报统计，截至2020年12月31日，在龙华区注册的物业服务企业117家，在管全国项目460个，在管建筑面积7410.3万平方米，从业人员21378人。

另据深圳市龙华区住房和建设局（以下简称"龙华区局"）统计，截至2020年12月31日，龙华区共有物业项目201个，其中既有物业管理也有业主委员会的物业项目85个，有物业管理但无业主委员会的物业项目106个，无物业管理但有业主委员会的物业项目1个，既无物业管理也无业主委员会的物业项目9个。

※日常工作

【众志成城共抗新冠肺炎疫情】 采取多种举措，联合物业服务企业做好疫情防控工作。一是强手段，制定政策引导小区科学防疫。印发了疫情防控"铁五条"、商户复工开业管理"四项要求"等文件，组织和指导各物业小区开展疫情防控、复工开业等工作。二是严检查，现场督导检查小区严格防疫。累计出动851人次前往466个（次）小区开展疫情防控指导工作，印发及指导物业服务企业制作宣传资料逾8万张，对物业领域疫情防控不力的行为共下发了整改通知书68份，对10个落实防疫措施到位的管理处进行了通报表扬，对11个未完全落实防疫措施的管理处进行了通报批评，对35个防疫工作表现一般的管理处进行了通报提醒。三是多服务，切实解决物业小区防疫物资短缺问题。多途径筹集，向全区178个小区共赠送一次性口罩25400个、测温仪191个、护目屏665个、一次性雨衣293件、各规格手消388瓶、各型号消毒液131桶、板蓝根93盒、酒精1564瓶。四是共患难，落实物业服务企业防疫补助。从2月20日至4月20日，历时两个月，安排2337人次加班加点进行审核，顺利完成了住宅区物业服务企业疫情防控服务财政补助审核工作，向物业服务企业发放补贴总金额约4065万元。

【大力拓展党建引领物业服务新局面】 探索"五项机制"（即保障性住房小区党建机制、"交叉任职、双向培养"组织机制、民主协商民主监督民意收集运行机制、矛盾纠纷联处机制、"精准化、精细化"服务机制），形成党支部牵头，业委会、物业公司、业主共同参与的"一引领三参与"物业小区党建模式。截至2020年12月31日，龙华区共建立商品房住宅小区党组织186个，包括党员3483名，覆盖商品房小区179个，覆盖率为99.44%。

【多措并举力推龙华区城中村物业管理全覆盖】 一是考核评价，建立服务监督机制。龙华区局印发了《深圳市龙华区城中村专业物业管理覆盖率考核验收工作方案》，建立城中村物业管理考核制度，奖励区内行业领头羊，增强考核激励措施，助推城中村物业管理水平提升。截止到2020年12月31日，龙华区372个城中村均达到专业物业管理标准。二是实施围合，打造物业管理基础。面对疫情防控和基层治理的双重考验，区委区政府部署推进城中村围合建设工作，龙华区局勇于担当，挑起了统筹的重担，制定《龙华区城中村小区围合建设工作方案》，推动由区政府投资接近2亿元开展围合建设工作，助推实现城中村专业物业管理全覆盖。三是逐步完善物业管理发展的政策体系。起草《龙华区关于促进城中村专业物业管理发展的指导意见》，拟按照"政府与市场相结合"的思路推进城中村规范化管理工作，逐步建立起以市场运作为主的城中村物业管理长效机制。

【切实加强物业领域扫黑除恶及纠纷处置工作】 一是共处理区扫黑除恶办转办线索4条、市扫黑除恶办转办线索1条、区局收集涉黑恶线索1条，核查并上报6条。二是物业纠纷处置方面，共受理各类物业纠纷投诉161宗，办结161宗，办结率100%。组织现场协调会20次，接待上访群众60人次。三是制定《关于建立龙华区物业纠纷调解工作机制的方案》，理清全区20个行政部门化解物业纠纷的职责划分，建立龙华区物业纠纷调解工作"1+6+50+N"工作体系，推动建立职权划分清晰、各部门共同合作联动处置、上下层级明确的物业纠纷调解工作机制。

【全力抓好物业管理区域安全生产工作】　一是开展物业管理区域日常巡查，共对726个住宅小区开展安全生产检查和消防工作巡检（含复查），累计出动检查人员1678人次，共发现安全隐患点3384个，下发整改建议书197份。二是开展住宅区新能源汽车充电设施检测工作，安排专业检测人员640人次共对334个小区开展新能源汽车充电设施检查（含复查），下发整改建议书301份。三是根据《深圳市龙华区城市建设安全专项整治三年行动实施方案》文件要求，督促高层住宅小区完成消防通道标识工作。据统计，龙华区局纳管的高层建筑住宅小区有122个，已完成消防通道标识工作的有121个。

【建立物业管理考核制度，奖励区内行业领头羊】　2020年，龙华区局印发了《深圳市龙华区"物业好管家"评选考核工作方案》和《深圳市龙华区城中村专业物业管理覆盖率考核验收工作方案》，分对商品房小区和城中村小区进行考核，共表彰了40个商品房小区和36个城中村小区，同时通报了评分低的小区。

※ 专项工作

【龙华区住宅区新能源汽车充电设施检测】　对龙华区住宅区停车场内新能源汽车充电桩进行检测，累计出动640人次，共334个小区（含复查），在检查过程中下发整改建议301份，建议各物业服务企业在日常工作中加强充电桩安全巡查有关工作，发现存在橙色风险5个，黄色风险83个，蓝色风险246个。

【组织开展物业管理区域"打通生命通道"消防安全专项整治行动】　印发《深圳市龙华区住房和建设局关于开展"打通生命通道"消防安全专项整治行动的通知》，督促各物业服务企业按标准对消防车通道逐一划线、标名、立牌，实行标识化管理，确保消防车通道畅通。同时配合公安、消防救援等部门在物业管理区域内开展"打通生命通道"消防安全专项整治行动，全面协助整治占用、堵塞、封闭消防车通道等突出问题。累计有117个高层住宅小区完成了消防通道施划工作，后期区局将进一步对尚未完成施划工作的商品房小区加强督导检查，督促物业小区完成施划工作。

【开展龙华区高空坠物专项整治工作】　根据深圳市安委办印发《高空坠物专项整治工作方案》的要求，龙华区局会同区安委办制定了《龙华区高空坠物专项整治工作方案》，要求各单位全面开展高空坠物专项整治工作。截至11月底，排查物业管理区域建筑物20560栋，其中排查高空坠物隐患4139处，整改高空坠物隐患3748处，已安装全楼景等类型监控系统2157个。

【开展龙华区物业领域扫黑除恶治乱工作】　根据深圳市住房和建设局《深圳市物业领域2020年扫黑除恶治乱专项行动方案》的要求，龙华区局印发了《深圳市龙华区住房和建设局关于印发龙华区物业领域2020年扫黑除恶治乱专项行动方案的通知》，抽调房屋安全与物业科4名精干力量专门成立扫黑除恶专班，专项负责调查处理涉黑恶线索。截至12月底，共核查了4条物业涉黑恶线索，向区扫黑除恶办上报了4条涉黑恶线索核查情况。

8.坪山区

根据深圳市物业管理统计年报统计，截至2020年12月31日，在坪山区注册的物业服务企业26家，在管全国项目76个，在管建筑面积3607.82万平方米，从业人员2606人。

另据深圳市坪山区住房和建设局（以下简称"坪山区局"）统计，截至2020年12月31日，坪山区共有物业项目35个，其中既有物业管理也有业主委员会的物业项目17个，有物业管理但无业主委员会的物业项目18个。

2020年，坪山区局管辖物业公司23家，承担物业管理项目32个，涉及总面积约527万平方米。年内，坪山区局围绕物业市场与行业管理，指导物业服务项目招标投标、物业服务合同备案和业委会备案，完成中海万锦熙岸华庭、碧湖春天北花园等物业管理招标前备案3件，万樾府、玺悦台等物业管理服务合同备案10件，受理丹梓龙庭、深业御园小区业主委员会备案6件，指导京基御景印象、嘉宏湾花园等成功领取3个业主大会信用代码证。

※ 日常工作
（1）对辖区内各物业小区专项维修资金开展监管工作。根据深圳市物业专项维修资金管理系统统计，截至2020年12月31日，收缴首期归集资金173025009.79元，收缴日常维修金8283591.44元；同时，物业维修资金专项使用成功划款255万余元，备用金使用核销1065万余元。

（2）对辖区内各物业小区共有资金账户设立情况进行监管。根据深圳市物业管理平台统计，截至2020年12月31日，应开共有资金账户数28个，已开共有资金账户数23个，未开共有资金账户数5个，其中奥园·翡翠东湾花园、竹韵花园、信达泰禾·金尊府、花样年旭辉好时光家园四个小区共管账户手续正在办理中，金田风华苑业主委员会正处换届阶段。

（3）处理物业管理投诉案件。根据实际物业管理类投诉案件处理情况统计，"业主大会、业委会、物业服务企业等在社区党委的领导下依法依规开展物业管理活动"成为物业管理工作开展的依据，推动党支部成立并发挥作用，发动党员或热心居民参与基层治理落到实处，积极预防和化解物业小区信访矛盾。推广党建引领进小区，创新基层治理新模式，按照"大事不出街道、小事不出社区小区"原则要求，在各职能部门会同属地街道同心协力、通力协作下，物管领域信访投诉数量大幅下降；据统计，2019年725件，2020年194件，呈下降趋势初步实现了"大事不出街道、小事不出社区小区"的工作目标。

（4）探索并推进党建引领工作模式，坪山区积极推广党建引领物业小区基层治理模式全区共建小区党支部40个，覆盖率达93%以上。

（5）指导、督促、监督各物业服务企业遵照《深圳经济特区物业管理条例》及上级部门的工作部署对信息公示工作的要求完成相关工作，通过线上定期督促。

（6）对物业服务合同、业主委员会开展备案工作。

（7）指导街道办事处及业主开展业主委员会选举工作。

（8）配合其他职能部门监督物业服务企业落实相关工作情况。

※专项工作

（1）开展物业管理领域"双随机—公开"专项检查工作。

（2）开展《深圳经济特区物业管理条例》宣讲及培训工作。

9.光明区

根据深圳市物业管理统计年报统计，截至2020年12月31日，在光明区注册的物业服务企业33家，在管全国项目1810个，在管建筑面积29674.63万平方米，从业人员23247人。

另据深圳市光明区住房和建设局（以下简称"光明区局"）统计，截至2020年12月31日，光明区共有物业项目118个，其中既有物业管理也有业主委员会的物业项目11个，有物业管理但无业主委员会的物业项目107个。

【多措并举强化物业监管】 结合物业管理区域安全生产工作要点，明确专项检查和巡查检查工作内容，制定工作计划，开展特殊极端天气、"打通生命通道"等各专项检查，共出动876人次，416车次，开展安全检查416项次，督促物业企业按照物业服务合同约定做好小区管理区域的日常检查、维护和管理工作，贯彻落实安全生产主体责任。同时，为强化高空坠物专项整治工作，光明区局联合区安委办印发了《高空坠物专项整治工作方案》，联动各街道，加强监督，形成震慑，严查高空坠物行为，开展建筑物高空坠物专项整治行动，督促物业服务企业做好排查工作，要求排查责任主体对排查出的隐患和问题建立台账，并对隐患整治工作进行跟踪管理，确保本次行动落实到位，取得实际成效。物业管理区域建筑物共排查1140栋，发现隐患470处，已整改的隐患198处，督促建筑主体安全全楼景类型的监控79个，街道和社区工作站已将隐患通知相关建筑物主体责任人，并督促积极有序开展整改工作，未发现重大安全隐患。

【物业纠纷调处】 为推动2020年3月1日实施的新《物业管理条例》在光明区贯彻实施，光明区局于1月份印发了《光明区住房和建设局关于做好新〈深圳经济特区物业管理条例〉实施工作的通知》发送给各街道办事处。指导各街道办按照新《条例》要求，通过整合内部资源、购买第三方服务等多种方式落实物业管理监管机构和工作人员，并适当配备法律专业力量，提前做好相关工作，为辖区内开展物业管理纠纷投诉相关工作提供基础保障。2020年，收到物业纠纷投诉案件51宗，均在合理期限内办结。

【安全宣传培训】 结合2020年"119消防安全宣传月"活动，鼓励物业服务企业通过内部悬挂标语、张贴海报、发布推文等方式参与亮屏活动的同时，督促物业企业开展员工的消防知识和技能培训，多渠道多形式联动小区业主居民开展宣传消防宣传、培训、应急演练等活动。消防安全宣传月期间，物业企业组织开展了消防安全演练的物业管理区域有33个项目参演人员800人次；61个小区组织开展了消防安全培训、宣传等活动，培训宣传了600余人。2020年度，督促物业企业通过微信业主群、QQ群、公众号、电子播报工具等开展线上宣传44396人次，印制并发放"高坠防控措施""生命通道安全"等主题的安全生产宣传资料28500份，督促物业企业开展"推栋入户"宣传，强化物业使用人安全防范知识。

【其他工作】 2020年物业服务合同备案共23宗，业主大会和业主委员会成立备案共5宗，物业服务行业"双随机"执法检查两次，发出限期整改通知书2份。

※ 专项工作

【推进城中村物业管理提升工作】 根据《光明区城中村围合式小区物业管理提升工作方案》工作部署，牵头负责推进城中村围合式小区物业管理提升工作，要求于2020年9月30日前落实实质管理全覆盖、2020年10月31日前推动停车许可全覆盖、力争物业收费全覆盖、群众诉求服务全覆盖、考评扶持，稳定提升政策预期。

为落实城中村物业管理提升相关工作，光明区局先后印发了《光明区城中村围合式管理小区物业管理提升工作方案》《光明区城中村围合式小区物业管理服务内容及成本指引》《光明区城中村围合式小区物业管理考核评分标准》。

2020年，全区各街道根据固化围合工程形成84个城中村围合式小区，根据物业管理规划情况整合为59个围合管理区域，共有40家物业公司进驻开展物业管理，城中村围合式小区占地面积共801万平方米，总建筑面积1722万平方米，房屋共计21696栋。

10.大鹏新区

根据深圳市物业管理统计年报统计，截至2020年12月31日，在大鹏新区注册的物业服务企业18家，在管全国项目32个，在管建筑面积258.31万平方米，从业人员758人。

另据深圳市大鹏新区住房和建设局（以下简称"大鹏区局"）统计，截至2020年12月31日，大鹏新区共有商品房住宅小区31个，其中既有物业管理也有业主委员会的物业项目8个，有物业管理但无业主委员会的物业项目23个。

※ 日常工作

【以奖代补，促进城中村专业化物业管理全覆盖】 根据《深圳经济特区物业管理条例》《深圳市人民政府办公厅关于印发深圳市"城中村"综合治理行动计划（2018—2020）的通知》（深府办函〔2017〕266号）《深圳市住房和建设局关于推进城中村物业管理全覆盖工作方案（2018—2020）》等有关规定，2018年12月，制定印发了《大鹏新区城中村、村改居、老旧住宅区和整体搬迁安置区物业管理全覆盖及考核奖励办法》，设立基础奖励及评议奖励，考评合格的城中村物业服务单位均可获得奖励，用于保障小区治安、基本环境卫生等方面的支出。2018年新区共68

个城中村通过考核，发放奖励金额214万元，2019年新区共76个城中村通过考核，发放奖励金额232万元。2020年新区共86个城中村通过考核，预计发放奖励金额262万元。

【支持企业共渡难关，发放疫情防控物资及补助】 一是发放疫情防控物资。防疫期间，大鹏区局累计发放防疫口罩40546个、消毒物资2358份、耳温计6个，通过物业微信群、派发纸质资料等方式进一步加强疫情防控宣传。同时督促物业服务企业加强疫情防控消杀，截至2020年11月30日，各物业服务企业累计消杀3648次，累计消杀面积4406万平方米。二是发放疫情防控补助。为支持企业共渡难关，激励物业服务企业积极配合疫情防控工作，合理补偿企业防疫产生的额外开支，保障防疫工作持续深入推进，根据《深圳市人民政府关于印发应对新型冠状病毒感染的肺炎疫情支持企业共渡难关若干措施的通知》(深府规〔2020〕1号)《深圳市住房和建设局 深圳市财政局关于印发〈深圳市物业服务企业疫情防控服务财政补助工作指引〉的通知》(深建物管〔2020〕1号)等文件要求，区局组织办事处、社区工作站和物业服务企业完成了新区住宅区物业服务企业疫情防控服务财政补助申报和审核工作，共向37个住宅物业小区发放防疫补助资金约258.07万元。

【推动党建引领商品住宅小区治理】 推动在商品住宅小区建立党支部，完善业委会人选的推荐和组织把关机制，规范对业委会履职的监督机制，发挥基层党组织在基层治理中的先锋引领作用，确保业委会规范健康运行。同时，推动业主大会成立、业主委员选举、换届，充分发挥业主在小区治理中的主体作用。2020年度，在新区组织人事局的指导下，新区先行以葵涌办事处云山栖小区作为党建试点小区，后续将逐步向其他商品住宅小区推广试点项目的经验，最终促使具备条件的商品住宅小区全部成立小区党支部。

【推进生活垃圾分类工作】 为贯彻落实习近平总书记关于生活垃圾分类重要指示精神，根据《深圳市人民政府办公厅关于印发深圳市全面推进生活垃圾强制分类行动方案(2019—2020年)的通知》(深府办函〔2019〕38号)等文件要求，区局积极推进商品住宅小区生活垃圾分类工作。一是制定了《大鹏新区住房和建设局创建垃圾分类先行示范区工作方案》，印发了《大鹏新区住房和建设局关于进一步做好生活垃圾分类工作的通知》。二是召开物业领域垃圾分类"微课堂"专题培训会，召开新区住宅区物业管理领域《深圳市生活垃圾分类管理条例》宣贯会。三是将住宅小区垃圾分类督导工作纳入日常检查工作。

【深圳业主大会和业主委员会备案、深圳物业服务合同备案】 一是2020年共进行"深圳业主大会和业主委员会备案"13宗、"深圳物业服务合同备案"6宗。对经办人咨询的各种问题进行一一指导，必要时求助市局提供指导意见。二是市局根据2020年3月1日起施行的《深圳经济特区物业管理条例》对此两种备案进行了统筹。三是与市局、开户行、经办人协调《业主大会统一社会信用代码证书》中的业主大会名称与银行注册账号名称不一致问题。

【配合新区其他部门开展商品住宅小区工作】 根据《2020年深圳市环境卫生指数测评安防》要求，协助新区城管局督促商品住宅小区物业服务企业配合做好环卫工作；根据《在精神文明创建活动中深入开展爱国卫生运动的实施方案》文件要求，协助配合新区爱卫办开展爱国卫生行动，每周在新区物业微信群要求物业服务企业做好环境卫生及消除"四害"等工作；根据《深圳市2020年文明城市创建任务分工表》文件要求，督促提醒各物业服务企业做好商品住宅小区的无障碍设施日常管理工作，确保小区内的轮椅通道、扶手、缘石坡道等无障碍设施使用情况良好。

※ 专项工作

【开展物业管理行业专项整治工作】 根据《深圳市住房和建设局关于印发〈深圳市物业管理行业专项整治工作方案〉的通知》要求，大鹏区局会同新区各办事处全面开展物业管理行业专项整治工作。一是公开信访投诉渠道。为提高新区物业管理行业服务水平，规范物业服务市场秩序，提升物业服务水平，维护业主合法权益，提升物业小区业主满意度，努力实现住有宜居，将《深圳市物业管理行业专项整治信访投诉渠道》公示在大鹏新区政府在线网站，指导业主通过公示渠道投诉物业服务企业的违法违规行为。二是召开物业管理行业专项整治工作宣贯会。为进一步督促各物业服务企业依法依规从事物业服务，组织召开了2020年大鹏新区物业管理行业专项整治工作宣贯会，新区各物业服务企业负责人及相关工作人员约50人参加了此次会议，会上对整治内容进行了宣贯，要求各物业服务企业做好自查自纠工作，积极主动化解矛盾。三是开展专项整治检查工作。2020年8～9月，严查各物业服务企业违法违规行为，共出动检查人员50人次，累计排查住宅小区25个，发现1起物业行业违法违规行为。

【强化物业行业安全生产】

（1）组织开展物业行业安全培训及宣传工作。一是组织新区各办事处、社区工作站、物业服务企业开展物业领域高空抛物安全管理、小散工程和零星作业安全管理、物业消防安全管理、新能源汽车充电桩安全管理等专题培训，宣贯政策法规和技术标准，督促各物业服务企业加强安全管理，确保管辖区域安全。二是以"安全生产月""消防安全宣传月""安全生产万里行"等活动为契机，广泛开展安全生产宣传活动，明确各办事处物业管理部门、物业服务企业相应的工作职责，提高从业人员和小区业主（住户）安全防范意识，形成协调配合、通力合作、齐抓共管的物业安全生产工作格局。

（2）加大检查力度。引入专业技术力量提供技术支持，协同第三方专业安全顾问公司对新区约151个小区定期进行排查，其中31个商品房、5个统建楼、3个安置区、2个保障房按每季度100%的比例进行全覆盖检查，110个城中村小区按每半年100%的比例进行全覆盖检查。组织各办事处物业管理部门配合开展检查工作，及时消除各类安全生产及火灾隐患。2020年，对物业小区共出动检查人员832人次，检查物业项目347项次，发现安全隐患共计1069处，发出安全隐患整改转办函33份，维护辖区居民的合法权益，保障居民的人身及财产安全。

（3）开展"打通生命通道"消防安全专项整治行动。按照《深圳市住房和建设局 深圳市消防救援支队关于印发〈深圳市高层建筑消防车通道标识施划指引〉的通知》《大鹏新区"打通生命通道"消防安全专项整治行动方案》以及新区消防大队要求，大鹏区局组织辖区25个高层住宅小区开展"打通生命通道"消防安全专项整治行动工作，共出动检查人员70人次，新区25个高层住宅小区均已施划消防通道标识标线。

（4）开展消防夜查行动。根据新区消安委的统一安排，每月对住宅小区物业服务企业开展一次消防安全夜查，主要针对用火、用电、用气是否规范，电动自行车是否违规停放、充电，消防通道、安全出入口是否畅通，"三小"场所是否违规住人等消防安全进行检查。通过夜查行动，进一步督促物业服务企业落实安全主体责任，保障住宅小区居民的人身、财产安全。

（5）牵头组织开展高空坠物专项整治工作。根据《市安委办关于印发〈高空坠物专项整治工作方案〉的通知》要求，区局制定印发了《大鹏新区高空坠物专项整治工作方案》，积极督促物业服务企业严格参照《高空坠物防范要点》对公共区域的幕墙、外墙、门窗、广告、绿植、高空架设公共设施设备以及其他搭建物、悬挂物的安全进行检查及隐患整改，共排查商品房住宅小区70项次。组织新区各相关部门及网格中心排查城中村、商业、办公楼、学校、医院等3265项次，发现各类安全隐患20处。

（6）加强新能源汽车充电设施安全管理工作。按照《关于做好2020年汛期新能源汽车充电设施安全隐患排查整治工作的通知》《深圳市大鹏新区发展和财政局关于做好新能源汽车充电设施安全管理工作的通知》及新区发财局要求，印发了《大鹏新区住房和建设局关于做好住宅区汛期新能源汽车充电设施安全隐患排查整治工作的函》《大鹏新区住房和建设局关于加强住宅区新能源汽车相关安全风险防范的提醒函》《大鹏新区住房和建设局关于住宅物业小区业主私人安装新能源汽车充电设施的有关指导意见》等文件，督促物业服务企业履行"发现、劝阻、报告"义务，发现问题，及时联系相关运营企业（或个人）落实整改。

（7）牵头开展《大鹏新区（超）高层建筑物极端天气情况下应急疏散预案》编制工作。为做好大鹏新区范围内在用（超）高层建筑在极端天气情况下的灾害防御及人员疏散，明确应急疏散工作流程及相关单位职责，最大限度避免人员伤亡，印发了《大鹏新区（超）高层建筑物极端天气情况下应急疏散预案》，并组织开展相关演练活动。

（8）按照《深圳市大鹏新区2020年电气火灾防范专项整治工作方案》及新区消防大队要求，开展物业行业电气火灾防范专项整治及电动自行车消防安全专项整治。通过现场察看，微信群、宣传栏宣传，以及物业服务企业自查自纠等方式督促商品住宅小区物业服务企业加强安全管理，确保管辖区域安全。

（9）按照《大鹏新区安委办关于深入推进安全生产"双重预防"机制建设的通知》及新区应急管理局要求，指导物业服务企业做好双重预防机制工作。物管工作人员先后3次前往招商东岸家园及招商东岸央城公寓指导其物业服务制定工作方案，成立"双重"预防工作机构，明确各岗位人员工作职责、时间节点和有关要求，督促物业服务企业开展危险源辨识与风险评估分级，全面排查、辨识生产经营场所、设备设施、人员及作业活动等存在的风险点、危险源，建立固有风险和事故隐患清单及台账。2020年9月，已完成双重预防机制验收工作。

【加强物业行业扫黑除恶工作】

2020年7月10日，收到1条市转办物业行业线索。大鹏区局与大鹏办事处（社区发展办）立即开展调查处置，两次与举报人座谈详细了解情况；多次现场调查取证，到龙岗区住房和建设局调取相关历史档案资料。经区局扫黑除恶专项斗争领导小组集体研究，结合调查情况，认定是"截至目前，无证据证明该线索为涉黑涉恶问题，但存在涉嫌未按规定公示物业管理账目和分割物业管理区域等物业管理领域行业乱象"。二是多次现场复查，确认名墅海景度假村一期（公寓区）与二期（别墅区）之间阻碍车辆人员通行的铁门已打开。三是龙方公司已在小区公示物业管理账目。四是指导督促大鹏办事处组织名墅海景度假村成立业主大会、选举业主委员会。五是举报人反映的龙方公司私自出租物业管理用房、违规使用物业专项维修金、违法出售物业管理用房等违法事项，暂未发现实质性的证据证明龙方公司有相关违法行为。大鹏新区物业管理主管部门于2020年9月10日将调查处理情况现场送达信访人。另外，名墅海景度假村已于2020年12月3日成功召开首次筹备组会议，后续工作待按流程继续开展。

2020年大鹏区局共受理物业信访投诉41件，12345市长专线投诉48件。约谈物业企业和业主委员会委员7人次，召开信访协调会8次、信访联席会议3次，化解重大矛盾纠纷2件。

11. 深汕特别合作区

根据深圳市物业管理统计年报统计，截至2020年12月31日，在深汕特别合作区注册的物业服务企业1家，在管全国项目2个，在管建筑面积3.88万平方米，从业人员10人。

另据深圳市深汕特别合作区住房建设和水务局（以下简称"深汕区局"）统计，截至2020年12月31日，合作区共有物业项目12个。

※ 日常工作
（1）前期物业服务合同备案的监督和服务工作。
（2）物业小区疫情防控的监管工作。
（3）监督物业服务企业加强物业管理区域安全管理工作，定期做好物业管理区域安全自查自纠工作。
（4）强化物业管理监督，做好突发天气状况安全警示工作。
（5）定期对辖区物业服务企业在管项目进行现场安全监督检查。

※ 专项工作
【"打通生命通道"专项工作】 根据《深圳市消防安全委员会办公室关于印发〈深圳市"打通生命通道"消防安全专项整治行动方案〉的通知》（深消安委办〔2020〕22号）《深圳市高层建筑消防车通道标识施划指引》（以下简称《指引》），深汕区局督促各物业服务企业做好高层住宅小区和公共建筑消防车通道标识施划工作，并要求开发建设单位在消防审查验收工作中落实消防车通道标识施划工作。已完成4个高层住宅小区消防车通道标识施划工作，其余未完成施划的住宅小区正在开发建设中。

【"高空坠物"专项排查整治工作】 根据《深圳市住房和建设局关于配合做好物业管理区域高空坠物专项整治工作的通知》（深建物管〔2020〕5号），深汕区局督促合作区物业服务企业配合相关部门落实物业服务公共区域高坠隐患排查责任，加强高空作业管理和防护，加大高空坠物防范宣传培训力度，切实维护小区住户生命财产安全。

【开展"电动自行车消防安全、电气火灾防范"专项整治工作】 根据《深圳市安委会关于印发2020年全市安全生产专项整治行动总体工作方案的通知》(深安〔2020〕3号)《深圳市深汕特别合作区安委办关于印发〈2020年全区安全生产专项整治行动总体工作方案〉的通知》，在"电动自行车消防安全"方面，深汕区局督促各物业服务企业加大物业小区内电动自行车违规停放充电巡查力度，重点排查电动自行车违规进楼停放、电池入户充电等突出问题，发现有电动自行车违规停放、充电的行为及时制止，督促物业企业做好物业小区内电动自行车集中停放场所和充电设施维护管理，紧密结合电动自行车火灾风险点，充分利用短信、业主微信群，公共电子屏、小区宣传栏、横幅等途径，在电动车集中停放充电场所，楼栋出入口等部位，广泛宣传电动自行车有序停放、安全充电，以及处置初起火灾、逃生自救等常识；在"电气火灾防范"方面，督促物业服务企业履行消防安全管理职责，落实消防安全主体责任，严格执行用电安全规程，依法依规定期开展电气防火检测，按照物业服务合同约定做好小区公共部分电气线路的日常检查、维护和管理工作。

附录：深圳市宝安区城中村住宅小区物业管理专业化工作指引

第一章　总　则

第一条【目的】 为适应城中村小区物业管理的需要，提升城中村小区物业管理服务品质，推进城中村小区向实施专业化物业管理方向发展，特制定本指引。

第二条【适用】 本指引适用于宝安区村改居、统建楼、小产权房等实施物业管理的城中村住宅小区。

第三条【依据】 本指引依据《深圳经济特区物业管理条例》《宝安区2020年物业管理品质提升工作方案》(深宝住建〔2020〕121号)《宝安区关于进一步推进党建引领住宅物业小区治理工作方案》(深宝组〔2019〕61号)等法规、文件编制。

第四条【概念】 推进城中村物业管理专业化工作，具体由社区党委领导，以社区股份合作公司（以下简称股份公司）为实施主体，通过市场化的方式聘请专业物业服务企业，与物业管理自治机构一起共建共治，不断提高物业管理质量和服务水平，营造安全、舒适、文明、和谐、美好的生活环境。

第二章　党建引领与社区治理

第五条【社区党委】 社区党委指导城中村小区建立基层党组织，或派驻党建工作指导员，领导物业服务企业、物业管理自治机构共同开展工作。建立党组织、自治机构、物业服务企业议事协调机制，解决物业管理重大事宜，协调小区物业管理矛盾纠纷。

社区党委应有一名委员专/兼职负责物业管理工作。

第六条【居委会】 社区居民委员会应设立负责物业管理的专业委员会，指导和督促物业管理自治机构和物业服务企业履行职责。

第七条【股份公司】 股份公司董事会每季度应召开一次物业管理专题会议。股份公司负责成立辖区城中村小区物业管理自治机构；在没有成立自治机构之前，股份公司负责公开招标选聘专业物业服务企业。

董事会应有一名及以上成员专/兼职负责物业管理工作。

第三章 专业化路径

第八条【自管】 股份公司成立下属物业服务企业（以下简称村属物业公司），通过签订物业服务合同的方式，为辖区城中村小区提供物业管理与服务。村属物业公司应在组织架构、工作职责、管理与服务等方面，满足本指引的相关要求。

第九条【合作】 村属物业公司不具备专业化的物业管理能力时，可通过兼并、重组、合作等方式，引进具有专业化能力的物业服务企业，共同为城中村小区提供专业化的物业管理与服务。

第十条【顾问】 村属物业公司不具备专业化的物业管理能力时，可选择具有专业化能力的物业服务企业提供顾问咨询服务，在顾问的帮助下快速提升专业能力。

第十一条【引进】 鼓励社区股份公司引进物业管理职业经理人等专业人才，推动本社区物业管理以及自行成立的物业公司实现专业化物业管理目标。

第十二条【市场】 股份公司未成立物业公司的，应通过公开招标的方式，选择专业化的优秀物业服务企业，与之签订服务合同，并按合同约定对物业管理与服务工作进行监督与评价。

第十三条【自治】 股份公司应积极推动成立物业管理自治机构，由物业管理自治机构购买物业服务并处理与物业服务企业履行合同相关的事项。

第四章 组织架构与工作职责

第十四条【物业服务企业】 物业服务企业应当具有独立法人资格，未被列入行业黑名单，未被实施诚信惩戒。

物业服务企业应当实施现代企业管理制度，建立健全安全生产管理机制，设置处理投诉的机构或部门，具备完善的财务管理制度。

物业服务企业应当按照法律、法规的规定和物业服务合同的约定履行义务。

物业服务企业应当积极参与基层社会治理，履行综合治理相关责任。

第十五条【物业管理机构】 物业服务企业应当在城中村小区设立独立核算的服务机构，并配备专业物业管理人才，特殊工种和关键岗位应持证上岗。

（一）设置物业管理处或物业服务中心（以下简称管理处），配备一名专职主任，全权负责小区物业管理工作；大型社区可配备一至多名副主任。

（二）设置客户服务部门，配备一名及以上专职接待及财务管理人员，负责接待回访小区居民，对物业管理收入支出情况进行财务核算等工作。条件许可的小区可分别设置接待岗位与财务岗位。

（三）设置公共安全及秩序维护管理部门，全面负责小区的公共安全、公共秩序、停车管理、装修管理、应急事件处理等。该部门可设置的岗位包括：保安主管或保安队长，出入口门岗管理员，监控管理员，安全巡逻兼机动车管理员，消防管理员（可由安全巡逻人员兼任，应经过消防安全专项培训，鼓励取得专业资格证书）。

（四）设置环境管理部门，全面负责小区环境清洁、绿化养护、垃圾分类、害虫消杀、绿色物业等工作。可根据小区实际情况自行配备充足的工作人员，或购买社会专业服务。

（五）设置工程管理部门，负责对小区的共用部位、共用设施设备、共用场地的检查、保养、清洁、维修等工作。可根据实际需要自行配备工作人员，或购买社会专业服务；自行配备人员的，应涵盖强弱电、给排水、建筑施工、土木工程等工种；有电梯的小区还应配备电梯管理专业人员。

管理处配备的工作人员，应将姓名、岗位、联系方式及照片公开。管理处主任、副主任及各专业部门主管的信息，应在小区显著位置向全体居民公开。

第十六条【职责】 物业服务企业应当为管理处的每一个工作岗位，制订科学、合理、齐备、明晰的工作职责。岗位职责应在相关人员办公场所或作业地点明示；在作业地点明示的，应同时公示责任人的姓名、照片等信息。

物业服务企业应根据岗位职责，拟订相关工作岗位的考核细则，并定期考核。

第十七条【培训】 所有物业管理工作人员均应经岗前培训合格后方可上岗。培训内容应包括职业道德、法律法规、安全生产、岗位职责、行为规范、操作流程与工作指引等。在岗员工每年应接受继续教育不少于60课时。

第十八条【履职】 每位工作人员均应按照物业服务合同要求以及相关工作标准、工作指引，保质保量完成工作。

每个岗位、每项流程、每个节点均应统一制作规范的记录表格，由相关工作人员逐项记录。记录应清楚明了，易于查阅与保存。

第十九条【方案】 管理处应当为重点工作制订方案或指引，具体包括：安全生产应急预案、接待服务指引、投诉处理指引、财务公开指引、物业管理满意度调查指引、秩序维护各岗位工作指引、装饰装修手续办理指引等。

第五章 物业管理与服务

第二十条【内容】 宝安区城中村小区物业管理专业化工作，包括基础管理（含档案、收费、接待、客服、报修、社区文化、基层治理等）、环境管理（含清洁、绿化、消杀、垃圾分类等）、公共秩序维护（含停车秩序、公共安全、社区商业等）、共用部位及共用设施设备维修养护等四个方面。

物业服务企业应针对前款内容，从组织架构、管理内容、管理标准、管理程序等方面建立标准化的管理服务制度规范。

鼓励物业服务企业扩大管理与服务的范围，不断提高居民对物业管理的满意度。

实施专业化物业管理的城中村小区，有围合条件的小区建议实现围合式管理。

由街道办事处统一购买服务或直接管理的卫生清洁、路灯养护、绿化管理、流动人口统计等工作，应逐渐移交物业服务企业并向物业服务企业购买服务。

第二十一条【合同】 股份公司或物业管理自治机构选聘物业服务企业，应当签订物业服务合同，约定物业服务内容、物业管理费标准、合同期限等。

物业服务合同应向全体物业所有人和物业使用人公示。

物业服务企业应当在签订物业服务合同之日起十五日内，将物业服务合同副本报物业所在地街道办事处备案。

第二十二条【费用】 物业管理费由股份公司或物业管理自治机构与物业服务企业根据服务内容、服务标准、人力成本、物价水平等因素在物业服务合同中约定。

城中村住宅小区物业管理费标准应不低于1.00元/平方米/月，物业费收缴率应不低于85%。

股份公司应协助物业服务企业上调质价相符的物业管理费标准，协助物业服务企业催收物业管理费。

街道办事处应指导各社区建立物业服务费调整的科学机制，满足提升物业服务品质的要求。

第二十三条【公示】 物业服务企业应公示下列信息：

（一）物业服务企业的营业执照、项目负责人的基本情况、联系方式以及物业服务投诉电话；

（二）物业服务内容、服务标准、收费项目、收费标准、收费方式等；

（三）上一年度物业服务合同履行以及物业服务项目收支情况、本年度物业服务项目收支预算；

（四）物业管理费与物业专项维修资金使用情况；未设立物业专项维修资金的不用公示。

物业所有人和物业使用人对公示内容有异议的，物业服务企业应当予以答复。

第二十四条【禁止】 物业服务企业及其工作人员不得违规泄露物业所有人和物业使用人信息；不得违反相关规定，损害物业所有人和物业使用人利益。

第二十五条【外包】 管理处可根据需要，采取招标方式聘请专业机构承担特种设备维修养护、清洁卫生、园林绿化、工程施工等专项服务。

外包企业服务员工入场前应经培训合格后方可上岗。培训成绩由物业服务企业进行检验。

管理处应建立对外包服务质量进行监督与考评的机制，并配备相关专业监管人员。

第二十六条【预案】 物业服务企业应当遵守安全生产、公共卫生、治安、消防、防灾管理等有关公共安全法律、法规的规定，制定安全防范应急预案，在相关部门指导下做好物业管理区域的安全管理工作。安全防范应急预案应当报街道办事处备案，街道办事处应当对安全防范应急预案的制定和实施给予必要的指导。

发生安全事故或者其他突发事件时，物业服务企业应当及时采取应急措施，并按照规定向有关行政管理部门或者相关专营单位报告，协助做好相关工作。

第二十七条【应急】 发生下列情形时，物业服务企业应当立即采取应急处置措施：

（一）共用供水、排水、供电、供气设施设备发生故障或者其他影响正常使用的情况；

（二）消防设施发生故障；

（三）外墙墙面存在脱落危险等情况；

（四）其他危及安全的紧急情况。

发生前款第一项情形的，物业服务企业应当及时报告相关专营单位；发生前款第二项至四项情形的，属于物业所有人所属物业的，应及时告知物业所有人限期整改，同时上报社区和街道办事处；属于共用物业的，物业服务企业应当及时报告股份公司或物业管理自治机构，并进行应急维修，应急维修费用从物业专项维修资金中支出，未设立物业专项维修资金的，由股份公司列支。

第二十八条【高坠】 物业服务企业应当加强日常巡查，发现物业所有人、物业使用人使用的窗户、阳台、搁置物、悬挂物存在安全隐患的，应当通知其及时处理。

第二十九条【违建】 城中村小区禁止各类违法搭建，禁止改造房中房出租住人，禁止发生法律、法规禁止的其他行为。

发生前款行为时，物业服务企业应当及时劝阻；劝阻无效的，应当及时报告街道办事处或者有关职能部门。

第三十条【装修】 物业所有人或者物业使用人装饰装修，或者进行其他涉及安装、维修及高空作业等活动的，应当事先告知物业服务企业。

物业服务企业应当将相关禁止行为和其他注意事项书面告知物业所有人或者物业使用人，并按照物业服务合同约定以及相关法律法规的规定进行监督。

第三十一条【水电】 未经供水、供电、供气等相关专营单位或者物业所有人授权、行政决定或者司法裁决，物业服务企业不得实施停水、停电、停气。可能对物业所有人利益或者公共安全造成重大损失的紧急情形除外。

第三十二条【档案】 物业服务企业应建立科学完善的物业管理工作档案，对档案资料应妥善保管并建立电子档案。档案的建立应符合快速查找、便于工作的要求。

第三十三条【专项维修资金】 鼓励城中村小区设立物业专项维修资金，并按0.2元/平方米的标准，每月向物业所有人或物业使用人收取。城中村小区物业专项维修资金管理指引，由区住房和建设局另行制定。

第六章　附　则

第三十四条【监管】 各街道办事处依据本指引，对辖区物业管理的专业化情况进行推进、检查、考评、通报。

区住房和建设局依据本指引，另行制订考评细则。

第三十五条【解释】 本指引由区住房和建设局负责解释。区住房和建设局可根据实际需要，制定配套操作文件。

第三十六条【期限】 本指引自发布之日起施行，有效期二年。

第二章

物业管理行业管理

SHENZHEN
PROPERTY MANAGEMENT
YEARBOOK 2021

第一节　物业管理行政管理体制与手段

1.行政管理综述

深圳的物业管理行业管理体制主要由两个密切配合的系统组成，其一是行政管理系统，由深圳市房屋和物业管理委员会、深圳市住房和建设局、各区（新区）住房和建设局、街道办事处（社区工作站）组成，分别在各自行政职能范围内从事物业管理活动的指导、监督、管理等工作；其二是行业自律系统，即深圳市物业管理行业协会、各区物业管理协会（联合会），负责制定区域内行业行为规范、组织从业人员培训、开展行业信息交流和沟通、调解行业内部争议、办理主管部门授权委托的工作等。

2.行政管理机构

深圳市房屋和物业管理委员会是全市物业管理的最高管理和协调机构，负责协调和管理物业管理的重大事项。深圳市房屋和物业管理委员会主任由主管副市长担任，政府副秘书长和住房建设主管部门负责人任副主任，成员分别由市政府办公厅、市住房建设局、市发展改革委、市财政局、市规划和自然资源局、市城管局、市市场监管局、市民政局、市公安局、市中级人民法院、市信访办、福田区政府、罗湖区政府、盐田区政府、南山区政府、宝安区政府、龙岗区政府、龙华区政府、光明区政府、坪山区政府、大鹏新区管委会、市广电集团、广东电网公司深圳供电局、市水务集团、市燃气集团等单位的负责人担任。深圳市房屋和物业管理委员会下设办公室，设在市住房建设局，负责日常工作。

深圳市住房和建设局是全市物业管理行业的主管部门，依法对物业管理行业进行指导、监督和管理。下设物业监管处，承担深圳全市物业管理行业管理工作，指导、监督、协调各区和相关单位开展物业管理各项具体工作；拟订物业管理行业发展规划、相关政策并监督实施；依法监管物业管理招标投标；指导和监督物业专项维修资金的管理；承担市物业管理委员会办公室的日常工作。

各区住房和建设局在市主管部门的指导下负责本辖区内物业管理行业的监督、管理工作。

街道办事处在区主管部门指导下，负责组织、协调业主大会成立及业主委员会的选举工作，指导、监督业主大会和业主委员会的日常活动。

社区工作站协助街道办事处开展物业管理相关工作。

3.行政管理手段

经过近40年的发展，深圳物业管理形成了一套比较完善并行之有效的行业管理手段：立法、培训、考评、信用管理、招标投标管理、联席会议制度等。

立法——立法是物业管理规范发展的基础，深圳先后颁布了40多部物业管理方面的法规、规章和规范性文件，逐步建立起了物业管理政策法规体系，构筑起了深圳物业管理发展的法制基础，使物业管理的规范发展有法可依、有章可循。

培训——深圳自1989年开始抓培训，培训专业化人才，以适应行业蓬勃发展的需要。培训对象包括各专业操作人员、管理人员、管理处主任、经理。2020年，深圳房地产和物业管理进修学院全年培训人员总数2480人，其中管理员250人，项目经理2230人；深圳市物业管理行业协会全年线上线下培训30多场，近10万人参加。

考评——深圳自1992年开始组织年度评优考核达标，以考评规范物业服务企业的服务行为，并将考评与企业市场竞争和物业品牌等紧密结合，调动了企业参与考评的积极性。通过考评，加强了行业间的交流学习，提高了物业服务企业的整体服务水平。2020年，深圳组织了71个项目参与深圳市物业管理优秀项目达标验收工作，新评选出57个物业管理"市优"项目。

信用管理——深圳自2018年物业管理资质取消后，开始加强事中事后监管，将重心转向信用管理，建立健全以信用为核心的物业管理市场体系，营造诚实守信的物业管理市场环境。2020年，起草了《深圳市物业管理信用评价与管理办法（征求意见稿）》，并配套开发信用信息公开系统，物业管理信用体系逐步完善中。

招标投标管理——深圳自1993年开始实施通过招标投标方式确定物业管理单位的做法，在业主与物业服务企业之间建立双向选择机制，已经形成制度化和规范化。深圳实行物业管理招标投标的实践证明，物业管理引进招标投标这种竞争机制，激励了物业服务企业提高管理服务水平和自身素质，规范了物业管理市场的竞争行为，促进了物业管理行业的市场化进程。

物业管理联席会议制度——根据《深圳经济特区物业管理条例》实施若干规定第十一、十二条的规定，建立市、区、街道三级物业管理联席会议制度。市物业管理联席会议由市主管部门负责召集，由发展改革、财政、规划国土、公安、环境保护等部门作为成员单位，对全市物业管理重大问题进行指导、协调、审议和决策。区物业管理联席会议由区政府确定成员单位，由区主管部门负责召集，协调处理辖区内物业管理重大问题。街道办事处根据物业管理工作实际，组织辖区城管、规划土地监察、公安、安监、维稳、信访、环境保护、社区工作站等部门、机构召开物业管理联席会议，协调处理辖区内的物业管理问题。

第二节　物业管理法制建设

1.深圳市物业管理法制建设进程

1988年，深圳市政府在颁布《深圳经济特区住房制度改革方案》时出台了《住宅区管理细则》，对住宅区的管理体制、维修养护、收费、招标投标等做了原则性规定，是深圳经济特区物业管理立法的雏形，标志着深圳物业管理法制建设开始。

1994年，深圳出台了国内第一部物业管理地方性法规——《深圳经济特区住宅区物业管理条例》，为建立特区物业管理法规体系奠定了良好的基础。此后，原深圳市住宅局会同有关部门制定了一系列配套规章和规范性文件，形成了一个以法规为龙头，以规章为主干，以规范性文件和技术规则为辅的相对独立完整的深圳经济特区物业管理法规政策体系。

2004年1月底，原深圳市住宅局向深圳市政府法制办报送了《深圳经济特区物业管理条例（送审稿）》。同年9月，深圳市国土资源和房产管理局向市政府法制办报送了《深圳市业主大会和业主委员会指导规则（送审稿）》；12月30日，经市政府常务会议审议后原则通过。

2005年1月17日，深圳市政府颁布了《深圳市业主大会和业主委员会指导规则》。2007年9月25日，《深圳经济特区物业管理条例》在深圳市第四届人民代表大会常务委员会第十四次会议获得通过。

2009年，原深圳市国土资源和房产管理局制定了《深圳市物业管理统计报表制度》，并经原市统计局审核批复（深统法字〔2008〕12号），于2009年1月20日予以发布。同年，深圳市国土资源和房产管理局根据深圳市人民政府办公厅《关于清理部分市政府部门规范性文件的通知》（深府办〔2007〕70号）的要求，对2001年12月31日前制定发布的规范性文件进行了清理，其中废止了8个关于物业管理的规范性文件。

2010年5月11日，《深圳市建筑物和公共设施清洗翻新管理规定》在深圳市政府四届161次常务会议审议通过，该《规定》自2010年7月1日起施行。2010年7月20日，深圳市人民政府五届六次常务会议审议通过了《深圳市物业专项维修资金管理规定》（深府〔2010〕121号）并于2010年9月10日印发施行，标志着深圳市物业专项维修资金监管工作进入了一个全新的阶段。

2013年11月27日，《深圳经济特区物业管理条例》实施若干规定发布，明确市主管部门应当建立市物业管理信用信息库，完善不良行为警示制度，将物业服务企业及相关从业人员、业主委员会委员和候补委员及执行秘书、承担机电设备维修养护或者清洁卫生等专项服务的专业机构等纳入信用信息档案管理。同时，倡导绿色物业管理，鼓励采用新技术、新方法，促进物业管理的集约化、信息化、低碳化，并提倡物业服务企业参与养老事业，业主大会倡导生活垃圾分类。

2016年12月14日，深圳市住房和建设局发布《深圳市物业管理微信投票规则（试行）》，规范了物业管理微信投票行为，有效破解业主大会召开难、表决难的老大难题。

2019年5月15日，深圳市住房和建设局发布《深圳市绿色物业管理专家管理办法》，绿色物业管理专家的监督和管理得到有效规范，专家的技术支撑作用得以充分发挥，进一步推进了深圳市绿色物业管理发展。

2019年9月4日，深圳市六届人大常委会发布公告：《深圳经济特区物业管理条例》经市第六届人民代表大会常务委员会第三十五次会议于2019年8月29日修订通过，自2020年3月1日施行。

2. 2020年深圳市物业管理法制建设状况

2020年，为了确保《条例》中各相关条款得到有效落实，深圳市住房和建设局加快推进《条例》配套文件的制订和发布，从制度层面进一步落实《条例》规定，规范业主委员会运作，加强物业服务企业监管，保障业主合法权益。截至2020年12月31日，已出台12个配套文件。其中，4个规范性文件：《深圳市业主共有资金监督管理办法》《深圳市业主大会和业委会备案管理办法》《深圳市物业管理电子投票规则（修订）》《深圳市物业专项维修资金管理规定（修订）》；5个示范文本：《深圳市业主大会和业主委员会议事规则（示范文本）》《物业管理区域管理规约和临时管理规约（示范文本）》《深圳市业主自行管理方案（示范文本）》《深圳市（前期）物业服务合同（示范文本）》《物业管理区域应急预案（示范文本）》；3个操作指引：《深圳市业主共有资金会计核算指引》《深圳市物业小区信息公开指引》《〈深圳经济特区物业管理条例〉行政处罚实施标准》（见表2-2-1）。

深圳市现行物业管理法规、规章、规范性文件一览表　　　　　表2-2-1

序号	名称	发布单位及文号	发布时间	执行时间
1	《关于印发我市住宅物业服务收费指导标准的通知》	深价规〔2007〕1号	2007-10-16	2007-11-01
2	《关于印发〈深圳市绿色物业管理专家管理办法〉》的通知	深建规〔2019〕4号	2019-05-15	2019-06-01
3	《深圳经济特区物业管理条例》	深圳市第六届人民代表大会常务委员会公告第158号	2019-09-04	2020-03-01
4	《关于印发〈深圳市业主共有资金监督管理办法〉的通知》	深建规〔2020〕8号	2020-05-26	2020-07-01
5	《关于印发〈深圳市业主大会和业主委员会备案管理办法〉的通知》	深建规〔2020〕13号	2020-07-23	2020-08-05
6	《关于印发〈深圳市物业管理电子投票规则〉的通知》	深建规〔2020〕14号	2020-08-11	2020-09-01

续表

序号	名称	发布单位及文号	发布时间	执行时间
7	《关于印发〈深圳市物业专项维修资金管理规定〉的通知》	深府规〔2020〕8号	2020-10-22	2020-11-01
8	《关于印发〈深圳市各类物业建筑安装工程总造价标准〉的通知》	深建物管〔2021〕7号	2021-03-10	2021-03-11

3. 2020年深圳市部分区出台的物业管理相关政策、文件

（1）福田区

● 《深圳市福田区住房建设领域防控疫情同舟共济支持企业若干措施》（深福建字〔2020〕1号）

● 《福田区防控疫情同舟共济"福企"新十条政策》

● 《福田区住宅小区"防高坠"标准化手册》

● 《关于印发福田区小散工程开工防疫标准化标准指引等文件的通知》

● 《福田区产业园区、商业办公楼疫情防控和复工复产物业服务工作指引二十条》

● 《建筑物防风防汛物业服务操作指引》

（2）南山区

● 《南山区物业管理指导委员会工作指导意见（试行）》

● 《南山区物业管理服务评价工作方案》

● 《南山区业主委员会委员、候补委员"负面清单"》

● 《南山区业主委员会任前谈话工作指引》

● 《南山区业主委员会重大事项报备工作指引》

● 《南山区住宅小区公约制订（修订）工作指引》

（3）宝安区

● 《深圳市宝安区住房和建设局关于规范物业管理行为妥善化解矛盾纠纷的若干意见（试行）》

● 《宝安区商品住宅业主委员会成立和换届指引（试行）》

● 《宝安区商住小区物业服务主体退出和交接指引（试行）》

● 《宝安区城中村住宅小区物业管理专业化工作指引》

（4）龙华区

● 《龙华区物业管理区域疫情防控"铁五条"》

● 《深圳市物业服务企业疫情防控服务财政补助工作指引》

● 《深圳市物业服务企业疫情防控服务财政补助工作指引》

● 《龙华区物业领域2020年扫黑除恶治乱专项行动方案》

（5）龙岗区

● 《龙岗区物业服务企业疫情防控服务财政补助工作方案》

● 《龙岗区物业服务企业疫情防控服务财政补助审核操作指引》

- 《龙岗区"物业管理工作落实"指标评分标准》

（6）坪山区

- 《坪山区2020年物业管理项目评级评优工作方案》

附录：龙岗区"物业管理工作落实"指标评分标准

基本信息	指标名称	物业管理工作落实			
	评估单位	龙岗区住房建设局	评估科室	物业监管科	联系电话	
	评估对象	各街道	评估权重		3%	
	评估周期	年度	材料报送时间		12月底前	
指标释义	物业管理工作是指组织、协调业主大会成立及业主委员会的选举工作，指导、监督业主大会和业主委员会的日常活动，调解物业管理纠纷；督促物业服务企业落实物业安全管理责任；鼓励物业服务企业提高物业管理质量和服务水平等各项工作					

基本分评分标准（总分100分，权重占比80%）

一级评估项	二级评估项	分值		评分标准
商品房住宅小区安全生产管理情况	1.安全生产检查工作	9	25	（1）未按要求组织开展商品房住宅小区安全生产专项检查，督促物业服务企业落实安全生产主体责任的，一次扣1分，累计最多扣5分，该项未被扣分，得5分。 （2）未按要求报送安全生产检查台账的，每次扣0.5分，累计最多扣4分，该项未被扣分，得4分
	2.安全隐患整改工作	8		（1）未对各商品房住宅小区检查发现的安全隐患跟进整改，并建立健全隐患整改台账的，每发现1宗扣1分，累计最多扣5分，该项未被扣分，得5分。 （2）未配合市、区督导组安排人员进行安全检查的，1次扣1分，累计最多扣3分，该项未被扣分，得3分
	3.安全生产方案、宣传培训	5		（1）未制定辖区物业管理区域年度安全方案的，扣1分，该项未被扣分，得1分。 （2）每年至少组织两次物业行业安全生产宣传及培训，少一次扣1分，累计最多扣2分，该项未被扣分，得2分。 （3）安全生产宣传、培训台账不健全的，一次扣0.5分，累计最多扣2分，该项未被扣分，得2分
	4.发生较大安全责任事故	3		年内商品房住宅小区未发生较大安全责任事故得3分，每发生一次扣3分
物业矛盾纠纷调处工作情况	物业矛盾纠纷调处及化解工作	22	22	（1）未按区主管部门要求组织召开会议对物业矛盾纠纷进行联合调处的，一次扣1分，累计最多扣4分，该项未被扣分，得4分。 （2）辖区内商品房住宅小区小于50个的，存在一次越级上访的扣1分；辖区内商品房住宅小区大于或等于50，小于100个的，存在一次越级上访的扣0.8分；辖区内商品房住宅小区大于等于100个的，存在一次越级上访的扣0.6分，累计最多扣5分，该项未被扣分，得5分。 （3）因未及时处置物业矛盾纠纷引发较大舆情的，一次扣1分，累计最多扣5分，该项未被扣分，得5分。

续表

一级评估项	二级评估项			评分标准
物业矛盾纠纷调处工作情况	物业矛盾纠纷调处及化解工作	22	22	（4）辖区物业服务企业退出小区物业管理，街道办事处未主动介入调处引发矛盾纠纷的，发生一起扣1分，累计最多扣4分，该项未被扣分，得4分。 （5）辖区商品房住宅小区未按规定选聘物业服务企业，街道办事处未主动介入调处引发矛盾纠纷的，发生一起扣1分，累计最多扣4分，该项未被扣分，得4分
业主大会和业委会指导、监督工作情况	业主大会和业主委员会指导、监督工作	20	20	（1）无正当理由，未依法组织成立商品房住宅小区首次业主大会会议筹备组的，一次扣1分，累计最多扣4分，该项未被扣分的，得4分。 （2）未派代表参加首次业主大会筹备组成立工作的，一次扣1分，累计最多扣4分，该项未被扣分的，得4分。 （3）因业主大会议题指导不当导致矛盾纠纷的，一次扣1分，累计最多扣4分，该项未被扣分的，得4分。 （4）业主委员会任期届满6个月前，街道办事处未依法组织成立换届小组并引发矛盾纠纷的，一次扣1分，累计最多扣4分，该项未被扣分的，得4分。 （5）街道办事处未依法履职，导致业主大会和业主委员会受到区级及以上行政部门责令限期整改的，一次扣1分，受到区级及以上行政部门行政处罚的，一次扣2分，累计最多扣4分，该项未被扣分的，得4分
宜居社区创建工作情况	1. 星级宜居社区创建情况	5	10	四星级宜居社区创建情况，5分×（已获评四星级宜居社区数量÷辖区社区总数）
	2. 回访复查情况	5		回访复查情况，回访复查未通过的，扣5分，该项未被扣分，得5分
商品房住宅小区星级评价工作情况	商品房住宅小区星级评价工作	11	11	（1）未按规定时限组织开展商品房住宅小区星级评价工作的，扣2分，该项未被扣分，得2分。 （2）逾期报送物业管理星级评价相关材料的，扣3分，该项未被扣分，得3分。 （3）商品房住宅小区星级评价挂牌后，有投诉的且经调查属实被摘牌的，一次扣2分，累计最多扣6分，该项未被扣分，得6分
信息报送情况	1. 工作总结报送情况	2	8	未按要求报送半年工作总结的，扣1分，未按要求报送全年工作总结的，扣1分，该项未被扣分，得2分
	2. 信用评价报送情况	3		未报送物业服务行业信用评价信息的，扣3分；报送信用评价信息少于3条的扣1分，该项未被扣分，得3分
	3. 其他信息报送情况	3		其他信息未按要求报送的，每次扣0.5分，累计最多扣3分，该项未被扣分，得3分
维修金管理工作情况	催收日常维修金	4	4	配合催收日常维修金，如存在不配合催收的行为，一个扣1分，累计最多扣4分，该项未被扣分，得4分

加分项评分标准（权重占比20%）

一级评估项	二级评估项	评分标准
加分项	1. 党建引领工作情况	（1）建立社区党委指导监督业主大会、业主委员会、物业服务企业等主体的制度，加1分。 （2）社区党委牵头成功化解物业管理矛盾纠纷，并提供相应的佐证材料，每个加1分，最高加4分。 （3）小区党组织参与监督管理小区事务，并提供相应的佐证材料，每个加1分，最高加3分。 （4）年内成立的业委会委员中有党员的，党员占比50%以下的，加1分；党员比例50%以上的，加2分

加分项	2.物业矛盾纠纷情况	（1）建立街道物业矛盾纠纷联合调处工作机制并设立物业矛盾纠纷调解室，并提供相应的佐证材料的，加1分。 （2）街道或社区工作站法律顾问每参与1宗物业矛盾纠纷调处，并提供相应的佐证材料的，加0.5分，最高加2分。 （3）年内未发生较大集体信访事件且物业矛盾纠纷数量下降10%及以上的，并提供相应的佐证材料的，加2分
	3.维修金使用	（1）通过业主大会授权工作站或居委会代为履行业委会的部分职能，使无业委会的小区也能申请备用金。每一个无业委会的小区成功申请备用金的，加1分。 （2）支持无业委会小区召开业主大会或征询相关业主意见表决维修金使用的，加1分。 （3）按《深圳经济特区物业管理条例》规定，联合相关部门，对紧急情形采取应急防范措施使用维修金，出具意见的，加2分
	4.安全生产责任事故	年内辖区商品房住宅小区没有发生安全生产责任事故的，加2分
	5.开展审计工作情况	年内街道办事处组织对辖区内业委会开展审计工作的，每个加2分
	6.组织履职培训情况	组织业委会相关履职培训的一次加1分，最高加4分
	7.申报及获评五星级宜居社区情况	五星级宜居社区创建情况，申报五星级宜居社区，加1分；已获评五星级宜居社区，一个加1分
	8.辖区商品房住宅小区受表彰情况	辖区商品房住宅小区获得政府省级及以上表彰的，每个加3分；辖区商品房住宅小区获得政府市级表彰的，每个加2分；辖区商品房住宅小区获得政府区级表彰的，每个加1分

说明：每项得分项得分总分不超过评估指标的分值；扣分项扣完分值为止。考评成绩加分后最终得分超过100分的，以100分为限

评估规则

评估对象年度得分＝基本分得分×80%+加分项得分×20%

数据采集方法及流程

1.评估单位制定评估方案，并会同相关单位实施。

2.被评估单位结合评估内容进行自评，并提供相应的材料，于12月底前反馈龙岗区住房建设局。

3.评估单位汇总核实自评材料，并确定分值，最后形成综合评估报告

第三节　物业管理信息化建设

　　深圳市住房和建设局坚持全市"一盘棋"，搭建深圳市物业管理信息平台，通过手机移动端实现物业管理行业的统一和动态管理。平台以物业服务企业、物业项目负责人、业主委员会等物业管理基本信息为基础，借助全市统一的地楼房权人底板数据，打造涵盖电子投票、小区信息公开、业主评价，以及物业事项备案、在线安全检查、诚信管理等多个物业管理服务子系统，破解业主大会表决难题，规范业委会运作，促进小区公共事务公开透明，充分保障业主参与权、知情权和监督权。加强对物业服务企业信用管理和信用评价，加快构建以信用为核心的物业服务市场监管机制，不断优化市场竞争环境，促进行业向优质、诚信方向发展。

1.物业管理信息平台核心架构

　　物业管理信息平台打造"两端"+"三类"+"N+1"核心架构，"两端"指微信端和桌面（PC）端，"三类"指业主（组织）、政府和物业服务企业三类用户，"N+1"指N个子系统和一个基础数据库（见图2-3-1）。

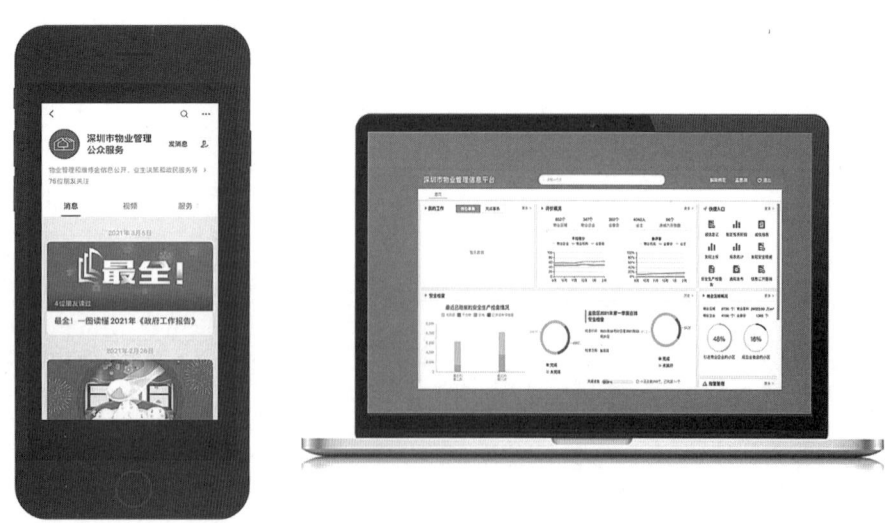

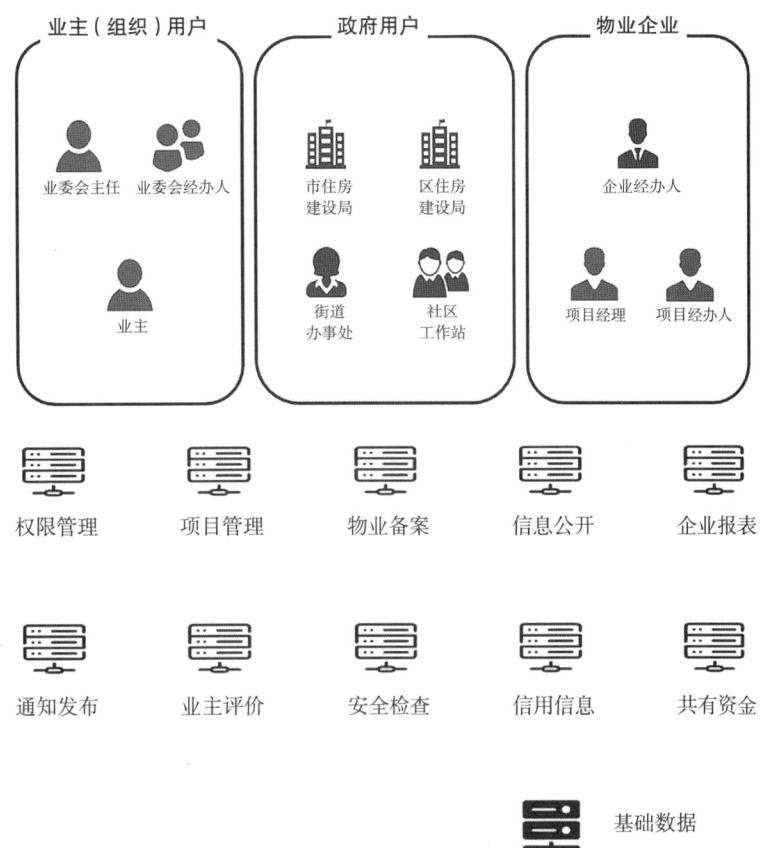

图 2-3-1 "两端" + "三类" + "N+1" 核心架构

2.物业管理信息平台部分子系统介绍

——权限管理:权限管理子系统可实现对平台内用户的管理与赋权,更好地进行组织机构管理及区分用户角色,可根据实际情况建立用户组织架构及划分不同的用户角色,并采用分级赋权的管理方式,深圳市住房和建设局创建区局组织架构体系及用户角色体系,区局创建辖区内街道的组织管理架构,以此类推,管理创建全市的组织架构体系。

——信用信息:信用信息子系统可以实现基础信息自动获取,良好信息自主申报和不良信息的手动登记,建立信用预警池及信用预警模型,同时,利用物业管理信息平台各业务模块的业务数据,自动推送信用预警信息至预警池,由市、区物业主管部门筛选登记不良信息,进而建立健全全市物业管理信用档案,营造诚实守信的物业管理市场环境。

——电子投票:电子投票子系统为业主提供用户注册、查询投票记录、委托投票人、电子投票;为业主委员会提供用户注册、业主注册情况查询、投票使用申请、补计票和复核、投票结果查询;为街道办事处提供投票使用申请审核、委托投票申请审核、投票结果及明细查询;为市、区物业主管部门提供统计决策分析等功能。截至2020年12月31日,已有971个小区在线召开业主大会5682次,完成表决议题18226个,有效破解业主大会表决难题。

——业主评价：业主评价子系统是为小区业主提供的满意度测评工具，经过实人认证和绑定业主身份后，就可以对小区物业管理服务机构和业主委员会进行评价，评价结果按月排名，督促物业服务企业和业主委员会增强服务意识、提高服务水平，营造和谐优美的居住环境。

——安全检查：安全检查子系统为物业服务企业提供在线安全检查功能，分为常规检查和专项检查。常规检查依据《物业服务行业安全管理检查评价规范》设定检查指标，每半年在全市开展一次；专项检查包含电动汽车充电桩、电动自行车、有限空间、游泳池、电梯、防风防汛、高空坠物等内容。通过定期常规检查和不定期专项检查，督促物业服务企业全面落实物业管理区域内安全管理责任，及时消除安全隐患，降低安全事故发生的概率。

——信息公开：物业信息公开子系统以小区为单位，以物业服务企业、业主委员会等为信息公开主体，按照"谁公开谁负责"的原则，对小区的物业服务信息进行依法公开，包括小区基础信息、物业服务企业信息、业主委员会信息等，物业主管部门可以对信息公开情况进行监管，业主可以对信息公开内容提出质疑、投诉。

——共有资金管理：业主共有资金管理子系统旨在通过信息化手段规范深圳市物业管理活动中业主共有资金的监督管理，维护业主的合法权益。通过该功能，物业主管部门可准确掌握全市共有资金开设情况，业主可以查看本小区共有资金账户的实时余额和流水，提升物业费等资金使用的透明度，保障业主知情权、监督权。

——报表统计：报表统计子系统主要功能在于统计物业服务企业相关数据，统计周期一般为半年一次，企业报表包含8张表格，即企业基本信息、企业从业人员情况、企业在管物业情况、顾问及其他、企业财务状况、企业基本业务外包情况、业主满意度、其他指标数据。通过开展统计报表填报工作，物业主管部门可以掌握物业管理行业统计数据，为制定行业发展政策提供参考。

第四节 物业管理标准化管理

1.标准化工作思路

标准是人类文明进步的成果，是世界"通用语言"，对支撑产业发展、促进科技进步、规范社会治理起到了重要作用。为推动深圳物业管理由传统优势行业向现代服务业转型升级，构建法制化、市场化、国际化以及专业化、集约化、智能化的现代物业管理服务业，深圳市住房和建设局大力推进物业管理标准建设。通过明确服务类、安全类的基础性标准，为物业服务企业划定物业管理行为的"底线"；通过明确写字楼和医院服务规范及绿色物业评价标准，为物业服务企业提升服务竖立"标杆"。按照确保守住"底线"，鼓励追赶"先进"的思路，在深圳市推行"抓两头、带中间"的管理模式，促进物业管理行业的高质量发展。

2.标准化工作总体情况

2020年，第一届深圳市物业管理标准化技术委员会工作届满，开始筹备换届工作。经过公开征集、委员推荐、初步筛选、市市场监管局审批等环节，最终确定第二届标委会由25名委员组成，秘书处设在深圳市物业专项维修资金管理中心。标委会按照统一规划、统一标准、资源整合、分工建设、数据共享的指导原则，全面统筹深圳市物业管理领域标准的制修订、技术审查、宣贯、培训、实施、复审、解释以及实施效果评估等工作。截至2020年12月31日，已发布实施《物业服务通用规范》《住宅物业服务内容与质量规范》《物业服务行业安全管理检查评价规范》《绿色物业管理项目评价标准》等14个物业管理地方标准（见表2-4-1），《新建物业项目承接查验规范》《物业服务要求 医院》等标准待报批后发布实施。

物业管理标准一览表（截至2020年12月31日）　　　　　　表2-4-1

序号	标准名称	标准编号	主要起草单位（前三）	发布时间
1	物业服务通用规范	SZDB/Z 42—2011	深圳市物业管理行业协会、深圳市万科物业服务有限公司、中海物业管理有限公司	2011-07-27
2	物业服务区域秩序维护规范	SZDB/Z 170—2016	深圳市居佳物业管理有限公司、深圳市科技工业园物业管理有限公司、深圳市口岸物业管理有限公司	2016-01-27
3	物业服务人员管理规范	SZDB/Z 171—2016	北京世邦魏理仕物业管理服务有限公司深圳分公司、中海物业管理有限公司深圳分公司	2016-01-27
4	物业共用部位设施设备编码规范	SZDB/Z 172—2016	万科物业发展有限公司、长城物业集团股份有限公司、中航物业管理有限公司	2016-01-28
5	物业绿化养护管理规范	SZDB/Z 173—2016	中航物业管理有限公司、深圳市上城物业管理有限公司、深圳市特科物业管理有限公司	2016-01-28
6	住宅物业服务内容与质量规范	SZDB/Z 203—2016	深圳市万厦居业有限公司、深圳市万科物业服务有限公司、中海物业管理有限公司	2016-10-14
7	物业管理基础术语	SZDB/Z 287—2018	深圳市标准技术研究院、中航物业管理有限公司	2018-02-09
8	物业服务安全与应急管理导则	SZDB/Z 306—2018	深圳市科技工业园物业管理有限公司、中航物业管理有限公司、长城物业集团股份有限公司	2018-06-14
9	物业服务行业安全管理检查评价规范	SZDB/Z 307—2018	深圳市物业管理行业协会、深圳市住房和城市建设发展研究中心、深圳市诚则成第三方物业服务评估有限公司	2018-06-14
10	绿色物业管理导则	SZDB/Z 325—2018	深圳市可持续发展研究会、深圳市标准技术研究院、深圳市万厦居业有限公司	2018-10-10
11	绿色物业管理项目评价标准	SJG 50—2018	深圳市建设科技促进中心、通标标准技术服务有限公司、深圳市生活垃圾分类管理事务中心	2018-12-7
12	物业服务要求 商务写字楼	DB4403/T 12—2019	中航物业管理有限公司、SGS通标标准技术服务有限公司	2019-03-26
13	住宅小区电动汽车充电设施安全管理规范	DB4403/T 56—2020	深圳市标准技术研究院、深圳市计量质量检测研究院、普天新能源（深圳）有限公司	2020-04-10
14	公安系统物业服务规范	DB4403/T 71—2020	深圳市公安局、深圳市住房和建设局、深圳市物业管理行业协会	2020-07-29

第五节　物业专项维修资金管理

1.综述

截至2020年12月31日，全市物业专项维修资金（以下简称维修金）专户资金总额为243.12亿元（其中首期维修金归集184.5亿元，日常维修金归集32.03亿元），维修金已累计拨付使用11.49亿元，增值收益达38.08亿元（其中2020年新增维修金增值收益6.83亿元），年增值收益率超到3.575%，收益率居全国前列，较好地实现了资金的保值增值。

历年维修资金年末总额情况如下（见图2-5-1）：

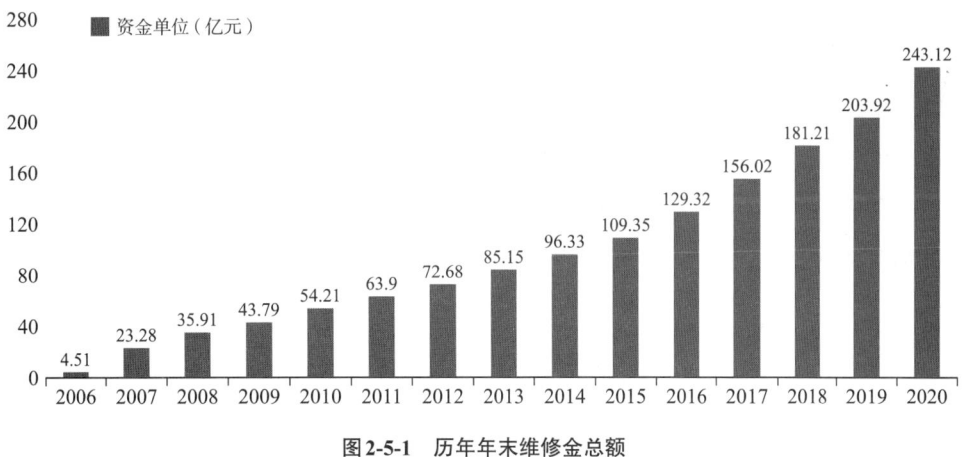

图2-5-1　历年年末维修金总额

2.建立健全维修金管理法规制度

【出台《深圳市物业专项维修资金管理规定》】《深圳市物业专项维修资金管理规定》经市政府同意，于2020年11月1日起正式实施，进一步构建和完善了深圳市维修金管理制度体系，从源头优化了维修金管理机制、破解了管理难题。为抓好政策落地落实，全面启动了法规培训和政策宣贯工作，并在《深圳商报》和《深圳特区报》、住建局官网和微信公众号刊登《深圳市物业专项维修资金管理规定》政策解读，切实提高广大业主对维修金的正确认识，营造良好氛围。

【出台《深圳市物业管理电子投票规则》】《深圳市物业管理电子投票规则》于2020年8月11日发布实施，规范了全市物业管理电子投票活动的管理，有效破解业主大会召开难、表决难的老大难题。

【推动修订多部配套规则和工作指引】 一是制定《业主共有资金账户数据共享合作协议》《共有资金账户信息公开及大额资金监管协议》，发布《关于公开接受数据共享银行申请的公告》；二是在疫情防控期间制定了《深圳市物业小区疫情防控期间应急使用维修资金业务办理工作指引》，方便业主在特殊时期正常使用维修金；三是制定了《使用物业专项维修资金工程造价服务工作规则》《物业维修金管理系统数据处理规则》等。

3.大力推进维修金管理工作

【全面落实维修金收取与追缴工作】 一是对于因不动产登记未把关导致未按规定缴交维修金问题，已与不动产登记中心实现系统对接，通过数据核验方式实现不动产首次登记环节严格把关，从源头上杜绝欠缴首期维修金的现象。目前，新建项目已实现应缴尽缴；二是加大力度推进历史遗留下来的首期维修金追缴工作，目前已完成80个项目的追缴工作；三是对于欠缴日常维修金问题，组织各区创新工作方式方法、灵活运用各项行政、法律手段，全力推进追缴工作，目前全市已完成追缴项目369个，有力推进了整改进程。

【破解维修金"使用难"的问题】 一是设立"3+1"使用模式。针对不同的维修需求和缓急程度，设计了专项使用、日常使用和应急使用三种使用方式，并建立了日常维修金自管制度，进一步拓宽维修金管理和使用模式，"3+1"的使用模式涵盖了小区范围内维修金使用的各种情形，保障实现"居有所安"。二是进一步理顺和优化了维修金使用流程。全面简化使用审批流程，将使用审批权下放至区管理机构；压缩审批时限，单笔业务办理时限由原14个工作日，减少到3个工作日，业务办理时限压缩了八成，在资金拨付环节还推出"秒批"和"不见面审批"。

第六节　绿色物业管理、智慧物业、宜居社区建设

1.绿色物业管理

近年来，随着全球生态环保意识的日益增强，世界范围内掀起了一场"绿色革命"，深刻地影响着人们的生活和生产方式。深圳物业管理以其独有的区位优势和扎实的发展基础，秉持"开拓创新，锐意进取"的特区精神，在行业的转型升级中，率先举起了"绿色物业管理"的旗帜，与"建设环境友好型和资源节约型社会"以及智慧城市、智慧社区建设紧密结合，积极探索和实践，取得了良好的成绩，积累了一些经验。深圳的物业服务企业通过开展绿色物业管理工作，不仅提升了物业服务的水平，为自身实现了经济效益，也为广大的业主创造了良好的工作环境和生活环境，赢得了广大业主的赞许，得到社会的广泛认可。

【2020年绿色物业管理工作情况】

（1）发布《〈绿色物业管理评价标准〉专家审查要点》

为规范深圳市绿色物业管理项目申报资料自查与审查工作，提高深圳市绿色物业管理项目服务质量和技术水平，深圳市建设科技促进中心组织资深绿色物业管理专家依据《绿色物业管理项目评价标准》（SJG 50—2018）的要求，认真总结和吸收了绿色物业管理项目审查过程中的成果和经验，结合深圳市绿色物业管理工作的现状和特点，在广泛征求意见的基础上，通过反复讨论、修改和完善，编制并于2020年6月发布了《〈绿色物业管理评价标准〉专家审查要点》，统一了专家评价内容的尺度和方法。

（2）举办两次《绿色物业管理项目评价标准》（SJG 50—2018）的线上培训活动。

应广大物业服务企业的申请，深圳市住房和建设局委托深圳市建设科技促进中心与2020年的5月和8月分别针对《绿色物业管理项目评价标准》（SJG 50—2018）和《〈绿色物业管理评价标准〉专家审查要点》举行了培训活动。因疫情影响，这两次培训活动均利用线上培训平台进行，累计有1500人在线上观看。并且专家在进行线上授课时，深圳市建设科技促进中心的工作人员还录制了影像资料，将影像资料上传至线上培训平台云端保存，物业服务企业工作人员可随时免费在线上培训平台收听收看该培训内容，得到了大家的一致好评。

（3）盐田区住房和建设局出台绿色物业管理的区级扶持政策

为了加大力度激励物业服务企业开展绿色物业管理，深圳市住房和建设局积极联系并指导各区住房和建设局出台有关政策扶持绿色物业管理的实施与发展。经过密切沟通和努力，全市已有盐田出台绿色物业管理的扶持政策。

根据《盐田区绿色建筑与装配式建筑发展专项扶持办法》规定，按绿色物业管理评价标准，一星级最高补贴5万元，二星最高级补贴10万元，三星级最高补贴20万元。

【2020年绿色物业管理项目情况】

（1）全市第一批绿色物业示范项目产生

为了激励物业服务企业开展绿色物业管理，深圳市住房和建设局于2018年出台了《深圳市建筑节能发展专项资金管理办法》（深建规〔2018〕6号），规定了绿色物业管理的资金扶持政策。经过深圳市住房和建设局的层层审查，崇文花园、前海花园一期二期、迈锐总部大厦、御景翠峰、康佳研发大厦成了深圳市第一批绿色物业示范项目，并获得政府专项资金资助，事项项目资助金额达70万元。

（2）新增15个深圳市级绿色物业管理项目

为继续推进物业服务企业积极创建绿色物业管理星级项目，促进深圳市绿色物业管理的发展，深圳市住房和建设局继续委托深圳市建设科技促进中心开展绿色物业管理项目标识评价工作。深圳市建设科技促进中心于2020年3月印发了《深圳市建设科技促进中心关于开展2020年度绿色物业管理项目星级标识评价工作的通知》，指导物业服务企业申请绿色物业管理项目标识评价并组织评审、授牌等工作。

2020年，深圳市建设科技中心共收到22个物业项目关于绿色物业管理的申报资料，经过资料审查和现场核查，最终有15个项目获得了深圳市绿色物业管理星级标识（见表2-6-1）。

15个深圳市绿色物业管理星级项目 表2-6-1

序号	申报项目名称	申报企业	星级
1	大冲商务中心AB座	深圳市保利物业管理集团有限公司	三星
2	上东湾雅居	深圳市方华物业服务有限公司	三星
3	睿智华庭	深圳市颐安物业服务有限公司	三星
4	上合花园	深圳市红树林物业管理有限公司	三星
5	金地中心	深圳市金地物业管理有限公司	三星
6	大鹏办事处	深圳市龙城物业管理有限公司	二星
7	央行深圳市中心支行	中航物业管理有限公司	二星
8	大族河山花园	深圳市大族物业管理有限公司	二星
9	岸上林居	深圳市万家好物业服务有限公司	一星
10	宝安区妇幼保健院	深圳市嘉诚物业管理有限公司	一星
11	天健商务大厦	深圳市天健物业管理有限公司	一星

序号	申报项目名称	申报企业	星级
12	星河智荟	深圳星河智善生活股份有限公司深正分公司	三星
13	长城二花园	长城物业集团股份有限公司	二星
14	中山大学七院（深圳）	深圳市新东升物业管理有限公司	二星
15	尚水天成花园	深圳市爱义物业管理有限公司	二星

附录：绿色物业管理优秀案例

上东湾雅居（物业管理单位：深圳市鹏广达物业服务有限公司）

（1）项目概况

上东湾雅居，位于深圳市盐田区沙盐路3068号，由深圳市鹏广达实业有限公司投资，深圳市沙进贸易股份有限公司开发的一个项目。项目总占地面积5844.98平方米，总建筑面积52894.28平方米，楼高98米，地下3层，地上32层，其中1～3层为商业裙楼，商业建筑面积约8396.86平方米，住宅区的三楼为园林式休闲区，4～32层为住宅，住宅建筑面积约32085.53平方米。

小区自带游泳池、儿童乐园、老年休闲会所等，于2014年获得节水型居民小区及绿色物业项目示范小区等荣誉。

（2）管理单位概况

深圳市鹏广达物业服务有限公司成立于2007年4月，公司注册资本500万元，深圳市物业管理行业协会理事单位。经营范围包括：物业管理、物业租赁、酒店管理、物业策略发展顾问、智能互联网、设备设施维护、清洁服务、智能化施工、园艺服务、家政服务等。公司已通过ISO9001质量管理体系、ISO14001环境管理体系第三方认证，为公司实行专业化、规范化、标准化管理奠定了坚实的基础。

公司成立以来，本着"细心关注、用心服务"的服务宗旨，秉承"团结、务实、高效、创新"的核心价值观，确立了"内强素质、服务尽责；外树品牌，管理创新"的质量方针，并确定以"持续超越业主需求、持续提升服务品质"为企业的发展方向。通过全体员工不断追求高效率、高品质的工作作风和勤奋工作，创立了具有鹏广达物业服务特色的物业管理模式。

（3）示范内容简介

1）基本制度：项目根据绿色物业管理制度的要求，成立绿色物业管理小组，为实现管理处绿色物业管理实施制定《绿色物业管理制度》《绿色采购制度》《绿色物业管理自评机制》《绿色物业激励制度》等。

2）节能管理：项目上使用的都是国家规定的节能设备，项目地下车库采用的是高效的LED灯具，实现分区感应控制，在没人时自动降低亮度。加大巡查主要电费波动较大处的区域重点能耗设备，将严重浪费能源的地方作为重点整治区域。

3）节水管理：项目水泵房已移交水务局，水泵房设备及抄表皆由水务局进行管理，设置空调冷凝水蓄水池，对居民安装的分散空调冷凝水进行收集，并应用于绿化灌溉，不设雨水收集系统。

4）垃圾分类管理：项目引入德立信垃圾分类设施，在小区内垃圾集中投放点设立分类督导员，并对分类督导员进行垃圾分类培训。在小区内多次开展垃圾分类宣传教育活动，每月对生活垃圾产生量进行分类统计和垃圾减量分类，引入义工组织。

5）环境绿化管理：为使小区绿化养护工作顺利有序地开展，上东湾物业服务处制定了绿化养护方案，明确绿化管理的养护要求，在实施病虫害防治时提前进行公示，按照要求采购符合国家标准的农药，要求施药人员佩戴防护用品，保证自身安全。

6）污染防治管理：项目内实施雨污分流，污废合流制，定期检查雨污管网，鼓励业主选用环保装修材料，建立健全噪声污染管控机制。

（4）项目创新点

项目在管理过程中引入德立信垃圾分类装置，安装滴管装置节水，在2014年获得节水型居民小区奖励，设置电子显示屏，滚动播放节能、节水、垃圾分类宣传材料等。

（5）综合效益分析

小区获得节水型居民小区奖励，对深圳市节水工作起到积极作用，引入德立信垃圾分类智能化设施，对垃圾分类工作起到示范性作用。

大冲商务中心（物业管理单位：深圳市保利物业管理集团有限公司）

（1）项目概况

大冲商务中心位于深圳主干道深南大道上，隶属于深圳湾CBD片区，分为ABCD四栋楼，其中A、B栋总建筑面积140547.33平方米。

（2）管理单位概况

深圳市保利物业管理集团有限公司（简称"深圳保利物业"），2001年注册成立，是国内较早认证的一级物管资质企业，专业从事综合物业资产管理服务。经过20年市场化发展及蜕变，深圳保利物业顺利完成股份制改造，成为业内领先的独立第三方物业服务公司，是引领国内现代物业发展的领先者。目前，集团业务遍及深圳、北京、上海、广州、东莞、惠州、汕头、重庆、成都、福州、厦门、西安、南京、苏州、无锡、徐州、烟台、青岛、泰州、淄博、昆明、曲靖、衡阳、宁德等国内大中城市，下设分子公司50余家。

深圳保利物业重视科技革新，引进的国内领先产业互联网方案提供商保臻科技产品——田丁智慧社区平台，科技赋能日常物业服务，实现了公司的业务流程重塑和智慧化转型。并借助该平台强大的标准化整合能力、大数据处理能力来提高管理效能，让广大业主尽享更为便捷、高效的品质智慧物业服务。

（3）节能降耗改造，助推绿色发展

2020年，仅在实施节能降耗改造的第一年，大冲商务中心单位面积能耗为93.13千瓦时/平方米·年，低于绿色物业管理考核指标平均用电能耗95千瓦时/平方米·年。大冲商务中心建立专项节能管理及奖惩制度，通过对年度用能情况分析，设定能源基准、目标及指标值，实现节能降耗，推动绿色低碳发展（见表1）。

用能情况分析表

表1

年份	塔楼面积	塔楼能耗（千瓦时/平方米·年）	总用电量（千瓦时）
2021年1～6月	116588	/	4244700
2020年用电情况	116588	93.13	10858500
2019年用电情况	116588	93.26	10873060
年份	塔楼面积	塔楼能耗（立方米/人）	总用水量（立方米）
2021年1～6月	116588		51730
2020年用水情况	116588	上限40立方米/人	99529
2019年用水情况	116588	下限25立方米/人	141622

节电：LED灯改造，节能30%

对公共区域照明灯改造为LED照明，电梯厅采用集中控制系统，每天8:30～18:30由集控自动控制公共照明灯具的开关。地库、卫生间采用人体红外微波感应LED灯管，实现"人来灯亮，人去转暗，自动休眠，按需照明"，充分发挥LED感应灯管的节能环保优势，相比传统灯具，综合节能达到30%。

节水：推行节水器具，充分利用非传统水源和循环水

为节约用，提升水资源使用率，大冲商务中心采用节水器具，如节水龙头、节水坐便器等。同时还建立了一套非传统水源收集处理机制，有空调冷凝水、雨水收集，收集后的水源收集再利用，如注入负一层收集桶，用作车库地面冲洗、垃圾场地面冲洗及绿化浇水等。不定期对水压、水泵进行检查保养，减少跑、冒、滴、漏等情况，增加使用寿命，减少损耗。

采用VRV多联机空调喷雾

采用RV多联机空调喷雾，将喷雾洒在空调冷凝器上进行汽化吸热，具有极好的降温作用，从而可以降低高温天气下多联机的负荷，实现节能降耗。

（4）加大宣传，绿色环保美好生活

大冲商务中心积极开展"垃圾分类、污水处理、绿化绿化、污染防治、节水节电"等多方面绿色宣传活动，切实让"绿色、低碳、环保"的理念扎根园区、深入人心。

（5）科技革新，助力绿色发展

深圳保利物业，引进的国内领先产业互联网方案提供商保臻——田丁智慧社区平台，科技赋能日常管理。2020年疫情发生初期，率先开发出无接触的人员出入管控工具——田丁防疫通，其门禁管理、访客管理、车场管理等功能，为广大业主铸造了坚固的防疫堡垒，守好社区防疫"最后一公里"。

2.智慧物业建设试点

根据《住房和城乡建设部关于开展新型城市基础设施建设试点工作的函》（建改发〔2020〕152号）、住房和城乡建设部等部门《关于推动物业服务企业加快发展线上线下生活服务的意见》（建房〔2020〕99号）、住房和城乡建设部等部门《关于加强和改进住宅物业管理工作的通知》（建房规〔2020〕10号）等文件要求，深圳市被选为智慧物业建设试点城市，要求稳步推进智慧物业建设试点工作。

【智慧物业总体思路】 以"互联网+"为创新引擎，以促进信息共享和资源整合为重点，按照"需求导向、市场主导、政府统筹协调"的原则引导市场主体参与智慧物业建设试点。政府通过完善物业监管平台，制定智慧物业标准体系，推动物业服务企业使用的智慧物业管理服务平台（以下简称智慧物业平台）与物业监管平台对接，实现房屋、住户、车位、设施设备等物业小区基础数据的重复利用，提升全行业整体信息服务水平。

【智慧物业技术架构】 充分利用深圳市可视化城市空间数字平台的空间服务，共享全市房屋基础数据，重点打造"一中心两平台"，即：搭建数据共享交换中心，建设智慧物业平台和物业监管平台。充分发挥政府有形的手与市场无形的手的作用，明晰智慧物业建设中政府与企业的责任边界。政府负责物业监管平台建设维护，制定智慧物业平台服务标准、基础数据结构标准、智慧物业平台与物业监管平台的数据交换标准，建立智慧物业管理体系运行维护规则。第三方技术支持企业或者头部物业服务企业负责智慧物业平台开发维护，业主组织购买智慧物业平台的服务，授权物业服务企业使用，实现小区智慧物业管理（见图2-6-1）。

深圳市智慧物业体系蓝图

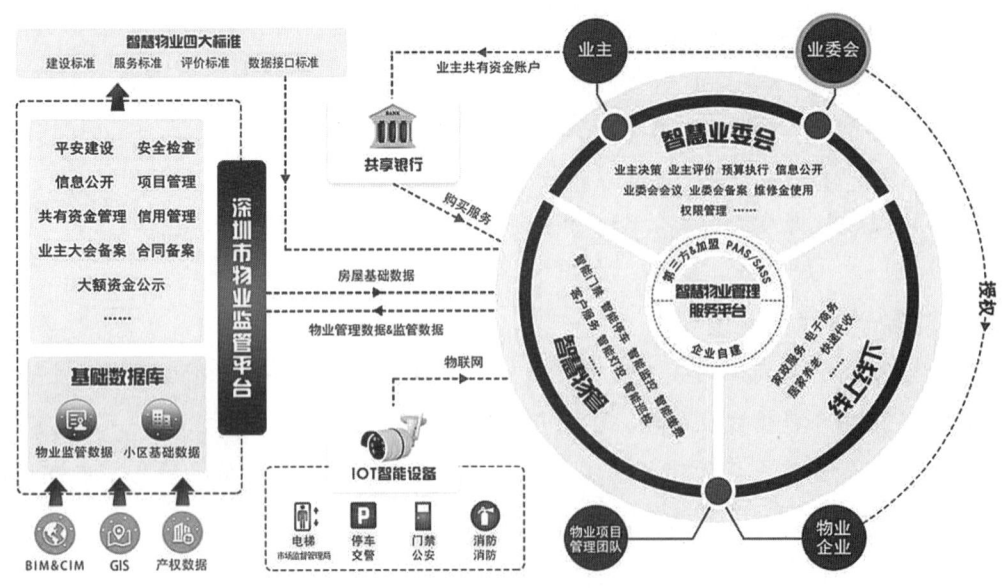

图2-6-1 深圳市智慧物业体系蓝图

【建立健全可持续运营机制】 根据《深圳经济特区物业管理条例》，深圳市业主组织均需要在数据共享银行开设业主共有资金账户，准备采取由业主共有资金账户开户行支付智慧物业平台服务费的模式，在全市推广智慧物业管理。智慧物业平台服务费平均5～10元/年户，占每年物业管理费千分之二左右，目前，多家数据共享银行均有意愿为了吸引存款而支付智慧物业平台服务费，这是市场行为。第三方智慧物业平台的技术开发企业凭平台服务质量从市场竞争用户，头部企业可以评估软件开发成本收益，根据需要购买第三方智慧物业平台的服务，促进全行业整体信息服务水平提升。此模式不会增加财政负担，智慧物业平台开发企业也有稳定的经营收入可以持续维护平台，数据共享银行吸引到稳定存款，也愿意为平台买单，这是一种多赢的模式。

【智慧物业建设试点方案主要任务】

（1）推进智慧物业平台建设

智慧物业平台服务标准规范智慧物业平台服务功能，要求能为物业服务企业和业主提供个性化、一站式、全方位数字化服务。主要功能涵盖基础信息、综合客服、云坐席、收费管理、设备管理、安全巡查、环境管理、员工考勤、数据分析等所有管理业务及相关增值服务业务，并结合APP、微信公众号和小程序，利用5G、物联网等最新前沿技术，实现手机开门、车牌识别、扫码支付等智能化系统的落地应用，为小区物业管理提供专业、高效、便捷的管理能力，全方位、全体系助力物业服务企业转型，帮助企业做到业财一体化管理，实现移动化作业、集约化管控、数字化管理和精细化服务。

（2）完善物业监管平台

1）丰富扩展物业监管平台功能。坚持全市"一盘棋"，进一步完善物业监管平台，通过手机移动端实现物业管理行业的动态监管。平台以物业服务企业、物业项目负责人、业主委员会等物业管理基本信息为基础，借助全市统一的地楼房权人基础数据，打造涵盖电子投票、小区信息公开、业主评价、共有资金账户预约开户、业主委员会管理，以及物业事项备案、在线安全检查、诚信管理等多个物业管理服务子系统，破解业主大会表决难题，规范业委会运作，帮助业主从人、财、物、事四个维度全方位抓小区管理，监督物业服务品质，促进小区公共事务公开透明，充分保障业主参与权、知情权和监督权。加强对物业服务企业信用管理和信用评价，加快构建以信用为核心的物业服务市场监管机制，不断优化市场竞争环境，促进行业向优质高效方向发展。

2）连接智慧物业平台。按照智慧物业数据交换标准为各智慧物业平台对接提供平台接口，通过信用评价、智慧物业小区评价、安全检查、物业服务合同约定等多种手段，推动自建智慧物业平台的物业服务企业或者使用第三方技术支持企业软件服务的物业服务企业与本平台对接，实现房屋基础数据、小区设施设备、业主委员会等物业小区基础数据的重复利用。

（3）搭建数据共享交换中心

以需求为导向，以应用为重点，以安全为基础，以解决互联互通、信息共享问题为核心，建立智慧物业数据共享交换中心，通过统一的数据接口标准和交互通道，采集物业管理区域内房屋、住户、车位、设施设备、物业服务企业、业主委员会等基础数据，以及设施设备运行维护等监管数据。对采集的数据进行系统化管理，按照用途、用户、权限等维度对数据封装打包和分布式存储，实现对采集数据的分析、管理、查询、共享和展示，提高数据利用率。推动物业监管平台与深圳市统一政务服务APP"i深圳"及相关公用事业服务平台的协同和共享，为维修资金、业主共有资金、住房公积金、住房保障、住房租赁、二手房参考价、就学、养老、图书借还、供水、供电、供气等各种应用场景提供方便、快捷的查询应用入口。

（4）制定智慧物业相关标准与规范

1）打造智慧物业标准体系。充分调研现有小区物业管理信息化现状，制定智慧物业建设标准、智慧物业平台服务标准、智慧物业基础数据结构标准、智慧物业数据交换标准、智慧物业小区评价标准和数字人民币智慧物业支付标准，为小区设施设备软硬件建设、智能化改造、智能化管理以及信息共享提供标准支撑，规范智慧物业平台信息共享范围、共享方式和共享标准建设。

2）推动智能设施设备接入标准统一。与公安、交警、市场监管、消防等部门积极沟通，推动小区停车、门禁、电梯、消防等设施设备监管部门牵头制定智能服务规范与接口标准，减少智能设施设备供应商管理系统与智慧物业平台之间的数据共享成本，提高智慧物业建设水平。

3）共享全市房屋基础数据。发布社会治理区域编码规则，对全市物业管理区域进行编码，统一和规范深圳市社会治理区域的管理。充分利用深圳市可视化城市空间数字平台的空间服务，搭建适应物业管理业务需要的空间数字底板，通过物业监管平台与深圳市可视化城市空间数字平台相互开放数据接口，建立健全协同更新机制，推进物业管理区域、楼栋、分户等社区管理基础信息的共建共享和业务协同，建立全市房屋基础数据，向智慧物业平台开放。

（5）开展智慧物业小区建设试点

1）开展智慧物业小区评价工作。选取部分基础条件较好的小区进行智慧物业小区建设试点，指导试点小区按照智慧物业小区评价标准对设施设备进行数字化、信息化提档升级，组织开展智慧物业小区评价活动，通过系统自动评价方式，评选公布一批智慧物业小区名单。

2）建立健全智慧物业小区建设。以智慧物业建设标准、智慧物业平台服务标准、智慧物业基础数据结构标准、智慧物业数据交换标准、智慧物业小区评价标准和数字人民币智慧物业支付标准为基础，推进智慧物业小区建设，在试点实践中，不断完善智慧物业相关标准和智慧物业小区评价制度，促进智慧物业小区建设可持续发展。对在管项目获得"智慧物业小区"称号的物业服务企业，纳入企业良好信用记录，在信用评价中予以加分，提高企业参与智慧物业建设的积极性。另外，在绿色宜居社区建设考核指标中，将智慧物业作为加分项，发挥区、街道和社区在智慧物业建设中的组织推动作用。

（6）探索数字人民币在智慧物业中应用

基于数字人民币智慧物业支付标准，探索在物业管理领域推广数字人民币应用，通过数字人民币接入智慧物业平台缴费系统，可在线上线下同步开通数字人民币支付功能，为用户提供专用途资金管理、消费、代扣等金融服务，实现水费、电费、燃气费、物业管理费、停车费等费用通过数字人民币零手续费缴纳。并运用聚合支付、静脉支付、声纹支付、人脸支付、无感支付等先进支付手段，促进传统支付手段智慧化，进一步提升物业小区业主支付的便捷程度。

（7）促进线上线下服务融合发展

鼓励有条件的物业服务企业运用物联网、云计算、大数据等技术，购买智慧物业平台的架构层服务，在此基础上进行增值服务开发，大力发展线上线下社区服务业，接入干洗、配送、健身、文化、旅游、家装、租赁等优质服务，拓展家政、教育、护理、居家养老、长者食堂、二手闲置资源互换等增值服务，构建健康、有活力的智慧物业服务生态（见图2-6-2）。

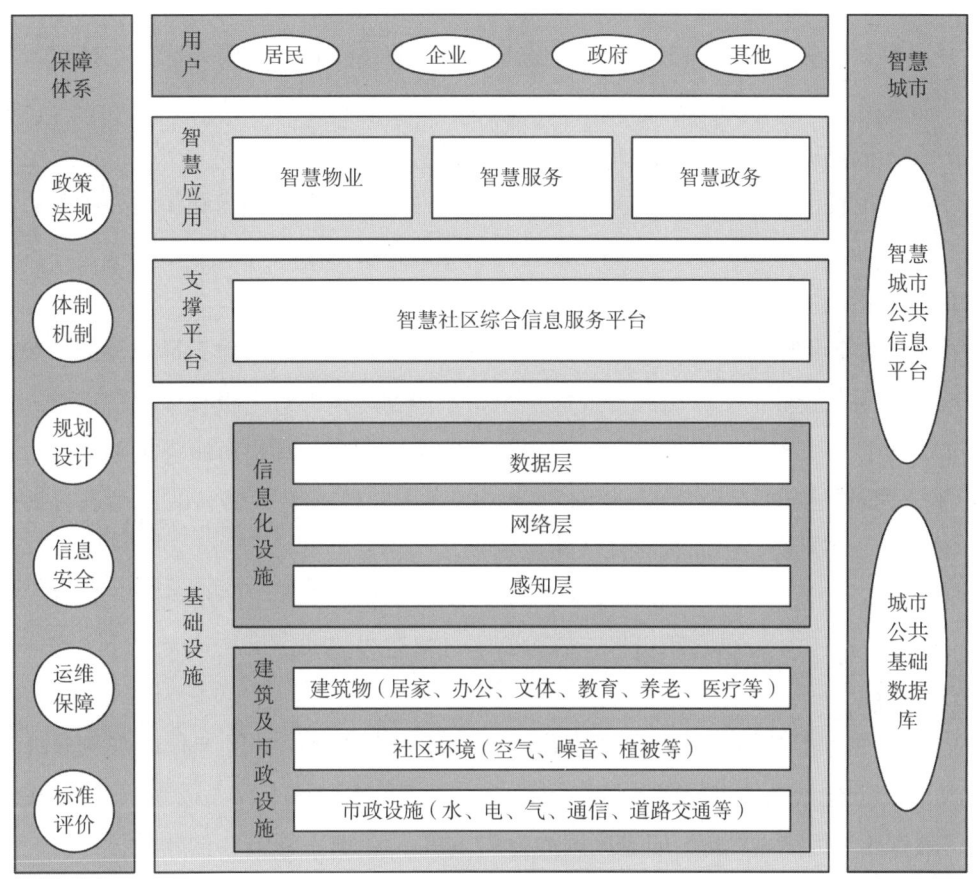

图2-6-2　智慧社区建设总体框架

3.宜居社区建设

按照《中共广东省委办公厅、广东省人民政府办公厅关于建设宜居城乡的实施意见》《关于加强宜居社区建设工作的指导意见》相关要求，自2010年开始，由省住房和城乡建设厅牵头开展宜居城市建设和宜居社区创建工作。

同年，深圳市印发了《深圳市创建宜居城市工作方案》，提出将宜居社区建设作为建设宜居城市的细胞工程推进。2016年发布的《深圳市宜居社区建设规划（2016—2020年）》明确提出，到2020年底，力争全市95%社区获评"广东省四星级宜居社区"称号。

【总体情况】　深圳（不含深汕合作区）共有75个街道、658个社区。截至2020年12月31日，全市642个社区已创建"广东省四星级宜居社区"，创建比例约为97.57%；642个社区中有49个已完成了"广东省五星级宜居社区"创建。

【具体工作举措】

一是成立由市领导挂帅的宜居城市创建工作领导小组，印发了5年工作规划，动员市、区各相关部门及街道办事处共同参与到宜居社区创建工作中。

二是每年制定年度的宜居社区创建工作方案。逐年下达各区创建工作任务，对相关工作措施进行微调。

三是开展宜居社区孵化培育工作。每年选取2个基础条件相对薄弱社区进行培育，委托培育技术单位在社区驻点，深入开展摸底测评、亮点提炼、问题剖析等工作，客观评估社区创建宜居社区现状，提出改进提升建议，帮助社区提高创建成功率。

四是举办宜居社区业务培训。面向宜居社区创建的市、区牵头部门和街道办事处、社区工作站工作人员举办业务培训班，重点解读《宜居社区建设评价》标准中的指标体系、评价方式及实施细则，更好地指引社区开展创建工作。

五是推行专家组评审制度。根据宜居社区创建工作部署，邀请创建指标涉及的市级各职能部门、专业机构、相关企业的专家组成专业评审组，按照创建标准对申报社区进行审查，重点审查申报材料的完整性、真实性和准确性，结合对社区的实地考察，提出市级评审意见。

六是开展宜居社区回访工作。每年对已获评的宜居社区，按照10%的比例进行抽查。通过制度化、常态化回访复查，巩固宜居社区建设成果。

七是持续将宜居社区创建工作纳入本市的生态文明建设考核，有效调动区政府、街道办事处、社区工作站的工作主动性和积极性，确保宜居社区建设工作的可持续发展。

【工作成效】

一是超额完成省市目标。自2010年全市启动创建广东省宜居社区工作以来，通过建立宜居社区孵化培育、创建指导、巩固回访等工作机制，创建工作取得了可喜成绩，截至2020年12月31日，"广东省四星级宜居社区"创建比例约为97.57%，超额完成95%的建设目标。

二是宜居社区建设水平逐步提升。通过近10年宜居社区建设，全市社区在居住空间、环境质量、配套设施、公共服务和社区管理等方面都有了较为明显的提升，市民获得感、幸福感显著增强。

三是宜居社区宣传引导能力持续增强。全市每年举办一期宜居社区建设培训会，通过对宜居社区专题理论学习、重点问题解读及建设经验分享等，深入剖析各项创建指标，提高社区人员专业素质水平，开拓社区创建视角。引导各区、街道和社区在地铁、公交、楼宇、网站等媒介公开播放宜居社区优秀案例、宜居创建展板、宣传片、社区微电影等，有效提高宜居社区市民认知度。

【下一步工作计划】

"十四五"期间，深圳市将紧紧围绕提升深圳质量的主线，加快建设宜居宜业宜游的生态城市，树立绿色发展观念，以保障和改善民生为重点，按照统一部署、全面启动、分步实施、稳步推进的思路，通过绿色、宜居社区创建，引导社区管理从"硬件建设"到"软件服务"方向转变，从被动式、应急式管理向主动式、预警式管理转型，全面提升社区宜居水平。

（1）印发方案。尽快印发《深圳市绿色（宜居）社区创建行动实施方案》，为"十四五"期间创建工作提供政策文件支撑。

（2）制订标准。整合宜居社区、绿色社区和完整居住社区标准，并充分考虑深圳市各相关部门对社区改造、应急处置、安全管理、智慧发展等方面的要求，制订适合深圳市城市管理实际需求的绿色、宜居社区建设标准，开展相应的创建活动。在保证社区建设、评价标准统一的基础上，尽量减轻基层负担。

（3）进行考核。向市政府争取，将绿色（宜居）社区创建工作纳入现有市对区级工作考核体系，对各区创建情况进行定期通报，在市、区政府工作部门和基层单位中营造创建工作气氛，推动建设标准的落地（见表2-6-2）。

（4）加大宣传。通过线上线下等多种方式，结合创建国家卫生城市、文明城市的宣传，向市民展示工作和生活环境改变、社区文化开展情况，提升群众的获得感、幸福感，以及城市的向心力。

2020年广东省宜居社区市级评审通过名单 表2-6-2

序号	行政区	街道	社区名称	申报星级
1	坪山区	龙田街道	老坑社区	五星级
2	龙岗区	南湾街道	丹平社区	四星级
3		坂田街道	万科城社区	五星级
4	福田区	莲花街道	福新社区	五星级
5	光明区	凤凰街道	塘家社区	五星级
6		光明街道	东周社区	五星级
7	大鹏新区	葵涌街道	土洋社区	五星级
8	盐田区	中英街街道	中英街社区	五星级
9	罗湖区	东湖街道	金湖社区	五星级
10	宝安区	新桥街道	沙企社区	五星级
11		松岗街道	江边社区	四星级
12		石岩街道	石龙社区	四星级
13	南山区	桃源街道	长源社区	四星级
14		粤海街道	滨海社区	五星级
15		南山街道	风华社区	五星级
16	龙华区	民治街道	民乐社区	五星级
17		大浪街道	龙平社区	五星级
18		福城街道	章阁社区	五星级
19		观澜街道	广培社区	四星级

附录：宜居社区案例

以下选取的是2020年深圳市级评审通过的10个"广东省五星级宜居社区"概况。

【福田区莲花街道福新社区】

福新社区地处深圳市福田区莲花街道，东起彩田路，西至新洲路，南临深南大道，北达莲花路，辖区面积3.3平方公里。2020年总人口达到12321人，其中户籍人口6826人，常住人口9147人。社区内有市属儿童医院，黄埔小学和黄埔中学，深圳市广播电影电视集团，黄埔雅苑高级住宅小区（包括一期翠悠园、二期逸悠园、三期乐悠园和四期骏悠园），以及深圳证券交易所、太平金融大厦、基金大厦、荣超商务中心、新世界大厦、江苏大厦、广电大厦、建设银行大厦（在建）、广电金融中心（在建）等11幢商业楼宇，同时以公共开放和生态保护为原则，汇集城市休闲娱乐功能，将文化、休闲、体验融为一体的综合性公园莲花山公园坐落其中，形成的一个环境优美、生活便利的中心社区。

福新社区环境优美、生活便利、人文气息浓郁，社区内学校、文体活动室、风水广场、篮球场、游泳池场、门球场、网球场、健身室、图书室、书画室、四点半学校、星光老年之家、莲花山公园等室内外活动场所一应俱全，为社区居民提供多功能的文化娱乐活动。社区水、电、网络、通信、消防管道、医疗、教育、餐饮、药店、交通等配套完善，居民生活便利。在2011年被评为广东省四星级宜居社区的基础上，福新社区不断提升，自我加压，实现了社区空间、环境、安全、文化、服务、管理等各方面大提升，于2019年获得"福田区2018年度安全管理工作先进单位""深圳市平安和谐社区"等荣誉称号。

【罗湖区东湖街道金湖社区】

金湖社区于2004年1月8日正式挂牌成立，辖区范围东起沙湾检查站交接处，南至原"二线"路，西至布心山庄中区东面围墙与金岭社区相接，北至石牙头山顶分水岭，辖区总面积3.55平方公里。社区主要由淘金山湖景花园、山湖居、翡翠园、绿映居等4个住宅小区组成，常住户2509户，暂住700户，居住人口10120人。

2016年成立社区党委，社区现有党员162人，下设7个党支部，其中两新支部3个。社区内有社康服务中心、文体活动室、棋牌室、书画室、图书阅览室、党员活动室等场所，为社区居民提供多功能的文化娱乐活动。为建设"以人为本、环境舒适、配套完善、文明和谐"的宜居社区，金湖社区大力开展宜居社区创建工作，取得了较好成绩。一是积极完善社区公共服务设施，改善社区环境；二是绿化面积合理，设有环保、安全等方面志愿队伍，居民环保意识强；三是完善社区服务，开展"一站式"服务，满足居民对信息化的需要；四是实行居民自治，积极开展丰富多样化的社区居民文化生活活动和文化宣传创建活动；五是设有群防群治队和民事调解队伍，制定完善的工作制度，及时消除治安、消防等方面安全隐患；六是社区物业管理覆盖率100%，物业公司诚信经营，业主依法享受权利并履行义务。社区先后获得广东省"六好"平安和谐社区、"深圳市绿色社区""罗湖区维护稳定及社会治安综合治理先进集体"等荣誉称号，金湖社区老年人协会被评为"2019年度先进集体"。

【盐田区中英街管理局中英街社区】

中英街社区位于深圳市盐田区环城路12号，辖区面积0.179平方公里，总人口约6077人（其中中国内地居民3143人，中国香港居民2927人，外籍人口7人）。辖区内有4个物业小区，分别是碧海苑、创意大厦、海天园、东和海韵园住宅小区，1个城中村——沙栏吓村，1所学校、1所幼儿园以及1个社康服务中心。社区现有社区党委1个，下设6个党支部，党员共65名。1984年4月，设立中英街、沙栏吓两个居委会，是最早的居委会建制。2001年12月在换届选举与机构改革的推动下，中英街、沙栏吓两居委"合二为一"，成为盐田区首个"居改社"示范社区。

中英街社区有历史修改的沙栏吓村自然村和中英街、天后宫、吴氏宗祠、警示钟、中英街历史博物馆等具有历史、文化内涵的旅游参观景点，有学校、市场、社康中心、银行、超市等生活便利设施，是人民不可多得的"现代智能化、商业诚信化、旅游特色化、深港融合化、平安法治化"的五化为一体的宜居社区。社区党群服务中心占地约214平方米，有舞蹈室、棋牌室、书画室、图书阅览室、党员活动室、人民调解室、民意表达室等场所，社区还成立了老年协会，组建了舞蹈队、合唱团、瑜伽队等社会团体，为社区居民提供多功能的文化娱乐活动。

中英街历史文化底蕴深厚，拥有中英界碑、吴氏宗祠、天后宫等文物保护单位和鱼灯舞、天后宝诞国家级、省市级非物质文化遗产，曾获得"国家级非物质文化遗产奖（灯舞 沙头角鱼灯舞）"奖项，同时也是"中国民间艺术之乡——沙头角"的核心区，2012年中英街获评第四批"中国历史文化名街"，2019年10月，中英街界碑入选全国重点文物保护单位，中英街社区内中英街历史博物馆还是广东省爱国主义教育基地，广东省关心下一代党史国史教育基地。

【南山区南山街道风华社区】

风华社区位于南山街道办事处西南部，管辖范围为两块：一块以鼎太风华小区为主，东起前海路、西至月亮湾大道、北起桂庙路、南至东滨路；另一块属前海自贸区前湾片区，东起月亮湾大道、西至前海海岸线、北起桂庙渠（桂庙水廊道）、南至铲湾渠。辖区总面积6平方公里，总人口17242人，其中户籍人口9122人，60岁以上老人3601人，残疾人55人，居住人群素质相对较高。辖区现有各类建筑物125栋，在建工地19个，企业及三小场所324家。

风华社区党委下辖14个党支部，共234名党员。社区党委在南山区委、区政府和南山街道党工委的引领下，以创建五星级宜居社区为目标，充分发挥自身的核心作用，融合各类治理主体参与社区共治，营造"和谐友爱，幸福家园"的社区氛围。社区党委一方面致力于从硬件设施至软实力全方位提升社区的整体人居环境，另一方面调研辖区问题需求，多方联动共商共治共建社区，在党建、管理、治理、自治和服务等方面取得了实实在在的成效。风华社区先后被评为"全国全民健康生活方式示范社区""广东省地震安全示范社区""广东省城市体育先进社区""深圳市文明社区""深圳市学习型社区""深圳市健康社区""深圳市平安和谐社区""深圳市无毒社区""深圳市绿色社区""精品特色社区"。

【宝安区新桥街道沙企社区】

沙企社区位于新桥街道中心区，北至潭头河、南至上星南路、西至宝安大道、东至上星路，毗邻沙井街道、万丰社区、上星社区、新桥社区。辖区总面积2.78平方公里，实际管理人口约2.2万人，其中户籍人口6511人。有楼房360栋（11972间套），花园小区69栋（6588间套），商业——写字楼8栋（345间套）。社区下辖3个综合商超、1个物流园、1个电子交易市场、1个历史悠久的古墟（清平古墟）、3家幼儿园、1所九年制学校、1个批发市场以及一座文化艺术中心等，辖区商业建筑突出、中心区位明显。

沙企社区设有社区党委1个，下辖3个党总支（居民党支部，益华电子城党支部，爱心一族），3个党支部，共管理62名党员。社区有沙企社区党群服务中心1个，新桥街道党群服务中心1个，党群服务U站3个，消防微型站64个，沙企社区党员活动室、党代表工作室和议事厅各1个。社区现有1个星光老人之家以及8个其他民间组织（多为文艺团体）。

沙企社区地理位置优越，社区内有沙井河、新桥河、万丰河、潭头河、上寮河五条河流以及市民广场公园和书香公园两个公园，主要道路宽敞平整，无严重破损，保证居民出行的舒适度和安全性。社区在管理服务上用好党建"指挥棒"，社区党委联合两新党委、业委会、物业公司、社会组织等多方力量参与小区治理，构造"物业分级管理+党建+诚信"治理体系，推动丽沙花都党支部、禧园党支部及棕榈堡党支部以党建引领物业工作，打造"红色物业"，构建新时代城市小区生活共同体。同时，社区推动各居民组织融合，盘活发展"一盘棋"，坚持"将社区教育融入社区治理"，积极创建学习型社区，整合多方资源，建立一支30人的专兼职教师队伍、219人的志愿者队伍，打造以建设"儿童友好型社区"为抓手的儿童教育品牌，以"爱心一族"等义工参与社区教育的服务品牌，把传统文化传承和社会主义核心价值观宣传有机结合，以文化凝聚人心，创新探索融合共生、多元互动、全员参与的社区治理机制。

【龙岗区坂田街道万科城社区】

万科城社区成立于2009年，辖区范围东至坂澜大道，南临贝尔路，西接梅观高速公路，北至稼先路，是坂田街道环境优美、最具城市风貌、高新产业聚齐、人文荟萃的社区。辖区包含万科城小区、中海日辉台小区，有华为、新天下等知名高新企业。辖区面积2.2平方公里，管辖人口约2万人，管理房屋676栋，12793套（间），三小场所374家，工矿纳管企业15家，纯办公企业406家，人员密集34家，有1所实验学校和4所幼儿园。

万科城社区党委成立于2012年10月，社区党委委员共9人，设党委书记1人、党委副书记1人，委员7人，另有兼职副书记1名，下设6个党支部，共有党员207名。

万科城社区以打造"融和万科城，宜居幸福家"为目标，建立了约700平方米的党群服务中心，是一站式、多元化的社区服务平台。中心内设立了亲子乐园、彩虹空间、爱心图书室、时间银行、未成年人活动中心、社区妇女学校、英语角、四点半学堂、电脑学校、社区图书馆、多功能室等，满足居民多元化的需求。积极整合社会资源，充分发挥"社工+义工+社区社会组织"联动作用，为社区居民，尤其是青少年、老年人、妇女儿童及家庭、党员等群体提供综合性专业化的服务，组建义工队伍，培育社会组织，促进邻里和谐，提升社区居民幸福感。社区先后获得"全国综合防灾减灾示范社区""国家地震安全示范社区""儿童友好示范社区""广东省宜居社区""深圳市行业卫生单位""巾帼文明岗""十佳爱心"社区"一级社区治保会""先进基层党组织""生态文明建设示范社区"等荣誉称号。

【龙华区大浪街道龙平社区】

龙平社区于2017年4月28日挂牌成立，东接龙胜社区，南接民治街道，西接南山区，北接高峰社区。辖区总面积2.6平方公里，现有房屋356栋（17147间套），总人口约3.6万人，其中户籍人口约1.7万人。辖区内有特发和平里、港铁天颂、潜龙曼海宁、鹏华香域、福东龙华府、龙军花园、尚峻花园等7个花园小区，有小学1所、幼儿园4所、社康站3所、警务室1间、长者服务中心1所。

龙平社区地理位置优越、依山傍水，背靠高峰水库，辖区有部分阳台山森林公园，是大浪街道唯一"非村改居"社区，社区环境优美、配套齐全、居住舒适。龙平社区党委制定了联席会议制度，每季度至少召开一次联席会议，开展"认承诺事项、认责任区域、认先锋岗位；结爱心对子、结就业对子、结健康对子"三认三结活动。还通过联动小区业委会、物业管理公司，结合楼栋长管理制度、网格化管理制度，按照居民小区以楼栋和庭院为参照设置网格，商圈（步行街）以商务楼宇（商户）为参照设置网格的形式，在每个网格挂钩一名党组织班子成员兼职网格长，并分派一定数量的党员参与网格管理，带动居民参与社区治理工作，进一步畅通基层治理的问题反馈渠道，不断提升社区治理能力，推动管理服务精细化。

龙平社区各类文化团体和体育组织十分活跃，各小区成立自己的乒乓球队、舞蹈队、太极队等文体组织。社区经常组织各种文艺晚会、邻里文化节、乒乓球赛、羽毛球赛等，丰富居民的文娱生活，增进邻里感情，构建和谐社区。2019年社区举办首届"龙平杯"男子篮球赛，9支队伍参赛，来自龙平社区花园小区以及辖区企业，包括和平里队、福东龙华府队等。2020年8月22日，龙平社区党委、团委、妇联在陶羽阳台山主题馆开展2020年"龙平杯"成人羽毛球赛，来自7个花园小区居民和龙平辖区的企业员工参与比赛，开展5个项目小组赛：男子单打、女子单打、男子双打、女子双打、混合双打。社区居民通过组建各种兴趣类组织，积极在社区举办丰富多彩的文艺晚会和文体活动，既彰显了居民对龙平社区的充分认同及归属感，又为重塑社区文化生活的公共价值奠定了基础。

【坪山区龙田街道老坑社区】

老坑社区位于坪山区龙田街道东南面，面积约10.47平方公里，共有厂房64栋，宿舍62栋，集体面积38.8万平方米。现有常住人口19641人，其中户籍人口2124人。老坑社区党委成立于2004年，目前下辖10个党支部，共有党员110人。

老坑社区在区、街道的大力支持下，现已打造成龙田文旅特色小镇，特色街以党建为引领，始终坚持以党建带动建设，将党建工作与"龙田文旅小镇"建设工作紧密结合，围绕建设"潮流运动文化新体验高地""骑行主题田园休旅目的地""都市型休闲农业示范区"等，打造业、居、游一体化，潮流运动、现代农业、田园骑行新体验的特色街。合理地利用老坑周边的环境，每天都开展不一样的活动，如篮球联赛，骑行竞赛，轮滑平衡车竞赛，慢跑亲子友谊赛，亲子趣味活动等，为打造老坑业、居、游一体化，潮流运动、现代农业、田园骑行新体验的特色社区。此外，社区主要道路宽敞平整，无严重破损，保证居民出行的舒适度和安全性。并且按照人车分流的要求设置机动车道、人行道、无障碍通道，合理设置斑马线、减速带、红绿灯，无占道停车现象。

在坪山区委组织部、龙田街道办事处、老坑社区工作站的指导下，老坑社区党群服务中心为居民提供各种社区服务，中心占地1250平方米，设置了服务大厅、多功能室、儿童乐园、党建书吧、舞蹈室、心理咨询室、美食之家等，按照"一中心，多站点"，"四社联动"的服务模式，以老坑社区为平台，整合公共服务资源，创新社区服务模式，为社区儿童青少年、妇幼家庭、老年人残疾人、来深建设者、党员等群体提供便捷的社区服务。

【光明区凤凰街道塘家社区】

塘家社区位于光明区中南部，相邻光明街道，龙大高速公路贯穿社区，西有观光路，东南有光侨路，西南有光明大道，临近光明城高铁站，辖区总面积2.9平方公里，总人口约57691人，其中户籍人口1914人，原居民684人，居住满一年以上人口约2.8万人。现有房屋1644栋（43163间套），有张屋村和塘家村两个自然村，共4个居民点和2个高新科技园区。

塘家社区配套设施齐全，有民办幼儿园2所，星光老人活动中心1个，图书室1间，健身室1间，社康服务中心1个，综合农贸市场1个，文体公园1个，消防主题公园1个，综合性公园2个。社区容貌整洁，各类型绿地合理布局，公共绿地、住宅小区和主要道路旁绿化维护良好，社区合理布局分类垃圾桶、垃圾收集点和垃圾转运站，实现垃圾日产日清。社区文化丰富多彩，不断完善健身路径、篮球场、儿童游乐设施等文体休闲设施，设立了文化活动室、图书馆和电子阅览室等，为社区居民参与各类文化活动提供公共场所。同时，社区积极组织各类文艺演出、体育赛事、知识讲座和针对妇女、儿童、老人等特殊群体的趣味活动，极大丰富了社区居民的精神文化生活。塘家社区还是麒麟文化的优秀传承者，2018年，塘家社区麒麟队荣获广东省非物质文化遗产青年麒麟邀请赛银奖。

塘家社区党群服务中心为社区居民提供卫生、计生、文化、体育、法律咨询、教育活动等"一站式"公共服务，积极开展"满天星"行动，建立"3办9组"工作模式，组建满天星党员志愿者服务队，定期开展党员"五个一"行动、垃圾分类专题宣传、河流巡查、义务植树、检查防疫等活动，充分发挥党员先锋模范作用，带动群众积极参与创建文明和谐宜居社区。塘家社区党委于2019年6月获得"先进基层党组织"称号；塘家社区委员会于2020年4月获得"光明区五四红旗团组织"称号。

【大鹏新区葵涌街道土洋社区】

土洋社区位于深圳市大鹏新区葵涌办事处南部，距深圳市区30公里。社区总面积2.9平方公里，总人口约8249人，其中户籍人口1298人，社区下辖一个行政村——土洋村，一个居民小组——沙鱼涌居民小组。土洋社区党委下辖14个党支部，其中两新党支部11个，共有党员80名。

土洋社区通过"土洋探索"推出"重走东纵道路，传承红色基因，筑梦红色滨海土洋"项目，借力土洋社区东纵司令部旧址、东纵北撤纪念公园陈列馆、北撤纪念亭及沙鱼涌海边沙滩的固有文化及地理优势，整合社区多方特色资源（民宿，渔船，退伍军人等），在开展"当一日兵"军训体检，徒步登船北撤山东活动基础上，推出参观、军训、团建、拍照、徒步、做饭、听讲座、看电影、看表演、唱红歌、重温誓词、清洁沙滩、分享心得、真人CS、土洋阿婆唱山歌、土洋巧妇推广客家美食、青少年爱国教育、关爱来深建设者专场等形式多样化活动，重现全方位立体化党员群众共商共建共享基层治理新品牌，将党的组织优势转化为带动区域经济发展的强大动力，凝聚党心民心。

土洋社区是东纵革命老区，社区内建有东纵革命纪念馆、东纵北撤纪念亭，属省、市文物保护单位，是深圳市爱国主义教育基地、深圳市党员教育基地、新区廉政教育基地，并于2011年被确定为深圳市首批红色旅游景点。沙鱼涌是土洋社区下属的一个客家小渔村，2014年启动改造后的沙鱼涌村重现民国时期海关、码头和客家民居、街巷的原貌，成为一处深圳东部融合客家古村文化、红色革命传统教育和滨海生态旅游地。社区文化活动丰富，有舞蹈队、歌唱队、篮球队、足球队，积极参加新区及办事处组织的公益文化活动。2017年土洋阿婆客家山歌登上中央电视的舞台，受到全国瞩目，丰富多彩的文化活动，为社区精神文明建设提供了扎实基础。社区先后获得广东省"六好"平安和谐社区、"深圳市绿色社区""广东省宜居社区""广东省学雷锋志愿服务最美志愿服务社区"等荣誉称号。

第七节　物业管理行业党建

1.综述

2020年，在深圳市社会组织党委的领导下，深圳市物业管理行业党委认真贯彻落实十九届五中全会精神，以习近平新时代中国特色社会主义思想为指导，以"不忘初心、牢记使命"主题教育为依托，以物业管理行业实现"两个覆盖"为目标，以扶贫攻坚为己任，以严防新冠肺炎蔓延为主导，以培育基层党组织、规范党组织建设、提升战斗力为重点，全面推进党建工作。

2.深圳市物业管理行业党委开展的主要工作

【巩固深化"不忘初心、牢记使命"主题教育成果】

按照上级党委工作部署，行业党委结合实际情况，组织各党组织通过主题党日、组织生活会等多种形式，采取集体学习和个人自学相结合的方式，持续深入学习贯彻习近平新时代中国特色社会主义思想，党的十九届五中全会精神、习近平总书记出席深圳经济特区建立40周年庆祝大会和视察广东、深圳的重要讲话和指示批示精神。同时将各季度"三会一课"的内容指引通知下发至直属党委及各党支部，要求各党组织严格按照相关规定，定期召开支部大会、支部委员会、党小组会，按时上好党课。由各党组织书记按要求讲党课，学深悟透、弄通做实。切实把习近平总书记重要讲话精神传达到每一个支部、每一个党员，做到学习全覆盖。

【积极参与脱贫攻坚】

1月，深圳市物业管理行业党委联合深圳市物业管理行业协会在全行业发起"千物企双百万"活动，号召广大物业企业参与脱贫攻坚、公益慈善活动中，广大物业企业纷纷捐款捐物，支援武汉物业同行疫情防控以及广西河池都安县永安镇安业村扶贫任务项目、汕尾市陆河县新田镇新田村完善新田村居家养老服务站扶贫项目。还有更多物业企业也以不同形式积极参与到消费扶贫和公益慈善活动中，彰显大爱与担当。

值得一提的是，在行业党委和协会认领的广西河池都安县永安镇安业村扶贫任务项目中，深圳65家物业企业积极参与，共捐赠10万元，为贫困户家庭购买学生小课桌椅710套；在行业党委和协会认领的汕尾市陆河县新田镇新田村完善新田村居家养老服务站扶贫项目，共88家物业企业参与，共捐赠13.9万元，为居家养老服务站购置部分桌椅用具、图书、娱乐健身等服务设施。

据不完全统计，截至12月31日，深圳物业管理行业党委和协会号召物业管理企业通过自身及其所属1376个物业小区，发动员工、业主共同参与扶贫、公益慈善活动，累计捐赠捐物折合现金约计2900万元，以购代捐25万公斤消费扶贫农副产品。

【团结一心，共同抗疫】

疫情发生以来，行业党委和协会共发出《倡议书——有困难我们一起扛，驰援武汉，让我们行动起来》《关于组建援助武汉抗击疫情志愿服务预备队的倡议（第二号）》《关于开展抗击新型肺炎疫情捐助活动的倡议（第三号）》三份援汉倡议，以及《致全市各界人士和全体业主的公开信》，号召深圳物业企业和广大业主积极行动起来，帮助武汉共渡难关。在此期间，行业党委和协会本着"宁可备而不用、不可用而不备"的原则组建了一支400余人的抗击疫情志愿服务预备队，为第三人民医院挑选出85名优秀党员、招商物业派出45名党员支援武汉火神山医院。行业党委领导更是奔赴一线，为奋战在疫情一线的员工送去防护物品。

在行业党委和协会的号召下，行业党委共筹集到款项23.5万元和八批防疫物资；有909家物业小区为抗击新冠疫情捐赠防控物资累计折合人民币4253.30万元。

【继续推进"两个覆盖"，全面加强党建工作】

深圳市物业管理行业党委以实现"两个覆盖"为目标，完成了综合实力"百强"企业的党建信息采集，同时协助指导直属明喆党委辖下成立党支部；行业党委还成立了卓越、历思联行、吉胜、融创、勤诚达、万厦世纪、中民党支部；之平、航天、万城党支部整建制转入。并指导会员单位筹建党委、总支等工作。

截至年底，行业党委已有直属党委2个、党总支1个、党支部33个，332名党员、39名入党申请人、27名入党积极分子、21名预备党员。数据显示，在2019年的基础上，新增15个党组织，新增党员228名。

【开展主题教育活动】

为缅怀革命先烈，重温党的峥嵘岁月。8月，行业党委组织在深的党支部书记和直属支部的党员同志赴惠州叶挺纪念馆、东江纵队纪念馆开展爱国主义教育活动。通过参观叶挺将军生平英勇伟绩、重温入党誓词，激励每个党员牢记初心，践行使命，不断奋勇前行。

9月份，行业党委和协会秘书处组织学习党会融合式领导体制。通过学习，认识到制度创新是新时代组织规范化建设的必然要求，党的领导是制度创新的本质体现，党会融合式领导机制是制度创新的必然成果。这就要求我们要着力制度创新，实行党会融合式领导体制，敢为人先，大胆实践，催生工作创新，刷新服务平台与品牌。

【加强联学联建活动】

6月份，在中国共产党建党99周年之际，深圳市物业管理行业党委与交通银行深圳分行党委共同组织了"迎七·一重温红色记忆"联学联建主题教育活动。整个活动充分体现了抓党建促生产，通过联学联建促进产业发展的主旨。

【落实上级党委的各项工作安排】

（1）接收上级党委、主管部门和行业来文66份，处理复文69份。

（2）呈报审批文件95份。

【夯实党建基础工作】

（1）为完善党建制度体系，按照上级党委的要求，行业党委开展了专项调研，并结合行业的实际，制订了《党支部和党员考核制度》等多项制度。通过制度建设，为行业党委开展工作打下坚实的基础。

（2）行业党委对党建台账进行了系统梳理，建立了一系列的党建工作台账，建立档案管理，制作了40多份简报，使党建基础工作逐步走上了规范化。

（3）行业党委建设党建宣传阵地，将党建制度、党建文化等内容上墙，同时不断完善党建书吧，积极营造全员学习、全员了解、全员抓党建的良好氛围，使党建工作展示出新的活力和面貌。

（4）行业党委定期更新"党建专栏"，方便群众能够直观深入地了解各级党组织的工作动态。

第八节　物业管理行业自律管理

1. 发布《深圳市物业服务行业自律公约》

2020年9月17日，由深圳市住房和建设局、深圳市消费者委员会、深圳市物业管理行业协会联合推出的《深圳市物业服务行业自律公约》(以下简称《自律公约》)正式对外发布。

《自律公约》具有三大亮点：一是覆盖面广，首批共有407家大中型物业服务企业加入，覆盖全市10个区(新区)，惠及1448个物业小区、122万家庭住户；二是贴近居民生活，针对共有资金、公共消杀等17大内容进行具体规定，打通物业服务"最后一公里"；三是建立"自律公约＋社会监督"模式，《自律公约》海报将张贴在物业管理区域的电梯间、公告栏等公共场所，鼓励消费者对《自律公约》实施情况进行全过程监督。

《自律公约》规定，非小区住户进入封闭式小区进行实名登记，非封闭式小区如有楼栋门禁需确认其有效使用；对业主提出的有效投诉，物业服务企业应在4小时内给予回复，并跟踪解决；小区内业主专有部分的维修项目，按照相关规定收取服务费用，并且明示收费项目、服务内容、服务标准、收费标准、收费方式等。对于非物业服务企业维修的项目，物业服务企业予以协助；物业服务企业及其工作人员不得擅自改变物业管理用房等共有物业用途，不得违规泄露业主信息以及做出其他损害业主利益的行为。

《自律公约》的出台意义重大，不仅有利于提升消费者的幸福感、获得感，满足人民对美好生活的向往，更有利于树立深圳物业优质品牌形象，推动深圳市物业服务高质量发展，发挥深圳特区先行示范作用。人民网、央广网、《中国质量报》等媒体均对此进行了报道。

附录：深圳市物业服务行业自律公约

一、物业服务企业在社区党委及物业服务行业党委的领导下依法依规开展物业管理活动，依照中国共产党章程的规定设立中国共产党的基层组织，开展党的活动。

二、遵守物业管理法律法规，履行物业服务合同的约定义务。

三、非小区住户进入封闭式小区实行实名登记，非封闭式小区如有楼栋门禁需确认其有效使用；按照业主大会的决定或小区管理规约的规定管理车辆；未经业主大会同意或授权业委会同意、未经合同约定的（公益性服务除外），对个人或商户进入住宅小区推销摆卖各类商品，履行发现、劝阻、报告的义务。

四、公示物业管理项目负责人的基本情况、联系方式、物业服务投诉电话等信息。

五、对业主提出的有效投诉，物业服务企业应在4小时内给予回复，并跟踪解决。对于物业服务合同约定范围内的业主报送的急修需求，工作时间内物业服务企业需在1小时内作出有效响应，非工作时间2小时内作出有效响应。

六、小区内业主专有部分的维修项目，按照相关规定收取服务费用，并且明示收费项目、服务内容、服务标准、收费标准、收费方式等。对于非物业服务企业维修的项目，物业服务企业予以协助。

七、小区公共区域卫生按物业服务合同的约定定期清洁，保持公共区域环境干净整洁。

八、禁止外来人员在小区内乱张贴、随意散播商业信息，一经发现应立即制止并及时清理。

九、按照《深圳经济特区物业管理条例》及其配套文件要求，公开小区的车位使用信息，小区内用于停放汽车的车位、车库，应当首先满足小区业主的停车需要。

十、小区公共消杀必须使用符合有关规范标准的药剂，并提前告知住户，且明示使用药剂的类型、剂量及消杀时间等。

十一、遵守安全生产、公共卫生、治安、消防、防灾管理等有关公共安全法律、法规的规定，制定物业管理区域安全防范应急预案，做好物业管理区域的安全管理工作。发生安全事故或者其他突发事件时，及时采取应急措施，并按照规定向有关行政管理部门或者相关专营单位报告，协助做好相关工作。

十二、加强对物业天面、外墙、楼梯间等共有物业的日常巡查。如有发现业主、物业使用人使用的窗户、阳台、搁置物、悬挂物存在安全隐患的，通知业主或者物业使用人及时处理；发现有影响相关专营设施安全情形的，及时报告相关专营单位，维护好小区监控设备。

十三、物业服务企业如是业主共有资金账户开户单位，按法律法规规定和主管部门要求定期向业主公开小区业主共有资金收支情况，规范管理财务账簿。物业服务企业及其工作人员不得挪用、侵占业主共有资金。

十四、物业服务企业及其工作人员不得擅自改变物业管理用房等共有物业用途，不得违规泄露业主信息以及做出其他损害业主利益的行为。

十五、未经供水、供电、供气等相关专营单位或者业主授权、行政决定或者司法裁决，物业服务企业不得对共有物业或者物业专有部分实施停水、停电、停气（抢修、抢险等紧急情况除外）。

十六、配合城管部门在小区内开展规范养犬的宣传教育工作。提醒小区业主养犬需前往有关部门进行登记；提醒业主如在小区内携犬活动，应为犬只携带号牌、束犬链并由完全民事行为能力人牵领、看管，大型犬只还需佩戴防咬口罩；提醒业主自备塑料袋及时清理犬只排泄物。

十七、定期对本企业的物业从业人员开展职业技能培训，提高物业从业人员的能力与素质。

2.深圳市物业管理行业协会开展的主要工作

2020年，深圳市物业管理行业协会（以下简称"市行业协会"）和广大会员企业一样，在不寻常的时期度过了不寻常的一年，这一年里，市行业协会在市社会管理局、市住建局等主管部门的指导支持下，在广大会员的共同努力下，严格履行《条例》和《章程》赋予的职责，统筹做好新冠肺炎疫情防控和年度各项工作任务，圆满完成了各项工作：

【坚持党建引领，规范党组织建设，勇担社会责任】

（1）继续推进"两个覆盖"。协助指导11家物业企业成立了党支部；指导2个会员单位筹建党委。目前行业党委拥有直属党委1个、党总支1个、党支部34个。

（2）参与脱贫攻坚行动暨开展"千物企双百万"扶贫活动。已收到直接捐款超过30万元，该活动仍在继续推进中。

（3）赴物业防控一线慰问。疫情期间，行业党委领导在上级党委的支持和指导下，赴党委所属各党组织慰问奋战防疫一线的党员群众，并送去防护物资。

【着力抗疫，强化行业担当】

2020年1月23日，在广东省和深圳市启动重大突发公共卫生事件一级响应的同一天，市行业协会也发出了关于做好物业管理区域内疫情防控工作的紧急通知，同时，紧密围绕疫情形势和会员企业需求，先后发出各类文件20余份。其中，《致全市各界人士和全体业主的公开信》在社会上引起强烈反响，为行业争取政策及物资支持起到了重要作用。

（1）想企业所想，急行业所急，努力做好小区防控工作，共渡疫情难关

一是为解决物业企业物资紧缺和企业防疫成本增加的压力，1月29日，市行业协会向市政府及有关单位发出《关于保障物业管理小区一线防控物资供应的请示》，建议政府将小区防控纳入公共管理，由财政保障。2月2日，协会发出《致全市各界人士和全体业主的公开信》，希望业主能与物业企业众志成城共渡疫情难关，不到一周时间，公开信阅读量就突破40万。

在市住建局的具体推动下，2月7日，市政府出台政策，对参与疫情防控服务的企业，按在管面积每平方米0.5元的标准实施两个月财政补助。这一政策开创了全国物业管理疫情防控政府财政补助之先河。

同时，市住建局、市社管局、市慈善会也通过各方协调及爱心单位捐助，共为物业行业调配10多万只口罩、1万副隔离面罩，以及十余批次酒精和消毒用品。市行业协会也先后携手相关单位、爱心企业，为全市物业从业人员免费提供专属疾病守护金保险，为会员企业捐赠20万罐功能饮品和两台测温门，同时，将2020年度会费由原来的年初缴交延期到下半年缴纳，缓解会员企业成本压力。

此外，在公开信的影响下，各小区业主也积极为物业企业捐赠防疫，据市行业协会发出调查通知的一周时间内，就了解到172家企业在管小区业主捐助的数据，捐助款项已达1090万元，捐助的各类物资折合人民币近1600万元。

二是发挥智库作用，引导科学防控。市行业协会根据疫情发展的态势及企业在防控中面临的问题，先后制定并发布《关于在物业管理区域做好废弃口罩、手套等污染物回收管理的指引》《医院物业管理人员在工作中如何避免交叉感染》《深圳市物业管理区域易感（四岗位）人员防护指引》三份指引，为物业企业和广大从业人员科学做好疫情防控工作提供参考。3月2日，在市住建局的努力下，《深圳市物业管理区域易感（四岗位）人员防护指引》被深圳市新型冠状病毒肺炎疫情防控指挥部办公室疫情防控组修订后正式向全市发布。

（2）三份援汉倡议，彰显行业担当

2020年1月26日，武汉疫情形势愈发严峻，数十万武汉物业人正坚守在防疫一线，各类防护物资极度匮乏，急需得到社会各界的帮助。紧急关头，市行业协会连发出三道倡议，号召深圳物业企业积极行动，帮助武汉共渡难关。不到一个月时间，共筹集到款项23.5万元和八批防疫物资，并本着"宁可备而不用、不可用而不备"的原则组建了一支400余人的抗击疫情志愿服务预备队，随时接受政府和市行业协会安排，彰显出深圳物业行业的社会责任与担当。

（3）强化舆论宣传，展示行业形象

疫情期间，在市行业协会推动下，行业疫情防控工作得到了《南方日报》《深圳特区报》《深圳晚报》《晶报》等多家媒体的关注，《深圳特区报》刊发的《1500多家物管企业坚守社区疫情防控一线》不仅被"学习强国"平台收录，还被"广东省住建厅"网站转载。《深圳60万物业人守好社区防疫关口》登上了《深圳特区报》头版。疫情期间，市行业协会利用微信公众号推出近400篇疫情防控有关的文章，对近200家物业企业疫情防控和复工复产方面的先进经验，以及200多名一线物业人员的抗疫正能量事迹进行宣传报道。其中，《深圳物业管理》编辑部开展的"最美'疫'线巾帼"评选活动，得到了14万人（次）的参与，在社会上引起强烈反响，为行业抗击疫情凝聚起强大的精神力量。

【继续开展企业评价，激励行业发展】

（1）开展2019年度深圳物业行业百强排名活动

市行业协会根据行业实际情况，修订了物业企业综合实力排名、认定和发布办法，首次接受母子公司同时申报，将排名的范围从"50强"扩充到"百强"。在开展的2019年度深圳市物业服务企业综合实力排名活动中，共104家企业入围。同时，市行业协会还积极组织深圳企业参加中物协百强评选活动，展示深圳企业品牌形象。

（2）开展2019年度业主满意度深圳指数的测评

2020年3月上旬，市行业协会完成了全市物业管理业主满意度测评，并于3.15当天发布。2019年度物业管理业主满意度深圳指数（CSI）为81.2分。本次测评共在全市抽取了205家物业服务企业管理的297个项目为样本，回收有效问卷7000份。

（3）推荐会员企业参评"深圳市知名品牌"

2020年，市行业协会共推荐五家企业参评"深圳市知名品牌"。

【深入开展课题研究，促进行业可持续发展】

（1）完成了市住建局委托的《深圳质量指数物业管理分指数体系测评工作》，以及统计报表填报工作。承接市住建局委托的2020年宜居社区培育、评审及宜居社区"十四五"工作方案编写等工作，以及《专业物业引入和物业管理区域纠纷解决机制研究》课题工作，承接坪山区住房和建设局委托的城中村物业管理模式研究及评优评先工作等。

（2）连续第五年中标并承担了深圳市住房保障署委托的市本级公租房履约评价工作，该项工作的开展已对保障性住房项目物业管理的改善发挥了重要作用。

【配合政府开展5G网络基础设施建设工作】

5G建设是国家的重大政治任务，是国家战略，国家意志。为配合推进深圳5G网络设施建设，在主管部门的动员和促进下，市行业协会多次以不同形式组织物业企业及相关单位，就5G基站运营管理及相关责任区分等问题进行沟通协商，解决了5G基站建设及运行中各方的后顾之忧，为顺利推动深圳市5G网络4.6万个基站建设发挥了一定作用。

【开展培训交流，提升行业服务水平】

市行业协会结合疫情防控带来的新情况，创新性开展了多种形式的培训工作，共举办各类线上培训十余场，累计参训人员近10万人（次），同时协调安排企业间交流学习共6批次近50人。其中，举办的"深圳市物业管理项目经理技能提升精修班"，共2800人参与学习；举办五期"物业管理风险防控"系列线上专题公益培训，累计五万人次线上观看学习；举办五期《民法典》对物业行业产生的影响"专题免费公益培训，近4万人参加在线学习。

【"三大"平台联动，宣扬正能量】

市行业协会充分发挥网站、微信、《深圳物业管理》"三大平台"功能，搭建行业宣传交流平台，累计发布各类稿件1100余篇。其中，《深圳物业管理》围绕疫情防控、房屋安全、满意度评价、民法典解读、老旧小区管理等热点难点问题，策划了多期专刊专题；微信公众号总阅读人数为56.79万，总阅读次数为84.69万，净增加关注用户数为5742人。

同时，市行业协会还加强与《深圳特区报》《深圳晚报》《南方日报》等媒体的联系，全年累计在媒体发布稿件近50篇，在市政府《信息快报》发布稿件2篇。通过媒体力量宣传行业正能量，提升行业的社会形象。

2020年，市行业协会还对网站相关版块进行扩容提升，增加了网站的互动性和服务功能，使市行业协会网站的栏目增加到了14个。

3.深圳市福田区物业企业联合会开展的主要工作

深圳市福田区物业企业联合会（以下简称"联合会"）成立于2014年7月18日。成立以来，在福田区住房和建设局、福田区民政局的监督和指导下，在理事会和广大会员单位的支持下，恪守联合会宗旨，全面履行联合会服务职能，坚持以服务会员单位、引导行业健康发展、加强会员单位联络、促进行业诚信自律为主线，求真务实，严格履行《深圳市福田区物业企业联合会章程》和《深圳经济特区物业管理条例》赋予的职责，较好地完成了2020年度工作。

联合会开展的主要工作如下：

【完成政府委托事项】 连续六年受福田区住房和建设局委托，完成了福田区优秀物业项目及先进个人评选工作，积极地促进了行业的规范化建设，评选了一批物业行业管理项目示范单位；连续六年受福田区企业发展服务中心委托，完成了对福田区135栋重点商务楼宇及楼内重点企业的基本信息动态采集，并编制分析报告提交给区企服中心，成为福田区党政领导与政策部门制定产业政策的重要依据。

【加强行业自律】 为创建诚信经营、公平竞争的物业管理行业发展环境，建立良好的物业管理行业诚信自律机制，加强行业自律监督，规范行业从业人员行为，全面提升福田区物业服务企业社会形象，促进行业健康稳定发展，联合会连续四年与福田区住房和建设局合作，开展全区物业服务行业执法检查，进一步强化物业企业的安全生产责任，增强执行安全法律法规意识。为了遏制行业发展中出现的一些违法违规行为，联合会在优秀企业和项目评优等评优评先进时，对有重大安全事故或严重违规、违法、诚信扣分的项目和企业一律实行一票否决制。

【积极反映行业诉求，努力维护行业利益】 为保障会员权益和行业利益，联合会努力开展维护行业利益方面的工作，发挥联合会的行业核心作用，继续发挥桥梁纽带和"行业代表、决策参谋"的作用，维护企业合法权益，促进物业行业的健康发展。2020年，联合会针对行业发展中遇到的困难和存在的问题，组织企业共同研究探讨解决对策，积极向政府有关部门反映行业存在的问题、企业诉求、行业建议。

【搭建会员交流学习平台】 2020年，联合会结合物业服务企业发展需求，聘请行业内资深讲师，为物业服务企业提供了12场专题培训，累计参训人数达1200余人；通过与福田区企业发展服务中心合作，先后举办了3场福田区重点商务楼宇运营经验交流论坛；组织会员单位赴福田区优秀标杆物业管理项目参观交流10余次。

【倡导和带领会员单位积极履行社会责任】 2020年1～2季度是新冠肺炎疫情在我国由发生到基本控制的时期。这个时期联合会的重点工作是根据市区主管部门的部署，将工作中心重点围绕新冠肺炎疫情防控工作进行的，动员引导广大会员企业肩负起物业行业的社会责任，一年来他们投入大量的人力、物力、财力，为深圳市打赢疫情防控的攻坚战做出了巨大的努力，受到了政府、社会各界和广大业主的高度好评。同时联合会通过开通微信公众号，不断加大社会主义核心价值观宣传，倡议物业服务企业积极开展党建工作，参与小区违章搭建整治、消防安全管理、垃圾分类、扫黑除恶专项斗争等社会治理工作，为社会的稳定和城市面貌的改善贡献一份力量。

4.深圳市罗湖区物业服务行业协会开展的主要工作

深圳市罗湖区物业服务行业协会（以下简称"协会"）成立于2018年12月11日。成立以来，在罗湖区住房和建设局、罗湖区民政局的监督和指导下，在理事会和广大会员单位的支持下，秉承"以习近平新时代中国特色社会主义思想为指导，深入学习贯彻党的十九大精神，不断推进物业管理健康、稳定、协调、持续发展"的宗旨，全面履行协会服务职能，紧紧围绕"行业服务，行业自律，行业代表，行业协调"的目标，求真务实，脚踏实地，良好地完成了各年度工作。

截至2020年12月31日，协会开展的主要工作如下：

【参与立法】 协会成立以来，充分发挥协会职能，积极参与《深圳经济特区物业管理条例》《深圳经济特区生活垃圾分类投放规定》等法规及其他相关部门的政策法规修订意见的征询、修订建议等相关工作，积极向市区两级人大提交议案，为物业服务行业发声。2019～2020年期间，向市区两级人大提交了《关于加大国家安全生产法和深圳（308）号令宣传培训力度的建议》《关于加大力度奖励扶持推进小区（大厦）老旧电梯更新改造的建议》《关于加强深圳市城市居民文明和时代价值理念建设的建议》《关于开发研制深圳物业管理本体维修资金使用智能系统的建议》《关于修订相关标准提高老旧住宅区物业管理费的建议》《关于开展物业行业困境调研和出台扶持物业行业持续健康发展的建议》《关于制定电动自行车市场准入销售和管理办法的建议》《关于更好推动新能源汽车充电桩建设的建议》《关于创新推进城市社区基层治理模式的建议》《关于推进罗湖区政府民生工程前瞻性监督活动的建议》《关于深圳经济特区物业管理条例修订意见的建议》等等10多件议案。

【完成政府委托事项】 连续两年受罗湖区住房和建设局委托，协助处理物业行业信访事项，坚持以"习近平新时代中国特色社会主义思想"为指导，深入贯彻国家《信访条例》，以解决群众信访反映的实际问题为核心，加强信访事件的源头预防，积极化解突出问题，物业管理信访工作取得了明显成效，截止到2020年12月底，累计受理涉及物业管理质量水平、公共区域收益、停车场管理、业主委员会选举不规范等内容的信访事件891件；受罗湖区住房和建设局委托，完成了2019年广东省宜居社区创建工作，验收通过了1个五星、1个四星宜居社区及77个宜居社区复评；受罗湖区住房和建设局委托，完成了2020年罗湖区宜居小区创建工作，创建了13个罗湖区宜居小区，成为罗湖物业标杆示范单位；受罗湖区应急管理局委托，完成了2020年罗湖区"窗户安全日"系列活动，在全区辖区开展1（区）+10（街道）+83（社区）+1000（物业管理单位）层层联动的罗湖区"窗户安全日"系列活动，倡导全民参与"拒绝高空抛物，守护你我平安"；受罗湖区住房和建设局委托，完成了2020年罗湖区物业项目服务质量考评工作，通过对全区1400多个物业项目进行服务质量考评，加大了物业企业服务品质的监管力度，并通过定量分析的考核评分，促使全区物业服务工作达到优质高效，促进了物业行业良性发展；受罗湖区住房和建设局委托，策划完成了2020年"安康杯"物业新条例知识竞赛活动，全区共有3500多名物业从业人员参加了线上竞赛，通过竞赛，提高了罗湖区物业服务行业从业人员"物业新条例"知识普及水平，提升了罗湖区物业服务能力和服务品质，展示了物业服务行业的专业形象和精神风貌；受罗湖区住房和建设局委托，鉴于目前物业服务水平与收费标准不匹配，没有相应的参照标准，制定了罗湖区物业服务行业性指导服务标准及对应的收费标准，分高层、多层、老旧三类九级，便于行业内各物业企业及广大业主参考使用；受罗湖区住房和建设局委托，2020年协助区住建局开展租赁市场监管、辅导企业申报、指导街道办初审、主导区级复审、监测处理"高收低租"乱象、城中村规模化租赁改造等工作，推动罗湖区住房租赁行业平稳健康发展，助力辖区人才战略实施和产业升级，加快建设"湾区枢纽、万象罗湖"。

【加强行业自律】 为创建诚信经营、公平竞争的物业管理行业发展环境，建立良好的物业管理行业诚信自律机制，加强行业自律监督，规范行业从业人员行为，全面提升罗湖区物业服务企业社会形象，促进行业健康稳定发展，协会在成立之初制定了《深圳市罗湖区物业服务行业自律公约》，并在网站、公众号公布，协会全体会员单位共同遵照执行，同时配合区住建局开展物业服务行业执法检查，进一步强化物业企业的安全生产责任，增强执行安全法律法规意识。为了遏制行业发展中出现的一些违法违规行为，协会在优秀企业和项目评优等评优评先进时，对有重大安全事故或严重违规、违法、诚信扣分的项目和企业一律实行一票否决制。

【努力做好双向服务】 2年来，协会积极为会员提供咨询服务，为企业答疑解难。协会秘书处为会员企业提供物业管理及相关领域行业信息、技术、法律等咨询服务200多次，接待来访200余人次；特别是2020年年初，新冠疫情发生，物业企业防疫物资紧缺，协会通过与区主管部门、民政局沟通协调，募来防疫物资口罩20万只、消毒酒精3000公斤，200多只测温枪，第一时间免费发放到会员单位，有效缓解物业企业一线工作人员疫情防控物资紧缺的燃眉之急；2年累计完成政府委托的事项30余项。

【积极反映行业诉求，努力维护行业利益】 为保障会员权益和行业利益，协会努力开展维护行业利益方面的工作，发挥协会的行业核心作用，继续发挥桥梁纽带和"行业代表、决策参谋"的作用，维护企业合法权益，促进物业行业的健康发展。2年来，协会上门拜访了100多家会员单位及企业，听取企业意见，针对行业发展中遇到的困难和存在的问题，组织企业共同研究探讨解决对策，积极向政府有关部门反映行业存在的问题、企业诉求、行业建议10余项。

【搭建会员交流学习平台】 2年来，协会结合物业服务企业发展需求，聘请行业内资深讲师，免费为物业服务企业提供了22场专题培训，累计参训人数达2000余人；组织会员单位赴罗湖区优秀标杆物业管理项目参观交流10批次；接待异地来深考察调研2批次，来访20余人。

【倡导和带领会员单位积极履行社会责任】 协会通过网站、微信公众号、微信群等网络平台，不断加大社会主义核心价值观宣传，倡议物业服务企业积极参与小区违章搭建整治、消防安全管理、垃圾分类、扫黑除恶专项斗争等社会治理工作，为社会的稳定和城市面貌的改善贡献一份力量。

【响应党的号召，成立党支部】 2020年4月份，协会向中共深圳市罗湖区社会组织委员会申请成立党支部，6月份完成支部书记选举，正式成立了协会党支部。作为新建党支部委员会，协会积极发挥年轻人的活力，将党建活动与党课更好地结合，开展各类特色活动，有大鹏沙鱼涌东江纵队红色纪念馆、淘金山党群中心图书馆、怡金花园党建引领工作室、百仕达花园三期（君逸华府）党群服务中心、名骏豪庭党建引领工作室、井冈山红色之旅等多处参观学习交流，《关爱一线，助力抗疫》物业一线送水慰问活动，充分发挥党建引领作用，提升协会党支部的影响力，不断发展壮大，争创五星级党支部。

5.深圳市盐田区物业管理联合会开展的主要工作

深圳市盐田区物业管理联合会（以下简称"联合会"）于2020年4月13日揭牌成立。在业务主管部门指导下，各会员单位支持下，联合会积极开展工作，充分发挥行业组织的服务功能，创新性地搭建了政府与企业、企业与业主、业主与政府三个桥梁，为政府、企业和业主提供沟通交流平台。2020年度，联合会开展的主要工作如下：

【讲座培训与学习交流】 2020年，联合会共主办了5场讲座培训，如共有资金宣讲、垃圾分类、民法典时代与物业管理知识、新条例培训等；组织会员单位外出学习1次，10月赴长沙交流培训，拓宽视野，旨在提升会员单位物业服务人员物业管理知识和服务水平；通过"引进来，走出去"的形式，联合会建立与同行之间的交流，相互促进相互提高，联合会与北海市银海区住建局、深圳市物业管理协会、深圳市罗湖区物业行业协会、深圳市龙岗区物业管理协会、深圳市南山区物业管理行业协会等进行互相交流，取长补短，切实拓宽管理思路以及提升服务水平。

【完成区住建局委托事项】 联合会承接区住建局关于宜居社区创建项目，组织专家小组对辖区14个社区进行回访复查，并编制30份回访报告提交至区住建局，协助中英街管理局申报五星宜居社区项目，其已顺利通过申报；承接区住建局关于城中村物业检查项目，成立项目检查小组，分批次对辖区17个城中村的管理情况等进行检查，并编制检查报告，于2020年8月31日提交区住建局。

【发挥党建治理作用，调解物业矛盾纠纷】 联合会党支部积极参与社区基层治理，探索"行业+社区"党建治理模式。在管理和服务过程中，以党建引领参与社会治理，充分发挥桥梁作用，为政府、企业和业主提供沟通交流平台，以法律法规为依据，秉承公平公正为原则，为企业和业主双方提供合理合规的专业法律意见和处理方案，预防和减少社会矛盾纠纷的发生，努力维护社会稳定。2020年度，联合会参与重大物业矛盾纠纷调解1例，目前在区住建局及街道社区等指导下，物业矛盾已得到缓解，双方正按照物业条例有关规定进行商洽处理。

【树立行业新形象，加强物业正影响】 联合会有效利用互联网传播优势，开设了微信公众号，2020年度共发布32次合计106条资讯，通过一次次的宣传，使辖区居民及物业企业更快速了解物业行业资讯、政策法规、协会动态、会员风采、专业知识等。各会员单位亦积极投稿，宣传物业文化和服务风采，树立新时代的物业企业形象。

6.深圳市南山区物业管理协会开展的主要工作

深圳市南山区物业管理协会（以下简称"协会"）于2017年11月30日正式成立，在政府主管部门的领导下，在各物业服务企业的积极配合下，2020年度，协会圆满地完成了各项工作。

截至2020年12月31日协会开展的主要工作如下：

【打好疫情防控战】 4月中旬，协会组织人员依照相关疫情防控文件及要求，对辖区内随机

300个物业小区的疫情防控落实情况进行专项巡查，并每日依照巡查情况填写相关工作表格，完成成果提交。春节期间号召辖区内物业企业积极落实相关政府部门疫情防控措施及有关要求，同时撰写多篇《致业主的一封信》等行业防控文稿，每天收集企业防控工作信息，为企业疫情防控工作开展宣传，并拍摄南山区物业服务企业疫情防控宣传片《守卫者》一部。

【创新物业管理模式】 按照《南山区党建引领社区治理改革方案》要求，围绕推进基层治理体系和治理能力现代化总目标，聚焦小区治理中社区党委抓小区缺抓手、各方力量有参与无秩序、矛盾纠纷想化解没核心等实际问题，通过增强社区党委权力和能力，建强小区党支部，引领业主委员会、物业服务企业、社区社会组织、楼栋长、小区居民等各类主体有序参与社区治理，实现以小区党支部为核心来组织和管理小区，呈现小区治理"众星拱月"良好局面，加快形成党建引领社区治理的崭新格局。协会组织起草《南山区物业管理服务评价工作方案》《南山区物业管理招标投标实施办法》及《深圳市南山区物业服务企业红黑榜发布办法》；协助区主管部门推动成立区级试点社区、街道级试点社区共42个物业管理指导委员会；制定相应的评价标准，建立物业管理服务评价专家库，对试点街道、社区的152个物业管理项目进行物业管理服务评价。

【宜居社区创建及回访】 8月至11月，协会协助南山街道办事处风华社区、粤海街道办事处滨海社区、桃源街道办事处长源开展广东省宜居社区创建工作，通过市级专家组评审，风华社区和滨海社区为五星级创建社区，长源社区为四星级创建社区，南山区宜居社区创建工作达成100%全覆盖。期间，多次实地对社区进行指导，并于正式评审前，组织专家对创建社区进行预评，协助社区查找短板，进一步完善提升；同时为创建制定相关创建报告、汇编等申报材料，完成2个五星级创建社区的宣传视频制作工作。为巩固南山区宜居社区创建成果，组织行业专家于9月完成辖区内13个社区的实地回访复查工作，并依照相关标准进行打分，于9月中旬完成回访复查报告提交。

【做好物业行业法规宣讲】 7月24日至10月22日，协会组织召开2020年度全区物业法律法规及南山区党建引领社区治理有关配套文件宣讲活动共计54场，辖区内各街道办事处、社区工作站、业主委员会、物业服务企业共计3200余人参加了本次宣讲。另外在南山区8个街道办10个小区通过定点宣传的方式将新规普法带入业主"家门口"，让更多社区居民自主提升权益保护意识。此次培训活动共计发放《条例》、培训教材各2000余册，宣传册1000余份。

【完成区优考评】 于6月接受辖区物业服务企业及项目报名，组织业内专家依照《关于修订全国物业管理示范住宅区（大厦、工业园区）标准及有关考评验收工作的通知》（建住房物[2000]008号）中的全国物业管理示范项目的标准及评分细则对申报项目进行考评，最终评选出优秀示范项目11个。

【开展"赋权增能服务"微事实项目】 协会在11月上旬受南头街道办事处前海社区委托，开展"赋权增能服务"微事实项目，组织行业专家实地走访前海社区工作站辖区内9个物业小区（项目），指导其完成（或完善）相关安全工作规章制度、台账的建立；同时针对物业服务企业在日常管理中容易出现或忽略的问题提供指导意见。协助前海社区组织物业行业各领域供应商开展"前海社区物业嘉年华"活动，为物业服务企业与供应商搭建沟通、合作的平台，不少企业通过现场体验产品与供应商"一拍即合"达成合作。

【运作物业服务招标投标平台】 受政府委托，建立南山区物业管理招标投标平台，制定《南山区物业管理招标投标流程指引》，协助政府规范南山区物业服务招标投标活动。全年共接受17个物业小区招标报名及办理，审核相应的招标文件，开展履约评价共计8场。

【开展物业纠纷调处工作】 除参与日常纠纷调处及配合住建局完成信访化解工作外，2020年物业纠纷人民调解委员会共调处重大物业矛盾纠纷15起，调解成功15起，主要包括住宅小区物业交接、业主委员会选举、停车场管理纠纷等。

组织开展区政法委委托项目"社区居民共享共治体系建设项目"，项目开展时间共计9个月，共开展5次培训及12次现场督导，制定物业纠纷调解方面的工作制度、流程及实施规范，协助楼栋长群体组建专业骨干队伍，并通过微信群等方式形成联络机制，提供咨询服务。

【建立物业行业安全防范应急预案试点】 受区住房和建设局委托承接对安全防范应急预案的制定和实施给予必要的指导。严格贯彻落实《深圳经济特区物业管理条例》关于物业服务企业安全防范应急预案的相关规定，选取深云村、南山软件园2个物业服务项目进行试点，制定应急预案范本，完善安全防范应急预案备案流程，组织安全专家进行指导，切实提升企业安全生产应急处置能力，让应急预案符合各物业项目特点和实际，具有科学性、针对性和可操作性。

7.深圳市宝安区物业管理协会开展的主要工作

深圳市宝安区物业管理协会于2019年12月17日成立。在区委区政府和区住建局正确领导下，积极发挥协会组织作用，有序推进协会发展，并取得了较好的工作成效。2020年开展的主要工作如下：

【完善组织架构】 根据协会章程健全组织架构，建立了系列管理制度。组织成立宝安区物业管理行业专业委员会，设立筹备小组，建立专家资源库，制定《宝安区物业管理行业专业委员会管理办法》。吸收全市从事与物业管理相关业务的特种设备、机电、消防、人防工程、数字信息化等行业的专家、教授支持行业运营管理，促进行业健康发展。

【设立人民调解分支机构】 为做好人民调解工作和加强人民调解员队伍建设，协会进行广泛沟通与交流，并向区司法局学习规范的人民调解方法和经验，推动建立协会人民调解组织框架和人民调解咨询专家库，完善落实物业协会人民调解室文化建设和人民调解制度，努力建设一支政治合格、熟悉业务、公道正派、秉持中立的人民调解员队伍。协会调委会落实区住建局"宝安区物业管理纠纷调解服务项目"。协助区住建局处理和调解物业管理纠纷案件共计47件。调委会工作人员定期与宝安区司法局进行沟通交流，将调处的案件数据按照人民调解"三调联动"数据统计表要求进行填写报送。

【搭建会员交流学习平台】 结合协会的工作实际，完善协会会员单位走访调研活动制度，开展定期走访调研活动，建立长效调研机制，广泛走访会员单位及区级物业管理协会、街道办事处、社区工作站、社区股份合作公司等，听取各方意见，形成工作思路，制定工作方案，为协会健康发展奠定了坚实基础。

【完成政府委托事项】 积极配合区住建局建立安全生产防范机制，推动物业管理品质提升，组织开展"安全出行文明相伴"系列宣传活动。多次组织专家开展专题学习讨论，贯彻落实区住建局下发的关于物业行业的相关文件，形成建设性的工作建议，推动工作落实。

区住建局联合协会召开宝安区人防工程知识宣讲会系列活动，成功举办8场，宣讲范围覆盖宝安区全部十个街道，400多人参加。宣讲会系列活动，主要针对人防工程使用管理的物业企业相关工作人员开展。从专业角度对人防工程分类及作用、人防工程维护保养方法及常见问题进行了细致讲解，同时系统解读了人民防空法律法规。

【党建工作】 坚持以党建引领为方向，促进物业行业党建工作创新。积极推动企业党务与业务融合发展，充分发挥基层党组织核心作用和党员先锋示范作用，进一步增强企业凝聚力和战斗力；积极推进基层党组织建设，切实将党建优势转化为企业最大的发展优势。把政治优势转化为企业发展的领导力，把组织优势转化为企业发展的引领力，把队伍优势转化为企业发展的驱动力，把领导优势转化为企业发展的创造力。以抓实党建为关键，以经营绩效为中心，使党建工作延伸到企业经营管理各环节，充分激活企业内在潜力，塑造"同举旗帜、同干事业、同奔目标"的社会形象；推行组织联建、活动联办、工作联抓的管理格局，进一步提升物业管理专业化、精细化、规范化水平，使居民群众的获得感、幸福感、安全感更有保障，更可持续。

【疫情防控，担当作为】 面对2020年突如其来的新冠肺炎疫情，在各级党委和政府的关心指导下，区住建局联合协会共同对全区的物业企业进行疫情防控工作要求的宣传，指导防控人员提高防疫知识，并向全区物业企业多次发布关于《认真做好疫情防控工作通知》。协会携手全区物业人用付出、努力、坚守承担起超越职责外的更多社会责任，保障广大业主的生命健康安全，勇于战斗在抗击疫情的第一线。秉承为协会会员服务的初心，第一时间解决物业企业所面临的困难，多次向抗击疫情工作人员开展慰问活动并送上鲜花、慰问物资和诚挚的祝福。还特别歌颂一些物业人积极投入社区抗疫工作的相关报道，全方位展示物业企业的具体防疫举措、工作亮点，真实反映物业行业人员兢兢业业、默默付出的感人情景。

【积极反映行业诉求，努力维护行业利益】 宝安区物业协会积极保障会员权益和行业利益，以研讨会、座谈会的形式进行讨论，分别召开了关于做好垃圾分类，减轻企业负担的座谈会；关于商品房小区的公办幼儿园物业管理费收费讨论会等会议，帮助物业企业解决共性问题。疫情期间，结合疫情防控实际情况，协会代表全区物业管理行业，向相关职能部门反映宝安区物业企业在抗击疫情工作中存在的实际困难，望给予扶持和帮助的诉求。

8.深圳市龙岗区物业管理协会开展的主要工作

深圳市龙岗区物业管理协会（以下简称"协会"）成立于2015年8月5日。成立以来，在龙岗区住房和建设局、龙岗区民政局的监督和指导下，在理事会和广大会员单位的支持下，恪守协会宗旨，全面履行协会服务职能，坚持以服务会员单位、引导行业健康发展、加强会员单位联络、促进行业诚信自律为主线，求真务实，严格履行《深圳市龙岗区物业管理协会章程》和《深圳经济特区物业管理条例》赋予的职责，较好地完成了各年度工作。

截至2020年12月31日之前协会开展的主要工作如下：

【参与立法】 协会成立以来，积极参与《深圳经济特区物业管理条例》《物业服务行业安全管理评价规范》《物业服务安全与应急管理规范》《深圳经济特区生活垃圾分类投放规定》《物业服务合同酬薪制合同范本》和《物业服务合同包干制合同范本》等法规及其他相关部门的政策法规修订意见的征询、修订建议、微信立法听证会等相关工作。

【完成政府委托事项】 协会成立以来，完成了龙岗区住房和建设局委托的各项工作，分别为：《龙岗区物业管理情况调研》《小区业主委员会和业主大会实务现状及物业管理是否满意调查问卷》《龙岗区物业管理区域安全检查"百日"行动》《充电桩安全管理、物业墙体安全管理、地下停车场安全管理指导手册》编辑、《深圳市物价局系统开展的物业服务成本调研工作》《龙岗区物业服务企业零星工程备案》《高层建筑隐患自查自纠承诺书收发及全省高层住宅消防安全大检查行动情况统计》《深圳市"清洁深圳月"活动工作统计》《龙岗区绩效公众满意度调查评议团人员服务对象代表推荐》《行业协会（商会）建立廉洁从业委员会意见的调查问卷》《龙岗区物业服务企业及从业人员基本情况调查工作》《疫情防控物资需求清单》统计、《物业服务企业日常消杀情况统计表》《龙岗区企业复工期间疫情防控工作情况统计表》《物业服务企业湖北抵深人员信息登记表》统计、《2020年"龙岗第一课"重点人群培训》统计及《社会组织党建工作台账》登记等工作。

【申报社会组织等级评估】 为提高协会公信力，促进协会规范化建设，依据《社会组织评估管理办法》（民政部令第39号）和民政部《关于探索建立社会组织第三方评估机制的指导意见》（民发〔2015〕89号）、《关于开展2019年度龙岗区社会组织评估工作的通知》等文件规定，龙岗协会报名参加了社会组织评估活动，经专家实地考察审核、综合评估和民政局网站公示，龙岗协会被龙岗区民政局评为"4A级社会组织"荣誉称号。

【切实做好疫情防控和复工复产工作】 为切实做好抗击疫情，复工复产等保障工作，疫情期间，协会先后撰写并转发省、市、区政府部门相关通知、通报文件60余份，宣传物业企业抗击疫情的先进事迹和经验做法，向物业企业发放了近10万个口罩、60余支额温仪、酒精和消毒液，通过区慈善会捐款一万元（人民币）支持疫情防控工作，龙岗物协秘书处所有工作人员也纷纷献出爱心，为抗击疫情尽一己之力。

【完成协会换届选举工作】 协会第一届理事会于2019年9月届满。根据《深圳市行业协会法人治理指引》《深圳市社会团体换届选举指引》和协会《章程》的有关规定，协会启动了换届选举程序，通过一系列流程，选举产生了深圳市龙岗区物业管理协会第二届理事会及监事会，选举后相关文件材料按规定呈报区民政局审核备案。

【组建龙岗区物业管理行业专家库】 为更好地履行行业协会"提供服务、反映诉求、规范行为"的职能，广聚物业行业专业人才，充分发挥高素质专业人才的作用，促进龙岗区物业管理行业提高专业技术水平和规范物业管理活动，协会组织开展深圳市龙岗区物业管理行业专家增选及续聘工作，通过一系列流程，共123名同志入选深圳市龙岗区物业管理行业专家库。

【开展评优评先活动】 为促进龙岗区物业管理行业规范发展，提高物业管理水平，充分发挥物业服务企业的典型示范带头作用。龙岗协会依据建设部《关于修订全国物业管理示范住宅小区（大厦、工业区）标准及有关考评验收工作的通知》（住建房物[2000]008号）及龙岗区优秀物业服务企业评选规则，协会每年组织开展"龙岗区物业管理优秀项目"及"龙岗区优秀物业服务企业"评选活动，5年累计评选出优秀企业151家，优秀项目86个。另外，为充分发挥物业行业先进单位和先进个人的示范带头作用，彰显物业服务企业和物业人在疫情防控工作中的责任担当，协会组织开展疫情防控先进单位和先进个人评选活动，最终评选出35个先进单位和92位先进个人。

【加强行业自律】 为创建诚信经营、公平竞争的物业管理行业发展环境，建立良好的物业管理行业诚信自律机制，加强行业自律监督，规范行业从业人员行为，全面提升龙岗区物业服务企业社会形象，促进行业健康稳定发展，协会2015年制定了《深圳市龙岗区物业管理行业自律公约》并每年向全区物业服务企业及从业人员发起自律与诚信倡议。为了遏制行业发展中出现的一些违法违规行为，协会在优秀企业和项目评优等评优评先进时，对有重大安全事故或严重违规、违法、诚信扣分的项目和企业一律实行一票否决制。

【努力做好双向服务】 协会成立以来，积极为会员提供咨询服务，为企业答疑解难。协会秘处为会员企业提供物业管理及相关领域行业信息、技术、法律咨询服务1200多次，接待来访1400余次，上门拜访了180多家会员单位及企业；5年累计完成政府委托的事项52余项。

【积极反映行业诉求，努力维护行业利益】 为保障会员权益和行业利益，协会努力开展维护行业利益方面的工作，发挥协会的行业核心作用，继续发挥桥梁纽带和"行业代表、决策参谋"的作用，维护企业合法权益，促进物业行业的健康发展。5年来，协会针对行业发展中遇到的困难和存在的问题，组织企业共同研究探讨解决对策，积极向政府有关部门反映行业存在的问题、企业诉求、行业建议8项。

【搭建会员交流学习平台】 5年来，协会先后组织会员单位参加各类论坛及交流活动19场，接待异地来深考察调研37批次，来访270余人；与本市同行业间交流30批次，700余人；结合物业服务企业发展需求，组织物业企业从业人员参加各类免费培训65场，累计参训人数达16000余人，发放培训资料15000多份；通过与专业机构和学校合作，开展"广东省物业管理项目经理执业技能培训"及"建（构）筑物消防员培训"，累计参训人员达600余人。

【发挥媒介作用】 协会网站与微信公众号是协会与外交流沟通的桥梁，也是与各会员单位加强横向联系的纽带，更是协会服务会员单位的一个主要平台，5年来，协会公众号编发文章近4000篇，网站更新信息近1000条。另外，通过协会网站和微信公众号宣传了150余名从业人员的先进抗疫事迹和80余家企业的防控亮点，制作了情暖"疫"线、同心战"疫"——致献龙岗物业人、妇女节特辑和战疫巾帼特辑等宣传片。

【倡导和带领会员单位积极履行社会责任】 协会通过开通官方网站、微信公众号、微信群等网络平台，不断加大社会主义核心价值观宣传，倡议物业服务企业积极参与小区违章搭建整治、消防安全管理、垃圾分类、扫黑除恶专项斗争等社会治理工作，为社会的稳定和城市面貌的改善贡献一份力量。

第三章
物业管理市场

SHENZHEN
PROPERTY MANAGEMENT
YEARBOOK 2021

第一节　物业服务企业总体情况

2020年，是全国人民历经磨难与挑战的一年，更是众志成城、英雄辈出的"战疫年"。深圳市作为人口基数大、流动性大的一线大城市，在疫情防控、人员管理方面更是肩负重任，而"深圳物业人"在疫情防控的严峻形势下，毅然决然接受时代的重大使命，始终坚守在"防疫第一线"，有序筹划着物资购置、人员管控、疫情防控、居家服务等各项工作，也正是如此，物业管理在城市管理、社区治理、疫情防控、居家养老等方面的地位和重要性日益被发掘、被关注。

此外，深圳市各物业服务企业积极响应号召，持续推进生活垃圾分类、先行参与"千物企双百万"消费扶贫活动、积极探索多种经营创收、对外延伸服务链条、扩大服务半径，同时加强疫情防控不松懈、配合政府部门守好"防疫岗"，保障市民群众的身体健康和生命安全，为"大物业"时代的加快到来做好充足准备。

1.综述

2020年，深圳市物业管理行业总体呈平稳发展趋势。在纳入统计的1533家企业中，从业人员总数达68.13万人，同比增长6.53个百分点，为深圳市打赢"疫情防控攻坚战"、持续提供就业岗位、稳定就业形势、缓解就业压力提供了重要作用；在管项目共计24030个，其中在管本地项目有7708个，在管外地项目有16322个，较2019年均有一定幅度的增长，其中在管外地项目增长速度较快，同比增长23.37%；在管项目面积大幅扩大，达33.46亿平方米，其中外地在管项目面积达26.71亿平米，同比增长27.37个百分点；营业总收入达1182.23亿元，同比增长7.16个百分点，是深圳市2020年GDP增速（3.1%）的2倍多（数据来源：深圳政府在线官网），其中主营业务收入首次突破千亿大关，达1010.77亿元，同比增长5.14个百分点。深圳市物业管理行业总体状况详见表3-1-1。

2020年，在疫情的影响下，我国各省市地区、各行各业的发展均遭受不同程度的打击，尽管当前物业管理行业正处于快速发展期，其经济增长速度也受不可抗力因素影响而放缓。但总体来看，深圳市各物业服务企业在疫情防控的严峻形势下坚持"走出去"、致力于探索物业服务边界、不断延伸服务板块，发展势头仍然较好，因此行业整体仍属于稳中有进、蓄势待发的良好态

深圳市物业管理行业总体状况

表3-1-1

	2020年	2019年	同比
物业服务企业数量（个）	1533	1561	-1.79%
在管物业项目（个）	24030	20591	16.7%
其中：在管本市物业项目	7708	7361	4.71%
在管外地物业项目	16322	13230	23.37%
在管物业总建筑面积（亿平方米）	33.46	27.09	23.52%
其中：在管本市物业总建筑面积	6.76	6.12	10.32%
在管外地物业总建筑面积	26.71	20.97	27.37%
从业人员数（万人）	68.13	63.95	6.53%
其中：从业人员中本市户籍人数（人）	45743	46855	-2.37%
从业人员中在深圳工作的人员（人）	224137	219441	2.14%
营业总收入（亿元）	1182.23	1103.19	7.16%
其中：主营业务收入（亿元）	1010.77	961.33	5.14%

（注：表中同比增长部分均使用原始数据计算，报告数据存在四舍五入的偏差，特此说明，下同）

势，具体表现在以下三个方面：

一是在管项目数量和面积规模增长势头突飞猛进。与2020年相比，深圳市物业服务企业在管项目数量和在管项目面积均有较大幅度增长，其增长来源主要是外地拓展项目，深圳市外项目数量增速较去年提高了22.45个百分点，在管项目面积增速增高了27.14个百分点。究其原因，一方面，在疫情防控的严峻形势下，深圳市外各地市对物业服务的需求量迅速膨胀，在一定程度上为物业服务企业外拓项目提供了巨大的市场机会；另一方面，深圳市龙头企业加快资本运作，以其大型企业的天然优势，横向拓展业务，加快对现有市场份额的占领；此外，相较于外地企业，深圳市物业服务企业具有发展程度高、管理制度完善、信息化科技化水平高等优势，尤其是大部分大中型企业，其市场综合竞争力远高于外地企业。

二是行业主营业务收入突破1000亿元大关。统计数据显示，2020年深圳市物业服务企业营业总收入达到1182.23亿元，同比增长7.16个百分点，其中主营业务收入达1010.77亿元，首次突破千亿元大关，同比增长5.14个百分点。但总体来看，营业总收入与主营业务收入增速均有放缓趋势，且收入增速远低于规模扩张速度，究其原因，一方面，深圳市各大中型企业借力资本，借助企业自身的品牌优势和专业优势，接手大量地标性优质项目，实现收入的持续增长；另一方面，在物企上市的热潮之下，许多原本规模较大的物企蠢蠢欲动、准备瞄准时机，分羹资本红利，因此在规模拓展方面也存在较大需求；此外，虽然深圳市物业服务企业在市外承接了大量高品质项目，但在现有资源有限、大部分优质项目已经被蚕食的情况下，企业的扩张方向转至部分非优质高档项目，这也在一定程度上导致营收增速的放缓。

三是从业人员数量持续增长，对助力疫情防控、稳定社会就业发挥了一定作用。统计数据显示，2020年深圳市物业服务企业从业人员总数进一步扩大，达68.13万人，同比增长6.53个百分点，相比2020年增加了4.18万个就业岗位，发挥了行业在稳定就业方面的积极作用。究其原因，一方面，物业管理行业作为劳动密集型产业，在人员使用方面有较大需求，加之疫情影响，为了更好开展人员管控、疫情监控等工作，各物业管理项目对保洁人员、秩序维护人员等基层人员的需求进一步加大；另一方面，深圳市各物业服务企业在外地拓展份额巨大，各物业服务企业对基层非知识型员工的需求也在不断增长。

2. 在管项目情况

物业项目管理数量是衡量物业服务企业规模大小的最直接指标，而规模化发展是物业管理行业延伸服务链条、加快转型升级、实现集群化、现代化发展的必经之路，亦是物业服务企业借力资本、分羹资本红利、登陆资本市场的必要条件。2020年深圳市物业服务企业在疫情的困境之下"绝地求生"，探索居家服务、养老服务、社区便民服务等多种经营模式，对外加快跑马圈地速度、大范围占领市场份额，借力品牌优势和经营成本优势，实现外地在管项目数量和在管项目面积的跨越式增长。统计数据显示，2020年深圳市物业服务企业在管物业项目数量达到24030个，较2019年增加3439个，同比增长16.7个百分点；在管物业项目的总建筑面积为33.46亿平方米，同比增幅为23.52个百分点，深圳市各物业服务企业在全国各地、各个领域的渗透率、市场竞争力均有较大幅度提升。近五年深圳物业行业在管物业项目数量、建筑面积及增长率详见图3-1-1、图3-1-2。

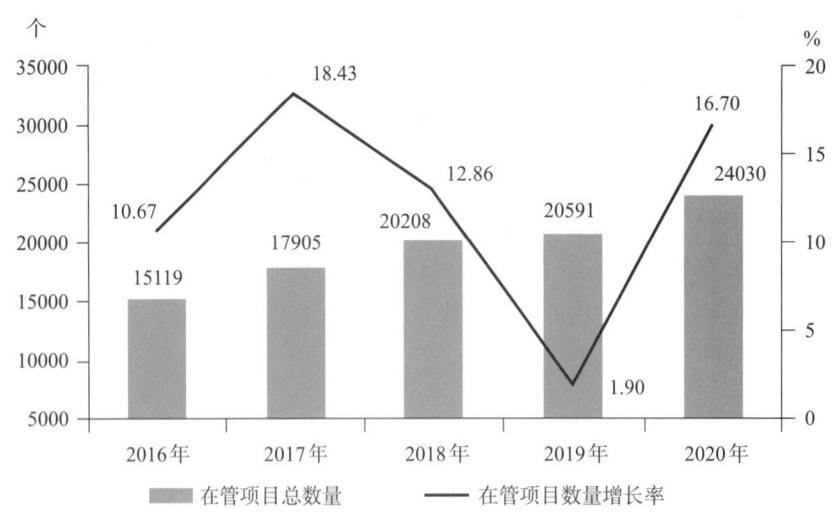

图3-1-1　近五年深圳物业行业在管物业项目数量及增长率

从管理面积位居前列的企业数据来看，在管物业项目管理面积超过1亿平方米的物业服务企业共有5家，其中在管物业项目管理面积超过2亿平方米的物业服务企业有3家，万科物业在管项目面积超过5亿平方米，为近几年深圳市物业服务企业单个企业在管项目面积最高值。

【在管本市物业项目数量和建筑面积】　根据统计，2020年在管本市物业项目的数量和面积均有小幅增加。2020年在管本市物业项目的数量为7708个，较2019年增加347个，同比增长

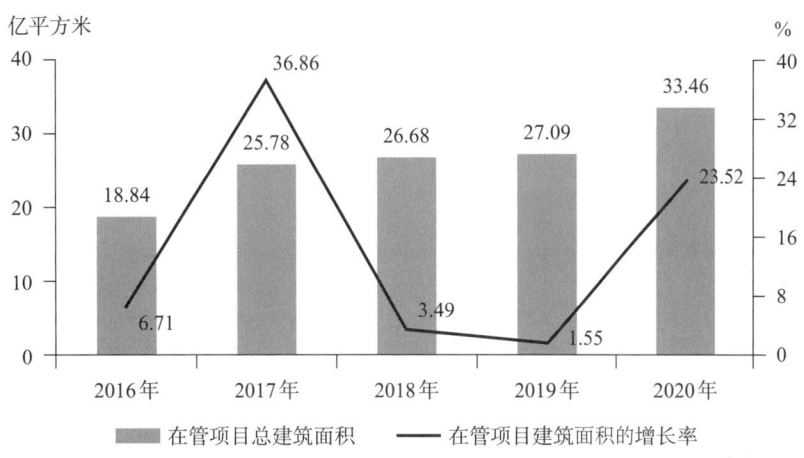

图3-1-2 近五年深圳物业行业在管物业项目建筑面积及增长率

4.71个百分点；而在管本市物业项目的建筑面积为6.76亿平方米，同比增长10.32个百分点，深圳市专业化物业管理覆盖面进一步扩大，新接项目以办公楼宇和工业园区这种类型的项目为主。近五年深圳物业行业在管本市物业项目数量及建筑面积详见图3-1-3。

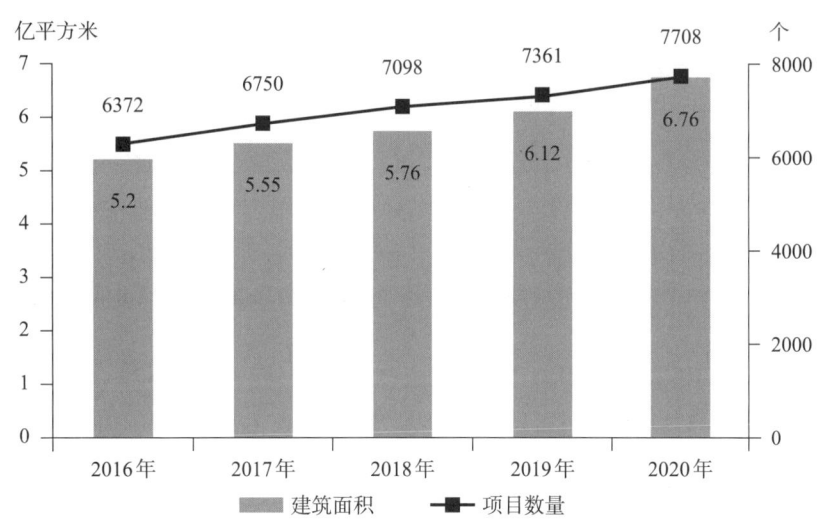

图3-1-3 近五年深圳物业行业在管本市物业项目数量及建筑面积

从不同类型项目来看，在管本市项目主要以住宅类居多，项目数量占比为49.29%，达3799个；其次为办公楼项目，项目数量占比为21.19%，达1633个。在管本市各类物业项目数量及建筑面积情况见图3-1-4。

【在管外地物业项目数量和建筑面积】 根据统计，2020年在管外地物业项目的数量和面积均有大幅增加。2020年在管外地物业项目的数量为16322个，较2019年增加3092个，同比增长23.37个百分点；在管外地物业项目的建筑面积为26.71亿平方米，同比增长27.37个百分点。在管外地项目数量和面积均远高于深圳市内，其服务面积接近4个深圳市内物业总建筑面积（6.76亿平方米），说明深圳市物业服务企业在外地拓展势头较好，拓展能力进一步加强。近五年深圳物业行业在管外地物业项目的数量和建筑面积详见图3-1-5。

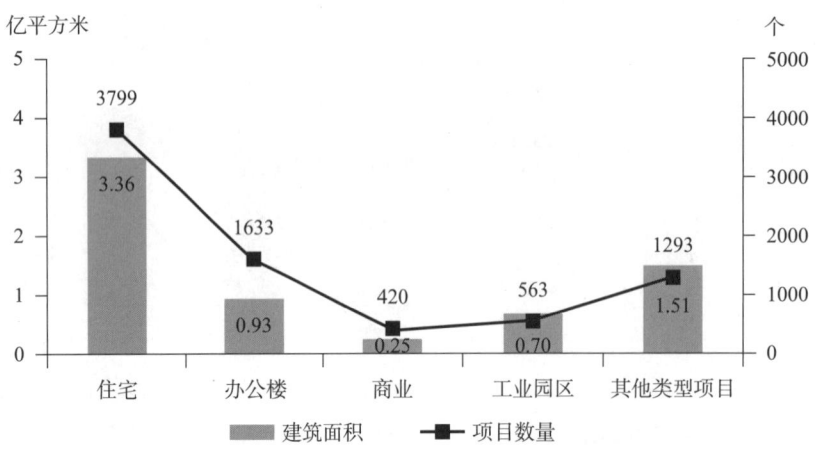

图3-1-4 在管本市各类物业项目数量及建筑面积

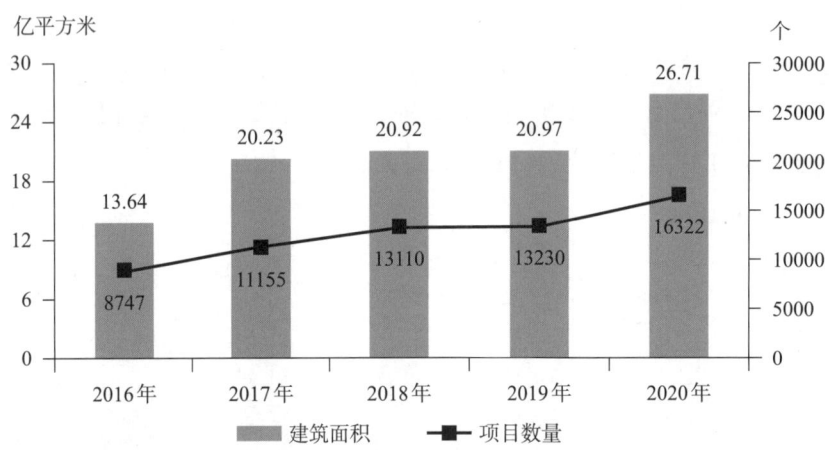

图3-1-5 近五年深圳物业行业在管外地物业项目的数量和建筑面积

从不同类型项目来看，在管外地项目主要以住宅类居多，项目数量占比达54.16%，其次为办公楼物业项目，项目数量占比达19.49%。详见图3-1-6。

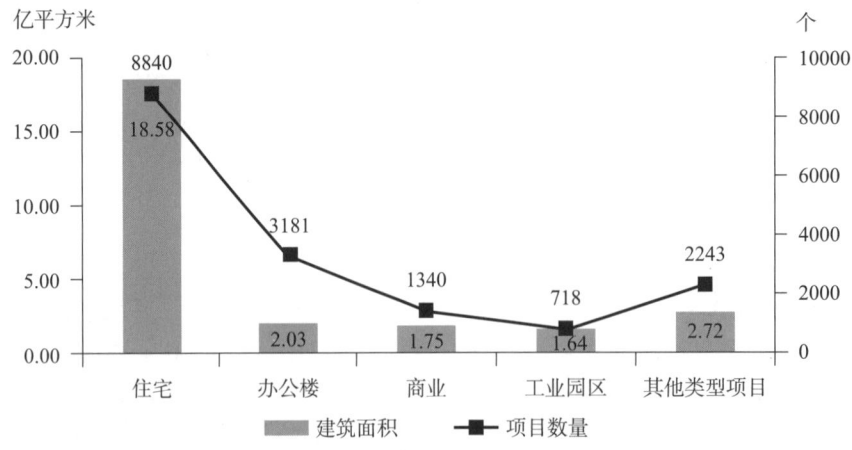

图3-1-6 在管外地各类物业项目数量及建筑面积

【企业拓展项目情况】 就各物业服务企业项目拓展情况来看，15.06%的物业服务企业管理项目在深圳市内与深圳市外区域均有拓展，在管项目数量为20314个，占总体比重为84.54%，在管项目面积达30.44亿平方米，占总体比重达90.96%，这部分企业多为大型或中型企业，其规模远大于管理区域仅限于深圳市内的各小微企业，其项目运作和业务拓展能力较强，已有市场份额相对稳固。

83.17%的物业服务企业管理项目仅限于深圳区域，在管项目数量为3498个，占总体比重为14.56%，占深圳市内在管项目数量的比重为45.38%，在管项目面积为2.7亿平方米，占总体比重达8.06%，占深圳市内在管项目面积比重为39.91%，这一部分企业以小微企业为主，其在管项目数量和面积体量均较小，管理范围多仅限于深圳区域。此外，数据显示这部分小微企业在深圳市内的项目数量占比接近深圳市内总体的一半，一方面说明深圳市内的市场份额相对分散，小微企业的发展空间和发展环境有所改善，另一方面小微企业管理深圳市内项目时间较长，与业主保持良好关系，已有份额相对稳固，不易被抢夺；另有24家物业服务企业在管项目仅在深圳市外区域，占比1.77%。详见图3-1-7。

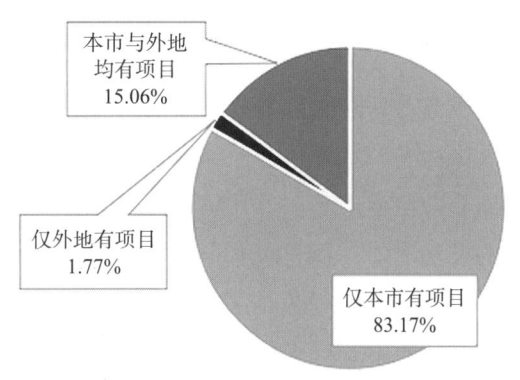

图3-1-7　深圳市物业服务企业项目拓展情况

【外包服务项目情况】 随着经济科技的发展与社会分工的进一步细化，外包服务在物业管理行业日益成为精细化、专业化管理的重要手段，以及开拓新兴市场、拓展新业务和营销网络的重要渠道。

市场的扩张必然带来社会分工的精细化，近年来外包服务在物业管理行业的推广和使用日益普遍化，外包服务为各物业服务企业分担了较大部分基层管理的工作量，推动各物业服务企业集中人力、物力加快推进智慧物业发展、企业转型升级。2020年深圳市物业服务企业外包项目数量增长有限的情况下，总面积实现了跨越式增长，一方面说明深圳市物业外包项目在垂直方向实现了深层次发展，与对接合作伙伴的合作关系更加牢固；另一方面也与外包项目的业态有一定关系，外包项目业态多为住宅类大面积项目。

从不同类型服务来看，保洁服务项目占比最大，项目数量达9928个，涉及项目面积为25.2亿平方米，涉及人员数量为158662人；其次为设备维修养护服务项目，数量为6944个，涉及项目面积为17.49亿平方米，涉及人员数量为24122人。不同类型外包服务项目情况详见图3-1-8。

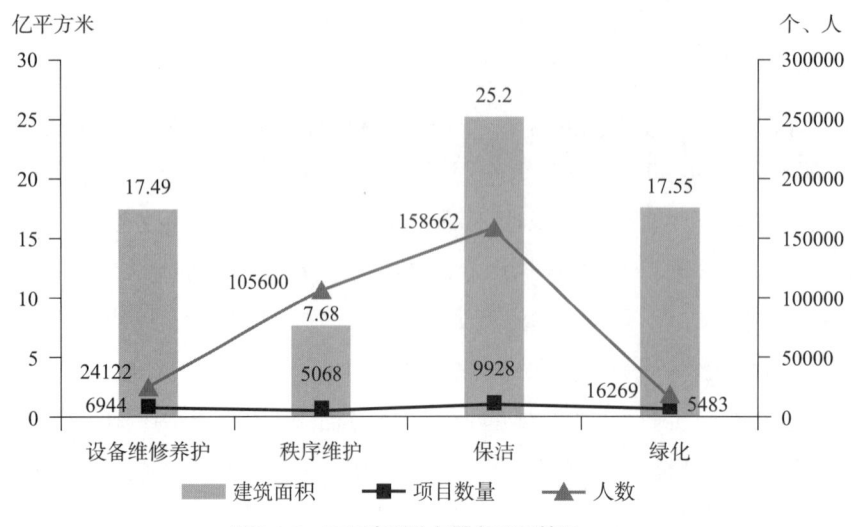

图3-1-8　不同类型外包服务项目情况

3. 从业人员情况

　　物业管理行业属于第三产业服务业，同时也是劳动密集型产业之一。目前深圳市物业服务企业的用工模式主要以传统作业人员为主，主要包含保洁人员、绿化人员、安保人员等群体，其专业性和就业门槛相对较低，属于非知识型用工。近几年物业管理行业从业人员数量不断攀升，究其原因，一方面，在资本热潮的推动之下，物业服务企业的规模不断发展壮大，其基层服务人员数量必然随着项目拓展而增加；另一方面，受疫情影响，物业服务企业作为"抗疫第一线"的中坚力量，势必需要更多的人力来开展各项管理管控工作。

　　【从业人员数量】　统计数据显示，2020年深圳市物业服务企业从业人员数量为68.13万人，较2019年新增4.18万个就业岗位，其增速为6.53个百分点，较2019年有小幅放缓，整体从业人员数量增长仍属于稳定增长趋势。从业人员数量和增长率详见图3-1-9。

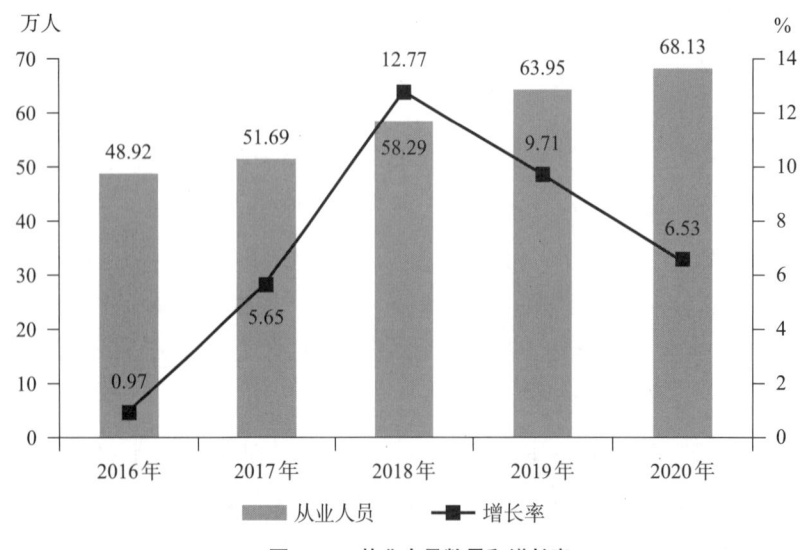

图3-1-9　从业人员数量和增长率

【从业人员薪资水平】 统计数据显示，2020年深圳市物业服务企业从业人员月工资中位数为5692元。从不同岗位来看，经营管理人员整体工资水平较高，月工资中位数为9226元，其中企业高层管理人员工资水平相对较高，月工资中位数为16000元，管理处主任及其他管理人员月工资中位数分别为10020和8199元；基层工作人员工资水平相对较低，其中房屋及设备维护管理人员月工资中位数为6220元，为各类基层人员中最高；保洁人员工资水平较低，月工资中位数仅为3240元。各类岗位从业人员薪资水平详见图3-1-10。

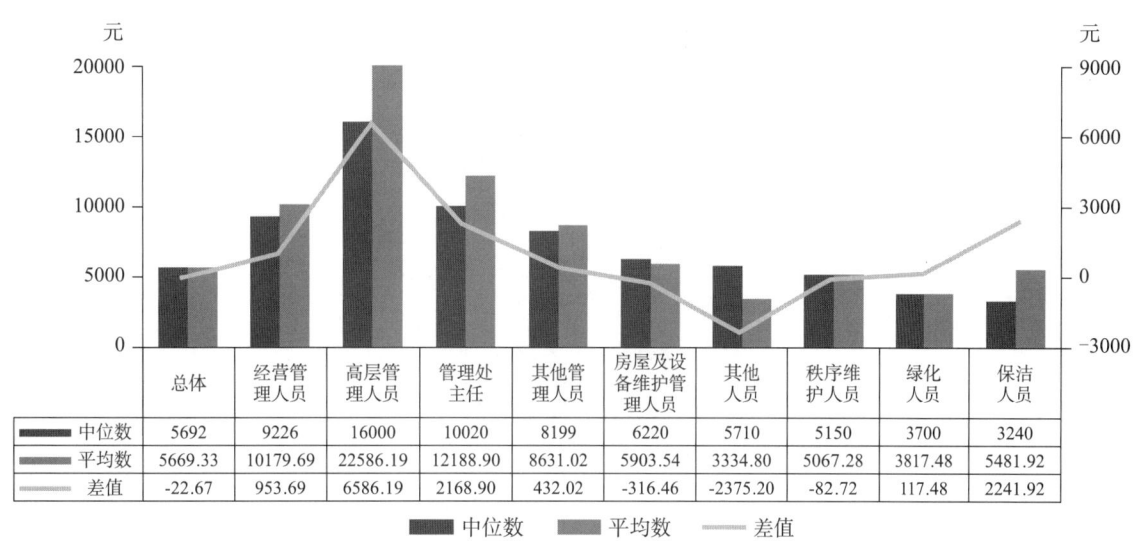

	总体	经营管理人员	高层管理人员	管理处主任	其他管理人员	房屋及设备维护管理人员	其他人员	秩序维护人员	绿化人员	保洁人员
中位数	5692	9226	16000	10020	8199	6220	5710	5150	3700	3240
平均数	5669.33	10179.69	22586.19	12188.90	8631.02	5903.54	3334.80	5067.28	3817.48	5481.92
差值	-22.67	953.69	6586.19	2168.90	432.02	-316.46	-2375.20	-82.72	117.48	2241.92

图3-1-10　从业人员薪资水平中位数

从不同岗位人均工资和中位数工资差值情况来看，高层管理人员的差值相对较大，究其原因，主要是由于高层管理人员因企业待遇差异更容易产生极端高值，进而影响整体人均工资水平（本部分数据为深圳市物业服务企业在全国范围内的人员薪资水平情况）。

【人员户籍结构】 统计数据显示，2020年深圳市物业服务企业从业人员中拥有深圳市户籍的人口为45743人，从业人员中在深圳市工作的人口为224137人，在深工作且有深圳户口的占比约为20.41%，相较于2019年（21.35%）下降了0.94个百分点，物业管理行业从业人员入籍深圳人口占比远低于2019年深圳市平均水平（36.8%）。从行业整体来看，拥有深圳户籍和在深工作人员的数量占比较低，一方面，深圳市大部分物业从业人员属于外来务工人员，流动性相对较大；另一方面，拥有深圳户籍的人员相较于非深户人员在不同行业中的就业竞争力更强、就业选择更多，这也在一定程度上导致行业内户籍人员占比轻微下降。

【工作岗位】 随着物业管理行业规模的不断壮大、服务链条不断纵深延伸，各物业服务企业对基层非知识型人员和高端管理人才的需求进一步加大。目前来看，基层非知识型人员的增长速度趋于平稳，而高端管理人才的绝对值虽稳步增长，但总体增幅不明显，未能与当前规模的拓展速度成正比。

统计数据显示，2020年深圳市物业服务企业从业人员中，经营管理人员89176人，较2019年（87597人）增加了1579人，占行业从业人员总数13.09%，相较2019年（13.7%）下降了0.61

个百分点；房屋及设备维护管理人员87091人，较2019年（81518人）增加了5573人，占总人数12.78%，与2019年（12.75%）基本持平；保洁人员97818人，较2019年（90753人）增加了7065人，占总人数14.36%，较2019年（14.19%）略有上升；秩序维护人员233766人，较2019年（224068人）增加了9698人，占总人数34.31%，略低于2019年（35.04%）；绿化人员11284人，较2019年（11100人）增加了184人，占总人数1.66%，略低于2019年（1.74%）；其他人员162128人，较2019年（144476人）增加了17652人，占总人数23.8%，较2019年（22.59%）上升了1.21个百分点。各工作岗位从业人员分布详见图3-1-11。

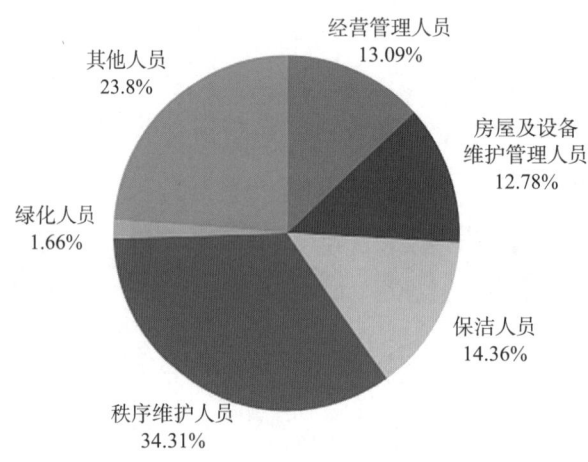

图3-1-11　各工作岗位从业人员分布

【学历层次】　目前来看，物业服务企业从业人员主要以中低学历群体为主，整体学历层次较低，高中及以下中低学历群体占比接近六成，这与物业服务企业的就业门槛与运作模式有较大关系。数据结果显示，2020年深圳市物业服务企业从业人员中，博士研究生总人数仅为26人，占比仅为0.004%，较2019年（39人）减少了13人；硕士研究生2154人，较2019年（1868人）增加了286人，占比为0.32%，较2019年（0.29%）略有上升；本科学历人数为58187人，较2019年（51033人）增加了7154人，占比为8.54%，较2019年（7.98%）上升0.56个百分点；大专学历人数为124493人，占比为18.27%，较2019年（16.37%）上升了1.9个百分点；中专学历人数为113388人，占比为16.64%，较2019年（15.99%）上升了0.65个百分点；高中及以下学历人数为383015人，占比最大，为56.22%，较2019年（59.36%）下降了3.14个百分点。从业人员学历分布详见图3-1-12。

从统计数据总体来看，2020年深圳市物业服务企业从业人员中，本科及以上高学历人才占比不到一成，仅为8.86%，较2019年（8.28%）增加了0.58个百分点。从业人员是行业发展的基础和必要性条件，物业服务企业应顺应行业规模发展和转型升级的必然趋势，进一步落实人才政策，优化升级人才结构，提升行业整体学历水平。当前行业人才需求主要面临两个问题：一是行业的规模化、专业化、智慧化发展带来对高端技术人才需求的剧增，而这类人才本身属于比较匮乏的状态，因此各物业服务企业在高端人才的招聘吸收、成本兼顾、人才使用等方面均面临较大压力；二是行业存量人才的知识体系已经相对固化，亟需进行知识更新，进而达到与行业和

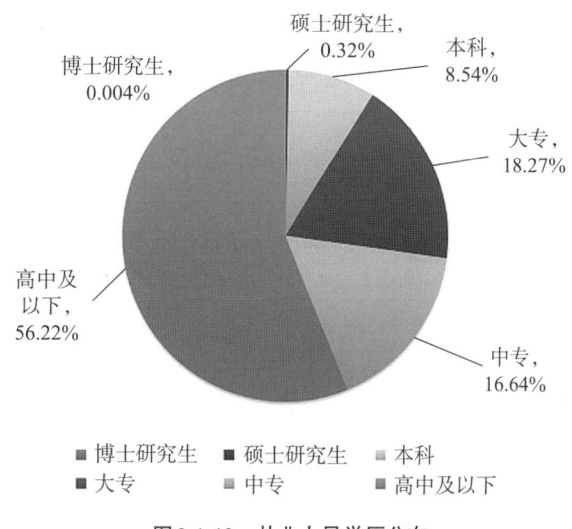

图3-1-12 从业人员学历分布

企业的发展保持相对适配的状态。

【技术层次】 物业服务企业从业人员中具有中级及以上职称人数8656人，占企业从业人员总数1.27%，较2019年（7885人）增加771人，同比增长9.78个百分点，在总人数中的占比相较2019年（1.23%）小幅上升0.04个百分点；物业管理师为3098人，较2019年（3586人）减少488人，占总人数0.45%，较2019年（0.56%）下降0.11个百分点。总体来看，2020年深圳市物业服务企业从业人员中具有中级及以上职称人数在数量和占比上均有所增加，而物业管理师的人数和占比均有所下降，究其原因，一方面随着物业服务企业持续不断优化人才政策、持续推进企业转型升级、着力提升企业人员素质、进一步保障企业服务质量，各物业服务企业在人员招聘方面有意识地招纳更多持证上岗的技术人才；另一方面当前物业管理行业的技术职称评定渠道相对较少，应进一步完善行业人才评定标准，拓宽行业人才选聘渠道，各物业服务企业也应积极谋划更专业化、规范化、标准化的人才发展战略与人员资质审核标准，推动整体人才占比上升。

【安置就业】 统计数据显示，2020年深圳市物业服务企业安置就业、再就业人数为139023人，占比达20.41%，较2019年（19.02）上升1.39个百分点。安置就业是国家号召推出的缓解社会就业压力、拉动内需的支持政策，深圳市各物业服务企业在2020年进一步深入积极响应国家政策号召、落实安置就业各项工作要求，在安置就业人数上取得不小进展，在发展企业的同时也为推动国家经济稳步增长、缓和社会矛盾做出贡献。

4.各行政区物业服务企业发展情况

统计数据显示，2020年福田区各物业服务企业发展仍处于较高位水平，在企业数量、项目数量、总建筑面积以及从业人员数量等方面仍占据主导地位；其次是罗湖区、宝安区、龙岗区、南山区和龙华区，发展处于中等水平，由于处在深圳城市交通枢纽沿线，这五个区域具有天然的地理优势、交通便利优势和通信优势，其在一手信息获取、市场动态监测等方面也相对优越；

盐田区、光明区、坪山区、大鹏新区和深汕特别合作区的物业管理行业规模和体量相对较小。

究其原因，一方面与地理位置有关，地理位置的偏远带来交通的不便，尤其是坪山区、大鹏新区和深汕特别合作区，地铁线路暂未涉及，也给企业发展带来一定的阻碍；另一方面，由于信息市场的活跃程度不高，这几个区域在市场信息的获取上具有延迟性和不对称性，也是其物业管理行业发展较为滞后的原因之一。

但值得一提的是，近两年来，这几个区域的物业服务企业发展虽较其他区域仍有滞后现象，但在企业数量、从业人员、等方面都表现出一定的突破性，可见其发展潜力和势头较为良好。各行政区域物业服务企业的发展情况详见表3-1-2。

各行政区域物业服务企业的发展情况 表3-1-2

	服务企业		在管项目		在管建筑面积		从业人员	
	数量（个）	排名	数量（个）	排名	面积（万㎡）	排名	总数（人）	排名
福田区	321	1	11195	1	158276.2	1	350004	1
罗湖区	281	2	2066	4	25548.01	5	56996	4
宝安区	264	3	1609	6	17772.63	6	46881	5
龙岗区	222	4	2914	3	39768.06	3	60315	3
南山区	210	5	3737	2	51618.95	2	116092	2
龙华区	117	6	460	7	7410.3	7	21378	7
盐田区	39	7	122	8	660.81	9	2746	8
光明区	33	8	1810	5	29674.63	4	23247	6
坪山区	26	9	76	9	3607.82	8	2606	9
大鹏新区	18	10	32	10	258.31	10	758	10
深汕特别合作区	1	11	2	11	3.88	11	10	11

【各行政区物业服务企业数量】 统计数据显示，2020年深圳市物业服务企业主要分布在福田区、罗湖区、宝安区、龙岗区、南山区和龙华区。其中，福田区的物业服务企业数量最多，占20.95%；其次是罗湖区、宝安区、龙岗区、南山区和龙华区，分别占18.34%、17.23%、14.49%、13.71%和7.64%；而盐田区、光明区、坪山区、大鹏新区和深汕特别合作区的物业服务企业数量相对较少，占比分别为2.55%、2.15%、1.7%、1.17%和0.07%。

近5年来各行政区物业服务企业数量存在略微的波动，其中罗湖区增加数量较多，增加了10家企业，其次是宝安区、光明区和大鹏新区，各增加1家企业；福田区、龙岗区、龙华区、坪山区和南山区物业服务企业数量有所减少，各减少了15家、13家、7家、4家和1家；盐田区物业服务企业数量与2019年保持一致。各行政区内物业服务企业数量统计情况详见图3-1-13。

【各行政区物业服务企业在管物业项目的数量和建筑面积】 2020年，福田区的物业服务企业在管物业项目数量最多，数量为11195个，占46.6%；其次是南山区、龙岗区、罗湖区、光明区、宝安区和龙华区，在管物业项目数量分别为3737个、2914个、2066个、1810个、1609个和460个，分别占15.56%、12.13%、8.6%、7.53%、6.7%和1.91%；而盐田区、坪山区、大鹏新

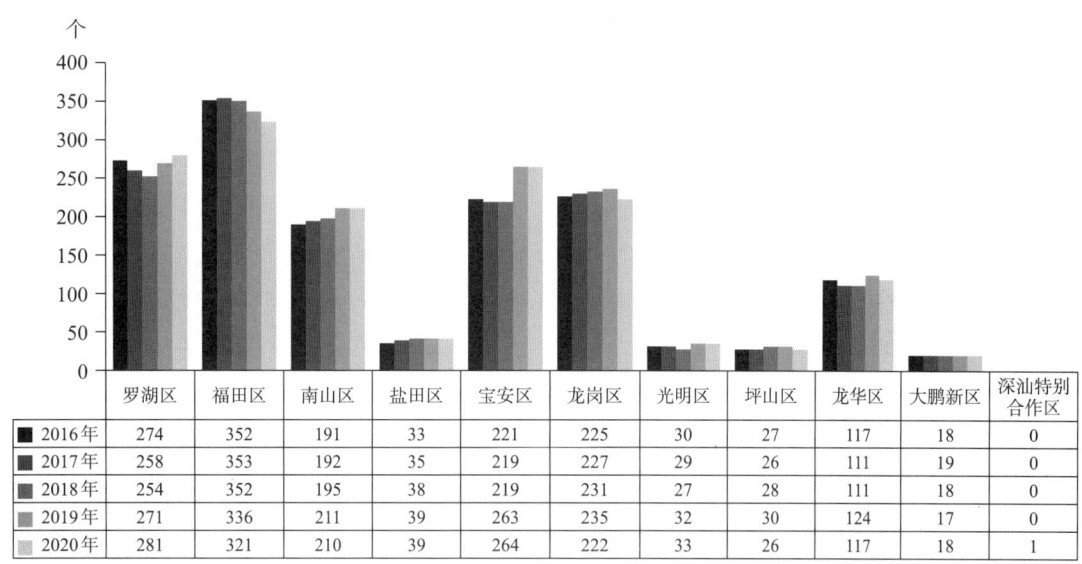

个

	罗湖区	福田区	南山区	盐田区	宝安区	龙岗区	光明区	坪山区	龙华区	大鹏新区	深汕特别合作区
2016年	274	352	191	33	221	225	30	27	117	18	0
2017年	258	353	192	35	219	227	29	26	111	19	0
2018年	254	352	195	38	219	231	27	28	111	18	0
2019年	271	336	211	39	263	235	32	30	124	17	0
2020年	281	321	210	39	264	222	33	26	117	18	1

图3-1-13　近5年各行政区物业服务企业的数量变化情况

区和深汕特别合作区的在管物业项目数量相对较少，占比均不超过1%。

近5年来，各行政区中福田区物业服务企业在管物业项目数量均是各区最多，2020年福田区在管物业项目数量为11195个，较2019年增加了2281个，南山区、宝安区、龙岗区、光明区、龙华区和盐田区在管物业项目数量较2019年均有所增长，其中南山区、宝安区、龙岗区和光明区增加项目数量均超过200个；罗湖区、坪山区和大鹏新区在管物业项目数量较2019年均有不同程度减少。详见图3-1-14。

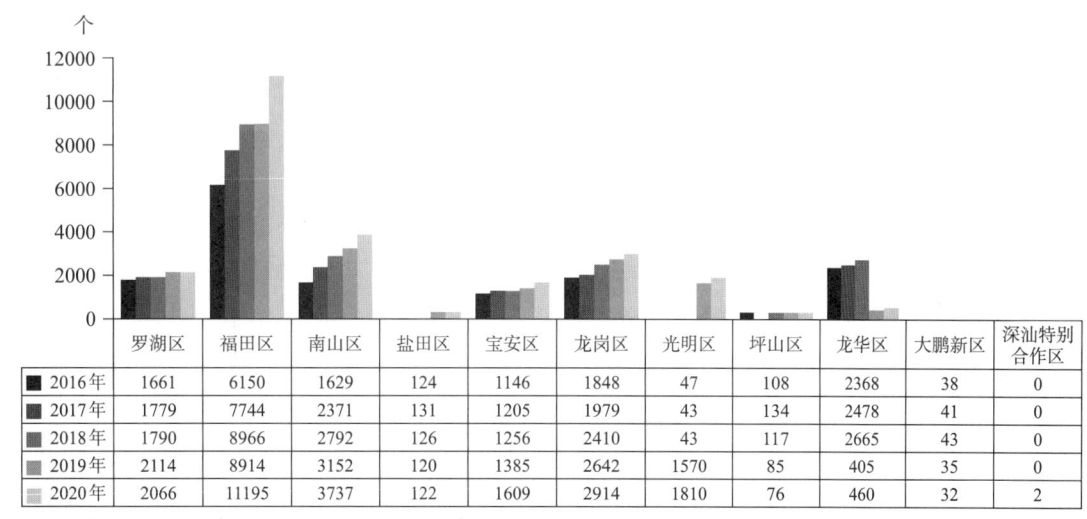

个

	罗湖区	福田区	南山区	盐田区	宝安区	龙岗区	光明区	坪山区	龙华区	大鹏新区	深汕特别合作区
2016年	1661	6150	1629	124	1146	1848	47	108	2368	38	0
2017年	1779	7744	2371	131	1205	1979	43	134	2478	41	0
2018年	1790	8966	2792	126	1256	2410	43	117	2665	43	0
2019年	2114	8914	3152	120	1385	2642	1570	85	405	35	0
2020年	2066	11195	3737	122	1609	2914	1810	76	460	32	2

图3-1-14　近5年来各行政区企业在管物业项目的数量变化情况

从项目建筑面积来看，2020年福田区在管物业项目建筑面积最大，占全市在管物业项目建筑总面积的47.3%；其次是南山区和龙岗区，占比分别为15.43%和11.89%；光明区、罗湖区和宝安区占比分别为8.87%、7.64%和5.31%；而龙华区、坪山区、盐田区、大鹏新区和深汕特别合作区在管物业项目建筑面积所占比例相对较小，均不超过3%。

近5年来福田区在管物业项目建筑面积的数量均处于高位水平，目前仍然在深圳各区中位居榜首。数据显示，除龙岗区在管项目建筑面积数量较2019年下降4410.06万平方米外，其他各区较2019年均有所上升，其中福田区、南山区、宝安区、光明区和罗湖区增长面积均在5000万平方米以上，增长幅度较大，发展态势相对较好。详见图3-1-15。

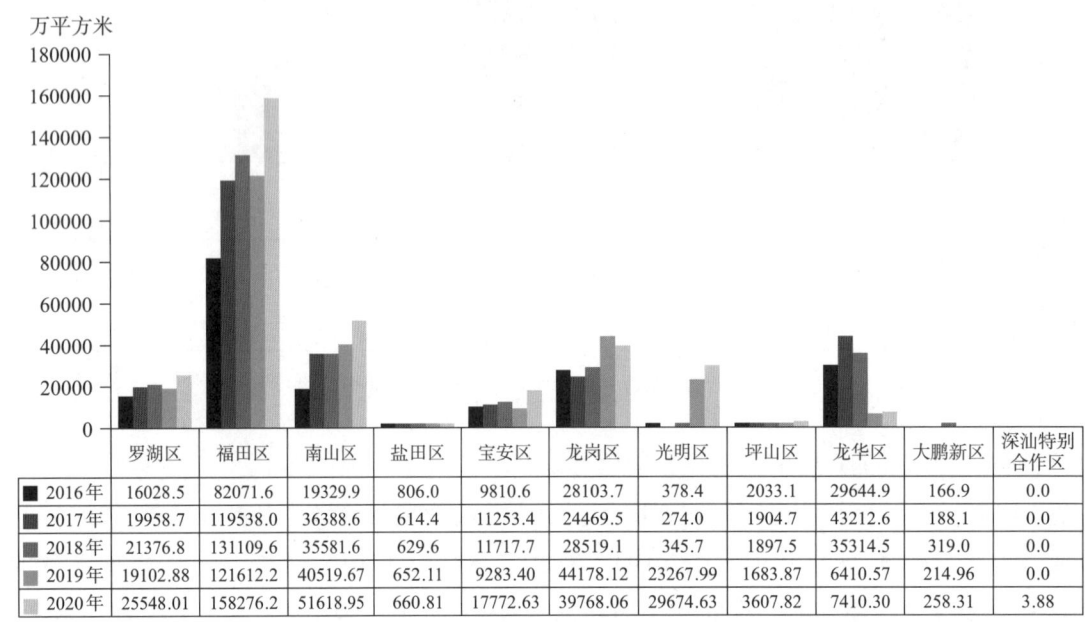

万平方米

	罗湖区	福田区	南山区	盐田区	宝安区	龙岗区	光明区	坪山区	龙华区	大鹏新区	深汕特别合作区
■ 2016年	16028.5	82071.6	19329.9	806.0	9810.6	28103.7	378.4	2033.1	29644.9	166.9	0.0
■ 2017年	19958.7	119538.0	36388.6	614.4	11253.4	24469.5	274.0	1904.7	43212.6	188.1	0.0
■ 2018年	21376.8	131109.6	35581.6	629.6	11717.7	28519.1	345.7	1897.5	35314.5	319.0	0.0
■ 2019年	19102.88	121612.2	40519.67	652.11	9283.40	44178.12	23267.99	1683.87	6410.57	214.96	0.0
■ 2020年	25548.01	158276.2	51618.95	660.81	17772.63	39768.06	29674.63	3607.82	7410.30	258.31	3.88

图3-1-15　各行政区在管物业项目建筑面积的变化情况

【各行政区物业管理行业从业人员情况】　在从业人员数量方面，福田区物业服务企业从业人员数量最多，为35万人，占总人数51.39%；其次是南山区和龙岗区，从业人员数量占比分别为17.05%和8.86%；罗湖区、宝安区、光明区和龙华区从业人员占比分别为8.37%、6.88%和3.41%和3.14%；盐田区、坪山区、大鹏新区和深汕特别合作区物业服务企业从业人员数量相对较少，占总人数的比例均不足1%。

与2019年相比，罗湖区、龙岗区、盐田区、坪山区和龙华区从业人员数量均有所减少；其他各行政区从业人员数量均有所上升，其中福田区和光明区增加人数较多，分别增加了43574人和11985人。近5年来各行政区物业服务企业从业人员的数量变化情况详见图3-1-16。

就不同岗位来看，各行政区物业服务企业中经营管理人员占比相对较低。其中，龙岗区、光明区、深汕特别合作区、南山区、盐田区和大鹏新区物业服务企业的经营管理人员占企业从业人员总数的比例相对较高，分别为24.62%、24.42%、20%、17.83%、15.66%和15.04%；而坪山区物业服务企业的经营管理人员占企业从业人员总数的比例最低，为8.1%。在经营管理人员中，除盐田区、光明区和深汕特别合作区外，管理处主任（经理）的占比均不超过4%。

此外，各区物业服务企业的基层工作人员的比例均相对较高，尤其是秩序维护人员，除光明区和深汕特别合作区外，其他各区秩序维护人员占比均接近或超过30%。各行政区物业服务企业从业人员的岗位分布情况详见表3-1-3。

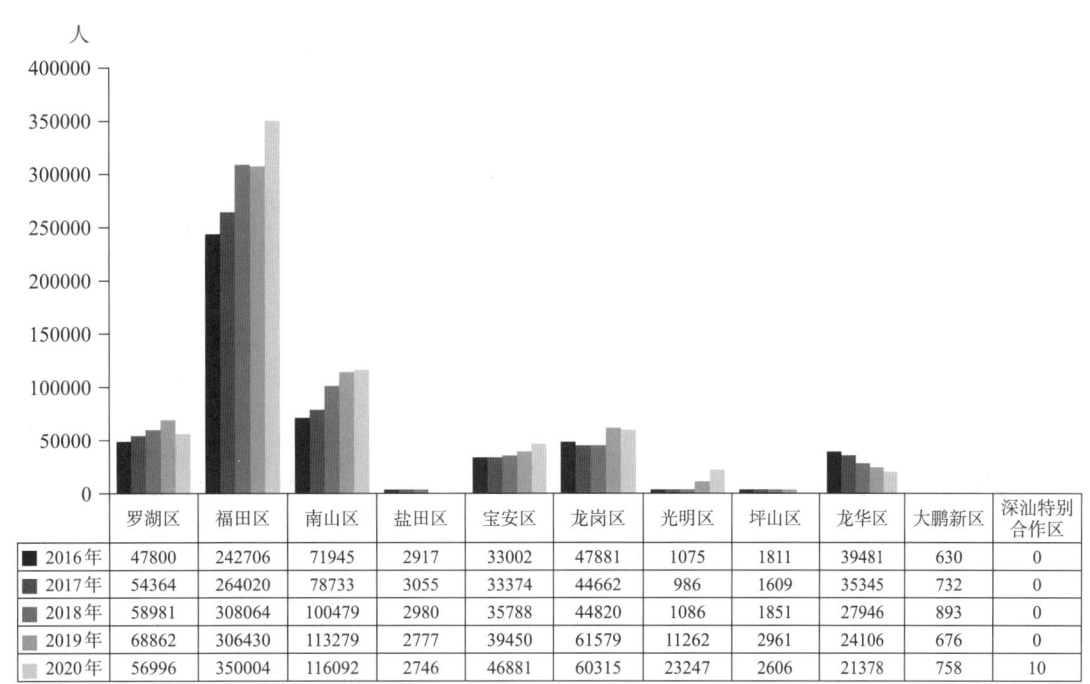

人

	罗湖区	福田区	南山区	盐田区	宝安区	龙岗区	光明区	坪山区	龙华区	大鹏新区	深汕特别合作区
■ 2016年	47800	242706	71945	2917	33002	47881	1075	1811	39481	630	0
■ 2017年	54364	264020	78733	3055	33374	44662	986	1609	35345	732	0
■ 2018年	58981	308064	100479	2980	35788	44820	1086	1851	27946	893	0
■ 2019年	68862	306430	113279	2777	39450	61579	11262	2961	24106	676	0
■ 2020年	56996	350004	116092	2746	46881	60315	23247	2606	21378	758	10

图3-1-16 近5年来各行政区物业服务企业从业人员的数量变化情况

各行政区物业服务企业从业人员的岗位分布情况（%）　　　　　　　　表3-1-3

	福田区	罗湖区	南山区	龙岗区	龙华区	宝安区	坪山区	盐田区	大鹏新区	光明区	深汕特别合作区
1.经营管理人员	8.84	13.92	17.83	24.62	8.93	13.62	8.10	15.66	15.04	24.42	20.00
其中：管理处主任（经理）	1.76	2.97	2.24	3.33	2.13	2.97	2.42	4.48	3.30	5.99	10.00
2.房屋及设备维护管理人员	13.12	11.18	14.21	13.91	5.29	7.87	7.10	11.58	6.46	19.43	10.00
3.保洁人员	14.66	21.21	7.13	13.33	13.02	27.41	23.45	9.25	25.07	5.43	20.00
4.秩序维护人员	31.50	35.2	40.14	31.02	63.48	34.34	32.08	46.25	42.48	25.87	10.00
5.绿化人员	1.19	1.58	1.05	2.50	3.56	3.53	3.84	2.04	6.07	3.76	10.00
6.其他人员	30.69	16.9	19.65	14.61	5.72	13.23	25.44	15.22	4.88	21.08	30.00

　　就不同学历来看，仅罗湖区、福田区、南山区、宝安区以及龙岗区有博士研究生人才；除深汕特别合作区外各区均有硕士研究生人才，其中南山区占比相对较大，福田区硕士研究生人数为1173人，为各区最高；除宝安区、龙华区、大鹏新区和深汕特别合作区外，各区本科学历人才占比均在5%以上；各区从业人员学历分布在大专学历和中专学历较为集中，除深汕特别合作区外，其他各区学历在大专和中专的人数占比均在20%以上。此外，各区大部分从业人员学历较低，除南山区和光明区外，均有超过五成的从业人员学历在高中及以下。各行政区物业服务企业从业人员的学历情况详见表3-1-4。

各行政区物业服务企业从业人员的学历情况（%）　　　　表3-1-4

	福田区	罗湖区	南山区	龙岗区	龙华区	宝安区	坪山区	盐田区	大鹏新区	光明区	深汕特别合作区
1.博士研究生	0.003	0.01	0.004	0.01	—	0.002	—	—	—	—	—
2.硕士研究生	0.34	0.24	0.44	0.27	0.08	0.16	0.08	0.40	0.13	0.26	—
3.本科	9.51	5.73	9.73	8.93	2.29	4.23	5.45	6.08	4.22	9.14	—
4.大专	18.65	13.80	20.22	20.17	11.51	12.98	15.62	13.44	10.42	27.16	10.00
5.中专	16.42	10.56	19.78	16.17	19.77	14.62	21.60	18.65	10.95	21.34	—
6.高中及以下	55.08	69.67	49.82	54.46	66.36	68.01	57.25	61.43	74.27	42.10	90.00

就物业服务从业人员所获技术职称来看，各行政区中级及以上职称的从业人员占从业人员总数的比率均不超过5%，福田区中级及以上职称人员数量为2824人，为各区最高。除盐田区外，其他各行政区物业管理师人数占比相对较低，均在1%以下，其中福田区物业管理师人数为1239人，为各区最高。

坪山区企业中持物业管理员上岗证的比例相对较高，占比为9.44%；坪山区持物业部门经理和物业企业经理证书上岗人员占比较高，均在3%以上；深汕特别合作区无持物业管理员、物业部门经理、物业企业经理证书上岗的人员。除南山区、龙华区和光明区外，各行政区物业服务企业持有其他专业上岗证的从业人员也较多，均在10%以上。各行政区物业服务企业从业人员的技术职称情况详见表3-1-5（深汕特别合作区达90%，主要是由于其从业人员基数小引起的，该数据仅做参考）。

各行政区物业服务企业从业人员的技术职称情况（%）　　　　表3-1-5

	福田区	罗湖区	南山区	龙岗区	龙华区	宝安区	坪山区	盐田区	大鹏新区	光明区	深汕特别合作区
一、中级及以上职称人数占比	0.81	2.24	1.34	1.55	1.64	2.53	1.65	4.30	3.43	1.43	—
二、物业管理师人数占比	0.35	0.63	0.55	0.66	0.32	0.48	0.69	1.49	0.53	0.44	—
三、持上岗证人数占比	16.59	21.71	8.80	22.95	9.98	19.94	52.11	39.15	24.54	3.31	100.00
1.持物业管理员上岗证人数占比	1.61	3.75	1.36	2.71	2.39	4.74	9.44	8.89	8.97	1.42	—
2.持物业部门经理上岗证人数占比	0.51	1.77	0.68	1.41	1.24	1.46	3.95	3.53	1.58	0.12	—
3.持物业企业经理上岗证人数占比	0.83	1.84	0.54	1.04	1.04	1.22	5.26	1.64	1.45	1.13	—
4.持其他专业上岗证人数占比	13.65	14.36	6.21	17.79	5.31	12.51	33.46	25.09	12.53	0.65	100.00

【各行政区物业服务企业经营财务总体状况】 从企业财务指标来看，各行政区物业服务企业的经营状况也有一定的差异，详见表3-1-6。

各行政区物业服务企业的财务经营状况（%）　　　　　　表3-1-6

	福田区	罗湖区	南山区	龙岗区	龙华区	宝安区	坪山区	盐田区	大鹏新区	光明区	深汕特别合作区
生产与营运能力指标	—	—	—	—	—	—	—	—	—	—	—
1.劳动效率（万元/人）	13.15	26.96	15.34	15.54	7.38	14.51	9.61	13.33	7.91	14.84	11.13
2.总资产周转率（%）	83.50	65.37	103.6	53.46	35.46	47.58	54.70	47.80	21.34	25.57	240.92
盈利能力指标	—	—	—	—	—	—	—	—	—	—	—
1.主营业务利润率（%）	13.47	6.20	11.43	10.49	8.41	12.23	8.12	-1.83	3.28	21.49	-3.06
2.成本费用利润率（%）	10.19	16.51	10.92	10.85	6.37	10.83	10.25	-0.57	10.43	23.41	-1.79
发展能力指标	—	—	—	—	—	—	—	—	—	—	—
1.营业收入增长率（%）	13.81	-3.28	13.81	-17.58	-18.25	15.23	-1.88	-8.62	-0.35	2.95	—
2.总资产增长率（%）	15.73	17.75	-24.88	6.22	6.71	19.72	-23.28	146.6	-13.64	34.04	—

生产与营运能力分析。从劳动效率来看，2020年罗湖区每单位劳动力创造出的产出水平最高，为26.95万元/人；龙岗区、南山区、光明区、宝安区、盐田区、福田区和深汕特别合作区每单位劳动力创造出的产出水平相对也较高，分别为15.54万元/人、15.34万元/人、14.84万元/人、14.51万元/人、13.33万元/人、13.15万元/人和11.13万元/人；坪山区、大鹏新区和龙华区每单位劳动力创造的产出水平相对较低，分别为9.61万元/人、7.91万元/人和7.38万元/人。对比2019年，罗湖区、南山区和坪山区劳动效率均有所上升；其他各区劳动效率较2019年均有不同程度下降。从总资产周转率来看，2020年深汕特别合作区、南山区和福田区的总资产周转率相对较高，分别为240.92%、103.6%、83.5%，均高于深圳市总体水平，表明这三个区企业资产的经营和利用效率相对较高。而光明区和大鹏新区物业服务企业的总资产周转率相对较低，分别为25.57%和21.34%。

盈利能力分析。从主营业务利润率来看，2020年光明区物业服务企业的主营业务利润率较高，为21.49%，主营业务的获利能力相对较强；其次为福田区、宝安区、南山区和龙岗区，主营业务利润率分别为13.47%、12.23%、11.43%和10.49%；龙华区、坪山区和罗湖区主营业务利润率分别为8.41%、8.12%和6.2%；大鹏新区、盐田区和深汕特别合作区主营业务利润率相对较低，其中盐田区和深汕特别合作区主营业务利润率为负数。从成本费用利润率来看，2020年除盐田区外各行政区成本费用利润率较2019年有所回升，除龙华区、盐田区和深汕特别合作区外，均在10%以上，光明区的成本费用利润率最高，为23.41%；其次罗湖区、南山区、龙岗区分别为16.51%、10.92%和10.85；此外，盐田区和深汕特别合作区成本费用利润率为负值。

发展能力分析。从营业收入增长率来看，2020年宝安区物业服务企业的营业增长速度最快，增长率为15.23%；其次是福田区和南山区物业服务企业的营业收入增长率均在10%以上；光明区物业服务企业的营业收入与去年相比变化不大，而罗湖区、龙岗区、罗湖区、坪山区、盐田区和大鹏新区物业服务企业的营业收入增长率有一定程度下降，其中龙华区和龙岗区下降较多，增长率分别为-18.25%和-17.58%。从总资产增长率来看，2020年盐田区物业服务企业的总资产增长率最高，为146.6%；其次是光明区、宝安区、罗湖区和福田区，总资产增长率分别为34.04%、19.72%和17.75%和15.73%；龙岗区和龙华区物业服务企业总资产增长率低于10%，而大鹏新区、坪山区和南山区物业服务企业的总资产增长率均为负值。

【企业办公地点分布】 统计数据显示，存在企业注册地与实际办公地点不一致的情况。就各物业服务企业办公地点分布来看，企业更倾向于将办公地点设置在福田区、宝安区、罗湖区、龙岗区、南山区和龙华区，主要有以下原因：一是考虑到交通便利、区位、信息汇聚优势明显，企业倾向于将办公地点设置在福田区、罗湖区、南山区，同时把办公地点设置在这几个区域也有出于企业品牌建设的需要；二是考虑到租金价格优势明显、可用场地面积大、楼宇更新程度，部分企业会倾向于把办公地点设置到宝安区、龙岗区和龙华区；少数企业选择将办公地点设置在盐田区、光明区、坪山区以及大鹏新区，主要是因为地铁线路少（或未修）、交通便利程度不高、配套设施不够完善等，但这几个区域的租金价格优势则更加明显。深圳市物业服务企业办公地点分布情况详见图3-1-17。

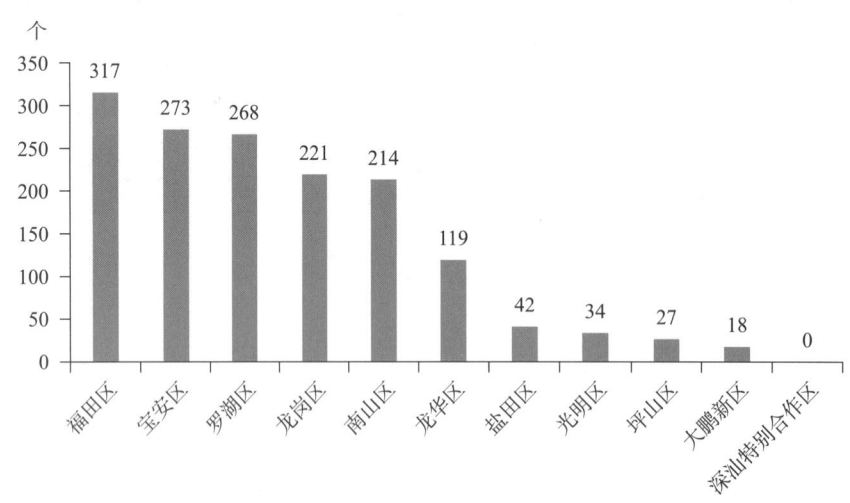

图3-1-17 深圳市物业服务企业办公地点分布情况

（资料来源：2020年度深圳市物业管理统计报表分析报告）

第二节　物业管理市场经营

1.物业服务企业基本经营现状

随着深圳市物业服务企业管理规模的不断扩大，随之而来的行业整体经济收入水平的持续增长，2020年深圳市物业服务企业总收入达到1182.23亿元，同比增加7.16个百分点；其中主营业务收入达1010.77亿元，首次突破1000亿元大关。

在2020年受疫情影响、全国经济下行压力持续加大的情况下，深圳市物业服务企业仍以良好的发展势头，实现营业总收入的平稳增长，开拓多种经营创收，在"困境"中谋求新发展。

此外，数据显示深圳市物业服务企业在管项目数量、面积的增速远高于营业总收入的增长，一方面主要是受限于优质资源的稀缺，已有优质资源已经被大范围占领，企业之间的竞争逐渐转移到小型、非高档项目的资源掠夺中；另一方面大型企业为了进行市场扩张、业务拓展，通过竞价的方式进行资源抢占，这也是收入增速下降的原因之一。

2020年深圳市各物业服务企业仍聚焦规模拓展、借助疫情的特殊形势，盘活政府、社区各方资源，着力发展居家养老、社区服务、便民服务等多种经营模式，在营收方面取得丰硕成果。数据显示，营业总收入超百亿的企业有1家，总营收在50亿元以上的企业有2家，超30亿元的企业有6家，超10亿元的企业有13家。深圳市物业服务企业总营收规模统计详见表3-2-1。

深圳市物业服务企业总营收规模统计（个）　　　　　　　表3-2-1

年度	总营收超过100亿元企业数量	总营收超过50亿元企业数量	总营收超过30亿元企业数量	总营收超过10亿元企业数量
2019	1	2	6	10
2020	1	2	6	13

此外，2020年深圳各物业服务企业物业管理费稳步增长，达到748.87亿元，同比增长7.06个百分点，占主营业务收入的74.09%。从2016年到2020年，管理费收入占主营业务收入的比重总体呈稳步上升趋势。管理费收入状况详见图3-2-1。

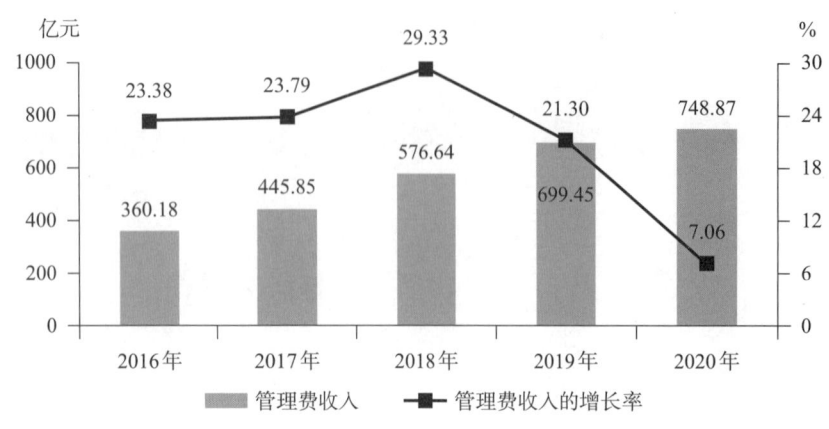

图 3-2-1　深圳市物业服务企业管理费收入状况

【营业收入结构】　从收入结构来看，深圳市物业服务企业营业收入情况仍维持以主营业务收入为主导，多种经营收入为辅的收入结构。主营业务收入的主要来源是管理费收入，其中住宅物业收入达352.72亿元，占比较大，为47.1%。数据显示，办公物业管理费收入增长较多，发展势头较好，发展潜力大。管理费收入分类统计详见图3-2-2。

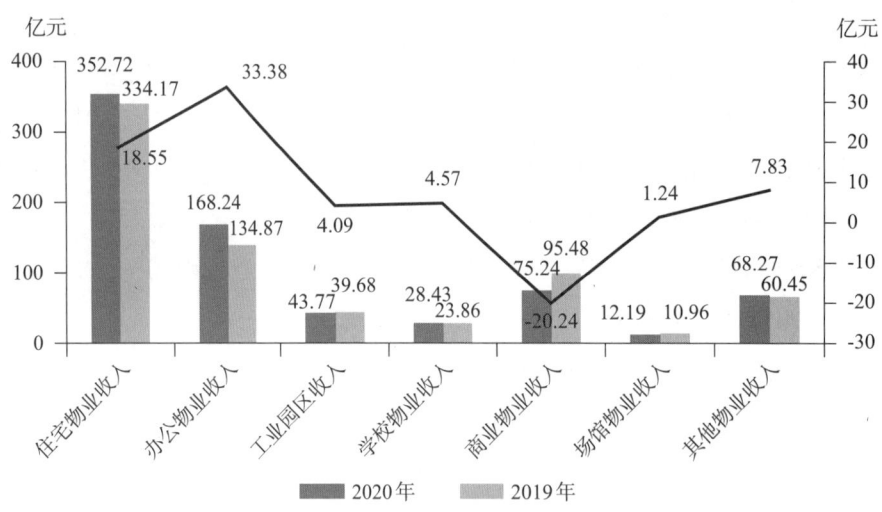

图 3-2-2　深圳市物业服务企业管理费收入分类统计图

近年来，各物业服务企业积极开拓业务领域，延伸服务链条，拓宽服务视角，纵深发展参与社区治理、小区治理相关业务，在一定程度上推动了多种经营模式创收，取得良好的成果。2020年，各物业服务企业多种经营创收额达171.46亿元，占营业总收入的14.5%。从两年数据对比来看，社区服务收入增长较大，符合当前物业管理行业大力发展社区服务、积极参与社区治理的大趋势。多种经营收入分类统计详见图3-2-3。

统计数据显示，2020年社区服务收入中，增长值最高的为案场服务收入，达到12.62亿元；其次为工程服务收入、社区房屋经纪收入和社区到家服务收入，增长值为6.36亿元、2.21亿元和2.16亿元；社区电商服务和社区金融收入有一定程度的降低，分别降低了2.15亿元和1.34亿元。一方面，随着物业管理行业的不断升级换代，物业管理的科技化、专业化水平不断提升，客

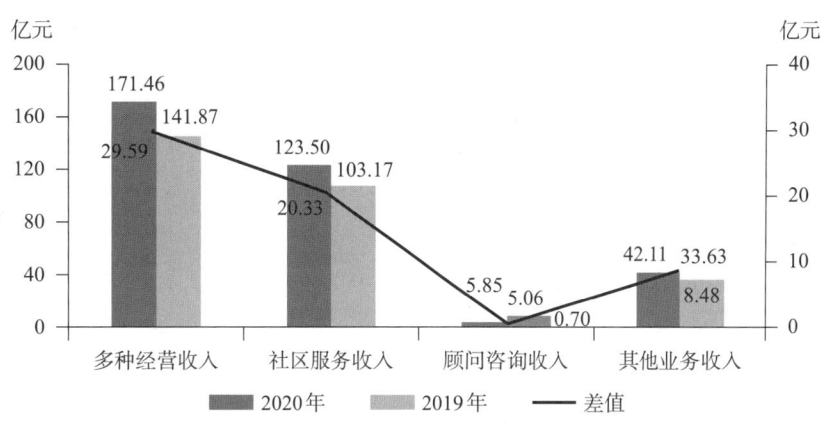

图 3-2-3　深圳市物业服务企业多种经营收入分类统计图

户对于物业服务的细节和品质有了更高的需求，由此带动了案场服务收入的增加；另一方面，深圳市物业服务企业进一步深挖社区增值服务，通过整合推荐房产信息、房产托管、客户引流与拓展等方式，积极进军房屋经纪领域；此外，疫情期间，住户长期居家隔离，对于维修等工程服务与社区到家服务的需求急剧上涨，加上企业主动布局、提高服务质量，使得工程服务和到家服务收入呈现突破式增长，一方获益的同时，其余受疫情打击较多的领域包括电商、金融等收入则不可避免地出现了不同程度下降。社区服务收入分类统计详见图 3-2-4。

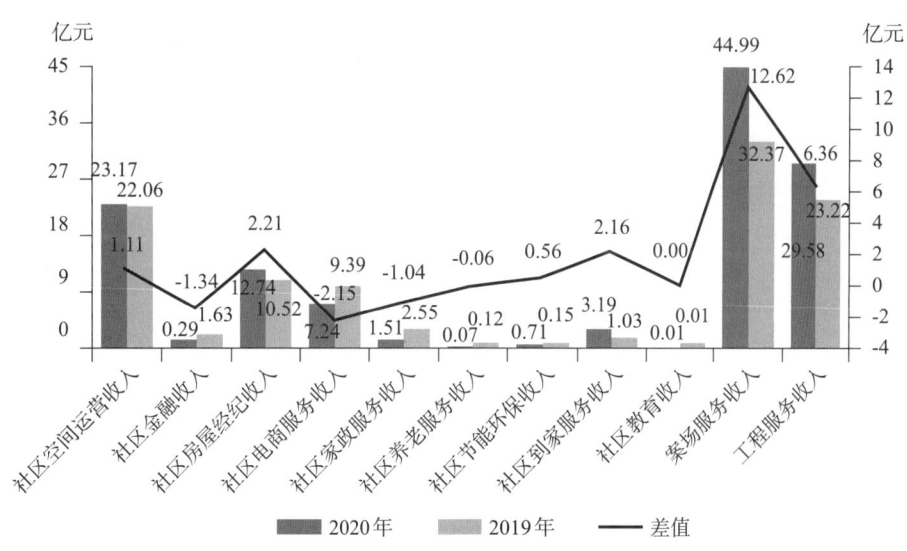

图 3-2-4　深圳市物业服务企业社区服务收入分类统计图

2.物业服务企业经营能力

【盈利能力】　统计数据显示，2020年深圳市物业服务企业主营业务利润率为11.77%，低于2019年（18.63%），一方面，疫情对物业服务企业的影响仍然存在，防疫期间深圳市各物业服务企业投入大量的人力、物力和财力等，此外，购置防疫物资、加大清洁消杀频次等，均在无形之中增加了企业的直接成本；另一方面，企业规模的扩张带来人力成本的上升，基层员工数量增长快，新接项目的盈利空间相对较小，导致企业薪资、福利、税金缴纳等方面的增长压力大，而随着物业管理行业科技化、信息化、资本化的推进，物业服务企业对于高层管理人员（知识型人才）的素质要求随之提高，新招高层员工的平均薪资水平上升、存量人才的培养压力增大也给各物业服务企业带来较大的成本压力。

2020年成本费用利润率为11.61%，较2019年（9.79%）上升了1.82个百分点，表明每单位成本费用可获得的利润较2019年有所上升，一方面在疫情期间，市委、市政府给予各物业服务企业较大的补贴支持，免除了企业的一部分成本；另一方面2020年上半年深圳市全面落实中央减税降费政策，实施减税政策和降费政策，主动谋划深圳"惠企16条"等系列优惠政策，多政策效应叠加之下，深圳市物业管理行业的成本费用利润率稳步上升。深圳市物业服务企业盈利状况详见图3-2-5。

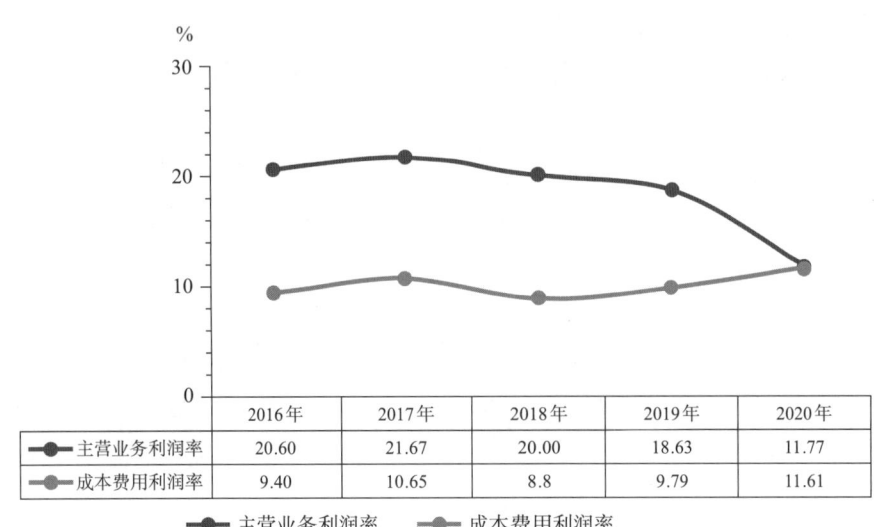

	2016年	2017年	2018年	2019年	2020年
主营业务利润率	20.60	21.67	20.00	18.63	11.77
成本费用利润率	9.40	10.65	8.8	9.79	11.61

■— 主营业务利润率　■— 成本费用利润率

图3-2-5　深圳市物业服务企业盈利状况

注释：主营业务利润率=主营业务利润÷主营业务收入×100%，反映企业主营业务的获利能力

成本费用利润率=利润总额÷成本费用总额×100%，体现了经营耗费所带来的经营成果

【运营能力】　劳动效率是反映每单位劳动产出的重要指标，对衡量企业可持续发展以及运营能力具有重要作用。2020年深圳市物业服务企业劳动效率指标为148367.67元/人，较2019年下降了1954.06元/人，主要受限于营业收入增幅与从业人员增幅的不完全适配性，后续各物业服务企业应加大力度平衡人力成本与收入总额之间的关系，通过广泛引入、运用5G（第五代移动通信技术）、互联网、物联网、云计算、大数据、区块链和人工智能等技术，建设智慧物业管理服务平台，加快推动各物业服务企业劳动效率的最大化。

总资产周转率是综合评价企业全部资产经营质量和利用效率的重要指标，2020年达68.72%，较2019年（71.11%）下降了2.39个百分点。一方面，受经济持续下行压力的影响，各物业服务企业资金利用效率、资产投资效益有所降低；另一方面受疫情影响，企业的资金周转利用压力持续上升，不断提高的用人成本与疫情防控要求增加了物业服务企业的规模成本，使得资产周转和劳动效率出现一定程度的波折。深圳市物业服务企业的营运能力分析详见图3-2-6。

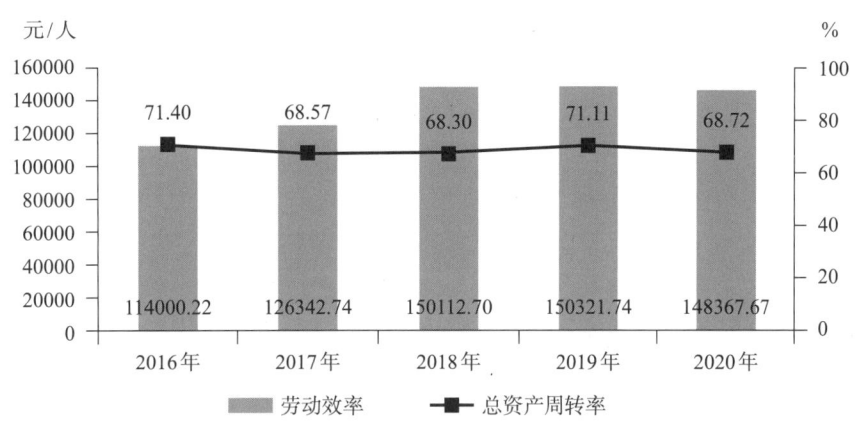

图3-2-6　深圳市物业服务企业的营运能力

注释：劳动效率=主营业务收入÷职工人数，表示每单位劳动产出水平

总资产周转率=主营业务收入÷资产总额×100%，是评价企业全部资产的经营质量和利用效率的重要指标

【发展能力】 2020年，深圳市各物业服务企业加快推进数字转型、互联网+、大数据、云计算等多种科技手段的推广和实践。同时，各物业服务企业在疫情防控的严峻形势下，在"困境"中发掘市场机会，深挖社区治理、小区治理服务内容，积极开展各项居家服务，围绕物业服务基础工作、业主需求点和关注点、物业服务领域和边界，积极探索多种经营模式，借力社区治理、物管城市建设、居家养老服务等政策性工作指引大力拓展物业管理和居民日常生活的服务板块，挖掘潜在服务内容，实现多种经营模式创收，为物业管理行业经济的持续良性发展打下坚实的基础。2020年底，住房和城乡建设部等部门联合印发《关于推动物业服务企业发展居家社区养老服务的意见》和《关于推动物业服务企业加快发展线上线下生活服务的意见》两个重要指示文件，也为物业服务企业后续的发展、社区治理体系的进一步推进完善指明了大方向。

统计数据显示，2020年深圳市物业服务企业的营业收入增长率为7.16%，虽较2019年增长速度有所放缓，但是纵观整体经济复杂形势，深圳市物业管理行业的成绩仍较为可观；2020年总资产增长率为8.8%，深圳市各物业服务企业在2020年顶住经济下行压力，坚守抗疫防线的同时，不断对外纵深延伸产业链、扩大服务范围和业务板块，保障了营收与总资产的持续平稳增长。深圳市物业管理行业的发展前景详见图3-2-7。

同时，净资产收益率、平均净利率和平均毛利率也能反映企业的资产经营规模变化情况。净资产收益率是公司税后利润除以净资产得到的百分比率，用以衡量公司运用自有资本的效率，指标值越高，说明投资带来的收益越高。平均净利率也可理解为企业竞争力的一种间接表现，分析该指标时可以参考平均毛利率，两者越接近说明企业的期间费用[①]越低。

统计数据显示，2020年深圳市物业服务企业净资产收益率较2019年小幅提升了1.95个百分

---

① 期间费用是指企业日常活动中不能直接归属于某个特定成本核算对象的，在发生时应直接计入当期损益的各种费用。

	2016	2017	2018	2019	2020
营业收入增长率	26.80	26.80	34.00	21.60	7.16
总资产增长率	19.70	19.70	22.50	28.89	8.80

图 3-2-7　深圳市物业管理行业的发展前景

注释：营业收入增长率=本年营业增长额÷上年营业收入总额×100%，反映营业收入的增减变动情况

总资产增长率=（本年度总资产-上年度总资产）/上年度总资产×100%，反映企业本期资产规模的增长情况

点，说明2020年行业内各企业运用自有资本的使用效率有一定程度提升，同时企业投资带来的收益也在进一步提升；此外，平均净利率较2019年有小幅提升，平均毛利率较2018年和2019年有大幅下降，平均净利率和平均毛利率的差值较2018年和2019年进一步缩小，说明2020年深圳市物业服务企业的期间费用进一步减少。深圳市物业服务企业净资产收益率、平均净利率和平均毛利率详见图3-2-8。

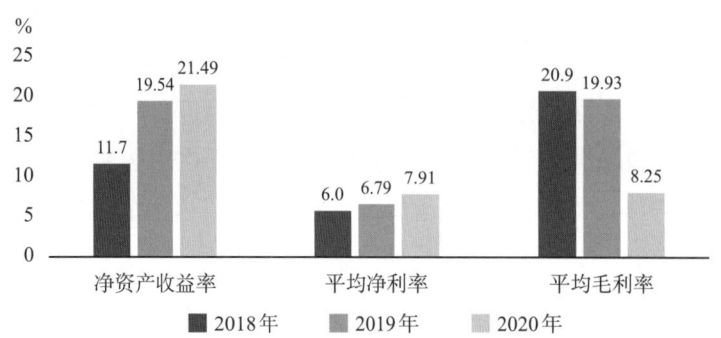

图 3-2-8　深圳市物业服务企业净资产收益率、平均净利率和平均毛利率

【偿债能力】　统计数据显示，2020年深圳市物业服务企业资产负债率为70.4%，资产负债率相对较高，与2019年（71.64%）相比降低1.23个百分点。从物业管理行业自身特点分析，物业服务企业的负债基本上为无息负债，多与账期（结算期）和年报统计时间不完全一致有关，其流动性风险和杠杆风险均较低，不影响物业服务企业正常运作。

【社会贡献能力】　社会贡献率是指企业对社会贡献总额（工资、福利费用、保险费、补贴、企业捐赠额等费用之和）与资产平均总额的比率，用以衡量企业运用全部资产为国家或社会创造或支付价值的能力，是评价企业经济效益的指标之一。社会积累率用于衡量企业社会贡献总额中多少用于上缴国家财政①和支持社会公益事业，从而直接或间接反映企业的社会责任。纳入统计

---

① 上缴国家财政总额=依法向财政缴纳的各项税款。

数据显示，2020年深圳市物业服务企业社会贡献率为31.28%，社会积累率为16.39%，CR8[①]企业的社会贡献总额占行业总体的40.04%，表明2020年深圳市物业服务企业整体社会贡献力度仍保持在较高水平，在保障企业发展的同时，能够主动承担相应的社会责任，尤其是行业龙头企业充分发挥模范带领作用，共同推进国家经济不断发展。

　　注释：①净资产收益率＝净利润总额÷净资产总额

　　　　　②平均净利率＝净利润总额÷营业收入总额

　　　　　③平均毛利率＝（营业收入总额-成本费用总额）÷营业收入总额

　　　　　④资产负债率＝负债总额÷资产总额×100%

　　　　　⑤社会贡献率＝企业社会贡献总额÷平均资产总额×100%

　　　　　⑥企业社会贡献总额＝工资＋福利支出＋各项税款＋附加及福利等

　　　　　⑦社会积累率＝上交国家财政总额÷企业社会贡献总额×100%

3.物业服务企业效能分析

【单位项目成本】　单位项目成本是指运作一个项目、具体每一平方米面积的物业管理所需要用到的成本，包含人工费用、管理费用、营业费用、财务费用、保险费用等，是衡量企业经营管理绩效的重要指标。

　　从单个项目来看，2020年深圳市物业服务企业每个项目的运作成本为451.39万元，相比2019年（491.33万元）下降8.13个百分点，平均每月运作成本为37.62万元，相比2019年（40.94万元）每月运作成本下降3.32万元；从单位面积成本来看，每单位面积运作成本为32.41元，相比2019年（37.34元）下降13.2个百分点，平均每月每平方米的运作成本为2.7元。数据显示，2020年深圳市物业服务企业的项目运作成本有较大幅度下降，究其原因，一方面，疫情期间深圳市各区政府为支持物业服务企业共渡难关，按在管面积每平方米0.5元的标准对市内各物业服务企业实施为期两个月的财政补助（数据来源：深圳市住房和建设局、深圳市财政局《深圳市物业服务企业疫情防控服务财政补助工作指引》），仅深圳一市补贴金额就超过6亿元，这在很大程度上缓解了疫情和经济下行趋势带来的总成本上升的压力；另一方面，各物业服务企业在管理、执行、运作等方面不断提升效率，加快产业升级，进而削减成本。

【单位项目产出】　单位项目产出是指运作一个项目、具体每一平方米面积的物业管理所能得到的收入，包含主营业务收入和多种经营收入，是衡量企业经营业绩及发展能力的重要指标。

　　从单个项目来看，2020年物业服务企业每个项目的运作收入为491.98万元，较2019年（535.76万元）下降8.17个百分点，平均每月运作收入为41万元；从单位面积收入来看，每单位面积运作收入为35.35元，较2019年（40.72元）下降5.37元，平均每月每平方米的运作收入为2.94元。单位项目收入下降主要是由于新接项目的档次相比以往较低，其价格也低于其他优质项

---

① 在管项目总面积前8的企业为CR8。

目，导致整体项目的收入水平下降。

【单位项目利润】 单位项目利润是指运作一个项目、具体每一平方米面积的物业管理最终得到的净利润，是衡量企业经营效益的最主要指标。

从单个项目来看，2020年物业服务企业每个项目的运作净利润（利润总额-企业缴纳的所得税）为38.93万元，相比2019年（36.39万元）上升了6.99个百分点，平均每月利润为3.24万元；从单位面积利润来看，每单位面积运作净利润为2.8元，略高于2019年（2.77元），平均每单位面积物业管理月利润为0.23元。

【项目续约率】 项目续约是指在管物业项目业主对物业管理及物业服务企业提供的服务持肯定态度并同意继续由该公司提供物业管理服务，项目续约率是衡量物业服务企业项目稳定性、服务质量以及客户黏性的重要指标。纳入统计数据显示，2020年深圳市物业服务企业整体续约率约为96.21%，较2019年（94.32%）上升了1.89个百分点，续约率虽较上年有小幅上升，但当前物业管理行业市场竞争日趋激烈，服务客户、打造企业品牌、增强客户黏性、稳固已有份额仍是各物业服务企业未来发展的主流方向。

【人均项目面积】 人均项目面积是指平均每个从业人员管理运作的项目面积情况，可以作为衡量人均效能的观察指标。统计数据显示，2020年深圳市物业服务企业人均管理面积为4911.97平方米，较2019年（4236.43平方米）上升了675.54平方米/人，增幅为15.95个百分点；其中深圳市内人均管理面积为3014.2平方米，较2019年（2790.75平方米）上升了223.45平方米/人，增幅为8.01个百分点；深圳市外为5842.49平方米，较2019年（4991.64平方米）上升了850.85平方米/人，增幅为17.05个百分点。

从统计结果来看，深圳市外人均在管项目面积远大于深圳市内，虽较上年相比，市内外人均管理面积均有一定幅度上升，但外地上升幅度明显快于深圳市内。究其原因，一方面纳入统计的物业服务企业总部基本在深圳，高层、管理、行政等类型的人员主要驻留总部；另一方面，外地项目的管理主要需要的劳动力以基层非知识型人员为主，可更多依托外包服务来完成管理工作；此外，深圳市物业服务企业不断使用新技术、新设备，在减少人力依赖的同时提高了服务质量，是人均管理面积提升的重要原因之一。

【人均成本】 人均成本是指总成本与从业人员人数之比，是测算平均每个从业人员负担企业年度成本支出的情况，该指标有助于企业加强管理，减少成本开支，提高经济效益，是衡量企业经营管理水平的重要指标之一。统计数据显示，2020年深圳市物业服务企业每月人均成本为13268.12元，包含人员工资费用、福利费用、保险及公积金费用、项目运作费用、管理费用等，是企业年度总成本的均摊费用。

【人均产值】 人均产值是指企业营业总收入与从业人员人数之比，是测算企业人均效能的重要指标。统计数据显示，2020年深圳市物业服务企业每月人均产值为14461.3元，较2020年每月人均成本高1193.19元/人·月。

【人均利润】 人均利润是指企业净利润（利润总额-企业缴纳的所得税）与从业人员人数之比，是衡量企业盈利能力和人均效能的最直观指标。统计数据显示，2020年深圳市物业服务企业每月人均利润为1144.38元，较2019年（976.37元）上升168元/人·月。

注释：因各企业在经营收入方面无法区分深圳市内与市外数据，本部分数据为深圳市物业
服务企业在全国范围内的经营情况。特此说明，下同。

①单位项目成本＝总成本÷项目总数

②单位项目产出＝营业总收入÷项目总数

③单位项目利润＝净利润总额÷项目总数

④人均项目面积＝在管物业项目总建筑面积÷从业人员总数

⑤人均成本＝总成本÷从业人员总数

⑥人均产值＝营业总收入÷从业人员总数

⑦人均利润＝净利润总额÷从业人员总数

4.物业管理行业集中度分析

行业集中度又称为行业集中率或市场集中度，是指某行业的相关市场内前N家规模最大的企
业所占市场份额（产值、产量、销售额、销售量、职工人数、资产总额等）的总和，是对整个行
业的市场结构集中程度的测量指标，用来衡量企业的数目和相对规模的差异，是市场势力的重要
量化指标。

在这里，我们N分别取8、20和50，"在管物业总建筑面积最大的前8家物业服务企业"即为
CR8；"在管物业总建筑面积最大的前20家物业服务企业"即为CR20；"在管物业总建筑面积最
大的前50家物业服务企业"即为CR50。其中，总建筑面积包括在管深圳市内和外地物业项目的
总建筑面积。

【在管项目面积分析】 以深圳市物业管理统计报表2016年至2020年五年的年报数据为基

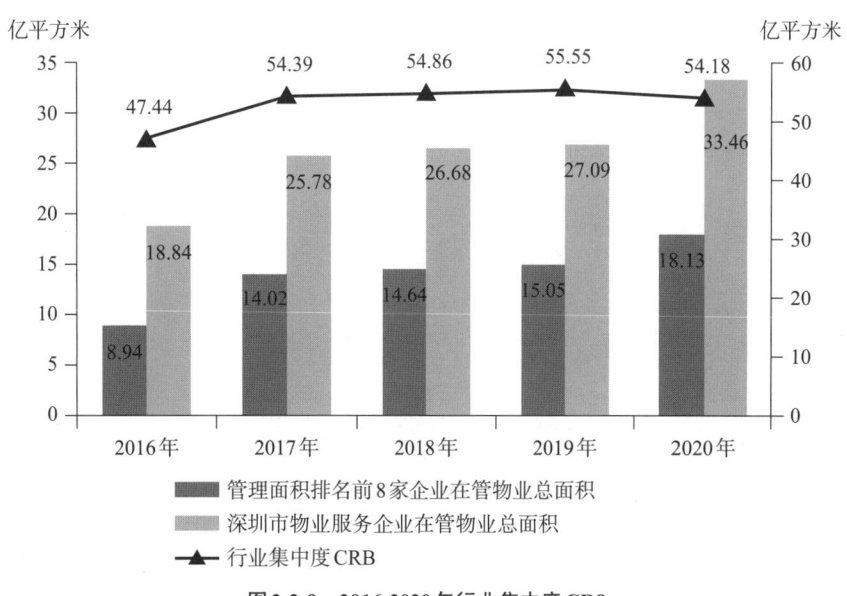

图3-2-9　2016-2020年行业集中度CR8

础，对深圳市物业管理行业的集中度进行分析，统计数据如图3-2-9所示（由于2020年统计报表在管项目总建筑面积排名第6和第7的两家企业在2019年年底前已合并为1家企业，因此本次CR8计算采用的是在管项目总建筑面积前9家企业的数据）。

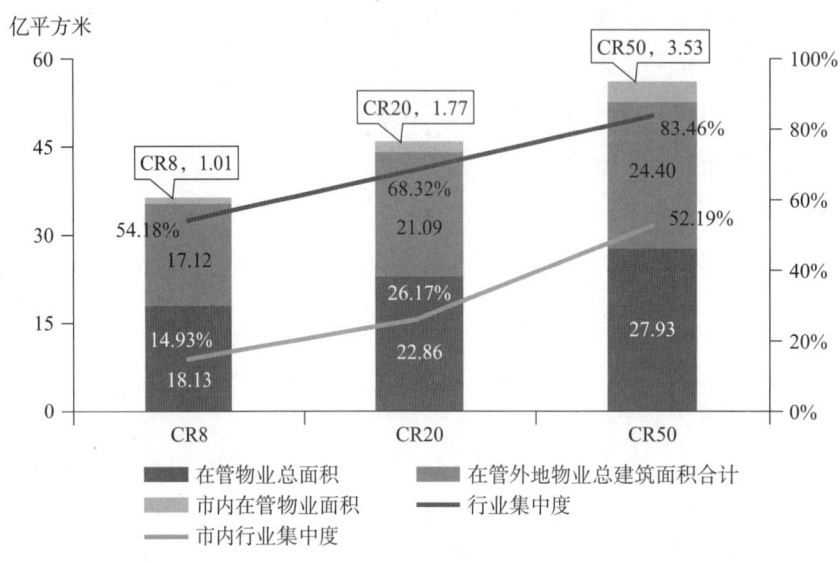

图3-2-10　2020年行业集中度CR8、CR20、CR50

如图3-2-9、图3-2-10所示，2020年深圳物业管理行业CR8企业集中度达到54.18%，深圳市内的物业管理行业CR8集中度为14.93%；CR20企业的行业集中度与市内集中度分别为68.32%和26.17%；CR50企业的集中度分别为83.46%和52.19%。从行业总体集中度来看，CR50企业超80%，可见行业整体超过80%的业务集中在CR50企业的管理之中，而进一步分析CR8企业和CR20企业，可以发现CR8企业占比超过50%，由此可见深圳市CR8企业的市场份额相对稳固且集中。从深圳市内集中度来看，CR8、CR20、CR50企业的占比均远低于行业总体，究其原因，一方面是因为CR50企业在外地的业务拓展能力和竞争力比较强，外地市场规模不断扩大，而深圳市作为物业管理的发源地，深圳市物业服务企业在全国各地均有较好的竞争力优势和天然管理优势；另一方面，近年来物业管理行业在深圳市内的市场活力充沛、竞争激烈，中小微企业得到了充足发展，再加上深圳市对创业企业、中小微企业进行大量的政策扶持、资金扶持，进一步盘活了市内资本市场，给予非大中型企业更多的市场机会；此外，中小微企业长期深耕市内物业管理项目，凭借优质稳定的管理、小而精的服务质量获得业主的一致认可，大部分管理项目不易进入市场化竞争阶段；同时许多房地产公司也逐渐意识到物业管理的价值所在，纷纷成立配套物业服务企业，其管理项目不再投入市场，这也在一定程度上分散了深圳市内物业管理行业的市场份额。

【CR50企业营业收入分析】 "CR50企业"是指物业项目管理总面积排名深圳市前50的企业，CR50企业的发展能够在很大程度上体现深圳市物业服务企业在行业前沿和尖端领域的竞争力状况和市场态势。统计数据显示，CR8企业营业总收入498.27亿元，在CR50企业总收入（791.91亿元）中的占比为62.92%，占深圳市物业管理行业总收入的42.15%；CR20企业营业总收入为

644.54亿元，占CR50企业总收入的81.39%，占深圳市物业管理行业总收入的54.52%；CR50企业营业总收入为791.91亿元，占深圳市物业管理行业总收入的66.98%。由此可见，CR50企业在深圳市物业管理行业中占有重要地位和绝对优势，尤其是CR8企业，其占据的市场竞争力和发展规模远超CR20企业和CR50企业。深圳市物业管理行业营业收入集中度情况详见表3-2-2。

深圳市物业管理行业营业收入集中度情况 　　　　　　　　　　　　表3-2-2

	营业总收入（亿元）	营业总收入占行业总体比重	主营业务收入（亿元）	主营业务收入占行业总体比重
CR8	498.27	42.15%	386.9	38.28%
CR20	644.54	54.52%	516.82	51.13%
CR50	791.91	66.98%	649.82	64.29%

【CR50企业人员优势分析】 CR50企业在从业人员方面也拥有巨大优势。从从业人员总数来看，CR8企业从业人员总数占总体40.65%，CR20企业占57.92%，CR50企业占73.46%，超过七成的从业人员集中在前50家CR50企业中；从人员学历分布来看，CR8企业本科及以上人员占行业总体本科及以上人员59.09%，CR20企业占68.46%，CR50企业占80.88%，超过八成的高学历人才集中分布在前50家CR50企业中；从中级以上职称人数情况来看，CR8企业、CR20企业和CR50企业的中级以上职称人数占行业总体持证上岗人数比重分别为17.31%、27.26%和38.62%。综上所述，深圳市各CR50企业无论是在人员的数量、学历分布，还是中级以上职称人数方面，都占据着行业前端资源，拥有天然的人员优势，一方面这是CR50企业在人才吸引方面的独特优势，另一方面人员的优势有在一定程度上助推企业的发展，形成良性循环。深圳市物业管理行业人员总体状况对比详见表3-2-3。

深圳市物业管理行业总体状况对比 　　　　　　　　　　　　　　表3-2-3

	从业人员总数	本科及以上	中级以上职称人数
CR8	40.65%	59.09%	17.31%
CR20	57.92%	68.46%	27.26%
CR50	73.46%	80.88%	38.62%

5.中小微物业服务企业发展状况

依据《关于印发中小企业划型标准规定的通知》（工信部联企业〔2011〕300号）中第十四条规定的物业管理行业划分标准，物业管理行业中从业人员1000人以下或者营业收入5000万元以下的为中小微企业。其中，从业人员300人及以上，且营业收入1000万元及以上的为中型企业；从业人员100人及以上，且营业收入500万元及以上的为小型企业；从业人员100人以下或营业收入500万元以下的为微型企业。

【中小微物业服务企业所处行业地位】 2020年深圳市物业管理行业中中小微企业总数为1457个，在行业总体企业中占95.04%，较2019年（95.26%）下降了0.22个百分点；从业人员总数为111196人，占总从业人员的16.32%，较2019年（18%）下降了1.68个百分点；在管物业项目有5661个，占行业总体在管项目数的23.56%，较2019年（26%）下降了2.44个百分点；在管物业总建筑面积5.21亿平方米，占行业总体在管物业总面积的15.56%，与2019年（15.56%）持平；主营业务收入达到295.28亿元，占行业总体的29.21%，较2019年（30.6%）下降了1.39个百分点。

另外，从经营情况来看，中小微物业服务企业成本费用利润率为11.85%，略高于行业11.61%的成本费用利润率，且较2019年（7.21%）提高了4.64个百分点，说明中小微物业服务企业耗费同样的成本带来的经济效益有所提升，中小微企业整体发展态势良好；总资产周转率为47.71%，远低于行业68.72%的总资产周转率，较2019年（48.42%）下降了0.71个百分点，说明在全部资产经营质量及利用效率方面，中小微企业和大型企业之间存在较大的差距，中小微企业的营业收入渠道相较于大型企业仍相对单一，应积极融入资本市场，主动拓展外地项目，纵深发掘外地市场，实现主营业务收入的跨越式增长。

总体来看，2020年中小微企业在企业数量、在管项目数量、在管项目面积、主营业务收入等方面占比略有下降，但在管项目数量、在管项目面积、主营业务收入的绝对值均有一定增长，且在成本费用利润率方面有较大提升，表明中小微企业从最开始的"粗犷发展"逐渐转变为"精细化发展"，在成本管控、利润管控方面采取措施，促进企业整体发展提质增效。

【中小微物业服务企业发展现状及经营情况】 2020年深圳市物业管理行业中型企业有58家，企业从业人员有31195人，在管物业项目有1554个；小型企业有211家，从业人员有37640人，在管物业项目有1608个；微型企业有1188家，从业人员有42361人，在管物业项目有2499个。从统计数据中可以看出，深圳市物业管理行业微型企业数量众多，占总数的77.5%；在管物业项目数占行业总体的10.4%；从业人员总数占行业总体的6.22%。总体来看，中小微物业服务企业在规模化、专业化、高效化发展方面取得一定突破，在行业整体中扮演着活跃市场、平衡市场经济结构、增加行业竞争力、缓解就业压力的重要作用。深圳市中小微物业服务企业基本情况详见图3-2-11。

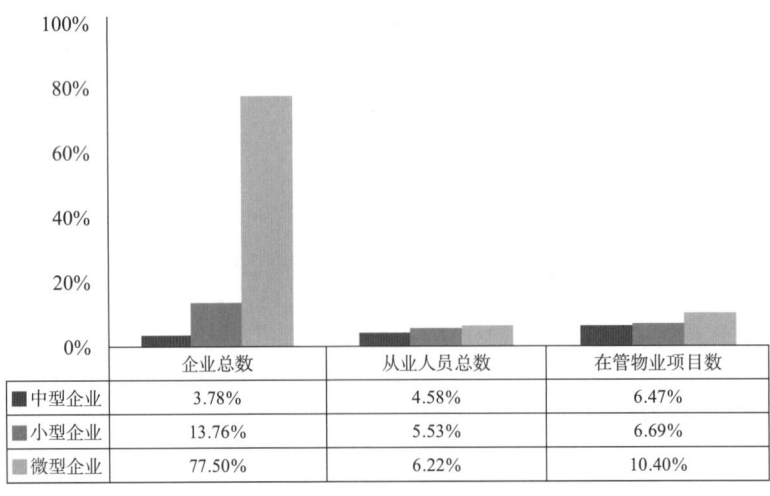

	企业总数	从业人员总数	在管物业项目数
■中型企业	3.78%	4.58%	6.47%
■小型企业	13.76%	5.53%	6.69%
■微型企业	77.50%	6.22%	10.40%

图3-2-11 深圳市中小微物业服务企业基本情况

统计数据显示，2020年小型、微型企业共实现主营业务收入229.85亿元，占中小微总体的比重为77.84%，而中型企业实现主营业务收入65.43亿元，占比为22.16%。其次，从成本费用利润率来看，微型企业最高，为18.98%；小型企业最低，为5.48%。在资产周转方面，小微型企业和中型企业之间存在明显的差距，中型企业资产周转率最高，达74.77%；其次是小型企业，为59.79%；微型企业最低，为33.86%。这说明综合评价企业全部资产经营质量和利用效率，三者之间中型企业营运能力最强，小型企业次之，微型企业最弱，但微型企业成本费用利润率高，发展潜力最强。深圳市中小微物业服务企业经营情况详见图3-2-12。

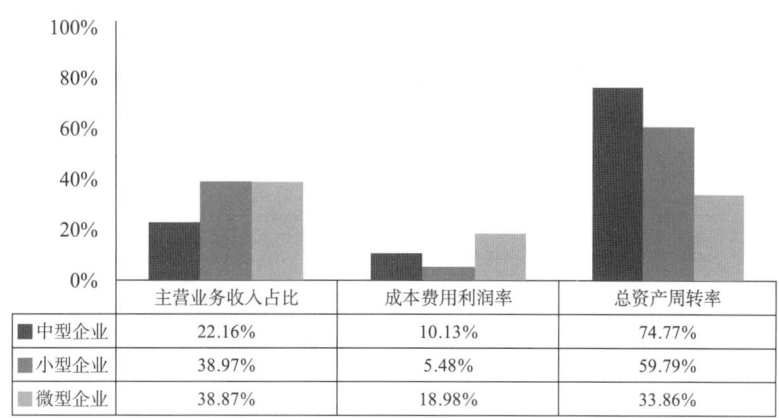

	主营业务收入占比	成本费用利润率	总资产周转率
■ 中型企业	22.16%	10.13%	74.77%
■ 小型企业	38.97%	5.48%	59.79%
■ 微型企业	38.87%	18.98%	33.86%

图3-2-12　深圳市中小微物业服务企业经营情况

（资料来源：2020年度深圳市物业管理统计报表分析报告）

附录：2020年深圳市物业服务领先企业数据研究结果

深圳市物业服务领先企业综合发展数据前100名

（数据截至2020年12月31日）

表1

序号	单位名称
1	深圳市万科物业控股有限公司
2	招商局积余产业运营服务股份有限公司(母)
	深圳市彩生活物业管理有限公司
3	中海物业管理有限公司
4	深圳市金地物业管理有限公司
5	长城物业集团股份有限公司
6	招商局物业管理有限公司
	中航物业管理有限公司
7	佳兆业物业管理(深圳)有限公司
8	深圳市卓越物业管理有限责任公司
9	明喆集团有限公司
10	龙城城市运营服务集团有限公司
11	深圳市天健城市服务有限公司

续表

序号	单位名称
12	深圳市莲花物业管理有限公司
13	广东龙光集团物业管理有限公司
13	深圳市赛格物业管理有限公司(母)
14	深业物业集团有限公司(母)
14	深圳华润物业管理有限公司
15	深圳市特发服务股份有限公司
15	深圳市国贸物业管理有限公司
16	深圳市保利物业管理集团有限公司
17	深圳市之平物业发展有限公司
18	华侨城物业(集团)有限公司
19	深圳市航天物业管理有限公司
20	深圳市恒博物业管理有限公司
21	深圳吉祥服务集团有限公司
22	深圳市花样年国际物业服务有限公司
23	深圳星河智善生活股份有限公司
24	深圳市科技园物业集团有限公司
25	深圳市特科物业发展有限公司
26	深圳市深华物业集团有限公司
27	众安康后勤集团有限公司
28	深圳地铁物业管理发展有限公司
29	福田物业发展有限公司
30	深圳市城铁物业服务股份有限公司
31	中粮地产集团深圳物业管理有限公司
32	深圳第一亚太物业管理有限公司
33	深圳市新东升物业管理有限公司
34	深圳华强物业管理有限公司
35	深圳市万厦居业有限公司
36	深圳市绿清集团有限公司
37	深圳市大众物业管理有限公司
38	深圳市华佳宏物业投资集团有限公司
39	深圳市宝晨物业管理有限公司
40	深圳市缔之美物业管理有限公司
41	深圳市嘉诚物业管理有限公司
42	深圳融创物业服务集团有限公司
43	深圳市城建物业管理有限公司
44	深圳天安智慧园区运营有限公司
45	深圳市宏发物业服务有限公司

序号	单位名称
46	深圳市东部物业管理有限公司
47	深圳市北方物业管理有限公司
48	深圳市港湾生活服务有限公司
49	深圳市恒基物业管理有限公司
50	深圳市万厦世纪物业管理有限公司
51	深圳市住宅物业管理有限公司
52	深圳市莱蒙物业服务有限公司
53	深圳德诚物业服务有限公司
54	深圳市公元物业管理有限公司
55	深圳市方益城市服务发展有限公司
56	深圳市中洲物业管理有限公司
57	深圳华业物业管理有限公司
58	深圳市荣超物业管理股份有限公司
59	深圳市鸿荣源物业服务有限公司
60	深圳中旅联合物业管理有限公司
61	深圳市绿源物业环保产业有限公司
62	深圳市午越物业管理有限公司
63	深圳市绿景物业管理有限公司
64	深圳市鹏基物业管理服务有限公司
65	中旅城市运营服务有限公司
66	深圳历思联行物业管理有限公司
67	深圳市金阳成物业管理有限公司
68	深圳市鹏基物业管理有限公司
69	深圳碧桂园盛孚物业服务有限公司
70	深圳荣晟智慧物业集团有限公司
71	深圳市大族物业管理有限公司
72	深圳市天安云谷物业服务有限公司
73	深圳市泰然物业管理服务有限公司
74	深圳市常安物业服务有限公司
75	深圳市城投物业管理有限公司
76	深圳市洁原物业管理有限公司
77	深圳市锦峰物业经营管理有限公司
78	深圳市富通物业管理有限公司
79	深圳市世纪开元物业服务有限公司
80	深圳市华联物业集团有限公司
81	深圳市泰源物业管理有限公司
82	深圳市深福保物业发展有限公司

续表

序号	单位名称
83	深圳市合正物业服务有限公司
84	深圳市赛格物业发展有限公司
85	深圳市首地物业管理有限公司
86	深圳市中民物业管理有限公司
87	深圳桑达物业发展有限公司
88	深圳市金众物业管理有限公司
89	深圳市德源物业管理有限公司
90	深圳市陆港物业管理有限公司
91	深圳市龙宇物业服务有限公司
92	深圳市凯盛物业管理有限公司
93	深圳市交通场站建设发展有限公司
94	深圳市新国信物业服务有限公司
95	深圳市新洲城物业管理有限公司
96	深圳市汇龙城物业管理有限公司
97	深圳市鹏广达物业服务有限公司
98	深圳市中电物业管理有限公司

管理面积领先的10家企业

（数据截至2020年12月31日）　　　　　　　　　　　　表2

序号	单位名称
1	深圳市万科物业控股有限公司
2	深圳市彩生活物业管理有限公司
3	深圳市金地物业管理有限公司
4	招商局积余产业运营服务股份有限公司
5	长城物业集团股份有限公司
6	中海物业管理有限公司
7	佳兆业物业管理(深圳)有限公司
8	深圳市莲花物业管理有限公司
9	深圳市天健城市服务有限公司
10	深圳市之平物业发展有限公司

总收入领先的10家企业

（数据截至2020年12月31日）　　　　　　　　　　　　表3

序号	单位名称
1	深圳市万科物业控股有限公司
2	招商局积余产业运营服务股份有限公司
3	中海物业管理有限公司

序号	单位名称
4	深圳市金地物业管理有限公司
5	深圳市彩生活物业管理有限公司
6	长城物业集团股份有限公司
7	明喆集团有限公司
8	佳兆业物业管理(深圳)有限公司
9	深圳市卓越物业管理有限责任公司
10	龙城城市运营服务集团有限公司

净利润领先的10家企业

（数据截至2020年12月31日）   表4

序号	单位名称
1	深圳市万科物业控股有限公司
2	中海物业管理有限公司
3	深圳市彩生活物业管理有限公司
4	佳兆业物业管理(深圳)有限公司
5	招商局积余产业运营服务股份有限公司
6	深圳市卓越物业管理有限责任公司
7	广东龙光集团物业管理有限公司
8	长城物业集团股份有限公司
9	龙城城市运营服务集团有限公司
10	深圳市金地物业管理有限公司

净资产领先的10家企业

（数据截至2020年12月31日）   表5

序号	单位名称
1	招商局积余产业运营服务股份有限公司
2	深圳市彩生活物业管理有限公司
3	深圳市卓越物业管理有限责任公司
4	佳兆业物业管理(深圳)有限公司
5	中海物业管理有限公司
6	深圳市万科物业控股有限公司
7	深圳市特发服务股份有限公司
8	长城物业集团股份有限公司
9	深圳市赛格物业管理有限公司
10	众安康后勤集团有限公司

年度纳税总额领先的10家企业

（数据截至2020年12月31日）   表6

序号	单位名称
1	深圳市万科物业控股有限公司
2	招商局积余产业运营服务股份有限公司
3	中海物业管理有限公司
4	深圳市彩生活物业管理有限公司
5	深圳市金地物业管理有限公司
6	明喆集团有限公司
7	长城物业集团股份有限公司
8	佳兆业物业管理(深圳)有限公司
9	广东龙光集团物业管理有限公司
10	深圳市天健城市服务有限公司

（数据来源：2020年度深圳市物业管理统计报表）

注释：因企业间并购重组的案例日益增多，有些并购重组的企业在一定时期内母子公司在市场上并存。为支持企业重组，促进行业健康快速发展，特对母子公司同时参加的情况作特别安排：一是母公司只在相应位置以并列方式排列，不单独占据排列位置，以体现母子公司双品牌并存的现实；二是在分项中只排列母公司，不重复排列子公司，以体现企业在行业中的实际状态。

6.物业管理招标投标

《深圳经济特区物业管理条例》经深圳市第六届人民代表大会常务委员会第三十五次会议于2019年8月29日修订通过，自2020年3月1日起施行。该条例第四十九条规定，"物业管理区域依法成立业主大会之前，建设单位应当选聘物业服务企业提供前期物业服务，并按照有关规定拟定临时管理规约。建设单位选聘物业服务企业提供前期物业服务，应当签订前期物业服务合同，前期物业服务合同期限由建设单位和物业服务企业约定，最长期限不超过两年。前期物业服务合同期满，尚未成立业主大会，物业服务企业继续按照原合同提供服务的，经物业管理区域占业主总人数百分之五十以上的业主或者占全体业主所持投票权数百分之五十以上的业主联名书面提出更换物业服务企业的，可以由街道办事处通过招标投标方式选取物业服务企业提供物业服务。"第五十六条规定，"一个物业管理区域应当由一个物业服务企业统一提供物业服务，但是业主自行管理的除外。除业主大会决定继续聘用原物业服务企业之外，住宅物业管理区域业主大会选聘物业服务企业应当公开招标。投标人少于三个的，应当依法重新招标；重新招标后投标人仍少于三个的，经业主大会决定可以协议选聘物业服务企业。鼓励业主大会通过住房和建设部门建立的招标投标平台选聘物业服务企业。"

2020年，福田区、盐田区、宝安区、坪山区、龙岗区前期招标投标活动备案的项目11个，业主大会组织招投标活动备案的项目11个（罗湖区、龙华区、光明区、大鹏新区、深汕合作区无数据）。2020年度各区开发建设单位、业主委员会组织的物业管理招标投标活动情况详见表3-2-4。南山区物业招标投标已完成项目10个，未完成项目6个，详见表3-2-5、表3-2-6。

2020年度区开发建设单位、业主委员会组织的物业管理招标投标活动情况　　　　表3-2-4

福田区			
序号	前期招标投标（0个）	序号	业主大会招标投标（5个）
		1	京隆苑
		2	景田南小区
		3	百花公寓三栋
		4	新天国际名苑
		5	笔架山公馆
盐田区			
序号	前期招标投标（5个）	序号	业主大会招标投标（2个）
1	佳兆业山海城家园一期	1	深大书香文苑
2	卓越荣津瀚海湾名庭	2	裕宏园
3	东顺雅苑		
4	山海四季二期华府		
5	悦千山雅园		
宝安区			
序号	前期招标投标（0个）	序号	业主大会招标投标（2个）
	2018以后取消了	1	深圳市宝安区天欣花园第一届业主委员会
		2	深圳市宝安区黄金大厦第一届业主委员会
坪山区			
序号	前期招标投标（2个）	序号	业主大会招标投标（1个）
1	碧湖春天东花园	1	京基御景印象家园
2	碧湖春天北花园		
龙岗区			
序号	前期招标投标（4个）	序号	业主大会招标投标（1个）
1	信义御珑豪园1-4栋、5栋（A座-E座）、6-14栋	1	南湾街道鸿润豪苑小区
2	信义荔景御园E-01地块1-9栋		
3	京基御景半山花园1-26栋		
4	宝德云谷大厦1-3栋		

2020年南山区物业招标投标已完成项目汇总　　　　表3-2-5

项目编号	项目名称	挂网时间	完成时间	中标单位	交接情况	有无争议
20ZB0101	旺海怡苑	2020.01.10	2020.06.24	深圳市鑫森磊物业服务有限公司	与临时物业为同一物业，无需交接	无
20ZB0501	福园小区	2020.05.25	2020.11.22	深圳市忠信利物业管理有限公司	2020.12.14完成交接	无

续表

项目编号	项目名称	挂网时间	完成时间	中标单位	交接情况	有无争议
20ZB0502	方鼎华庭	2020.05.29	2020.09.12	深圳市绿清集团有限公司	2020.09.26完成交接	无
20ZB0601	友邻公寓	2020.06.08	2020.08.06	深圳市德胜物业服务有限公司	2020.09.04完成交接	无
20ZB0602	南海大厦	2020.06.18	2020.08.24	深圳市中民物业管理有限公司	2020.09.25完成交接	无
20ZB0701	海龙苑	2020.07.06	2020.09.09	深圳市奇新物业发展有限公司	2020.09.28完成交接	无
20ZB0702	月亮湾花园	2020.07.21	2020.10.12	长城物业集团股份有限公司	2020.11.1～2020.11.2 完成交接	无
20ZB0802	纯海岸雅居	2020.08.21	2020.10.26	深圳市金地物业管理有限公司	2020.11.30完成交接	无
20ZB0803	心语雅园	2020.08.25	2020.11.17	深圳市常安物业服务有限公司	尚未进行交接	无
20ZB0901	现代城华庭	2020.09.28	2020.12.18	上海永升物业管理有限公司	2020.12.31进行交接	无

2020年南山区物业招标投标未完成项目进展情况汇总　　　　表3-2-6

项目编号	项目名称	挂网时间	当前进度	具体情况	有无争议
20ZB0603	香格名苑	2020.06.30	暂时中止	在挂网阶段暂停	香格名苑业委会于2020.07.05到期，没有招标活动的具体执行人，故暂停该项目的招标投标活动
20ZB0801	南山花园	2020.08.07	定标	深圳市城投物业管理有限公司、深圳市城建物业管理有限公司、深圳市新东升物业管理有限公司进入定标程序；业主大会召开时间原2020.10.15～2020.10.24，现业主大会暂停	无
20ZB1101	假日湾华庭	2020.11.04	定标	碧桂园生活服务集团股份有限公司、广东龙光集团物业管理有限公司、深圳市益田物业集团有限公司进入定标程序；业主大会召开时间未定	无
20ZB1102	漾日湾畔（二次）	2020.11.06	定标	中海物业管理有限公司、深圳市金地物业管理有限公司、禹洲物业服务有限公司进入定标程序；业主大会召开时间未定	无
20ZB1103	景园大厦	2020.11.23	接收投标文件	评标时间：2020.12.30	无
20ZB1201	雷公岭小区	2020.12.21	报名	评标时间：2021.1.26	无

（资料来源：深圳各区住建局提供）

第三节 物业服务企业创新与发展

1. 企业上市

2020年，在突如其来的新冠疫情防控中，物业管理行业发挥了重要作用，行业价值更加突显，上市物企尤其是头部物企更加受到资本市场的青睐。整体来看，2020年，深圳市7家上市物企的服务面积同比均实现增长，市场规模持续扩大。截至2020年12月31日，深圳市7家上市物企中，彩生活的服务面积最大，为5.52亿平方米；华润万象生活的市值最高，为690亿元。2020年，营业收入最高的是招商积余，为86.35亿元；归属母公司利润最高的是华润万象生活，为8.18亿元；净利润率最高的是彩生活，为15.1%。

【上市物业服务企业2020年运营情况分析】

截至2020年12月31日，深圳市共有7家上市物业服务企业，分别是彩生活（01778.HK）、中海物业（02669.HK）、佳兆业美好（02168.HK）、卓越商企服务（06989.HK）、华润万象生活（01209.HK）、招商积余（001914.SZ）、特发服务（300917.SZ），以下根据7家公司2020年年报梳理了其业务发展和经营业绩等情况，见表3-3-1。

深圳市上市物业服务企业基本情况   表3-3-1

上市物业服务企业（简称）	公司成立日期	上市日期	交易所	截至2020年12月31日的总市值（亿元，人民币）	截至2020年12月31日的市盈率PE（TTM，倍）
彩生活	2011年3月16日	2014年6月30日	香港交易所（主板）	42.6	8.9
中海物业	2006年6月26日	2015年10月23日	香港交易所（主板）	111.8	23.4
佳兆业美好	2017年10月13日	2018年12月6日	香港交易所（主板）	24.8	14.0
卓越商企服务	2020年1月13日	2020年10月19日	香港交易所（主板）	124.2	62.3
华润万象生活	2017年5月8日	2020年12月9日	香港交易所（主板）	690.6	146.6
特发服务	1993年5月31日	2020年12月21日	深交所	40.5	44.8
招商积余	1985年5月29日	1994年9月28日	深交所	228.3	48.0

注：除特别说明外，本节内容的数据均引自公司年报、wind数据库。金额均以人民币计。

2019年，招商蛇口购买中航国际控股持有的22.35%的中航善达股份，并以招商物业100%股权认购中航善达非公开发行股份。2019年12月16日，招商局积余产业运营服务股份有限公司（简称招商积余）完成重组更名，在深圳证券交易所上市，证券简称正式由"中航善达（000043）"变更为"招商积余"，证券代码为001914。

（1）2020年深圳市上市物业服务企业的业务发展情况

①从服务面积来看，彩生活具有显著的规模优势，截至2020年底，其服务面积为5.52亿平方米，同比增长0.28%。招商积余服务面积为1.91亿平方米，同比增长25.05%。中海物业、佳兆业美好服务面积同比增速均超过20%，实现较快增长。华润万象生活服务面积1.19亿平方米，同比增长15.24%。卓越商企服务的服务面积0.32亿平方米，同比增长36.2%，增速最快（见图3-3-1）。（注：特发服务年报未披露服务面积及其同比增速数据。）

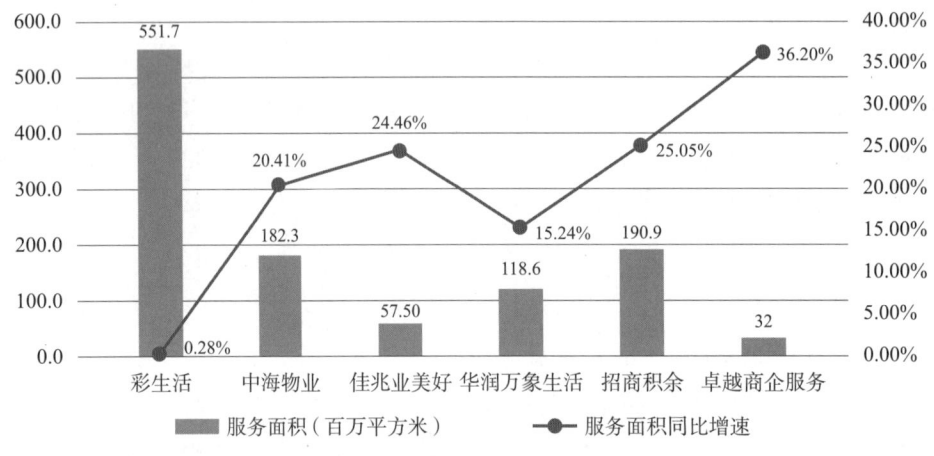

图3-3-1　服务面积及同比增速情况

②截至2020年12月31日，彩生活在管项目最多，为2797个；其次是招商积余，为1438个；中海物业为974个；华润万象生活690个；佳兆业美好435个；卓越商企服务为406个。相较于2019年，除彩生活在管项目减少之外，其余几家上市物企的在管项目均有增加。

截至2020年12月31日，彩生活、中海物业、华润万象生活在管项目的平均建筑面积介于

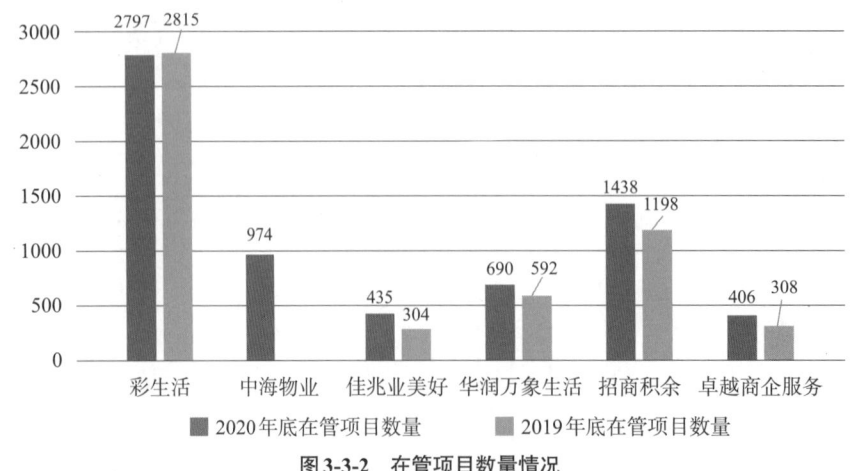

图3-3-2　在管项目数量情况

17.2～19.7万平方米/个，佳兆业美好与招商积余在管项目的平均建筑面积均约为13万平方米/个，卓越商企服务约为7.9万平方米/个（见图3-3-2，图3-3-3）。（注：特发服务年报未披露在管项目数据；中海物业年报未披露2019年在管项目数据）

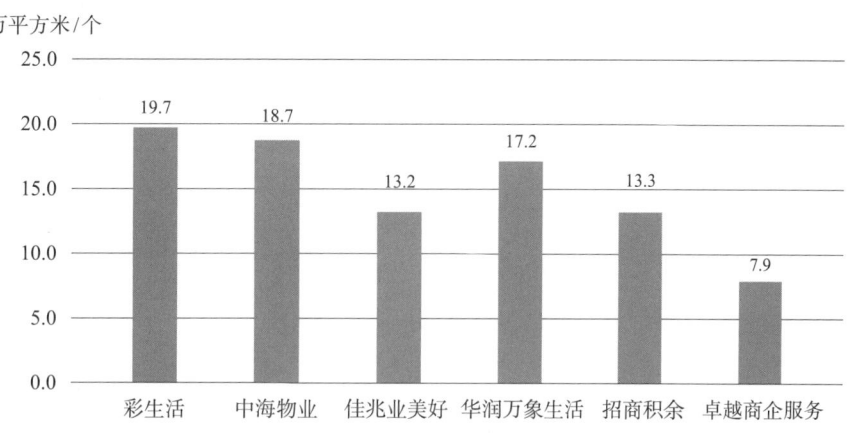

图3-3-3　在管项目平均建筑面积情况

注：图3-3-2和图3-3-3所指"在管项目"不包括"顾问项目"。

③在物业服务收费方式方面，彩生活、中海物业、佳兆业美好等三家物企采用包干制收费方式的收入占其物业管理服务收入的比例均介于93%～94%，包干制依然是最主要的收费方式（见图3-3-4）。（注：华润万象生活、招商积余、特发服务、卓越商企服务四家物企年报未披露采取包干制、酬金制收费方式的相应物业管理服务收入数据）

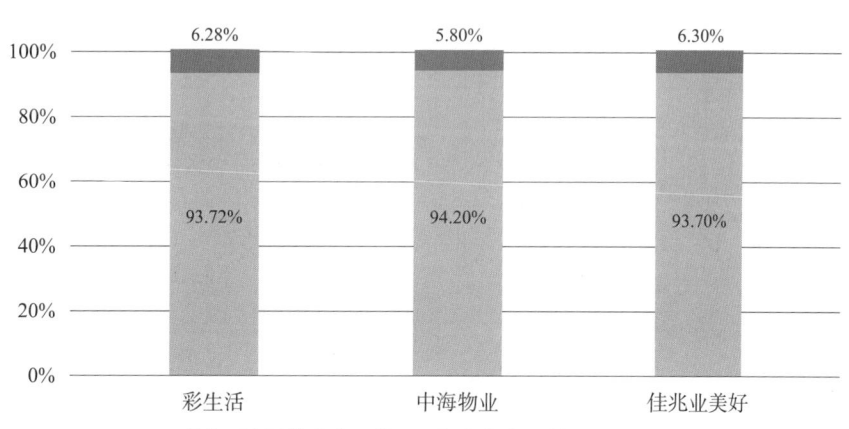

■ 按包干制计算的物业管理服务收费/物业管理服务收入
■ 按酬金制计算的物业管理服务收费/物业管理服务收入

图3-3-4　物业管理费中包干制与酬金制收取部分的占比情况

在平均物管费水平方面，招商积余最高，为2.82元/平方米/月，其次是华润万象生活，为2.28元/平方米/月[注：华润万象生活的数据为住宅物业的平均管理费标准，其包含商业运营及物业管理服务的收费标准为4.76元/(月·平方米)]。卓越商企服务的数据为住宅物业的平均管理费标准，包含住宅、商业、工业的综合物业管理费平均标准为5.5元/(月·平方米)，商业物业的平均管理费标准为7.81元/(月·平方米)（见图3-3-5）。

元/（平方米·月）

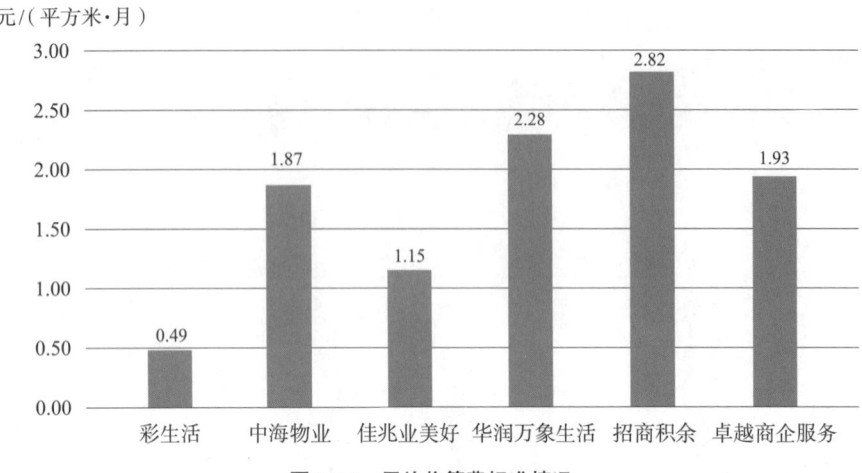

图 3-3-5 平均物管费标准情况

（2）2020年深圳市上市物企的业绩情况

①在2020年营业收入方面，招商积余最高，为86.35亿元；其次是华润万象生活，为67.79亿元；中海物业为55.23亿元（年报披露数据为65.45亿港元，按照2020年12月平均汇率折算为人民币）。

在营收同比增速方面，招商积余最高，同比增长42.07%；卓越商企服务与佳兆业美好的同比增速均约为37%；特发服务同比增长24.4%（见图3-3-6）。

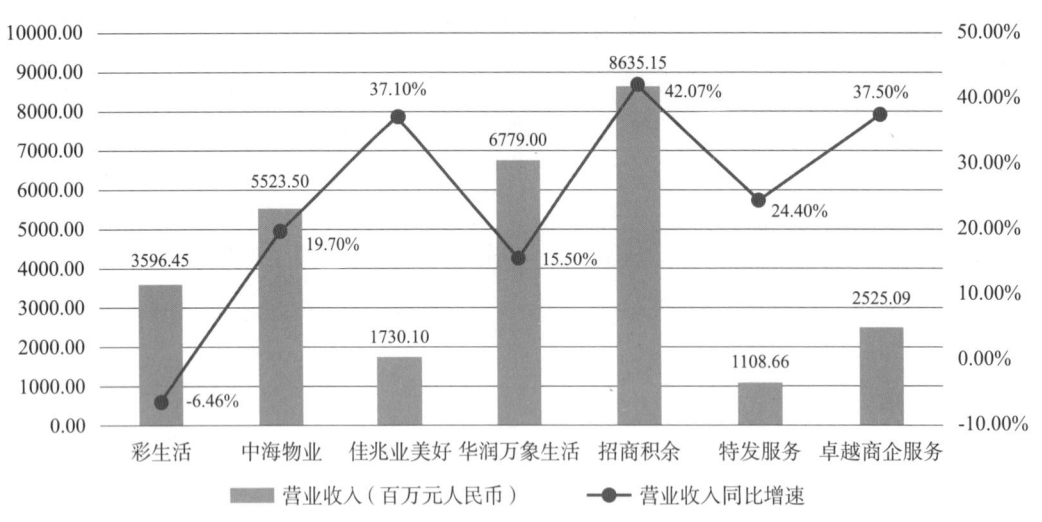

图 3-3-6 2020年营业收入及同比增速情况

在收入结构方面，彩生活的物业管理服务收入占比最高，为91.3%；中海物业的增值服务收入占比最高，为25.5%；佳兆业美好的其他服务收入占比最高，为46.3%，其他服务收入包括交付前及顾问服务和智能解决方案服务收入（见图3-3-7）。

②在各类服务收入的增速方面，物业管理服务收入增速最快的是佳兆业美好，同比增长41.9%；其次是招商积余，同比增长40.5%。增值服务收入增速最快的是招商积余，同比增长185.8%，其次是卓越商企服务，同比增长76%（见图3-3-8）。

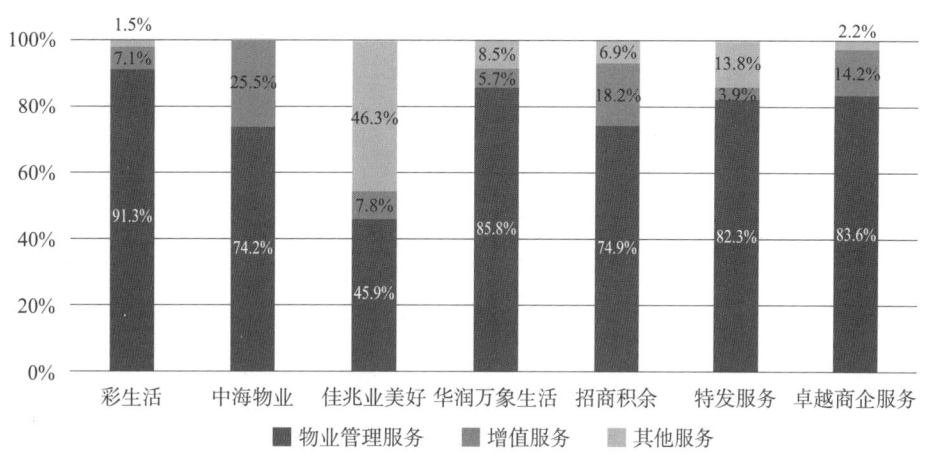

图 3-3-7　营业收入组成情况

在毛利率方面，整体毛利率最高的是彩生活，为33.58%，主要是社区增值服务毛利率拉升了其整体毛利率水平，而且其物业管理基础服务毛利率也是7家上市物企中最高的（见图3-3-9）。

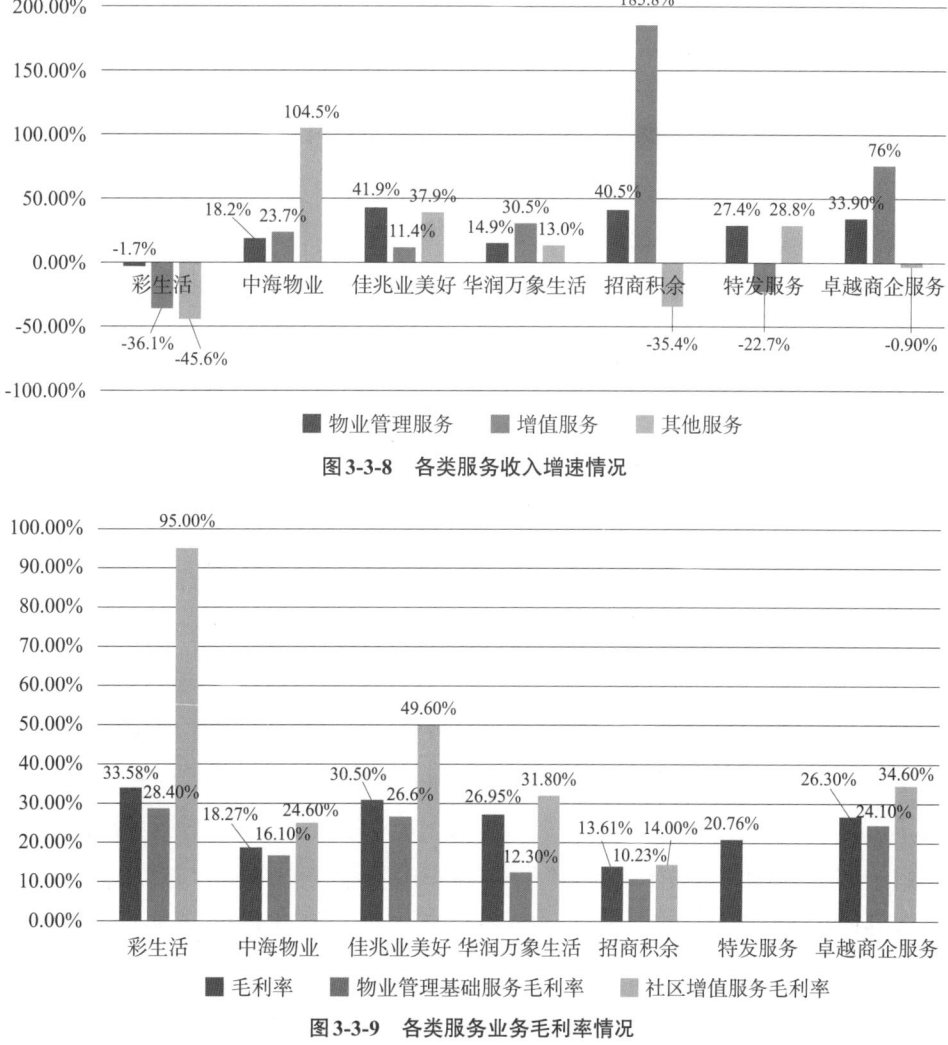

图 3-3-8　各类服务收入增速情况

图 3-3-9　各类服务业务毛利率情况

③2020年，华润万象生活的归母净利润最高，为8.18亿元；其次是中海物业，为5.96亿元。彩生活的净利率最高，为15.1%；其次是卓越商企服务，为14.1%（见图3-3-10）。

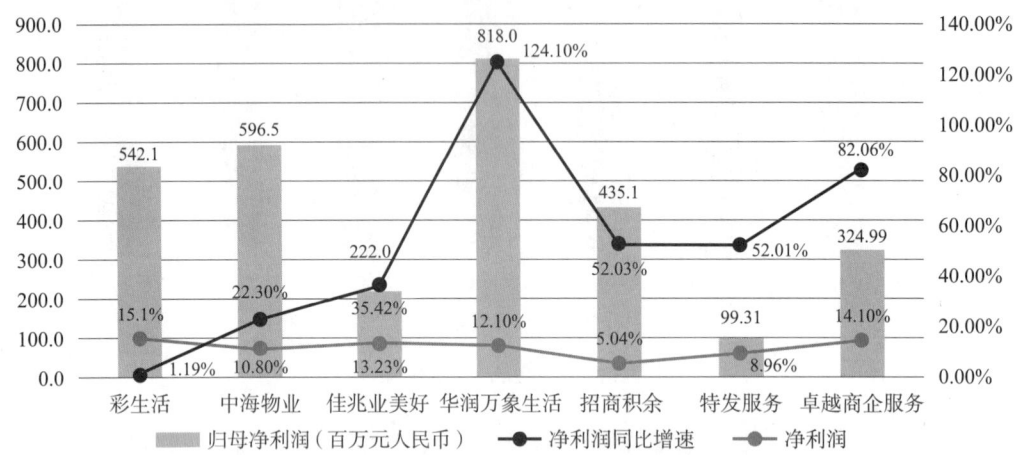

图3-3-10　归母净利润及其增速、净利率情况

2.企业创新与发展

【企业扩张与并购】

2020年，物业管理服务行业风起云涌，行业规模的重要性在不断凸显，上市阵容持续扩容，上市热度持续攀升，并购扩张被放在首位，成为物业服务企业规模成长的最有效手段之一，加上新冠疫情的影响，更是让物业服务按下了整合迭代的加速键，并购扩张潮在物业管理行业激情上演。众多知名物业企业纷纷启动策略，开疆拓土。

以金地物业为例，2020年金地智慧服务启动"3+X"战略布局，打造"三横九纵"服务矩阵，重新定义了物业服务的广度和深度。2020年合约管理面积突破2.7亿平方米，新增外拓合约面积超6700万平方米。年内三横主业稳定发展：住宅物业坚持以客为本、服务满意，盖洛普客户满意度调查得分高达97%；商业物业加速拓展，中标全国首个试点"物管园区"深圳莲花山公园、新零售变革样本银泰百货、部队营区、深圳市中医院等多个标杆项目；城市服务迎来新突破，获得东莞水乡大道环卫绿化综合管理服务、龙岗河干流管养、罗湖区水库等多个项目。九纵增值业务经过几年的探索，已形成"房产经纪+硬装+软装+家庭维修+智能家居"的家居生活闭环，同时在业务模式上全面创新升级，铸就差异化竞争优势。数智化建设成果颇丰，SaaS平台产品迭代更新；智能化方面，完成近4000套智能家居项目交付；发布了智慧城市服务平台1.0版本。

佳兆业美好在2020年6月收购了宁波朗通物业60%的股权，宁波朗通在管业态多元化的特点及区域市场的品牌影响力，进一步丰富了佳兆业美好在管业态，实现了管理规模稳定扩张；2020年12月，佳兆业美好收购浙江瑞源物业。未来，佳兆业美好将加快完善集团在五大区域的战略布局，在收并购和股权合作中会更侧重于非住宅业务，持续发力市政、学校、公园等服务领域。

【平台建设与输出】

中国房地产指数系统、中国物业服务价格指数系统联合发布的《2020年中国物业服务价格指数研究报告》指出，"互联网+物业"将逐渐发展成为物业管理行业新业态。物业管理行业迎来新的发展机遇期，物业服务企业在科技应用、多元化服务等领域均有重大突破，他们利用科技化、数字化技术，以业主需求为导向，全面提升服务品质，行业价值得到充分释放。

2020年，金地智慧服务科技赋能投入坚决，持续保持行业领先，并对外输出互联网SaaS线上服务等智能科技服务：2014年正式组建信息化专项团队，历经6年的持续投入和不断探索，团队规模从最初的4人小组成长为过百人规模、行业领先的科技队伍，自主研发及合作建设了39个数字化系统及平台，获得软件著作权证书25个，实用新型专利4个，保障了524个在管物业项目的业务运营，服务了超过100万业主和60万家庭的社区生活，阶段性实现了从基础服务线上化到社区商业生态构建、从周期性作业在线到运营评价体系搭建、从智慧车场改造到无现金支付社区的覆盖，为业务快速成长提供了强有力的支撑。

金地智慧服务孵化的科技公司智慧享联，获得国家科技部和深圳市科技创新委员会颁发的高新技术企业认证，并获得多项荣誉。经过多年的发展，依托物联网、大数据、云技术及人工智能等创新科技，搭建物业云平台和社区物联网。智慧享联具有丰富的信息系统和互联网产品开发经验，为客户提供"互联网+物业、互联网+物联网、互联网+云服务"等不同的解决方案。

深业物业在项目现场设立"城市管家"平台，集中政府各专业主管部门、辖区各单位、项目各专业队伍的联系电话、人员状况、作业需求等信息，形成6+1+N的管理模式，即6个政府专业主管部门+1个城市管家平台+N个辖区范围内的企业、商家等的协调互动机制，城市管家平台承担项目运转的核心职能，实现上传下达和指挥中枢的作用，搭建了扁平化的高效管理模式。据统计，目前1个"城市管家平台"每天接收、处理信息一百余条，理顺了各专业间的信息沟通及其"边沿真空"等问题；深业物业还利用自主开发并运用成熟的"深享汇"物业智慧平台，顺利将试点项目的"派单、接单、工单、审核、回访、督办"以及"项目作业的考核标准和要求"等管理功能接入应用，见表3-3-2。

部分物业服务企业平台输出情况一览表 表3-3-2

企业名称	输出方式	合作方式	收益方案	合作相关内容
万科物业	睿服务解决方案	无需出让股权或关键合同权益，采取合同对价形式	合同对价部分收益归合作物业公司，对价外的收益或亏损归万科物业	*项目委托至万科物业管理中心，使用统一的设施设备、员工、客户支付系统等，共享包括客户、采购、营销、权益与业主服务等资源
彩生活	并购/小股操盘	参股比例5%～20%	物业收益分成与合作伙伴按股权比例分配，平台增值收益五五分成	*输出平台和生态圈企业的产品及服务，增值业务共同开拓、增值业务合作收益共享
金地智慧服务	想系列平台、智享+home智能家居平台、智享生态圈联盟	既有"想系列"平台产品输出的轻模式，又有智慧社区、智能家居、楼宇设备智能化、社区养老、公寓服务等全服务产业链的合作模式	不参与合作伙伴原有基础物业服务，平台增值收益视具体情况按照比例分成	*共享"想系列"平台的底层技术服务支持 *针对合作伙伴的需求，定制开发信息化解决方案，搭建联合研发平台 *针对智慧社区项目，定制社区公共智能产品及家庭智能家居平台 *想学移动学习平台输出 *整合资源，实现产品及服务供应链的共享

续表

企业名称	输出方式	合作方式	收益方案	合作相关内容
长城物业	"一应云"联盟	各子平台合作模式不同，包括支付年费、效益分享、融资租赁、项目采购等形式	如一应智能子平台，若采取效益分享的合作模式，增值收益将双方分成	*根据成员需求，提供各类子平台及相关服务；共同培训，共同采购；每年召开一次联盟年会
之平管理	"合赢"合作模式	股权转让、全委合作、企业收并购、顾问咨询、企业合资、第三方神秘顾客、特色服务（养老服务、社区商业、资产管理合作）	物业收益分成与合作伙伴按股权比例分配；根据具体合作模式，收取约定的酬金或项目运营的可分配利润	*顾客服务大数据CRM中心平台同步。 *百强企业品牌同步，顾客良好的口碑资源； *3个专业机构，满足顾客的潜在需求，提高项目服务竞争力。 *极具创新、较强专业能力的中高层干部及管理团队输出，确保在总部职能管控下，让项目每一个环节形成有效闭环和第三方系统监控，使项目始终处于良好的运营状态，为管理决策提供参考。 *4个专业技术和平台，让项目管理标准化、物品、服务供应商，资源共享，降低成本
吉祥服务	服务解决方案	品牌输出；顾问、托管	接管项目收取物业管理费	*平台管理输出； *物业顾问，协助其他物业公司进行现场指导、培训，帮助其建立并完善物业管理体系

【智慧社区与智慧物业】

2020年，在住房和城乡建设部等部门印发的《关于推动物业服务企业加快发展线上线下生活服务的意见》指导下，深圳市部分物业服务企业对智慧物业网络进行了大力布局，搭建了智慧物业平台，纷纷推进智慧社区与智慧物业建设，为业主奔向智能美好的生活开启了快车道。整体来看，利用信息化手段，构建线上与线下互融互通的网络平台，实现基础物业服务、增值服务、多样化经营等一体化运营，是物业服务企业推进智慧社区与智慧物业建设的主要途径。

招商积余以"科技与数字化赋能"作为公司战略发展的核心举措之一，每年投入大量资源进行科技投入，通过管理赋能和业务赋能两大核心抓手，助力招商积余实现由人才密集型向科技、知识、技术密集型转型，打造最具价值创造能力的物业资产管理运营商的战略目标。借助先进的物联网、AI、大数据等新技术，打造了以物业资产服务主价值链为核心的智慧物业"π"平台以及与社区服务、增值服务为核心的"一片沃土，四朵金花——招商通平台"。平台打破传统物业服务模式，重塑整个服务流程，打造透明化、标准化的物业服务模式，结合物业服务标准体系，建立全新的物业服务生态圈。

中海物业旗下全资子公司兴海物联以建筑物联网运行平台、智能硬件、人工智能技术为核心，依托布局全国运营社区物联网的经验，通过整合应用"云计算、LoT、AI、5G"等关键技术，构建了基于"X—StarT物联网运行平台"的自定制门户、智能硬件、智慧建筑规划设计及运维服务的丰富产品、服务体系集群，进一步探索以科技链接人、空间、建筑的更多可能性。2020年，兴海物联受邀参加华为联合建筑科学研究院共同主编的工程标准《智慧园区标设计标准》"智慧应用管理"内容的编制，聚集从园区应用到园区设备子系统等各类国内厂家和生态伙伴，落地"中国智造"，并通过"标准+平台+生态"的模式，促进智慧园区产业形成万亿市场空间。此后，兴海物联与华为战略合作了多个项目，包括山西安泰信科技园项目、常州城投等，让本来"杂乱"的园区管理，进化成统一集成，统一部署，统一管理，统一运维的园区环境，让智慧园区的建设在蓝海市场越来越被认可，越来越深入人心。

莲花物业在服务中"注入科技元素，启动智慧管理"，一是品质管理启用"莲享家"智慧物业、智慧社区云平台，推进物业现场移动管理；二是停车场推进"大数据"管理，实现车牌识别、云端监控、移动支付、自动上传数据四大功能；三是搭建移动支付平台，实现微信和支付宝手机缴费、远程缴费等功能，让客户真正体验到了快捷、贴心、便利的服务。

深圳保利物业与国内领先产业互联网方案提供商保臻科技强强联合，共同打造出一整套链接物业管理全流程的智慧社区解决方案——田丁智慧社区平台，该平台涵盖五大平台一大中心，即：监管云平台、物业云平台、供应链云平台、人才服务云平台、生活服务云平台，以及智能运营中心，不仅为业主营造更加安全、舒适、便捷的智慧社区生活，还帮助物业服务企业提升项目运营能力，提高员工效能，创造经营价值。

吉祥服务集团斥资打造了吉祥E+智慧服务平台，整合行业上下游产业资源，母公司产业链资源，以基础物业服务+全产业链服务业务，为旗下住宅业户、园区用户（企业及企业员工）、企业员工提供优质服务，提升业主的生活便捷度、服务参与度和居住幸福度。同时拉动庞大的社区终端消费资源，实现社区、平台和服务商的互利共赢。通过智能技术的加入，让吉祥E+建立起自己的管理信息系统，并通过其应用连接人、物、服务三方渠道的高效配合（见图3-3-11）。

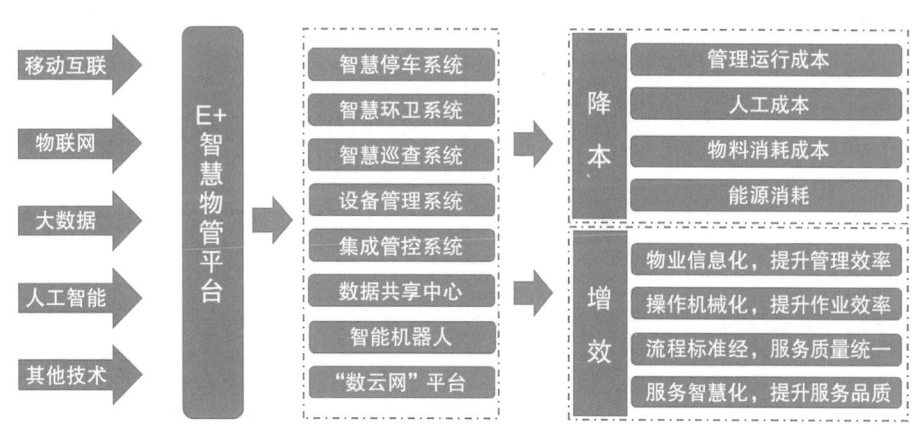

图3-3-11　E+智慧物管平台

绿清集团研发并耗巨资打造的"智·生活"成为智慧化建设的重要助推利器。"智·生活"是一款精服务、擅管理、高效率的智慧社区服务平台，依托5G、物联网、云计算等高新技术，成功创新便民服务、邻里生活、智能门禁、智能停车、星级管家、阳光监管、老人应急救助等功能模块，为小区住宅、大型社区的运营方提供各式品质生活的精准管理和智慧服务，在社区治理领域，"智·生活"一键打造标准化、智能化、有社区温度的物业服务，已成为智慧物业的必备配套服务，未来绿清集团还将持续升级智慧化服务，以物业服务为载体融入科技新通道，推进"智慧化"多形式联动，不断强化大数据与实体服务的同步发展，真正实现智慧物业（见表3-3-3，表3-3-4）。

部分物业服务企业应用智能科技情况一览表　　　　　　　　　　　表3-3-3

企业名称	智能产品/技术	应用场景和实际服务
万科物业	户外巡逻机器人"悟空一号"	标准化巡回、服务与监测，有效降低工作强度，节省人力成本，降低人员伤亡，提高安保服务质量
	室内服务机器人"艾娃"	通过"语音识别+云端计算"实现基础业务咨询及办理，部分替代服务人员，实现24小时不间断物业服务
	楼宇清洁机器人"艾思"	根据路径规划，自主到达各个楼层实施清扫、自动避障；自动进行人体识别、人机对话、自动充电等
	门禁管理机器人"黑猫一号"	自动捕捉业主面部信息，自动绑定门禁卡，实现全自动人脸识别进出小区
金地物业	机器人"小金"	综合考虑周围环境，并积极主动地做出反应。配备了语音识别技术、呈现优美姿态的关节技术，以及分析表情和声调的情绪识别技术，用表情、动作、语音与人类交流、反馈，甚至能够跳舞、开玩笑
中海物业	"小七客服"客服机器人	通过人脸识别判断人员身份信息，并通过语音识别的方式或语音输出方式，回答客户常见关于物业服务的问题，且支持物业缴费或停车缴费等客户服务
	"小七卫士"巡回机器人	可对地面人行区域和地下停车场区域进行自动巡逻，自动进行人脸识别、车牌识别，支持夜间巡逻。针对安防事件可自动警示，支持自动避让和自动充电
	"小七管廊"地下管廊巡检机器人	全自动自主巡视检测、智能识别预警和故障应急处理等
长城物业	机器人"U仔"	上门赠送礼物、大堂迎宾服务、回答业主问询、推广线上服务等
吉祥服务	360智慧物管	系统化管理，智能化监控，统一调度人防物防多重保障，智慧服务，让生活安心、省心、舒心 智能化工具：引进前沿智能化服务设备，扫地机、无接触测温仪、机器人、AI监控等，更安全、更高效、更未来 智能化设施设备管理系统：社区公共设施设备智能监测、维修、养护 安防七重关：七重安防保障系统，视频监控系统、武装巡逻、停车场系统、周界报警系统、门禁一卡通系统、电子巡更系统、梯控系统 智慧物管七大件：车辆识别及引导系统、智能门禁管理系统、可视对讲人脸识别系统、设备监控系统、服务岗位远程监控、集成指挥中心（筹备中）、400呼叫中心等智慧物管系统

部分物业服务企业智慧平台一览表　　　　　　　　　　　表3-3-4

企业名称	网络平台	具体内容
万科物业	"睿服务"平台APP"住这儿"	2013年上线"睿服务"平台，整合智能家居、基础物业管理与服务、社区服务，并与智慧城市相连通，实现智慧社区、智能家居与社区服务的融合 2013年上线的CRM系统不断迭代升级，使万科物业对客服务标准化、专业化、集约化水平持续提升 2014年上线业主专属APP"住这儿"，其核心理念是"为社区公共权益而生"，由此实现连接小区居民、物企及专业生活服务商，将服务升级到移动互联网时代最前沿 "睿服务"平台、"住这儿"APP在持续迭代、升级
招商积余	招商π智慧服务平台	2020年，推出集招商、中航物业优于一体的招商π智慧服务平台，物业公司及甲方后勤管理部门提供智慧物业全生命周期的、线下线上一体化解决方案。通过平台实打造透明化、标准化物业服务模式；结合流程重塑、机器替代、集约共享等手段，实现提质增效降本

企业名称	网络平台	具体内容
金地智慧服务	P-H-C-C全域解决方案	智慧物业：提出"两管一提一创"的科技建设理念，助力物业"管好成本、管好收入，提升运营效率，创新经营"，全面提升物业整体集约化管控能力和创新经营能力 智慧生活：聚焦三大业务场景"资源经营""生活服务""资产经营"，通过数字化平台提供"基于人/资产的全方位经营能力" 智慧社区：提供人、车、物为一体的物联综合生态平台，基于物联网技术的智慧社区可以实现社区内的充分联通，达到人与物、人与人的全方位交流，切实提升物业管理效率、提升居民体验感 智慧城市：综合运用"互联网+物联网+大数据"管理围墙之外的公共生活设施空间，打造"智慧环卫、智慧水务、智慧园林绿化"等平台，为城市生活服务注入科技元素
莲花物业	"莲享家智慧云"平台	"莲享家"包含物业现场移动管理系统、移动门户系统、SaaS系统，其中的核心部分物业现场移动管理系统涵盖了物业收费、仓库物料管理、CRM客户关系管理、品质核查、维修调度、设施设备巡检维保管理、员工"移动考勤"以及社区O2O业主移动App服务平台等各方面内容，这一平台将莲花物业成熟的管理经验、运营体系、执行标准用互联网科学技术实现了移动化管理
之平管理	智慧管理平台——之到平台	之到平台通过平台系统的建立，缩短一线服务和顾客满意度数据反馈的距离，及时让管理数据、服务评价产生关联，使管理和服务过程更透明，实现物业管理顾客服务大数据生态圈 *基础服务全生命周期覆盖 *服务流程更优化 *信息化设备智能管理 *计划工作智能跟进 *多维度报表功能等

【管理升级】

近年来，物业管理行业呈现良好的发展态势，物业企业积极探索服务新模式。后疫情时代，政府及社会各界对物业管理行业的认识和重视程度进一步提升，同时也对物业管理要求进一步提高，对此，物业服务企业持续加强内外部管控，不断创新内部管理模式与外部服务模式，通过信息化、标准化建设，持续提升综合服务能力和专业服务水平。

招商积余通过对内部管理的数字化与业务平台进行结合，实现去中心化管理，从而提高管理效率，提高服务品质，降低管理成本。

莲花物业通过梳理集团管理制度、质量管理体系以及新工具、新技术的推广与运用系列措施，为管理聚力、赋能，其梳理职能部门职责及管理制度，全面调整集团职级薪酬体系和OA流程，以适应集团化办公模式需求，同时，莲花物业还引入文档管理系统，推动集团文档管理信息化。

金地物业以服务标准体系为品质基石，以管家服务为品质抓手，金地智慧服务精益化管家服务体系应运而生。金地智慧服务管家服务体系经过持续迭代、不断升级，逐步形成"小金管家""26°管家""金燕尾管家"的客户视角下的精益化管家服务体系，以关注业主的生活品质与体验，打造美好、舒适、尊崇的生活服务为设计标准，精益化管家服务体系也成为品质提升的强有力服务内核。

众安康强调医院后勤管理要以"精"为目标，以"细"为手段，把精细化理念贯彻到后勤管理的整个过程中，运用"三化四定五制"的管理模式——三化：服务队伍专业化、服务质量标准化、经营管理制度化；四定：每级机构、每个项目实行定任务、定人员、定成本、定奖罚的目标责任；五制："1+3"责任制、限时复命制、服务访查制、考核监督制、CBA训练认证制，形成有效的医院后勤行业竞争优势。

【商业模式创新】

从行业角度看，物业服务企业将传统物业资源链接与整合，在服务业态层面进行多元化发力，试图全面构建专业基础和协同生态，其提供的服务已经由传统的保洁、保安、绿化维护、房屋及设施设备维修养护等基础服务向社区治理、增值服务领域等探索延伸，战略转型智慧城市综合配套服务商，商业模式随之创新发展。

长城物业通过一应云智慧平台将物业管理和社区经营进行深度融合，让"物业管理"和"社区经营"生态化发展产生更有价值的叠加效应。2019年11月，一应云联盟大会发布了长城物业新一代智慧平台，推出了基于数字化转型的新服务，使社区服务协同更趋向一体化，平台还通过新零售玩法聚集社区周边商家，通过一应装饰、一应保洁、一应驿站等高质量服务，打通线上线下，为构建美好社区服务业主建立有效链接。

佳兆业美好以组合业态物业服务和深度参与城市公共配套服务升级作为业务发展的核心支撑力和未来的战略发展方向，结合多渠道的智能应用，致力将佳科智能孵化成集设计、施工、研发为一体的智能化解决方案服务提供商，推动社区信息化、智能化升级，积极参与智慧城市的建设。

金地智慧服务以"把增值做实"作为新业务孵化方向，从物业的核心优势出发，秉承"资源可达、能力可及"的指导原则，聚焦资源挖掘、资源利用、资源变现，已成立多个能解决客户痛点、满足客户需求、并贡献实实在在收入和利润的实体业务公司和项目组：金地楼宇、金地置家、房屋配套、资产经营、想新家等。金地智慧服务在增值服务方面的布局有力反哺市场拓展，成为攻城略地的重要利器。

吉祥服务集团定位于"城市综合服务商"，开始发力物业城市综合服务领域，寻求新的利润增长点。设立下属城市服务事业部，开展城市物业管理服务业务，业务范围立足罗湖区、辐射粤港澳大湾区，将城市整体作为一个"大物业"，通过"专业服务+智慧平台+行政力量"相融合的方式，以专业化的服务总包、模块化的服务划分、社会化的治理结构、精细化的治理手段，对城市住宅、园区及相关物业进行全流程"管理+服务+运营"，解决社区基层治理能力不足的问题，协同改善城市治理。

【服务创新】

物业服务企业运用现代科技或异业联合方式改进服务手段，以更为人性化的方式增进与业主的沟通，提升了业主享受物业服务的体验。

金地物业自2015年提出数字化发展战略以来，公司在各个业务模块均上线信息化系统，做数字化转型，基础业务管理方面上线的系统包括：项目可视化系统、合同管理系统、计划运营系统、品质巡查系统、想家App、400呼叫系统、管理者驾驶舱、智慧城市服务系统、采购供应链系统等，智慧社区场景系统：智慧车行、人行系统、AI摄像监控系统、物联网技术多场景应用、机器人巡逻等系统及技术广泛应用。根据客户画像进行智能识别分类，为客户提供更精益化、定制化、优质化的服务。同时，数字化系统还会根据系统排期及场景触发，自动派发工单相应的检修、巡查工单任务至一线工作人员，保证园区设备实施正常运行，促进品质提升。管家根据计划运营派发的客户拜访任务，每月对于重点客户进行上门拜访（如空巢老人、行动不便的客户等），了解客户的近期情况是否需要物业的帮助。管家也会根据数字化系统指派的品质检查、夜查、晨会、周例会、月度例会等场景任务，对园区品质、安全值岗情况、外包方服务情况等进行监督检查，对于不符合服务标准的，要求督促相关责任人整改，并在线上任务里进行记录反馈，让品质用数据体现，让管理服务有迹可循。

中海物业持续打造共管共建议事厅，邀请政府相关部门（街道、社区等）、业委会、业主代表共同参与管理处议事会议，推动业主共商共建共治的浓厚氛围，不断尝试、不断探索、积极创新，努力丰富社区活动内涵，鼓励、调动广大住户积极参与，共同营造社区、业主和物业共建、共治、共享的幸福和谐社区，共同促进社区发展，业主幸福。多种社区组织形态的助力，对夯实小区"共建、共治、共享"的浓厚氛围，提升物业服务品质，构建和谐顺畅的"社区＋业主＋物业"三方交流平台和紧密联系发挥了重要作用。共管共建模式对丰富社区议事机制，解决社区管理难题，营造和谐邻里关系，提高客户满意具有重要意义，这正是中海物业围绕着客户需求，上下协同，多方联动，保持服务品质的生动体现。

长城物业提出了"让陌生人社区变成熟人社区"的理念和"让社区变得更美好"的企业使命，一是重新定义服务。长城物业始终将自身定义为"社区服务企业"，真正让客户能够感知到社区正变得更美好，其通过人性化与科技化的手段，将自身从物业管理经营者，升级为社区服务经营者，再发展成为社区生态经营者；二是让陌生人社区变成熟人社区。开展了社区相互帮助的项目——向东时光，除了开展暑期儿童学堂，针对老年人、年轻人，还有奋斗者，长城物业还开展了不同的学堂，让社区居民变成志愿者帮助更多的社区居民成长。向东时光项目使社区成了"长者的乐园、孩子的学堂、太太的客厅、奋斗者的港湾、志愿者的舞台"，通过提供丰富多彩的社区文化互动活动，充分为业主搭建沟通的桥梁，充实每一位业主的生活，为大家提供充分的安全感和幸福感。

深圳保利物业一直致力于用匠心打造有情怀、有温度的居住氛围，"哪里有生活，哪里就有幸福"，深圳保利物业愿意做幸福社区生活的连接者，在其所管辖的社区，绿化师会精心妆点社区的每一处花草植被，保洁员会错开业主上下班高峰在不打扰业主正常生活的情况下将楼栋打扫干净，贴心的管家式服务365天为业主排忧解难，每逢元宵、端午、中秋等传统佳节，深圳保利物业还会精心策划煮汤圆、包粽子、猜灯谜等丰富的文化活动，增进社区邻里和谐，提升社区居民幸福度。

【品牌与人才建设】

目前，我国经济正高速发展，物业管理服务行业的服务水平正在逐步提高，物业服务企业想要立于不败之地，并可持续发展，一是建立品牌意识，品牌建设是推动企业发展的重要无形力量；二是加强人才队伍建设，打造企业独特的文化，拥有更多的高素质服务人员是核心竞争力，深圳物业服务企业一直重视品牌与人才建设。

金地智慧服务针对不同领域的客户，制定了各具特色的品牌形象和品牌理念，精准定位客户需求，目前已形成金地物业、金地商服、金智仟城、智慧享联、金地楼宇、荣尚荟、金地置家、金新想滋味等品牌，以及形成了想系列、长跑系列计划、26°管家、甄才传、金牌生、深潜计划等一系列产品品牌和服务品牌。

金地智慧服务于2014年首创行业全系列五层级的梯队人才培养体系——长跑系列计划，从毕业生到总经理五层级（起跑、速跑、稳跑、长跑、领跑）专项培养，多年来坚持"成就最有价值的管理专家"的人才理念，为公司和行业培养了大量人才。

吉祥服务集团追求极致、优质、高效服务，践行幸福承诺的服务理念才能真正地传播品牌的核心价值理念，培育出具有行业特色的品牌文化，树立值得信赖、广泛认可的物业服务品牌。

在人才建设层面，吉祥服务集团创建业务技能训练基地——吉祥学院，秉承"训战结合"的理念，依托培训基地载体，优化软硬件设备，选树导师和教官团队，致力于把吉祥学院打造成为吉祥服务集团客服、安管与工程技能提升、梯队人才建设的摇篮以及储备梯队人才培养基地。坚持"专业型培养和综合型培养"同步进行。同时建立和完善公司人才培养机制，通过制定有效的关键岗位继任者和后备人才甄选计划，合理地挖掘、培养后备人才队伍，建立公司的人才梯队，为公司可持续发展提供人力支持。

【企业党建工作】

党建一直是深圳物业服务企业高度重视的一项工作，它是企业在管理过程中的灵魂所在，是提高企业的政治领导、组织领导和思想领导的关键。党建工作的开展，有利于促进物业服务与管理的内在动力提升，推动企业的各项工作更好开展。如有利于完善机构优化结构，提高企业运作效率；有利于市场规模扩大，促进业务增长；有利于提高员工素质，提升服务质量；有利于加强文化建设，提高企业社会影响力；有利于激发物业企业活力，改善企业经营环境等。

金地物业1996年成立中共深圳市金地物业管理有限公司支部委员会，一直以来，坚持企业党组织的政治核心和政治引领职能，在日常工作中、特别是抗击新型冠状病毒肺炎疫情的过程中，发挥了党组织的战斗堡垒和企业党员的先锋模范作用。在探索新时代党建引领基层社会治理中，充分发挥行业"两新"党组织"以点带面"和"战斗堡垒"作用，以"社区+业委会+物业"三位一体的管理模式，构建党组织领导下的居委会、业委会、物业服务企业等多方联动的"红色物业"体系，推进"红色物业"品牌建设，有效破解物业管理难题，切实解决群众身边的"关键小事"。

吉祥服务集团始终围绕业务完善党组织覆盖，调动党建参与者的内生动力，设立党员突击队，深入开展党员示范岗、党员责任区、党员承诺践诺等活动；坚持党建引领，助力建立共建共治共享新格局，打造"一核多元"治理体系，以党建引领为核心和抓手，联系物业服务实践中的各个主体，充分发挥各个主体的积极性及其作用，改善基层治理现状；坚持"围绕业务抓党建，抓好党建促发展"工作思路，加强基层党务工作者队伍建设；坚持双向培育，助推企业健康发展，积极推送企业骨干为党员，把党员培养成企业骨干，并积极参与公司的经营决策。激发党建活力，坚持将党建工作与企业制度建设、企业文化建设、企业经济建设相融合，如通过和街道居委会交叉出席工作汇报会议，了解对方的职能、业务范围、工作难点，形成工作互助模式，构建党建引领、多方参与的小区治理新格局，不断丰富和完善业主全面参与、共建共管的社区治理机制，实现和谐宜居、幸福共享。

第四节　专业化服务

1.深圳市物业管理专业化发展综述

2020年，深圳市物业管理专业化服务不断向纵深发展，服务范围更加广泛，涉及物业专项服务，包括保安、清洁、家政、园林绿化等；物业管理配套设施设备供应，包括电梯、暖通空调、给排水、电气照明、能源、通信、智能化、消防、安全防范、停车设施、环境保护等；物业营销服务，包括二手房交易、物业租赁、物业资产管理等。专业化服务机构中，除了致力于专业化服务的企业外，部分物业服务企业在自身发展过程中，根据业务开展需要，逐渐成立专业化机构，这部分专业化机构的市场份额不断加大，成为专业化服务市场的重要力量。在抗击新冠肺炎疫情过程中，专业化服务企业发挥了重要作用。

2.深圳市市场监督管理局特种设备安全监察处开展的工作

2020年，在深圳市市场监督管理局局党组的坚强领导下，特种设备安全监察处贯彻落实上级决策部署，坚持在常态化疫情防控中抓实抓细特种设备安全风险防范各项工作，推动特种设备安全监察工作迈上新台阶。截至2020年12月31日，深圳市共有特种设备259334台，其中，电梯171562万台（数量稳居全国大中城市第四位，上海27万台，北京23万台，重庆17.9万台）、起重机械14595台、场（厂）内机动车辆20739台、大型游乐设施239台、客运索道4条、锅炉2284台、压力容器47702台，压力管道2229条，511.88千米，另有登记气瓶约366万只。全市共有特种设备使用单位50683家，特种设备生产单位1449家、无损检测、气瓶定期检验及"两工地"检验机构30家，移动式压力容器、气瓶充装单位86家，累计核发且在有效期内特种设备作业人员证22.2万张。特种设备定检率99.27%，全年未发生特种设备安全事故，安全生产形势平稳可控。

2020年取得的工作成绩如下：

（1）制度建设有新突破。一是电梯新规正式发布。《深圳经济特区电梯使用安全若干规定》已经深圳市第六届人民代表大会常务委员会第四十二次会议于2020年6月30日审议通过，首次明确了电梯使用管理人首负责任、创设了电梯制造单位强制保修责任制度，为深圳电梯使用安全提供了更强有力的立法保障。二是标准建设不断完善。组织编制深圳地方标准《特种设备安全标准化评价准则》和《电梯维保质量指数测评》，扎实开展深圳市配置充电设施机械式立体停车设备调研工作，为编制地方标准《验收规范》奠定坚实基础。

（2）专项整治有新进展。结合责任书项目任务，年度监督执法计划和"双随机一公开"监管，开展全方位排查整治。突出重点时段，岁末年初集中开展涉危化品特种设备排查整治，疫情期间集中开展新冠肺炎隔离点特种设备安全排查，节后复工复产期间开展特种设备安全检查和服务保障，节假日期间开展大型游乐设施和客运索道安全检查。突出重点领域，深刻汲取海南"6.3"中央空调爆炸、广西河池"5.23"非公路用旅游观光车碰撞山体、浙江温岭"6.13"液化石油气罐车爆炸等事故教训，第一时间着手开展中央空调附属压力容器摸底排查、观光车安全隐患专项治理以及移动式压力容器安全风险整治专项行动。突出重点问题，深入排查诸城市中泰机械有限公司生产的压力容器制造质量安全风险，以及佛山制造缺陷压力容器安全风险；主动开展电梯制动器和轿厢上行超速保护装置维护保养专项排查和停用、待核实和在建锅炉安全隐患排查整治；落实上级部署要求全面铺开电梯使用管理人首负责任落实情况、无损检测机构、特种设备生产单位和检验检测机构证后监督抽查，以及快开门式压力容器、起重机械制造检测租赁环节专项整治。2020年全局系统共出动特种设备安全监察人员12520人次，检查特种设备使用单位2629家次，生产单位133家次，立案查处违法案件373宗，作出罚没款879.29万元。

（3）风险防控有新思路。一是组织编制《深圳市特种设备重点危险源安全风险分析报告》，覆盖8大类特种设备9个方面监管要求，为政府部门监督检查和风险管控提供重要决策参考。二是编制特种设备安全风险辨识和分级指引，从特种设备危险源类型（后果严重性）和安全级别（事故发生可能性）两个维度探索构建深圳市特种设备安全风险分级管控和隐患排查治理"双重预防"机制。三是按照"一线三排"工作部署，编制8大类特种设备及生产、使用单位现场安全监督检查项目。四是深入推进老旧电梯安全评估和更新改造。全年完成安全评估2079台，更新改造大修483台，发放补助资金约9000万元。五是规范载荷试验工作。组织完成电梯制动试验现场观察4459台，发现并督促整改不合格电梯16台次，及时消除严重事故隐患。

（4）智慧监管有新成效。一是建立维保无纸化app。运用信息技术建立电梯维保技工质量追溯体系，实现维保工人与电梯编号相对应，截至目前，该系统已接入维保单位180家，电梯5万台，维保信息近30万条。二是建立"电梯一码通"移动端公众服务平台，依托市局移动监管平台推出面向公众的"一码追溯""一键救援""互联网＋安全教育"等智能服务功能，提高公众对电梯安全的获得感。三是推进按需维保。以物联网、大数据等信息化手段为支撑，以信用管理、多元共治为基础，推动电梯维保由固定周期、固定项目向按需维保转变，从"重维保过程"向"重维保效果"转变，落实使用单位和维保单位主体责任。

（5）宣传教育有新形式。一是线上宣讲。在确保尽可能覆盖特设相关人群基础上减少聚集性感染风险。制作6个"电梯小卫士"系列小视频，在地铁宣教栏目中滚动播放，每月覆盖1.5亿人次；在深圳市市场监督管理局官方抖音号上陆续推出6个电梯安全教育抖音，在官方微信公众号上发布安全乘梯主题推文，同时在电梯使用单位、维保单位微信群中传播，确保尽可能覆盖与电梯安全相关人群；制作电梯安全教育广播，于安全生产月每日早上7：00～9：00，在深圳广播电台先锋898新闻频率循环播发。二是线下执法。以群众反映的热点难点为题材，持续推进"星期一查电梯"执法活动，累计录播64期，成为市场发现精品节目，获得群众点赞和支持。

3.部分专业化服务机构状况

【深圳市特种设备行业协会】 深圳市特种设备行业协会是由特种设备行业从事设计、生产、销售、维修保养、安装、营运（使用）、检测检验、培训的单位自愿组成的深圳市特种设备行业的非营利性社会组织。

2020年10月18日，由深圳市市场监督管理局主办，深圳市特种设备安全检验研究院和深圳市特种设备行业协会共同承办的深圳市第五届电梯维修技能竞赛在深圳特检院拉开帷幕，本次竞赛分为初赛和决赛两部分，初赛为理论考试，考试题库由市特检院技术专家拟定，内容涵盖电梯维修技术、安全作业要求和法规技术规范以及2020年10月1日起实施的《深圳经济特区电梯使用安全若干规定》；决赛为实操考试，主要内容为制动器的组装与调试。

经过2020年9月26日的初赛，全市235家维保企业460名选手中的50名选手脱颖而出，进入此次决赛。决赛上，选手们需要在规定时间内按规范将制动器组装并调试到合适的参数，由裁判组和测试组进行评判和测试。理论和实操成绩分别占最后综合总分的50%，其中初赛考试排名前50名的选手进入决赛。获奖名单见表3-4-1～表3-4-3：

深圳市第五届电梯维修技能竞赛成绩及获奖情况　　　　　　表3-4-1

序号	姓名	单位名称	排名/获奖情况
1	吴先培	深圳市华星电梯技术有限公司	第一名/一等奖
2	林进军	深圳市利达旺电梯有限公司	第二名/二等奖
3	李金城	深圳市华星电梯技术有限公司	第三名/二等奖
4	张剑平	深圳市华星电梯技术有限公司	第四名/三等奖
5	李革洲	深圳市利达旺电梯有限公司	第五名/三等奖
6	钱志军	深圳市荣华机电工程有限公司	第六名/三等奖
7	高金松	深圳市利达旺电梯有限公司	第七名/三等奖
8	黄强强	深圳市荣华机电工程有限公司	第八名/三等奖
9	谢朝方	深圳天盛电梯工程有限公司	第九名/优胜奖
10	马新清	深圳市中航南光电梯工程有限公司	第十名/优胜奖
11	曾宝华	深圳市泰然物业管理服务有限公司	第十一名/优胜奖
12	周宣举	深圳市华星电梯技术有限公司	第十二名/优胜奖
13	许伟泽	深圳市深日电梯工程有限公司	第十三名/优胜奖
14	高磊	深圳市中航南光电梯工程有限公司	第十四名/优胜奖
15	伍光强	深圳市利达旺电梯有限公司	第十五名/优胜奖

续表

序号	姓名	单位名称	排名/获奖情况
16	曹伯文	深圳市迪特机电设备有限公司	第十六名/优胜奖
17	丁文谦	深圳市荣华机电工程有限公司	第十七名/优胜奖
18	董鹏	口立电梯（中国）有限公司深圳分公司	第十八名/优胜奖
19	陈常清	深圳市富利达电梯工程有限公司	第十九名/优胜奖
20	周风雷	深圳市兴海机电工程有限公司	第二十名/优胜奖
21	熊有为	深圳市利达旺电梯有限公司	决赛入围奖
22	郭全德	深圳市华星电梯技术有限公司	决赛入围奖
23	段三勇	深圳市富利达电梯工程有限公司	决赛入围奖
24	辜建勇	深圳市鹏方达电梯有限公司	决赛入围奖
25	何彬	深圳市荣华机电工程有限公司	决赛入围奖
26	彭恒晖	日立电梯（中国）有限公司深圳分公司	决赛入围奖
27	陈权	深圳市中航南光电梯工程有限公司	决赛入围奖
28	余志新	深圳市华星电梯技术有限公司	决赛入围奖
29	叶燊	深圳市华星电梯技术有限公司	决赛入围奖
30	万大兵	深圳市华星电梯技术有限公司	决赛入围奖
31	彭助忠	深圳市华星电梯技术有限公司	决赛入围奖
32	彭华辉	通力电梯有限公司深圳分公司	决赛入围奖
33	廖智杰	深圳市利达旺电梯有限公司	决赛入围奖
34	刘再平	深圳市天立机电设备有限公司	决赛入围奖
35	谭玉堂	深圳市中航南光电梯工程有限公司	决赛入围奖
36	肖时林	深圳市华星电梯技术有限公司	决赛入围奖
37	李洋	通力电梯有限公司深圳分公司	决赛入围奖
38	周谷立	深圳天盛电梯工程有限公司	决赛入围奖
39	陈元华	日立电梯（中国）有限公司深圳分公司	决赛入围奖
40	杨克兴	深圳市荣华机电工程有限公司	决赛入围奖
41	刘永丰	东芝电梯（中国）有限公司深圳分公司	决赛入围奖
42	谢沐颖	深圳市深日电梯工程有限公司	决赛入围奖
43	邹世桂	深圳市中航南光电梯工程有限公司	决赛入围奖
44	雷操	深圳市励科机电科技.工程有限公司	决赛入围奖
45	李杰	深圳市华星电梯技术有限公司	决赛入围奖
46	王雄辉	深圳市富利达电梯工程有限公司	决赛入围奖
47	周小军	深圳市励科机电科技工程有限公司	决赛入围奖
48	陶又强	带森电梯有限公司深圳分公司	决赛入围奖
49	严桂华	其士电梯工程（深圳）有限公司	决赛入围奖
50	曹子建	其士电梯工程（深圳）有限公司	决赛入围奖

深圳市第五届电梯维修技能竞赛暨第二次维修技能测试优胜单位（共3家）　　表3-4-2

序号	单位名称	个人获奖名次	
1	深圳市华星电梯技术有限公司	第一名、第三名、第四名	
2	深圳市利达旺电梯有限公司	第二名、第五名、第七名	获得前8名的组织单位
3	深圳市荣华机电工程有限公司	第六名、第八名	

深圳市第五届电梯维修技能竞赛暨第二次维修技能测试优秀组织单位（共6家）　　表3-4-3

序号	单位名称	初赛获得合格者数珀	
1	深圳市华星电梯技术有限公司	12	
2	深圳市利达旺电梯有限公司	8	
3	深圳市荣华机电工程有限公司	7	初赛获得合格者数量超过3名
4	深圳市中航南光电梯工程有限公司	7	的组织单位
5	日立电梯（中国）有限公司深圳分公司	5	
6	深圳市富利达电梯工程有限公司	4	

（资料来源：深圳市特种设备行业协会官网）

【深圳市环卫清洁行业协会】　深圳市环卫清洁行业协会于1989年9月成立，是全国城市中最早成立的环卫协会之一。建会初期，只有会员单位10个，经过三十年的发展，目前拥有会员单位逾800家，员工10余万人。协会会员不仅全面覆盖了深圳市所有的环卫清洁服务门类，而且汇聚了行业内绝大多数规模、规范的环卫清洁企业，在行业中享有较高的影响力。多年来，协会秉承"服务企业、服务政府、服务社会"的宗旨，积极加强行业管理、倡导行业自律，主导建立的环卫清洁服务企业资格等级评定得到政府和社会的广泛认可；并在业内积极推广行业技术培训，举办学术讲座；做好上传下达与下情上达工作，较好担当了行业的"管家"与政府的"参谋"的角色，为推动深圳市环卫清洁行业健康发展和产业升级做出了应有贡献。

协会抗疫　疫情就是命令，防控就是责任。自新型冠状病毒感染肺炎疫情发生以来，深圳市环卫清洁行业协会在协会党支部、协会理事会的领导下，积极响应党和政府抗击疫情的号召，按照深圳市环卫主管部门防疫抗疫工作部署，迅速行动，组织与动员全体会员单位紧张投入到抗击新型冠状病毒肺炎疫情的工作一线，保质保量地完成了全市各辖区的清扫保洁、垃圾收运处理及防疫消杀等任务，保障了市民干净、安全、舒适的生活环境，为深圳新型冠状病毒感染肺炎的疫情防控做出了有力的贡献（见表3-4-4）。

2020年度深圳市环卫清洁服务行业"先进单位"名单　　表3-4-4

序号	单位名称
1	深圳市先达威环境产业有限公司
2	深圳市宏利德环境产业有限公司
3	深圳市升阳升人居环境服务有限公司
4	深圳市洁亚环保产业有限公司

续表

序号	单位名称
5	深圳深兄环境有限公司
6	广东恒宝环境科技有限公司
7	深圳市碧雅丽清洁服务有限公司
8	深圳市龙吉顺实业发展有限公司
9	深圳市华富环境有限公司
10	深圳市日新清洁服务有限公司
11	深圳市川万清洁服务有限公司
12	深圳佳尔优环境科技有限公司
13	深圳市玉龙环保产业有限公司
14	深圳市保洁恒环境产业有限公司
15	深圳市杨阳环境管理有限公司
16	深圳市洁圳环卫有限公司
17	深圳市金利环境工程有限公司
18	深圳市华士元环境产业有限公司
19	深圳市城洁亮环境科技有限公司
20	深圳市金州城乡环境发展有限公司
21	深圳市利万家环境管理有限公司
22	深圳市国民环境实业有限公司
23	深圳星玉实业有限公司
24	深圳市健爱美清洁服务有限责任公司
25	深圳市阳光三环生态环境股份有限公司
26	深圳市合隆智慧城市服务有限公司
27	深圳市雄鹰清洁服务有限公司
28	深圳市德盈利环保科技有限公司
29	深圳市金阳盛环境科技有限公司
30	深圳市白莲和环境产业有限公司
31	深圳市晶采环境管理有限公司
32	深圳市宝政通环境有限公司
33	深圳市万民洁环境产业有限公司
34	深圳市尚用来环保科技有限公司
35	深圳市顺民实业发展有限公司
36	深圳市瑞洁清洁服务有限公司
37	深圳市绿城环境科技建设有限公司
38	深圳市天运清洁服务有限公司
39	深圳市贝雷德物业管理有限公司
40	深圳市戴宏新清洁服务有限公司
41	深圳市宝安洁原服务有限公司

序号	单位名称
42	深圳玉意环保产业有限公司
43	深圳市飞蜘蛛环境产业有限公司
44	深圳市特玛仕环境科技有限公司
45	深圳市开达园林实业有限公司
46	深圳市正立达物业清洁服务有限公司
47	深圳市金鑫园林环境工程有限公司
48	深圳市鑫梓润物业管理股份有限公司
49	深圳市凯盛综合环境服务有限公司
50	深圳市鸿飞物业管理有限公司
51	深圳市中亿远环保科技有限责任公司
52	深圳市历思环境服务有限公司
53	深圳市昆仑环境事业发展有限公司
54	深圳市润宏环境工程有限公司
55	深圳市弘浩物业发展有限公司
56	深圳市美景龙清洁服务有限公司
57	深圳市冉冉环境技术有限公司
58	深圳市人人物业环境工程有限公司
59	玉禾田环境发展集团股份有限公司
60	深圳市博宝源实业有限公司
61	深圳市明浩达清洁服务有限公司
62	东晟服务（深圳）有限公司
63	深圳顺意环境产业有限公司
64	深圳市安信美实业有限公司
65	深圳市双新环保科技有限公司
66	深圳市绿佳智慧环境发展有限公司
67	深圳市三禾田清洁服务有限公司
68	深圳市玉皇清洁服务有限公司
69	深圳市宏远达环境发展有限公司
70	深圳市黄金周物业清洁管理有限公司
71	深圳市世安物业清洁管理有限公司
72	深圳市长城环境工程有限公司
73	深圳市优洁雅环境管理有限公司
74	深圳市天源环境技术有限公司
75	深圳市万洁清洁服务有限公司

（资料来源：深圳市环卫清洁行业协会官网）

【深圳市停车行业协会】 深圳市停车行业协会，成立于2017年10月24日。由公共停车场（库）企业，物流园经营管理单位，智慧停车服务平台商，智慧停车网络服务商，停车设备研发、制造、安装、施工、维保单位，停车场（库）交通设施设计施工、竣工测绘单位，智能停车信息化管理企业，专业停车管理企业等组成。是由深圳市停车行业企事业单位自愿组成的跨部门、跨所有制，真正实现民间化和自治化的非营利性的行业性社会团体。

协会受政府停车行业主管部门委托，按照有关规定开展行业自律规范、行业服务质量评价和培训等工作，并协助有关行政管理部门做好停车场（库）的相关管理工作。协会参与政府部门立项的停车行业发展课题研究、规范标准的修改制定，向政府部门提出停车产业建设发展建议。

协会根据职能部门委托，承接了全市经营性停车场车辆数据采集管理平台的建设与运维工作。截至2020年12月31日，已完成数据接入的全市经营性停车场近7000个，已有130余家厂商对接满足相应技术要求。停车场数据上传数量由之前的每天180万条突破到现在的每天800万条以上，停车场接入数量由之前的2800余家达到现在的6600余家。

为了能通过停车大数据应用，挖掘更大的社会价值和商业价值，更好地缓解城市交通拥堵，为广大市民提供更加便利的交通服务，由中国智能交通协会、中国城市公共交通协会城市停车分会、深圳市公安局交通警察局指导、深圳市特区建设发展集团有限公司联合深圳市信息基础设施投资发展有限公司、深圳市停车行业协会共同举办的"2020年中国首届城市停车数据应用大赛"得到各相关政府、行业企业的大量关注和积极参与。

2020年9月，由深圳市福田区人民政府指导、中国城市公共交通协会、深圳交警支持，中国城市公共交通协会城市停车分会、深圳市停车协会主办的2020第二届深圳智慧停车博览会在深圳会展中心举行，来自全国各地停车、地产、物业相关部门领导等代表出席了开幕式。展会同期举办了智慧停车创新研究高峰论坛，为推动停车行业发展出谋划策。

（资料来源：深圳市停车行业协会）

【深圳市智慧安防行业协会】 深圳市智慧安防行业协会是2012年12月27日经深圳市公安局和政府相关职能部门的指导在市民政局注册登记，具有法人资格的社会团体。2017年获得深圳市民政局授予的"深圳5A级社会组织"称号，也是第一批具有承接政府职能转移资格的行业协会。

协会成立以来拥有会员千余家。本着"服务于企业，服务于政府，全面促进安防产业发展"的宗旨，在标准制定、产品检测、工程检测、职业技能培训、人才服务、金融服务、市场开拓等方面提供专业化、综合性的系列配套服务，努力发挥政府和企业间的桥梁和纽带作用，赢得了相关部门及广大会员企业的尊重和信任。

2020年，协会开展的工作如下：

（1）众志成城，投身抗疫

2020年初，疫情暴发后，行业企业的生产经营都受到了不同程度的影响，为解企业燃眉之急，智安协迅速行动，与福田区企业发展服务中心共同探讨疫情期间如何协助企业开展防疫工作，为奋斗在抗疫战线一线的公安、交警和企业人员捐赠价值近20万元的防疫物资，其中包括口罩近5万个，酒精、消毒液约300桶，防护服200件，同时协会秘书处还对300多家会员开展专题调研，协助会员企业采购口罩、额温枪等防疫物资，解决企业抗疫物资短缺问题。

疫情期间，智安协充分发挥自身优势，积极响应行动，得到了政府相关单位及会员单位的一致好评。

（2）夯实党建基础，切实推进党委筹建工作

按照深圳市两新组织党工委和市社会组织党委的要求，深圳市智慧安防行业协会党委筹建工作已列入日程，市委组织部委派朱虹同志任党委（筹）第一书记。协会党委工作自筹备以来，创新思维，做活党建工作。积极开展党建各类学习会议活动，扎实推动党组织建设向一流标杆挺进，实践党建+扶贫，为新时代中国特色社会主义贡献新的力量。

①扶贫凉山，为打赢扶贫攻坚战助力。

2020年是扶贫攻坚最后一年，协会积极投身扶贫工作，与深圳市多家行业协会联合组织会员单位、爱心人士组成"深圳市社会组织广西扶贫联盟"；同时组织多家会员单位开展"广西河池市都安县大兴镇一梅珠村"精准扶贫活动，捐赠扶贫款项近20万元，努力为推动当地产业发展，为当地"脱贫摘帽"献出一份力。7月，协会联合深圳市社会组织党委，积极组织会员企业赴四川凉山实地考察扶贫项目，捐赠扶贫款项16万元，实现产业扶贫，把深圳产品带出去、深圳质量和产业带出去。扎实推进脱贫攻坚工作，加快脱贫致富步伐，切实提高人居环境，改善群众生产生活条件。

②引导组织学习宣传、贯彻落实习近平新时代中国特色社会主义思想和党的十九大精神以及习近平总书记系列重要讲话精神。

制定《关于加强协会党支部开展党员教育培训工作的实施方案》，严格落实党支部"三会一课"制度。为发挥协会党员先锋模范作用，增强协会青年员工使命感和责任意识，鼓舞和凝聚战"疫"复工信心，2020年5月，协会党委组织召开了"战疫2020·我的青春故事"主题党日活动，引导青年人坚定理想信念，弘扬担当精神，激发创新活力，推动行业向纵深发展。组织开展体验艰苦生活，缅怀革命先烈党建活动；参加多家行业联合党委举办的抗疫卫生健康知识主题党日活动及"学习习近平总书记讲话，当好新时代支部书记"培训班。

（3）以标准为核心，持续推进标准制修订工作

2020年初，为了在疫情防控工作中发挥标准的引领作用，协会迅速组织会员企业成立了团体标准《人体测温出入口控制系统技术规范》工作组，开展了标准研制工作，并邀请红外测温和安防领域等专家对标准进行论证，有效促进了防疫防控工作科学精准地开展，助推企业复工复产。

2020年以来，协会主导和参与制定了多项标准，已发布地方标准7项，团体标准5项；正在起草的地方标准13项，团体标准6项。与此同时，协会积极组织各类标准宣贯、培训、研讨会等70余场。

此外，协会也积极开展行业标准体系研究，如《深圳市保安行业标准体系》等，建立标准体系框架，为行业的健康发展提供技术参考。

（4）深入企业第一线，开展专题调研活动

①会员企业走访。

2020年，理事会批准加入新会员企业38家，协会会员队伍进一步得到了壮大。走访企业近500家，深入企业第一线，为今后秘书处工作更好地开展指明方向，奠定发展基础。

②协会活动。

2020年开展各类座谈会、交流会、沙龙活动、考察活动、兄弟协会交流会等活动30余场。先后组织召开"智慧城市工程研究院座谈会";走进企业系列交流活动;"福田区产业资金政策""信用福田 职场骨干信用知识宣讲普及"等相关政策宣讲会。在福田区非公有制组织党委和福田区企业发展服务中心的指导和支持下,协办"5G智能新生活全景体验"活动。

(5)紧抓后疫情时代机遇,借助展会推动产业发展

2020年8月,作为主办方之一,在深圳会展中心举办"2020深圳国际智慧停车设备与技术博览会"。近200家企业参展、全国各地30余家兄弟协会以及近万名专业观众的积极参与,为广大企业投资者提供更多、更广泛的商机。

2020年10月,在深圳市宝安区科技创新局和深圳市宝安区科技创新服务中心的大力支持下,智安协作为执行单位,在深圳宝安湾区新技术新产品展示中心举办了"新常态、新思路,智能驱动湾区发展"——智慧安防企业创新展示活动。

2020年12月,"2021世界安防博览会宣贯会"在智安协秘书处召开。华为、海康、大华、腾讯、平安等90多家公共安全领域企业代表参加了本次宣贯会。展会将向安防行业、公安同行展现中国社会治理道路的"广东样本",相信也会给安防行业和企业的发展带来广阔的空间,给参展的会员企业带来高回报的品牌价值,希望在座各位企业代表积极参与。

(6)以专家委为凝聚点,不断扩充专家库团队实力

2020年,智安协专家委团队进一步得到扩充,积极配合市公安和市应急管理局等政府部门,完成项目设计方案评审会、验收会、设备选型测试、项目监督管理服务100余项。积极为各级政府部门提供技术支撑服务,有力推动了社会安全指数的提高。

组织智安协专家委技术交流会,针对前沿技术进行深入的交流和探讨。2020年11月,由广东省公安厅安全技术防范管理办公室、深圳市公安局安全技术防范管理办公室指导,智安协主办的"深圳市智慧安防行业协会第三届第一期深圳技防专家培训暨专家委工作会议"成功召开,进一步加强了深圳技防专家对最新行业政策法规的学习及行业新技术的了解。为发挥市技防专家在平安深圳建设工作中的作用,助力智慧城市发展做出更大贡献。

(7)为政企提供智力支持,积极开展课题研究

协会旗下设有智能安防创新研究院,为政府科学决策提供智力支持,为企业升级转型、规范化管理提供智力保障。目前已开展智慧安防、智慧交通等十几项课题研究,助推行业智能化、创新化发展。

受福田区科技创新局委托开展《5G+车联网应用》课题研究,通过充分调研了解5G的技术优势与演进方向、"5G+车联网"的产业现状与未来发展趋势,以及5G与车联网结合应用点与辖区企业现状,为挖掘行业5G应用需求,加快推进福田区5G应用示范区建设提供技术支撑和保障,助力推动行业智能化、创新化发展。

(8)积极对接企业,推进产业人才建设

2020年,协会在帮助企业"人才选育用留"方面提供了大量的服务,持续帮助近百家企业发

布并对接招聘需求，与省内多家优质院校进行人才培育沟通交流。

在深圳市人力资源和社会保障局、深圳市总工会指导下，协办"2020年深圳技能大赛——安检员职业技能竞赛"，其中竞赛中得第一名的优胜者，被授予"深圳市五一劳动奖章"，进一步提高安检从业人员专业技能水平及队伍综合素质，促进深圳市安检服务水平及行业高技能人才队伍提质增量，努力推动争创深圳质量新优势。

除此之外，定期开展"广东省安防从业人员继续教育培训""视频监控应用技术培训"，进一步推动了深圳安防技能人才队伍建设。

（9）构建大宣传格局，打造全媒体平台

协会设杂志、网站、微信公众号、头条、微博等媒体平台。2020年，智慧安防网累积发文842篇，对40多家企业进行专访，并为近百家企业进行专题报道。智慧安防网时刻关注社会、行业、政府部门、企业动态，整理行业最新动态；通过今日头条、新浪微博及近300个微信群发布最新资讯，提升社会各界对协会的关注，宣传协会的优秀成员单位，提高企业知名度。

附录：部分智慧安防企业简介

（1）华为技术有限公司

华为技术有限公司是全球领先的信息与通信解决方案供应商。华为机器视觉依托在大数据、AI、云、5G等方面的深厚技术积淀，推动安防产业从单维视觉走向全息感知，用智慧之眼感知万物，点亮智能世界。华为机器视觉围绕客户的需求持续创新，牵引产业走向"全智能、全开放、全场景、全4K"，利用"AI+开放"的核心能力，提供极具竞争力的"全息感知"和全栈"端边云"协同解决方案。华为依托强大的研发和综合技术能力，携手伙伴共同构建开放、合作、共赢的机器视觉产业生态。

（2）深圳英飞拓科技股份有限公司

深圳英飞拓科技股份有限公司（以下简称"英飞拓"）是深圳投资控股有限公司（以下简称"深投控"，深圳国资委下属，世界500强）控股的高科技上市企业，注册资本11.99亿元，于2010年在深交所A股上市，股票代码：002528。

英飞拓以"人联网"（即以人为中心的互联网）和"物联网"（即以物为中心的互联网）相结合的"人物互联"为核心的智慧城市、智慧园区解决方案提供商、建设商和运营服务商，提供智慧城市和智慧园区的投资、规划咨询、物联产品、信息化建设、运营整体解决方案一体化服务。以客户为中心，致力于为客户创造价值，以科技和敬业服务社会。

公司拥有涵盖设计、集成、研发、产品及管理等领域的完整的资质体系，包括系统集成类的电子与智能化工程专业承包壹级、建筑智能化设计专项甲级、信息系统集成及服务资质贰级、信息安全服务资质认证一级、广东省安全防范系统设计、施工、维修资格证壹级等资质；研发和产品类的软件开发CMMI五级以及多项国内外体系认证。

公司成立了英飞拓研究院及5G研究院，先后与汇芯通信、腾讯优图、华为鲲鹏产业源头创新中心、比特大陆、武汉大学等单位，在5G、人工智能和智慧城市相关领域成立了联合实验室和研究中心，积极推动业务转型升级，形成物联产品、解决方案、数字营销、系统集成、运营服务等业务生态体系。在2020年特区四十周年之际，作为EPC总承包单位中标并圆满交付国家重大科学装置"鹏城云脑Ⅱ扩展型"。

英飞拓将深度融合深投控发展战略，以"人物互联"为核心，积极参与深圳市和粤港澳大湾区数字化、智慧化建设，致力于将公司打造成为数智化建设与运营的龙头企业。

（3）深圳达实物联技术有限公司

深圳达实物联网技术有限公司是达实智能（股票代码：002421）旗下全资子公司，注册资金人民币1.31亿元，主要致力于为客户提供以自主产品为核心的物联网整体解决方案，拥有研发、生产、销售和技术服务等完整的管理服务体系，包括建筑智能化及智能安防产品研发、方案规划设计及AI人脸识别、高清智能车牌识别、高清视频车位引导等系统产品研发。拥有自主知识产权的"智能卡一卡一密方法""基于TCP/IP的C3一卡通系统""基于以太网的楼宇控制器"等技术发明专利。具有174项国家发明专利，157项实用新型专利，21项科技成果，130项软件著作权，共参与了6项国家标准的制订。

2020年，达实物联网相关产品及服务相继为全国智慧社区、智慧园区、公共建筑、商业建筑、地铁、航空、学校、酒店等新增近千家用户提供了产品服务。

智慧社区类案例主要包括有深圳坪山竹坑保障房、北海御景湾、贵阳恒大御龙天峰、深圳裕盛华庭、深圳恒大锦苑、深圳市华强北蔡屋围小区、迪拜职工公寓楼、深圳地铁员工宿舍楼、乌鲁木齐恒大悦府、广东省珠海市华融琴海湾花园等全国上百个社区。

地铁航空与公共建筑类包括长沙轨道交通、广州地铁10条线、太原地铁2号线、哈尔滨地铁2号线、北京公交有轨电车、上海春秋航空、重庆江北国际机场东航站、河南国际机场、深圳投资大厦、深圳恒大时代金融中心等上百家公共建筑、商业建筑及地铁、航空建筑用户。

智慧园区类包括上海东方航空、深圳湾科技生态园（二期改造）、格林美智慧产业区、天津天药集团、北京稻香湖生产园区、江铃汽车、三亚崖州湾科技城、天马微电子、武汉恒大旅游科技城——巴登城、珠海市政务、上海烟草机械等100多家企业园区类项目提供了物网产品服务。以及智慧医院类包括北京市小汤山医院、武汉市雷神山、深圳市第三人民医院在内的等全国近百家医院。

公司所有自主研发的物联网门禁等产品主要适用于大型企业园区、公共建筑、能源电力、商业建筑、医院、轨道交通、司法监狱、航空港口、酒店旅游等多个行业用户。是国内物联网门禁一卡通、智能人脸通道、物联网消费、物联网考勤、电梯控制、访客系统、AI云停车场管理、高清车牌车位引导及反向寻车等最大的物联网整体解决方案供应商。同时，依托于集团公司国家博士后工作站研发中心等强大的软件研发团队，为用户提供基于"AIOT+"物联网整体解决方案定制化服务。

（资料来源：深圳市智慧安防行业协会）

第五节 业主大会、业主委员会发展概况

截至 2020 年 12 月 31 日，深圳全市共有 3799 个住宅小区。根据各区统计，业主委员会在任期内且备案的小区 756 个。其中，福田区 54 个，罗湖区 254 个，南山区 258 个，盐田区 4 个，宝安区 25 个，龙华区 86 个，龙岗区 86 个，坪山区 14 个，大鹏新区 13 个，深汕特别合作区无业主委员会备案。总体来看，深圳业主委员会成立率仍然偏低。部分住宅小区业主委员会成立难、运作难、生存难的问题依然存在。业主委员会成员素质有所提高，业主大会、业主委员会运作越来越规范。以下为各区统计的业主委员会备案情况（见表 3-5-1）：

各区业主委员会备案情况统计表 表 3-5-1

序号	项目名称	业委会名称	业委会届数	任期开始时间	任期截止时间	所属街道
		福田区				
1	雅云轩	深圳市福田区雅云轩第三届业主委员会	第三届	2020-01-09	2023-01-08	福保
2	建鑫苑	深圳市福田区建鑫苑第五届业主委员会	第五届	2018-12-24	2022-12-23	福保
3	信托花园	深圳市福田区信托花园第七届业主委员会	第七届	2020-01-11	2023-01-10	福保
4	绿洲丰和家园	深圳市福田区绿洲丰和家园第一届业主委员会	第一届	2019-12-22	2022-12-21	福保
5	金地翠园	深圳市福田区金地翠园第五届业主委员会	第五届	2018-10-29	2021-10-28	福保
6	恒冠豪园	深圳市福田区恒冠豪园第五届业主委员会	第五届	2018-11-14	2021-11-13	福保
7	景源华庭	深圳市福田区景源华庭第一届业主委员会	第一届	2017-10-16	2020-10-15	福田
8	星河华居	深圳市福田区星河华居第五届业主委员会	第五届	2019-12-24	2022-12-23	福田
9	新华保险大厦	深圳市福田区新华保险大厦第一届业主委员会	第一届	2020-02-28	2023-02-27	福田
10	云顶翠峰三期	深圳市福田区云顶翠峰三期第二届业主委员会	第二届	2019-04-29	2022-04-28	福田
11	南光捷佳大厦	深圳市福田区南光捷佳大厦第一届业主委员会	第一届	2018-08-02	2021-08-01	福田
12	共和世家	深圳市福田区共和世家第六届业主委员会	第六届	2018-05-31	2021-05-30	福田
13	廊桥花园	深圳市福田区廊桥花园第一届业主委员会	第一届	2020-09-21	2023-09-20	福田
14	依山居	深圳市福田区依山居第五届业主委员会	第五届	2019-10-17	2022-10-16	华富
15	电子设计院	深圳市福田区电子设计院第一届业主委员会	第一届	2019-12-25	2020-12-24	华强北
16	设计大厦	深圳市福田区设计大厦第六届业主委员会	第六届	2020-05-20	2023-05-19	华强北
17	香丽大厦	深圳市福田区香丽大厦第一届业主委员会	第一届	2019-12-30	2020-12-29	莲花

续表

序号	项目名称	业委会名称	业委会届数	任期开始时间	任期截止时间	所属街道
18	深业花园	深圳市福田区深业花园第三届业主委员会	第三届	2020-01-06	2023-01-05	莲花
19	翡翠名园	深圳市福田区翡翠名园第六届业主委员会	第六届	2020-03-31	2023-03-10	莲花
20	擎天华庭	深圳市福田区擎天华庭第二届业主委员会	第二届	2019-12-10	2022-12-09	莲花
21	安柏丽晶园	深圳市福田区安柏丽晶园第一届业主委员会	第一届	2018-09-25	2021-09-24	莲花
22	盛世家园二期	深圳市福田区盛世家园二期第五届业主委员会	第五届	2018-01-17	2021-01-16	莲花
23	康欣园	深圳市福田区康欣园第五届业主委员会	第五届	2020-01-24	2023-01-23	莲花
24	天健花园	深圳市福田区天健花园第六届业主委员会	第六届	2019-11-28	2022-11-27	莲花
25	宏浩花园	深圳市福田区宏浩花园第六届业主委员会	第六届	2020-06-08	2025-06-07	莲花
26	景洲大厦	深圳市福田区景洲大厦第七届业主委员会	第七届	2019-12-09	2022-12-08	莲花
27	紫荆苑	深圳市福田区紫荆苑第一届业主委员会	第一届	2020-08-03	2023-08-02	莲花
28	江苏大厦	深圳市福田区江苏大厦第七届业主委员会	第七届	2020-09-28	2023-09-27	莲花
29	景鹏大厦	深圳市福田区景鹏大厦第一届业主委员会	第一届	2018-05-24	2021-05-23	莲花
30	时代华庭	深圳市福田区时代华庭第五届业主委员会	第五届	2020-10-27	2023-10-26	莲花
31	碧荔花园	深圳市福田区碧荔花园第二届业主委员会	第二届	2019-08-30	2022-08-29	梅林
32	南园新村	深圳市福田区南园新村第三届业主委员会	第三届	2020-06-11	2023-06-10	南园
33	爱华住宅小区	深圳市福田区爱华住宅小区第三届业主委员会	第三届	2020-07-31	2025-07-30	南园
34	都市阳光名苑	深圳市福田区都市阳光名苑第五届业主委员会	第五届	2020-01-30	2023-01-29	沙头
35	荔树人家	深圳市福田区荔树人家第四届业主委员会	第四届	2020-01-22	2023-01-21	沙头
36	华海住宅楼	深圳市福田区华海住宅楼第三届业主委员会	第三届	2020-03-11	2023-03-10	沙头
37	金沙花园	深圳市福田区金沙花园第四届业主委员会	第四届	2019-09-08	2021-09-07	沙头
38	安徽大厦	深圳市福田区安徽大厦第五届业主委员会	第五届	2020-06-29	2023-06-28	沙头
39	中城天邑花园	深圳市福田区中城天邑花园第四届业主委员会	第四届	2020-06-15	2023-06-14	沙头
40	骏皇嘉园	深圳市福田区骏皇嘉园第三届业主委员会	第三届	2020-07-02	2023-07-20	沙头
41	听泉居	深圳市福田区听泉居第一届业主委员会	第一届	2018-12-29	2021-12-28	香蜜湖
42	瀚盛花园	深圳市福田区瀚盛花园第四届业主委员会	第四届	2020-02-27	2023-02-26	香蜜湖
43	水榭花都	深圳市福田区水榭花都第三届业主委员会	第三届	2020-05-31	2023-05-30	香蜜湖
44	香蜜湖豪庭	深圳市福田区香蜜湖豪庭第一届业主委员会	第一届	2018-12-13	2021-12-12	香蜜湖
45	东海花园一期	深圳市福田区东海花园一期第六届业主委员会	第六届	2020-05-16	2023-05-15	香蜜湖
46	香蜜湖第一生态苑	深圳市福田区香蜜湖第一生态苑第三届业主委员会	第三届	2020-05-18	2023-05-17	香蜜湖
47	东海花园一期	深圳市福田区东海花园一期第六届业主委员会	第六届	2020-05-16	2023-05-15	香蜜湖
48	翠海花园	深圳市福田区翠海花园第五届业主委员会	第五届	2018-09-26	2021-09-25	香蜜湖
49	长城花园	深圳市福田区长城花园第六届业主委员会	第六届	2020-09-04	2022-09-03	园岭
50	八卦岭三区	深圳市福田区八卦岭三区第八届业主委员会	第八届	2020-07-16	2023-07-15	园岭
51	百花园	深圳市福田区百花园第五届业主委员会	第五届	2018-05-25	2021-05-24	园岭
52	核电花园	深圳市福田区核电花园第七届业主委员会	第七届	2019-06-03	2022-06-02	园岭
53	意馨居	深圳市福田区意馨居第一届业主委员会	第一届	2019-09-27	2022-09-26	园岭

序号	项目名称	业委会名称	业委会届数	任期开始时间	任期截止时间	所属街道
54	长城二花园	深圳市福田区长城二花园第六届业主委员会	第六届	2020-12-21	2025-12-20	园岭
		罗湖区				
1	深宝小区	深圳市罗湖区深宝小区第一届业主委员会	第一届	2019-01-26	2022-01-26	翠竹
2	愉天小区	深圳市罗湖区愉天小区第一届业主委员会	第一届	2018-12-04	2021-12-04	翠竹
3	嘉多利花园	深圳市罗湖区嘉多利花园第六届业主委员会	第六届	2019-04-12	2022-04-12	翠竹
4	田苑小区	深圳市罗湖区田苑小区第一届业主委员会	第一届	2019-05-20	2022-05-20	翠竹
5	泊林花园	深圳市罗湖区泊林花园第一届业主委员会	第一届	2019-06-05	2022-06-05	翠竹
6	环卫小区	深圳市罗湖区环卫小区第一届业主委员会	第一届	2017-11-06	2020-11-06	翠竹
7	深圳市人民医院住宅小区	深圳市罗湖区深圳市人民医院住宅小区第一届业主委员会	第一届	2017-12-07	2020-12-07	翠竹
8	田贝东3号大院	深圳市罗湖区田贝东3号大院第二届业主委员会	第二届	2018-08-30	2021-08-30	翠竹
9	华丽园	深圳市罗湖区华丽园第六届业主委员会	第六届	2021-06-28	2026-06-28	翠竹
10	鸿园居	深圳市罗湖区鸿园居第六届业主委员会	第六届	2018-06-28	2021-06-28	翠竹
11	文锦广场	深圳市罗湖区文锦广场第六届业主委员会	第六届	2020-09-19	2023-09-19	翠竹
12	金丽豪苑	深圳市罗湖区金丽豪苑第六届业主委员会	第六届	2020-08-06	2023-08-06	翠竹
13	田贝四路83号大院	深圳市罗湖区田贝四路83号大院第四届业主委员会	第四届	2018-06-24	2021-06-24	翠竹
14	马古岭住宅区	深圳市罗湖区马古岭住宅区第二届业主委员会	第二届	2016-10-24	2019-10-24	翠竹
15	金贝苑	深圳市罗湖区金贝苑第二届业主委员会	第二届	2020-12-29	2023-12-29	翠竹
16	百仕达花园一期中海苑	深圳市罗湖区百仕达花园一期中海苑第五届业主委员会	第五届	2019-02-27	2022-02-27	翠竹
17	柏丽花园	深圳市罗湖区柏丽花园第六届业主委员会	第六届	2020-03-14	2023-03-14	翠竹
18	东湖丽苑	深圳市罗湖区东湖丽苑第四届业主委员会	第四届	2017-07-10	2020-07-10	翠竹
19	美思苑大厦	深圳市罗湖区美思苑大厦第三届业主委员会	第三届	2017-10-29	2020-10-29	翠竹
20	新丰大厦	深圳市罗湖区新丰大厦第五届业主委员会	第五届	2019-05-31	2022-05-31	翠竹
21	逸翠园	深圳市罗湖区逸翠园第六届业主委员会	第六届	2020-08-30	2023-08-30	翠竹
22	洪湖东岸	深圳市罗湖区洪湖东岸第三届业主委员会	第三届	2019-12-28	2022-12-28	翠竹
23	供电局水贝大院	深圳市罗湖区供电局水贝大院第三届业主委员会	第三届	2019-11-28	2022-11-28	翠竹
24	龙屋小区	深圳市罗湖区龙屋小区第五届业主委员会	第五届	2019-08-27	2022-08-27	翠竹
25	翠珠小区	深圳市罗湖区翠珠小区第三届业主委员会	第三届	2017-07-19	2020-07-19	翠竹
26	翠拥华庭	深圳市罗湖区翠拥华庭第四届业主委员会	第四届	2018-10-24	2021-10-24	翠竹
27	百仕达花园一期	深圳市罗湖区百仕达花园一期第七届业主委员会	第七届	2020-08-21	2023-08-21	翠竹
28	怡泰大厦	深圳市罗湖区怡泰大厦第一届业主委员会	第一届	2020-01-20	2023-01-20	翠竹
29	深华丽园	深圳市罗湖区深华丽园第四届业主委员会	第四届	2020-11-16	2023-11-16	翠竹

续表

序号	项目名称	业委会名称	业委会届数	任期开始时间	任期截止时间	所属街道
30	百仕达花园五期	深圳市罗湖区百仕达花园五期第四届业主委员会	第四届	2019-09-11	2022-09-11	东湖
31	鹏城花园二期	深圳市罗湖区鹏城花园二期第一届业主委员会	第一届	2018-01-01	2021-01-01	东湖
32	东安花园	深圳市罗湖区东安花园第三届业主委员会	第三届	2017-12-22	2020-12-22	东湖
33	东湖豪庭	深圳市罗湖区东湖豪庭第四届业主委员会	第四届	2017-12-24	2020-12-24	东湖
34	彩世界家园	深圳市罗湖区彩世界家园第五届业主委员会	第五届	2018-07-12	2021-07-12	东湖
35	心怡花园	深圳市罗湖区心怡花园第三届业主委员会	第三届	2018-06-24	2021-06-24	东湖
36	绿映居	深圳市罗湖区绿映居第四届业主委员会	第四届	2018-06-21	2021-06-21	东湖
37	布心花园四区	深圳市罗湖区布心花园四区第三届业主委员会	第三届	2018-10-16	2021-10-16	东湖
38	宝湖名园	深圳市罗湖区宝湖名园第三届业主委员会	第三届	2019-12-22	2022-12-22	东湖
39	翡翠园小区	深圳市罗湖区翡翠园小区第一届业主委员会	第一届	2017-09-14	2020-09-14	东湖
40	谱心苑	深圳市罗湖区谱心苑第五届业主委员会	第五届	2021-06-15	2026-06-15	东湖
41	金泰名苑	深圳市罗湖区金泰名苑第三届业主委员会	第三届	2021-03-08	2026-03-08	东湖
42	布心花园三区	深圳市罗湖区布心花园三区第三届业主委员会	第三届	2019-12-25	2022-12-25	东湖
43	翡翠园山湖居小区	深圳市罗湖区翡翠园山湖居小区第四届业主委员会	第四届	2020-11-29	2023-11-29	东湖
44	淘金山湖景花园	深圳市罗湖区淘金山湖景花园第四届业主委员会	第四届	2019-09-17	2022-09-17	东湖
45	太白居	深圳市罗湖区太白居第三届业主委员会	第三届	2018-12-26	2021-12-26	东湖
46	旺业豪苑	深圳市罗湖区旺业豪苑第一届业主委员会	第一届	2019-03-04	2022-03-04	东门
47	公园上苑（天玺1号）	深圳市罗湖区公园上苑（天玺1号）第一届业主委员会	第一届	2019-06-17	2022-06-17	东门
48	同乐大厦同德阁	深圳市罗湖区同乐大厦同德阁第五届业主委员会	第五届	2019-08-23	2022-08-23	东门
49	同乐大厦同庆阁	深圳市罗湖区同乐大厦同庆阁第七届业主委员会	第七届	2021-06-17	2024-06-17	东门
50	缤纷时代家园	深圳市罗湖区缤纷时代家园第四届业主委员会	第四届	2019-07-05	2022-07-05	东门
51	培森大厦	深圳市罗湖区培森大厦第三届业主委员会	第三届	2018-06-23	2021-06-23	东门
52	越港商业中心	深圳市罗湖区越港商业中心第三届业主委员会	第三届	2021-06-17	2026-06-17	东门
53	东方华都	深圳市罗湖区东方华都第三届业主委员会	第三届	2018-06-21	2021-06-21	东门
54	东门广场大厦	深圳市罗湖区东门广场大厦第三届业主委员会	第三届	2019-05-20	2022-05-20	东门
55	万达丰大厦	深圳市罗湖区万达丰大厦第六届业主委员会	第六届	2020-09-23	2023-09-23	东门
56	嘉年华名苑	深圳市罗湖区嘉年华名苑第五届业主委员会	第五届	2019-04-14	2022-04-14	东门
57	金泰地铁商场	深圳市罗湖区金泰地铁商场第二届业主委员会	第二届	2019-01-08	2022-01-08	东门
58	凉果街多层住宅区	深圳市罗湖区凉果街多层住宅区第四届业主委员会	第四届	2019-03-31	2022-03-31	东门
59	中信星光名庭	深圳市罗湖区中信星光名庭第四届业主委员会	第四届	2021-08-05	2026-08-05	东门
60	八达商城	深圳市罗湖区八达商城第五届业主委员会	第五届	2021-10-25	2024-10-25	东门

序号	项目名称	业委会名称	业委会届数	任期开始时间	任期截止时间	所属街道
61	方海商苑	深圳市罗湖区方海商苑第六届业主委员会	第六届	2019-08-26	2022-08-26	东门
62	外贸集团大厦	深圳市罗湖区外贸集团大厦第六届业主委员会	第六届	2020-09-16	2023-09-16	东门
63	深圳戏院中海商城	深圳市罗湖区深圳戏院中海商城第五届业主委员会	第五届	2021-03-31	2026-03-31	东门
64	一品东门雅园	深圳市罗湖区一品东门雅园第一届业主委员会	第一届	2021-04-22	2026-04-22	东门
65	聚龙大厦	深圳市罗湖区聚龙大厦第五届业主委员会	第五届	2021-04-26	2026-04-26	东门
66	彩园	深圳市罗湖区彩园第六届业主委员会	第六届	2021-05-25	2026-05-25	东门
67	东兴大院	深圳市罗湖区东兴大院第一届业主委员会	第一届	2018-11-16	2021-11-16	东晓
68	百仕达花园三期	深圳市罗湖区百仕达花园三期第五届业主委员会	第五届	2019-04-17	2022-04-17	东晓
69	阳光明居	深圳市罗湖区阳光明居第三届业主委员会	第三届	2018-03-11	2021-03-11	东晓
70	大地花园	深圳市罗湖区大地花园第六届业主委员会	第六届	2018-05-15	2021-05-15	东晓
71	鸿翠苑	深圳市罗湖区鸿翠苑第二届业主委员会	第二届	2018-09-20	2021-09-20	东晓
72	松泉阁小区	深圳市罗湖区松泉阁小区第二届业主委员会	第二届	2019-12-22	2022-12-22	东晓
73	松泉公寓	深圳市罗湖区松泉公寓第一届业主委员会	第一届	2019-04-25	2022-04-25	东晓
74	紫荆花园	深圳市罗湖区紫荆花园第五届业主委员会	第五届	2019-09-22	2022-09-22	东晓
75	长富花园	深圳市罗湖区长富花园第二届业主委员会	第二届	2017-02-18	2020-02-18	东晓
76	碧岭华庭	深圳市罗湖区碧岭华庭第四届业主委员会	第四届	2019-08-20	2022-08-20	东晓
77	丰湖大厦	深圳市罗湖区丰湖大厦第三届业主委员会	第三届	2020-11-18	2023-11-18	东晓
78	鹿鸣园	深圳市罗湖区鹿鸣园第一届业主委员会	第一届	2021-01-31	2024-01-31	东晓
79	比华利山庄	深圳市罗湖区比华利山庄第一届业主委员会	第一届	2021-03-21	2024-03-21	东晓
80	雅馨居	深圳市罗湖区雅馨居第一届业主委员会	第一届	2020-11-15	2023-11-15	桂园
81	深业中心大厦	深圳市罗湖区深业中心大厦第一届业主委员会	第一届	2020-12-19	2023-12-19	桂园
82	西湖花园	深圳市罗湖区西湖花园第一届业主委员会	第一届	2018-12-25	2021-12-25	桂园
83	桂苑城市花园	深圳市罗湖区桂苑城市花园第七届业主委员会	第七届	2019-11-09	2022-11-09	桂园
84	国都花园	深圳市罗湖区国都花园第六届业主委员会	第六届	2019-04-21	2022-04-21	桂园
85	红岭集团南小区	深圳市罗湖区红岭集团南小区第一届业主委员会	第一届	2021-05-05	2024-05-05	桂园
86	龙园创展大厦	深圳市罗湖区龙园创展大厦第一届业主委员会	第一届	2021-07-07	2024-07-07	桂园
87	电影大厦	深圳市罗湖区电影大厦第五届业主委员会	第五届	2021-06-06	2024-06-06	桂园
88	宝泉庄	深圳市罗湖区宝泉庄第六届业主委员会	第六届	2021-06-18	2024-06-18	桂园
89	岭南小区	深圳市罗湖区岭南小区第二届业主委员会	第二届	2021-06-26	2024-06-26	桂园
90	金丰城大厦	深圳市罗湖区金丰城大厦第七届业主委员会	第七届	2021-08-27	2024-08-27	桂园
91	嘉宾花园	深圳市罗湖区嘉宾花园第六届业主委员会	第六届	2019-07-12	2022-07-12	桂园
92	骏庭名园	深圳市罗湖区骏庭名园第五届业主委员会	第五届	2019-07-26	2022-07-26	桂园
93	荔景大厦	深圳市罗湖区荔景大厦第二届业主委员会	第二届	2017-12-20	2020-12-20	桂园
94	鹿丹村海关住宅楼	深圳市罗湖区鹿丹村海关住宅楼第一届业主委员会	第一届	2017-12-20	2020-12-20	桂园

续表

序号	项目名称	业委会名称	业委会届数	任期开始时间	任期截止时间	所属街道
95	华瑞大厦	深圳市罗湖区华瑞大厦第二届业主委员会	第二届	2018-03-08	2021-03-08	桂园
96	鹿丹铁路新村	深圳市罗湖区鹿丹铁路新村第一届业主委员会	第一届	2018-01-23	2021-01-23	桂园
97	外运大院	深圳市罗湖区外运大院第五届业主委员会	第五届	2018-03-26	2021-03-26	桂园
98	天元大厦	深圳市罗湖区天元大厦第四届业主委员会	第四届	2018-06-19	2021-06-19	桂园
99	河南外贸大院	深圳市罗湖区河南外贸大院第一届业主委员会	第一届	2017-09-15	2020-09-15	桂园
100	桂花大厦	深圳市罗湖区桂花大厦第六届业主委员会	第六届	2019-08-28	2022-08-28	桂园
101	深南东路沿河西2号院1、2、3栋	深圳市罗湖区深南东路沿河西2号院1、2、3栋第三届业主委员会	第三届	2021-03-29	2026-03-29	桂园
102	经典家园	深圳市罗湖区经典家园第六届业主委员会	第六届	2019-12-11	2022-12-11	桂园
103	名仕阁	深圳市罗湖区名仕阁第三届业主委员会	第三届	2019-08-22	2022-08-22	桂园
104	广场北街	深圳市罗湖区广场北街第五届业主委员会	第五届	2017-11-25	2020-11-25	桂园
105	美荔园	深圳市罗湖区美荔园第五届业主委员会	第五届	2019-08-22	2022-08-22	桂园
106	天地大厦	深圳市罗湖区天地大厦第七届业主委员会	第七届	2018-08-18	2021-08-18	桂园
107	威登别墅	深圳市罗湖区威登别墅第七届业主委员会	第七届	2019-09-21	2022-09-21	桂园
108	供电南苑	深圳市罗湖区供电南苑第三届业主委员会	第三届	2021-03-29	2026-03-29	桂园
109	中航凯特公寓	深圳市罗湖区中航凯特公寓第二届业主委员会	第二届	2017-03-24	2020-03-24	桂园
110	鸿翔花园	深圳市罗湖区鸿翔花园第三届业主委员会	第三届	2017-09-23	2020-09-23	桂园
111	松园南小区	深圳市罗湖区松园南小区第六届业主委员会	第六届	2020-10-26	2023-10-26	桂园
112	风格名苑	深圳市罗湖区风格名苑第二届业主委员会	第二届	2018-08-29	2021-08-29	桂园
113	大信大厦	深圳市罗湖区大信大厦第二届业主委员会	第二届	2021-07-10	2024-07-10	桂园
114	金园花园	深圳市罗湖区金园花园第一届业主委员会	第一届	2020-01-12	2023-01-12	桂园
115	华丽花园	深圳市罗湖区华丽花园第四届业主委员会	第四届	2018-12-06	2021-12-06	黄贝
116	天景花园	深圳市罗湖区天景花园第九届业主委员会	第九届	2018-12-27	2021-12-27	黄贝
117	文华花园多层	深圳市罗湖区文华花园多层第四届业主委员会	第四届	2019-01-14	2022-01-14	黄贝
118	电视台宿舍小区	深圳市罗湖区电视台宿舍小区第一届业主委员会	第一届	2019-06-20	2022-06-20	黄贝
119	庐峰翠苑	深圳市罗湖区庐峰翠苑第六届业主委员会	第六届	2019-07-03	2022-07-03	黄贝
120	深港新村	深圳市罗湖区深港新村第一届业主委员会	第一届	2018-05-30	2021-05-30	黄贝
121	集浩花园	深圳市罗湖区集浩花园第一届业主委员会	第一届	2019-10-31	2022-10-31	黄贝
122	安业馨园	深圳市罗湖区安业馨园第四届业主委员会	第四届	2021-05-14	2026-05-14	黄贝
123	新天地名居	深圳市罗湖区新天地名居第三届业主委员会	第三届	2018-05-10	2021-05-10	黄贝
124	碧中园	深圳市罗湖区碧中园第四届业主委员会	第四届	2018-05-07	2021-05-07	黄贝
125	旅游公司宿舍小区	深圳市罗湖区旅游公司宿舍小区第二届业主委员会	第二届	2018-07-22	2021-07-22	黄贝
126	东方都会大厦	深圳市罗湖区东方都会大厦第三届业主委员会	第三届	2018-08-04	2021-08-04	黄贝
127	外贸大院	深圳市罗湖区外贸大院第六届业主委员会	第六届	2018-09-08	2021-09-08	黄贝
128	景园大厦	深圳市罗湖区景园大厦第六届业主委员会	第六届	2018-08-28	2021-08-28	黄贝

序号	项目名称	业委会名称	业委会届数	任期开始时间	任期截止时间	所属街道
129	景贝南小区	深圳市罗湖区景贝南小区第一届业主委员会	第一届	2017-09-29	2020-09-29	黄贝
130	海珑华苑	深圳市罗湖区海珑华苑第四届业主委员会	第四届	2019-04-29	2022-04-29	黄贝
131	环岛丽园	深圳市罗湖区环岛丽园第五届业主委员会	第五届	2017-09-20	2022-09-20	黄贝
132	华丽西村	深圳市罗湖区华丽西村第二届业主委员会	第二届	2017-10-15	2020-10-15	黄贝
133	统建楼	深圳市罗湖区统建楼第六届业主委员会	第六届	2020-11-25	2025-11-25	黄贝
134	文华大厦	深圳市罗湖区文华大厦第五届业主委员会	第五届	2019-03-27	2022-03-27	黄贝
135	新秀村住宅区	深圳市罗湖区新秀村住宅区第三届业主委员会	第三届	2019-07-11	2022-07-11	黄贝
136	怡景花园	深圳市罗湖区怡景花园第三届业主委员会	第三届	2019-08-04	2022-08-04	黄贝
137	丹枫白露苑	深圳市罗湖区丹枫白露苑第一届业主委员会	第一届	2019-07-01	2022-07-01	黄贝
138	大澎花园	深圳市罗湖区大澎花园第六届业主委员会	第六届	2018-09-24	2021-09-24	黄贝
139	华裕花园	深圳市罗湖区华裕花园第一届业主委员会	第一届	2018-08-30	2021-08-30	黄贝
140	名泰轩	深圳市罗湖区名泰轩第五届业主委员会	第五届	2020-01-09	2023-01-09	黄贝
141	锦缘里嘉园	深圳市罗湖区锦缘里嘉园第一届业主委员会	第一届	2020-12-20	2025-12-20	黄贝
142	金城华庭	深圳市罗湖区金城华庭第四届业主委员会	第四届	2020-12-23	2025-12-23	黄贝
143	新较寮小区	深圳市罗湖区新较寮小区第一届业主委员会	第一届	2020-11-25	2025-11-25	黄贝
144	莲塘工业区（鹏基工业区）	深圳市罗湖区莲塘工业区（鹏基工业区）第六届业主委员会	第六届	2018-08-19	2021-08-19	莲塘
145	广岭家园	深圳市罗湖区广岭家园第三届业主委员会	第三届	2019-02-28	2022-02-28	莲塘
146	祥和花园	深圳市罗湖区祥和花园第六届业主委员会	第六届	2018-05-10	2021-05-10	莲塘
147	鹏连花园	深圳市罗湖区鹏连花园第四届业主委员会	第四届	2019-01-20	2022-01-20	莲塘
148	聚宝花园	深圳市罗湖区聚宝花园第七届业主委员会	第七届	2019-08-09	2022-08-09	莲塘
149	莲塘供水住宅楼	深圳市罗湖区莲塘供水住宅楼第二届业主委员会	第二届	2018-07-23	2021-07-23	莲塘
150	鹏兴花园三期	深圳市罗湖区鹏兴花园三期第五届业主委员会	第五届	2018-08-27	2021-08-27	莲塘
151	航天晴山月名园	深圳市罗湖区航天晴山月名园第一届业主委员会	第一届	2017-09-25	2020-09-25	莲塘
152	仙湖山庄	深圳市罗湖区仙湖山庄第三届业主委员会	第三届	2018-05-24	2021-05-24	莲塘
153	惠名花园	深圳市罗湖区惠名花园第三届业主委员会	第三届	2020-06-19	2023-06-19	莲塘
154	高新技术产业第一园区（莲塘第一工业区）	深圳市罗湖区高新技术产业第一园区（莲塘第一工业区）第三届业主委员会	第三届	2018-08-20	2021-08-20	莲塘
155	仙桐雅轩	深圳市罗湖区仙桐雅轩第四届业主委员会	第四届	2020-06-28	2023-06-28	莲塘
156	华景园小区	深圳市罗湖区华景园小区第一届业主委员会	第一届	2017-06-16	2020-06-16	莲塘
157	萃峰阁	深圳市罗湖区萃峰阁第五届业主委员会	第五届	2020-07-05	2023-07-05	莲塘
158	合正锦园	深圳市罗湖区合正锦园第五届业主委员会	第五届	2019-11-08	2022-11-08	莲塘
159	鸿景翠峰花园	深圳市罗湖区鸿景翠峰花园第四届业主委员会	第四届	2021-01-21	2026-01-21	莲塘
160	东方尊峪花园	深圳市罗湖区东方尊峪花园第三届业主委员会	第三届	2021-06-07	2026-06-07	莲塘

续表

序号	项目名称	业委会名称	业委会届数	任期开始时间	任期截止时间	所属街道
161	玉雅居	深圳市罗湖区玉雅居第五届业主委员会	第五届	2019-11-07	2022-11-07	莲塘
162	莲泉阁小区	深圳市罗湖区莲泉阁小区第二届业主委员会	第二届	2017-03-29	2020-03-29	莲塘
163	鹏兴花园六期	深圳市罗湖区鹏兴花园六期第六届业主委员会	第六届	2021-04-08	2026-04-08	莲塘
164	仙泉山庄	深圳市罗湖区仙泉山庄第二届业主委员会	第二届	2016-12-25	2021-12-25	莲塘
165	仙桐御景家园	深圳市罗湖区仙桐御景家园第三届业主委员会	第三届	2017-07-27	2020-07-27	莲塘
166	东方凤雅台	深圳市罗湖区东方凤雅台第五届业主委员会	第五届	2016-01-10	2021-01-10	莲塘
167	港莲村（港莲一、二村）	深圳市罗湖区港莲村（港莲一、二村）第三届业主委员会	第三届	2018-08-23	2021-08-23	莲塘
168	仙湖公馆	深圳市罗湖区仙湖公馆第二届业主委员会	第二届	2018-02-01	2021-02-01	莲塘
169	仙湖枫景家园	深圳市罗湖区仙湖枫景家园第二届业主委员会	第二届	2017-12-28	2020-12-28	莲塘
170	鹿茵翠地小区	深圳市罗湖区鹿茵翠地小区第二届业主委员会	第二届	2018-01-29	2021-01-29	莲塘
171	雍翠豪园	深圳市罗湖区雍翠豪园第五届业主委员会	第五届	2017-11-15	2020-11-15	莲塘
172	鹏兴花园五期	深圳市罗湖区鹏兴花园五期第六届业主委员会	第六届	2021-11-19	2024-11-19	莲塘
173	名骏豪庭	深圳市罗湖区名骏豪庭第五届业主委员会	第五届	2019-09-07	2022-09-07	莲塘
174	祥和二期花园	深圳市罗湖区祥和二期花园第一届业主委员会	第一届	2018-08-09	2021-08-09	莲塘
175	聚福花园高层（聚福花园二期）	深圳市罗湖区聚福花园高层（聚福花园二期）第五届业主委员会	第五届	2019-08-05	2022-08-05	莲塘
176	云景梧桐	深圳市罗湖区云景梧桐第一届业主委员会	第一届	2019-11-29	2022-11-29	莲塘
177	鹏兴花园一期	深圳市罗湖区鹏兴花园一期第六届业主委员会	第六届	2019-10-14	2022-10-14	莲塘
178	梧桐山新居	深圳市罗湖区梧桐山新居第二届业主委员会	第二届	2019-09-17	2022-09-17	莲塘
179	畔山花园	深圳市罗湖区畔山花园第五届业主委员会	第五届	2020-09-12	2023-09-12	莲塘
180	雅翠轩	深圳市罗湖区雅翠轩第一届业主委员会	第一届	2021-05-09	2026-05-09	莲塘
181	置地逸轩	深圳市罗湖区置地逸轩第四届业主委员会	第四届	2018-12-28	2021-12-28	南湖
182	向西花园	深圳市罗湖区向西花园第三届业主委员会	第三届	2019-01-17	2022-01-17	南湖
183	金龙大厦	深圳市罗湖区金龙大厦第三届业主委员会	第三届	2019-03-06	2022-03-06	南湖
184	裕安花园	深圳市罗湖区裕安花园第一届业主委员会	第一届	2019-03-28	2022-03-28	南湖
185	国旅小区（国旅大院）	深圳市罗湖区国旅小区（国旅大院）第二届业主委员会	第二届	2019-04-27	2022-04-27	南湖
186	国际贸易中心大厦（国贸大厦）	深圳市罗湖区国际贸易中心大厦（国贸大厦）第六届业主委员会	第六届	2019-06-24	2022-06-24	南湖
187	向西大厦	深圳市罗湖区向西大厦第四届业主委员会	第四届	2019-12-29	2022-12-29	南湖
188	广西外贸1号楼	深圳市罗湖区广西外贸1号楼第一届业主委员会	第一届	2017-08-30	2020-08-30	南湖
189	罗湖金岸	深圳市罗湖区罗湖金岸第二届业主委员会	第二届	2021-04-12	2026-04-12	南湖
190	东方广场	深圳市罗湖区东方广场第五届业主委员会	第五届	2018-04-01	2021-04-01	南湖
191	凯悦华庭	深圳市罗湖区凯悦华庭第五届业主委员会	第五届	2018-06-08	2021-06-08	南湖

序号	项目名称	业委会名称	业委会届数	任期开始时间	任期截止时间	所属街道
192	粤华小区	深圳市罗湖区粤华小区第一届业主委员会	第一届	2016-12-14	2021-12-14	南湖
193	外运小区	深圳市罗湖区外运小区第三届业主委员会	第三届	2018-05-27	2021-05-27	南湖
194	长丰苑	深圳市罗湖区长丰苑第二届业主委员会	第二届	2018-06-10	2021-06-10	南湖
195	海关三院	深圳市罗湖区海关三院第一届业主委员会	第一届	2017-10-15	2020-10-15	南湖
196	中怡大厦（中怡小区）	深圳市罗湖区中怡大厦（中怡小区）第一届业主委员会	第一届	2017-05-13	2020-05-13	南湖
197	宝平街小区	深圳市罗湖区宝平街小区第五届业主委员会	第五届	2019-12-29	2022-12-29	南湖
198	南极路8号东乐宿舍楼	深圳市罗湖区南极路8号东乐宿舍楼第一届业主委员会	第一届	2018-12-21	2021-12-21	南湖
199	港逸豪庭	深圳市罗湖区港逸豪庭第一届业主委员会	第一届	2017-02-23	2022-02-23	南湖
200	宏丰大厦	深圳市罗湖区宏丰大厦第一届业主委员会	第一届	2018-12-30	2021-12-30	南湖
201	金鼎大厦	深圳市罗湖区金鼎大厦第二届业主委员会	第二届	2021-03-21	2024-03-21	南湖
202	南华大厦主楼	深圳市罗湖区南华大厦主楼第一届业主委员会	第一届	2019-01-04	2022-01-04	南湖
203	高嘉花园	深圳市罗湖区高嘉花园第五届业主委员会	第五届	2018-12-15	2021-12-15	南湖
204	国贸商住大厦	深圳市罗湖区国贸商住大厦第四届业主委员会	第四届	2019-11-16	2022-11-16	南湖
205	太阳岛大厦	深圳市罗湖区太阳岛大厦第五届业主委员会	第五届	2021-06-15	2026-06-15	南湖
206	金田大厦	深圳市罗湖区金田大厦第五届业主委员会	第五届	2019-03-26	2022-03-26	南湖
207	口岸公安大院	深圳市罗湖区口岸公安大院第二届业主委员会	第二届	2019-07-04	2022-07-04	南湖
208	罗湖商业城	深圳市罗湖区罗湖商业城第四届业主委员会	第四届	2018-11-10	2021-11-10	南湖
209	国贸商业大厦	深圳市罗湖区国贸商业大厦第四届业主委员会	第四届	2018-09-10	2021-09-10	南湖
210	佳宁娜友谊广场	深圳市罗湖区佳宁娜友谊广场第四届业主委员会	第四届	2018-12-16	2021-12-16	南湖
211	南华大厦附楼	深圳市罗湖区南华大厦附楼第二届业主委员会	第二届	2017-11-04	2020-11-04	南湖
212	金源大厦	深圳市罗湖区金源大厦第二届业主委员会	第二届	2017-06-22	2020-06-22	南湖
213	天安国际大厦	深圳市罗湖区天安国际大厦第二届业主委员会	第二届	2017-08-11	2020-08-11	南湖
214	嘉里中心	深圳市罗湖区嘉里中心第六届业主委员会	第六届	2020-11-03	2023-11-03	南湖
215	联城美园	深圳市罗湖区联城美园第二届业主委员会	第二届	2017-06-09	2020-06-09	南湖
216	天俊大厦	深圳市罗湖区天俊大厦第一届业主委员会	第一届	2019-07-31	2022-07-31	南湖
217	渔民村	深圳市罗湖区渔民村第二届业主委员会	第二届	2018-08-21	2021-08-21	南湖
218	寸金大厦	深圳市罗湖区寸金大厦第一届业主委员会	第一届	2016-02-25	2019-02-25	南湖
219	云峰花园	深圳市罗湖区云峰花园第一届业主委员会	第一届	2020-01-19	2023-01-19	南湖
220	粤海花园	深圳市罗湖区粤海花园第一届业主委员会	第一届	2020-12-01	2023-12-01	南湖
221	田园居	深圳市罗湖区田园居第五届业主委员会	第五届	2018-10-09	2021-10-09	清水河
222	碧清园	深圳市罗湖区碧清园第四届业主委员会	第四届	2019-07-07	2022-07-07	清水河
223	红岗东村	深圳市罗湖区红岗东村第三届业主委员会	第三届	2018-01-14	2021-01-14	清水河
224	金银园	深圳市罗湖区金银园第六届业主委员会	第六届	2017-12-23	2020-12-23	清水河
225	翠雅居	深圳市罗湖区翠雅居第三届业主委员会	第三届	2018-01-16	2021-01-16	清水河

续表

序号	项目名称	业委会名称	业委会届数	任期开始时间	任期截止时间	所属街道
226	润唐山庄	深圳市罗湖区润唐山庄第二届业主委员会	第二届	2018-01-27	2021-01-27	清水河
227	鸣翠谷	深圳市罗湖区鸣翠谷第六届业主委员会	第六届	2017-09-28	2020-09-28	清水河
228	雅仕居	深圳市罗湖区雅仕居第六届业主委员会	第六届	2019-11-12	2022-11-12	清水河
229	齐明别墅	深圳市罗湖区齐明别墅第五届业主委员会	第五届	2017-07-08	2020-07-08	清水河
230	颐园小区	深圳市罗湖区颐园小区第二届业主委员会	第二届	2017-03-10	2020-03-10	清水河
231	东翠花园	深圳市罗湖区东翠花园第一届业主委员会	第一届	2018-05-12	2021-05-12	清水河
232	路桥大厦	深圳市罗湖区路桥大厦第三届业主委员会	第三届	2018-06-28	2021-06-28	清水河
233	金湖山庄	深圳市罗湖区金湖山庄第六届业主委员会	第六届	2019-07-14	2022-07-14	清水河
234	大地苑	深圳市罗湖区大地苑第一届业主委员会	第一届	2021-08-15	2026-08-15	清水河
235	锦湖逸园	深圳市罗湖区锦湖逸园第三届业主委员会	第三届	2018-11-14	2021-11-14	笋岗
236	洪湖一街五号农机大院	深圳市罗湖区洪湖一街五号农机大院第一届业主委员会	第一届	2018-11-29	2021-11-29	笋岗
237	中贸大厦	深圳市罗湖区中贸大厦第三届业主委员会	第三届	2019-04-03	2022-04-03	笋岗
238	源兴居	深圳市罗湖区源兴居第五届业主委员会	第五届	2019-07-27	2022-07-27	笋岗
239	翠盈嘉园	深圳市罗湖区翠盈嘉园第五届业主委员会	第五届	2018-05-30	2021-05-30	笋岗
240	洪湖一街十号邮电大院	深圳市罗湖区洪湖一街十号邮电大院第一届业主委员会	第一届	2018-04-18	2021-04-18	笋岗
241	碧水园	深圳市罗湖区碧水园第三届业主委员会	第三届	2020-07-10	2023-07-10	笋岗
242	碧湖花园	深圳市罗湖区碧湖花园第一届业主委员会	第一届	2017-08-20	2020-08-20	笋岗
243	洪湖二街二、四号大院	深圳市罗湖区洪湖二街二、四号大院第三届业主委员会	第三届	2019-06-06	2022-06-06	笋岗
244	洪湖花园	深圳市罗湖区洪湖花园第五届业主委员会	第五届	2017-04-06	2022-04-06	笋岗
245	田心庆云花园	深圳市罗湖区田心庆云花园第六届业主委员会	第六届	2021-03-21	2026-03-21	笋岗
246	嘉宝田花园	深圳市罗湖区嘉宝田花园第四届业主委员会	第四届	2020-07-02	2023-07-02	笋岗
247	嘉景苑	深圳市罗湖区嘉景苑第四届业主委员会	第四届	2016-11-25	2021-11-25	笋岗
248	祥福雅居	深圳市罗湖区祥福雅居第四届业主委员会	第四届	2017-01-16	2020-01-16	笋岗
249	粤华奥特城	深圳市罗湖区粤华奥特城第四届业主委员会	第四届	2019-08-15	2022-08-15	笋岗
250	宝安广场	深圳市罗湖区宝安广场第三届业主委员会	第三届	2016-12-13	2021-12-13	笋岗
251	湖景花园	深圳市罗湖区湖景花园第四届业主委员会	第四届	2016-09-21	2021-09-21	笋岗
252	虹桥星座	深圳市罗湖区虹桥星座第四届业主委员会	第四届	2019-11-28	2022-11-28	笋岗
253	合正锦湖逸园	深圳市罗湖区合正锦湖逸园第三届业主委员会	第三届	2018-11-14	2021-11-14	笋岗
254	兴华花园	深圳市罗湖区兴华花园第一届业主委员会	第一届	2021-02-06	2026-02-06	笋岗
盐田区						
1	山泉小区	深圳市盐田区山泉小区第四届业主委员会	第四届	2019-12-31	2022-12-30	沙头角
2	瀚海东岸	深圳市盐田区瀚海东岸第四届业主委员会	第四届	2020-07-01	2023-06-30	沙头角
3	东港印象家园	深圳市盐田区东港印象家园第二届业主委员会	第二届	2020-08-05	2023-08-04	盐田
4	海语东园	深圳市盐田区海语东园第一届业主委员会	第一届	2020-09-08	2023-09-07	梅沙

序号	项目名称	业委会名称	业委会届数	任期开始时间	任期截止时间	所属街道
		南山区				
1	惠中名苑	深圳市南山区惠中名苑第四届业主委员会	第四届	2019-01-17	2022-01-16	南山
2	瑞景华庭	深圳市南山区瑞景华庭第四届业主委员会	第四届	2020-04-26	2022-04-26	南山
3	南荔苑	深圳市南山区南荔苑第三届业主委员会	第三届	2020-01-04	2023-01-03	南山
4	海王小区	深圳市南山区海王小区第四届业主委员会	第四届	2017-07-27	2021-07-27	南山
5	心语雅园	深圳市南山区心语雅园第一届业主委员会	第一届	2018-12-05	2021-12-04	南山
6	现代城华庭	深圳市南山区现代城华庭第二届业主委员会	第二届	2020-01-07	2023-01-06	南山
7	海王大厦	深圳市南山区海王大厦第六届业主委员会	第六届	2015-12-09	2021-12-09	南山
8	海典居	深圳市南山区海典居第二届业主委员会	第二届	2017-02-27	2020-02-26	南山
9	中润大厦	深圳市南山区中润大厦第二届业主委员会	第二届	2019-12-30	2022-12-29	南山
10	南海城中心	深圳市南山区南海城中心第五届业主委员会	第五届	2019-01-12	2022-01-11	南山
11	缤纷假日豪园	深圳市南山区缤纷假日豪园第四届业主委员会	第四届	2016-01-24	2020-01-24	南山
12	龙城新苑	深圳市南山区龙城新苑第四届业主委员会	第四届	2016-09-02	2020-09-02	南山
13	龙泰轩	深圳市南山区龙泰轩第五届业主委员会	第五届	2015-12-04	2020-12-04	南山
14	南油南海大厦	深圳市南山区南油南海大厦第三届业主委员会	第三届	2019-06-27	2022-06-26	南山
15	新能源大厦	深圳市南山区新能源大厦第六届业主委员会	第六届	2020-01-15	2023-01-14	南山
16	大陆庄园	深圳市南山区大陆庄园第四届业主委员会	第四届	2019-11-29	2022-11-28	南山
17	康乐村	深圳市南山区康乐村第四届业主委员会	第四届	2017-07-19	2021-07-19	南山
18	天源大厦	深圳市南山区天源大厦第三届业主委员会	第三届	2017-11-08	2020-11-08	南山
19	金田花园	深圳市南山区金田花园第四届业主委员会	第四届	2016-07-13	2020-07-13	南山
20	前海明珠	深圳市南山区前海明珠第三届业主委员会	第三届	2019-04-29	2021-04-28	南山
21	华联花园	深圳市南山区华联花园第六届业主委员会	第六届	2020-01-17	2023-01-16	南山
22	福海苑	深圳市南山区福海苑第三届业主委员会	第三届	2019-07-18	2021-07-17	南山
23	向南西海花园	深圳市南山区向南西海花园第三届业主委员会	第三届	2019-05-31	2022-05-30	南山
24	常桂苑	深圳市南山区常桂苑第三届业主委员会	第三届	2019-10-11	2022-10-10	南山
25	福临苑	深圳市南山区福临苑第一届业主委员会	第一届	2018-04-17	2021-04-16	南山
26	南粤山庄	深圳市南山区南粤山庄第六届业主委员会	第六届	2015-09-04	2021-09-04	南山
27	福园小区	深圳市南山区福园小区第五届业主委员会	第五届	2017-01-12	2022-01-11	南山
28	荔庭园	深圳市南山区荔庭园第七届业主委员会	第七届	2019-07-02	2022-07-01	南山
29	中熙香山美林苑	深圳市南山区中熙香山美林苑第一届业主委员会	第一届	2018-12-25	2021-12-24	南山
30	华联城市山林花园	深圳市南山区华联城市山林花园第四届业主委员会	第四届	2019-10-12	2022-10-11	南山
31	登良花园	深圳市南山区登良花园第七届业主委员会	第七届	2019-06-17	2022-06-16	南山
32	新街口大楼	深圳市南山区新街口大楼第二届业主委员会	第二届	2019-10-16	2022-10-15	南山
33	荔雅居	深圳市南山区荔雅居第四届业主委员会	第四届	2018-09-02	2021-09-01	南山
34	中兴工业城	深圳市南山区中兴工业城第六届业主委员会	第六届	2018-09-03	2021-09-02	南山

续表

序号	项目名称	业委会名称	业委会届数	任期开始时间	任期截止时间	所属街道
35	世纪广场	深圳市南山区世纪广场第七届业主委员会	第七届	2020-02-27	2023-02-26	南山
36	新保辉大厦	深圳市南山区新保辉大厦第六届业委员会	第六届	2019-09-20	2021-09-19	南山
37	南油天安工业村	深圳市南山区南油天安工业村第六届业主委员会	第六届	2019-07-02	2022-07-01	南山
38	东方海雅居	深圳市南山区东方海雅居第四届业主委员会	第四届	2017-08-28	2021-08-28	南山
39	百富大厦	深圳市南山区百富大厦第四届业主委员会	第四届	2017-07-20	2021-07-20	南山
40	美丽湾商住楼	深圳市南山区美丽湾商住楼第一届业主委员会	第一届	2018-11-19	2021-11-18	南山
41	龙坤居—天安工业村宿舍区	深圳市南山区龙坤居—天安工业村宿舍区第一届业主委员会	第一届	2019-07-09	2022-07-08	南山
42	山海翠庐	深圳市南山区山海翠庐第三届业主委员会	第三届	2018-01-05	2021-01-04	南山
43	南山花园	深圳市南山区南山花园第六届业主委员会	第六届	2018-05-09	2021-05-08	南山
44	恒立心海湾花园	深圳市南山区恒立心海湾花园第二届业主委员会	第二届	2020-02-23	2023-02-22	南山
45	汉京湾雅居	深圳市南山区汉京湾雅居第一届业主委员会	第一届	2018-05-03	2021-05-02	南山
46	雷圳碧榕湾	深圳市南山区雷圳碧榕湾第二届业主委员会	第二届	2019-04-25	2022-04-24	南山
47	丰泽园	深圳市南山区丰泽园第一届业主委员会	第一届	2016-12-01	2021-11-30	南山
48	诺德假日花园	深圳市南山区诺德假日花园第二届业主委员会	第二届	2020-01-14	2023-01-13	南山
49	山水情家园	深圳市南山区山水情家园第五届业主委员会	第五届	2020-08-06	2025-08-05	南山
50	青青山庄	深圳市南山区青青山庄第五届业主委员会	第五届	2017-06-11	2022-06-11	南山
51	月亮湾花园	深圳市南山区月亮湾花园第四届业主委员会	第四届	2019-12-13	2022-12-12	南山
52	汉京半山公馆	深圳市南山区汉京半山公馆第一届业主委员会	第一届	2020-12-31	2025-12-30	南山
53	月亮湾山庄	深圳市南山区月亮湾山庄第六届业主委员会	第六届	2019-03-10	2022-03-09	南山
54	阳光棕榈园	深圳市南山区阳光棕榈园第四届业主委员会	第四届	2019-07-24	2022-07-23	南山
55	学府花园	深圳市南山区学府花园第四届业主委员会	第四届	2018-05-10	2021-05-09	南山
56	万象新园	深圳市南山区万象新园第三届业主委员会	第三届	2018-11-06	2021-11-05	南山
57	飞行员公寓	深圳市南山区飞行员公寓第四届业主委员会	第四届	2016-07-31	2020-07-31	南山
58	南海明珠	深圳市南山区南海明珠第四届业主委员会	第四届	2019-05-31	2022-05-30	南山
59	康乐大厦	深圳市南山区康乐大厦第三届业主委员会	第三届	2018-06-03	2021-06-02	南山
60	鼎太风华	深圳市南山区鼎太风华第六届业主委员会	第六届	2018-04-17	2021-04-16	南山
61	友邻公寓	深圳市南山区友邻公寓第二届业主委员会	第二届	2019-12-05	2022-12-04	南山
62	海岸时代公寓	深圳市南山区海岸时代公寓第一届业主委员会	第一届	2019-12-31	2022-12-30	南头
63	汇金家园	深圳市南山区汇金家园第五届业主委员会	第五届	2018-05-29	2021-05-28	南头
64	马家龙小区	深圳市南山区马家龙小区第二届业主委员会	第二届	2016-01-15	2021-01-14	南头
65	彩虹居	深圳市南山区彩虹居第二届业主委员会	第二届	2018-01-14	2021-01-13	南头
66	中山颐景	深圳市南山区中山颐景第四届业主委员会	第四届	2018-05-18	2021-05-17	南头
67	方鼎华庭	深圳市南山区方鼎华庭第四届业主委员会	第四届	2019-10-25	2022-10-24	南头
68	物资大院	深圳市南山区物资大院第二届业主委员会	第二届	2020-11-27	2025-11-26	南头

序号	项目名称	业委会名称	业委会届数	任期开始时间	任期截止时间	所属街道
69	麒麟花园	深圳市南山区麒麟花园第五届业主委员会	第五届	2016-08-17	2021-08-17	南头
70	新豪方大厦	深圳市南山区新豪方大厦第一届业主委员会	第一届	2019-04-25	2021-04-24	南头
71	绿茵丰和	深圳市南山区绿茵丰和第四届业主委员会	第四届	2019-03-25	2022-03-24	南头
72	万裕椰风海岸	深圳市南山区万裕椰风海岸第六届业主委员会	第六届	2020-12-10	2025-12-09	南头
73	绿海名都	深圳市南山区绿海名都第五届业主委员会	第五届	2018-03-18	2021-03-17	南头
74	天朗风清	深圳市南山区天朗风清第四届业主委员会	第四届	2018-12-15	2021-12-14	南头
75	港湾丽都	深圳市南山区港湾丽都第五届业主委员会	第五届	2019-05-26	2022-05-25	南头
76	前海花园	深圳市南山区前海花园第七届业主委员会	第七届	209-10-19	2022-10-18	南头
77	云栖西岸阁	深圳市南山区云栖西岸阁第二届业主委员会	第二届	2019-03-21	2022-03-30	南头
78	御海新苑	深圳市南山区御海新苑第五届业主委员会	第五届	2017-05-30	2022-05-30	南头
79	星海名城	深圳市南山区星海名城第六届业主委员会	第六届	2018-09-29	2021-09-28	南头
80	中旅广场	深圳市南山区中旅广场第四届业主委员会	第四届	2019-10-28	2022-10-27	沙河
81	锦绣花园四期	深圳市南山区锦绣花园四期第二届业主委员会	第二届	2020-01-12	2023-01-11	沙河
82	海景花园	深圳市南山区海景花园第一届业主委员会	第一届	2018-12-25	2021-12-24	沙河
83	湖滨花园	深圳市南山区湖滨花园第三届业主委员会	第三届	2020-10-20	2025-10-19	沙河
84	燕晗山苑	深圳市南山区燕晗山苑第一届业主委员会	第一届	2018-06-15	2021-06-14	沙河
85	香山里花园	深圳市南山区香山里花园第二届业主委员会	第二届	2019-12-02	2022-12-01	沙河
86	侨香诺园	深圳市南山区侨香诺园第三届业主委员会	第三届	2019-01-23	2022-01-22	沙河
87	美加广场	深圳市南山区美加广场第六届业主委员会	第六届	2019-11-28	2021-11-27	沙河
88	聚龙居	深圳市南山区聚龙居第二届业主委员会	第二届	2019-05-30	2022-05-29	沙河
89	假日湾华庭	深圳市南山区假日湾华庭第三届业主委员会	第三届	2020-02-21	2023-02-20	沙河
90	侨洲花园	深圳市南山区侨洲花园第五届业主委员会	第五届	2019-04-10	2022-04-09	沙河
91	祥祺苑	深圳市南山区祥祺苑第四届业主委员会	第四届	2019-07-24	2022-07-23	沙河
92	侨苑	深圳市南山区侨苑第二届业主委员会	第二届	2018-08-12	2021-08-11	沙河
93	侨苑（二期）	深圳市南山区侨苑（二期）第二届业主委员会	第二届	2019-10-31	2022-10-30	沙河
94	美庐锦园	深圳市南山区美庐锦园第三届业主委员会	第三届	2019-01-02	2022-01-01	沙河
95	深云村	深圳市南山区深云村第一届业主委员会	第一届	2018-09-22	2021-09-21	沙河
96	侨城馨苑	深圳市南山区侨城馨苑第一届业主委员会	第一届	2019-11-29	2022-11-28	沙河
97	桂苑小区	深圳市南山区桂苑小区第六届业主委员会	第六届	2018-01-22	2021-01-21	沙河
98	红树西岸	深圳市南山区红树西岸第四届业主委员会	第四届	2020-12-30	2025-12-29	沙河
99	汇雅苑	深圳市南山区汇雅苑第六届业主委员会	第六届	2018-11-23	2021-11-22	沙河
100	中信红树湾花城	深圳市南山区中信红树湾花城第一届业主委员会	第一届	2018-05-21	2021-05-20	沙河
101	世纪村	深圳市南山区世纪村第五届业主委员会	第五届	2020-12-19	2025-12-18	沙河
102	国际市长交流中心	深圳市南山区国际市长交流中心第一届业主委员会	第一届	2020-12-19	2025-12-18	沙河

续表

序号	项目名称	业委会名称	业委会届数	任期开始时间	任期截止时间	所属街道
103	世界花园米兰居	深圳市南山区世界花园米兰居第二届业主委员会	第二届	2021-01-08	2026-01-07	沙河
104	招东小区	深圳市南山区招东小区第六届业主委员会	第六届	2017-12-20	2020-12-19	蛇口
105	雍景轩	深圳市南山区雍景轩第二届业主委员会	第二届	2019-05-15	2022-05-14	蛇口
106	千叶苑小区	深圳市南山区千叶苑小区第五届业主委员会	第五届	2018-03-28	2021-03-27	蛇口
107	（湾厦）德园	深圳市南山区（湾厦）德园第四届业主委员会	第四届	2017-09-25	2021-09-25	蛇口
108	蛇口雷公岭	深圳市南山区蛇口雷公岭第四届业主委员会	第四届	2019-04-16	2022-04-15	蛇口
109	雷公岭海怡阁	深圳市南山区雷公岭海怡阁第一届业主委员会	第一届	2018-01-11	2021-01-10	蛇口
110	华达雅园（百花苑）	深圳市南山区华达雅园（百花苑）第五届业主委员会	第五届	2017-09-09	2022-09-09	蛇口
111	园景园名苑	深圳市南山区园景园名苑第二届业主委员会	第二届	2019-08-07	2022-08-06	蛇口
112	倚园大厦	深圳市南山区倚园大厦第一届业主委员会	第一届	2018-12-24	2021-12-23	蛇口
113	海湾广场	深圳市南山区海湾广场第四届业主委员会	第四届	2019-05-22	2022-05-21	蛇口
114	望海汇景苑	深圳市南山区望海汇景苑第三届业主委员会	第三届	2018-04-26	2021-04-25	蛇口
115	海伴雅居	深圳市南山区海伴雅居第三届业主委员会	第三届	2019-06-10	2022-06-23	蛇口
116	米兰第二季公寓	深圳市南山区米兰第二季公寓第二届业主委员会	第二届	2019-01-16	2022-01-15	蛇口
117	蓝漪花园	深圳市南山区蓝漪花园第四届业主委员会	第四届	2017-12-15	2021-12-15	蛇口
118	海韵嘉园	深圳市南山区海韵嘉园第一届业主委员会	第一届	2019-10-31	2022-10-30	蛇口
119	永乐新村	深圳市南山区永乐新村第四届业主委员会	第四届	2020-11-11	2025-11-10	蛇口
120	广物花园	深圳市南山区广物花园第四届业主委员会	第四届	2019-06-19	2021-08-13	蛇口
121	广博星海华庭	深圳市南山区广博星海华庭第三届业主委员会	第三届	2017-05-04	2020-05-04	蛇口
122	四海公寓	深圳市南山区四海公寓第二届业主委员会	第二届	2017-06-27	2020-03-16	蛇口
123	石云村	深圳市南山区石云村第一届业主委员会	第一届	2015-07-02	2020-10-22	蛇口
124	卓越维港名苑	深圳市南山区卓越维港名苑第一届业主委员会	第一届	2017-07-04	2020-12-31	蛇口
125	龙都花园	深圳市南山区龙都花园第三届业主委员会	第三届	2017-09-26	2020-11-16	桃源
126	十五峯花园	深圳市南山区十五峯花园第二届业主委员会	第二届	2019-06-11	2022-06-10	桃源
127	中爱花园	深圳市南山区中爱花园第五届业主委员会	第五届	2018-05-21	2021-05-20	桃源
128	香榭峰景苑	深圳市南山区香榭峰景苑第一届业主委员会	第一届	2019-11-19	2022-11-18	桃源
129	城市假日花园	深圳市南山区城市假日花园第二届业主委员会	第二届	2019-11-29	2022-11-28	桃源
130	龙都名园	深圳市南山区龙都名园第六届业主委员会	第六届	2019-10-18	2022-10-17	桃源
131	宝珠花园	深圳市南山区宝珠花园第四届业主委员会	第四届	2019-09-12	2022-09-11	桃源
132	润城花园	深圳市南山区润城花园第五届业主委员会	第五届	2018-03-26	2021-03-25	桃源
133	鼎胜山邻居	深圳市南山区鼎胜山邻居第二届业主委员会	第二届	2020-12-11	2025-12-10	桃源
134	怡然天地居	深圳市南山区怡然天地居第四届业主委员会	第四届	2018-11-05	2021-11-04	桃源
135	欧陆经典	深圳市南山区欧陆经典第五届业主委员会	第五届	2019-04-16	2022-04-15	桃源
136	龙辉花园	深圳市南山区龙辉花园第四届业主委员会	第四届	2018-10-27	2021-10-26	桃源

序号	项目名称	业委会名称	业委会届数	任期开始时间	任期截止时间	所属街道
137	桑泰丹华园一期	深圳市南山区桑泰丹华园一期第三届业主委员会	第三届	2020-03-05	2023-03-04	桃源
138	桑泰丹华园二三四期	深圳市南山区桑泰丹华园二三四期第三届业主委员会	第三届	2019-05-15	2022-05-14	桃源
139	丽岛茗园	深圳市南山区丽岛茗园第二届业主委员会	第二届	2019-01-18	2022-01-17	桃源
140	西湖林语名苑	深圳市南山区西湖林语名苑第二届业主委员会	第二届	2019-10-24	2022-10-23	桃源
141	德意名居	深圳市南山区德意名居第三届业主委员会	第三届	2019-12-19	2022-12-18	桃源
142	水木丹华园	深圳市南山区水木丹华园第一届业主委员会	第一届	2020-01-14	2022-01-13	桃源
143	科大雅苑	深圳市南山区科大雅苑第一届业主委员会	第一届	2019-04-30	2022-04-29	桃源
144	半山翠林花园、半山语林公寓	深圳市南山区半山翠林花园、半山语林公寓第一届业主委员会	第一届	2020-11-12	2025-11-11	桃源
145	南国丽城	深圳市南山区南国丽城第五届业主委员会	第五届	2018-09-22	2021-09-21	西丽
146	鼎胜金域世家豪园	深圳市南山区鼎胜金域世家豪园第二届业主委员会	第二届	2020-12-29	2025-12-28	西丽
147	宝能华府	深圳市南山区宝能华府第一届业主委员会	第一届	2018-06-04	2021-06-03	西丽
148	莱英花园	深圳市南山区莱英花园第五届业主委员会	第五届	2016-10-15	2021-10-15	粤海
149	科苑花园（南区）	深圳市南山区科苑花园（南区）第二届业主委员会	第二届	2018-01-11	2021-01-10	粤海
150	科技园48区	深圳市南山区科技园48区第三届业主委员会	第三届	2021-01-06	2026-01-05	粤海
151	深南花园	深圳市南山区深南花园第二届业主委员会	第二届	2020-12-31	2025-12-30	粤海
152	科苑西	深圳市南山区科苑西第一届业主委员会	第一届	2020-12-31	2025-12-30	粤海
153	汇景花园	深圳市南山区汇景花园第一届业主委员会	第一届	2020-11-19	2025-11-18	粤海
154	帝景园	深圳市南山区帝景园第五届业主委员会	第五届	2017-06-27	2022-06-27	粤海
155	豪方花园	深圳市南山区豪方花园第四届业主委员会	第四届	2019-04-24	2022-04-23	粤海
156	缘来居	深圳市南山区缘来居第二届业主委员会	第二届	2020-12-07	2025-12-06	粤海
157	豪方现代豪园	深圳市南山区豪方现代豪园第六届业主委员会	第六届	2018-12-24	2021-12-23	粤海
158	深圳软件园	深圳市南山区深圳软件园第四届业主委员会	第四届	2018-08-16	2021-08-15	粤海
159	晶品居	深圳市南山区晶品居第二届业主委员会	第二届	2018-12-18	2021-12-17	粤海
160	阳光海景豪苑	深圳市南山区阳光海景豪苑第二届业主委员会	第二届	2018-04-21	2021-04-20	粤海
161	深圳湾锦缎之滨	深圳市南山区深圳湾锦缎之滨第六届业主委员会	第六届	2020-12-24	2025-12-23	粤海
162	高新工业村	深圳市南山区高新工业村第六届业主委员会	第六届	2015-07-02	2021-07-02	粤海
163	海怡东方花园	深圳市南山区海怡东方花园第五届业主委员会	第五届	2019-12-23	2022-12-22	粤海
164	岸芷汀兰	深圳市南山区岸芷汀兰第二届业主委员会	第二届	2019-04-11	2022-04-10	粤海
165	纯海岸雅居	深圳市南山区纯海岸雅居第二届业主委员会	第二届	2019-07-22	2022-07-21	粤海
166	珑御府	深圳市南山区珑御府第一届业主委员会	第一届	2018-01-22	2021-01-21	粤海
167	熙湾俊庭	深圳市南山区熙湾俊庭第一届业主委员会	第一届	2018-10-15	2021-10-14	粤海

续表

序号	项目名称	业委会名称	业委会届数	任期开始时间	任期截止时间	所属街道
168	恒立听海花园	深圳市南山区恒立听海花园第一届业主委员会	第一届	2020-09-14	2025-09-13	粤海
169	深圳湾彩虹之岸	深圳市南山区深圳湾彩虹之岸第三届业主委员会	第三届	2019-04-22	2022-04-21	粤海
170	天悦园	深圳市南山区天悦园第五届业主委员会	第五届	2020-11-13	2025-11-12	粤海
171	海岸明珠园	深圳市南山区海岸明珠园第五届业主委员会	第五届	2018-07-12	2021-07-11	粤海
172	佳嘉豪苑	深圳市南山区佳嘉豪苑第六届业主委员会	第六届	2020-11-13	2025-11-12	粤海
173	青春家园	深圳市南山区青春家园第六届业主委员会	第六届	2018-10-07	2021-10-06	粤海
174	漾日湾畔	深圳市南山区漾日湾畔第五届业主委员会	第五届	2019-07-24	2022-07-23	粤海
175	华彩天成居	深圳市南山区华彩天成居第一届业主委员会	第一届	2019-07-24	2022-07-23	粤海
176	城市印象家园	深圳市南山区城市印象家园第五届业主委员会	第五届	2018-10-13	2021-10-12	粤海
177	滨海之窗花园	深圳市南山区滨海之窗花园第五届业主委员会	第五届	2018-07-10	2021-07-09	粤海
178	海印长城二期	深圳市南山区海印长城二期第四届业主委员会	第四届	2016-01-21	2020-01-21	粤海
179	美墅蓝山家园	深圳市南山区美墅蓝山家园第五届业主委员会	第五届	2019-06-13	2022-06-12	粤海
180	金钟大厦	深圳市南山区金钟大厦第一届业主委员会	第一届	2019-09-11	2022-09-10	粤海
181	海印长城小区一期	深圳市南山区海印长城小区一期第四届业主委员会	第四届	2018-05-12	2021-05-11	粤海
182	锦隆花园	深圳市南山区锦隆花园第四届业主委员会	第四届	2020-10-13	2025-10-15	粤海
183	学林雅院	深圳市南山区学林雅院第六届业主委员会	第六届	2020-11-02	2025-11-01	粤海
184	海文花园	深圳市南山区海文花园第六届业主委员会	第六届	2018-10-21	2021-10-20	粤海
185	海阔天空	深圳市南山区海阔天空第五届业主委员会	第五届	2018-11-19	2021-11-18	粤海
186	创世纪滨海花园	深圳市南山区创世纪滨海花园第二届业主委员会	第二届	2018-07-25	2021-07-24	粤海
187	西海湾花园	深圳市南山区西海湾花园第四届业主委员会	第四届	2019-12-02	2022-12-01	粤海
188	金海岸大厦	深圳市南山区金海岸大厦第五届业主委员会	第五届	2018-07-25	2021-07-24	粤海
189	粤海小区	深圳市南山区粤海小区第四届业主委员会	第四届	2017-08-22	2021-08-22	粤海
190	龙城花园	深圳市南山区龙城花园第五届业主委员会	第五届	2018-04-27	2021-04-26	粤海
191	现代城梦想家园	深圳市南山区现代城梦想家园第四届业主委员会	第四届	2020-03-25	2022-03-24	粤海
192	雅仕荔景苑	深圳市南山区雅仕荔景苑第五届业主委员会	第五届	2019-09-06	2022-09-05	粤海
193	海晖小区	深圳市南山区海晖小区第五届业主委员会	第五届	2017-06-30	2022-06-30	粤海
194	南油A区1-15栋	深圳市南山区南油A区1-15栋第一届业主委员会	第一届	2019-11-07	2021-11-06	粤海
195	东滨华苑	深圳市南山区东滨华苑第二届业主委员会	第二届	2019-03-28	2022-03-27	粤海
196	信和自由广场	深圳市南山区信和自由广场第四届业主委员会	第四届	2018-02-06	2021-02-05	粤海
197	后海名苑居	深圳市南山区后海名苑居第二届业主委员会	第二届	2019-05-21	2022-05-20	粤海
198	京光海景花园	深圳市南山区京光海景花园第二届业主委员会	第二届	2020-03-12	2023-03-11	粤海
199	怡海花园	深圳市南山区怡海花园第二届业主委员会	第二届	2020-10-19	2025-10-18	粤海
200	海逸苑	深圳市南山区海逸苑第一届业主委员会	第一届	2018-10-13	2021-10-12	粤海

序号	项目名称	业委会名称	业委会届数	任期开始时间	任期截止时间	所属街道
201	海映山庄	深圳市南山区海映山庄第一届业主委员会	第一届	2020-09-29	2025-09-28	粤海
202	文德福花园	深圳市南山区文德福花园第五届业主委员会	第五届	2020-09-23	2025-09-22	粤海
203	招商名仕花园	深圳市南山区招商名仕花园第六届业主委员会	第六届	2014-10-28	2020-10-28	粤海
204	瑞铧苑	深圳市南山区瑞铧苑第五届业主委员会	第五届	2019-12-04	2022-12-03	粤海
205	育德佳园	深圳市南山区育德佳园第五届业主委员会	第五届	2019-10-24	2022-10-23	粤海
206	浪琴屿花园	深圳市南山区浪琴屿花园第六届业主委员会	第六届	2019-08-02	2022-08-01	粤海
207	蔚蓝海岸一、二、四期	深圳市南山区蔚蓝海岸一、二、四期第三届业主委员会	第三届	2019-01-20	2022-01-19	粤海
208	蔚蓝海岸社区三期	深圳市南山区蔚蓝海岸社区三期第五届业主委员会	第五届	2019-12-30	2022-12-29	粤海
209	朗景园	深圳市南山区朗景园第三届业主委员会	第三届	2018-10-15	2021-10-14	粤海
210	深大海滨住宅区	深圳市南山区深大海滨住宅区第一届业主委员会	第一届	2019-11-23	2022-11-22	粤海
211	招商海月花园	深圳市南山区招商海月花园第七届业主委员会	第七届	2019-11-24	2022-11-23	招商
212	海月花园二期	深圳市南山区海月花园二期第六届业主委员会	第六届	2020-12-25	2025-12-24	招商
213	海月花园（三期）	深圳市南山区海月花园（三期）第四届业主委员会	第四届	2020-12-11	2025-12-10	招商
214	海月华庭	深圳市南山区海月华庭第三届业主委员会	第三届	2020-12-31	2025-12-30	招商
215	招商海琴花园	深圳市南山区招商海琴花园第四届业主委员会	第四届	2017-07-04	2021-07-04	招商
216	蓝月湾畔	深圳市南山区蓝月湾畔第三届业主委员会	第三届	2018-01-13	2021-01-13	招商
217	半岛花园A区	深圳市南山区半岛花园A区第三届业主委员会	第三届	2020-02-22	2022-02-22	招商
218	蓬莱花园	深圳市南山区蓬莱花园第四届业主委员会	第四届	2017-07-14	2021-07-14	招商
219	海洋星苑	深圳市南山区海洋星苑第六届业主委员会	第六届	2019-12-25	2022-12-24	招商
220	天骄华庭	深圳市南山区天骄华庭第四届业主委员会	第四届	2018-06-23	2021-06-22	招商
221	后海花半里雅居	深圳市南山区后海花半里雅居第五届业主委员会	第五届	2020-11-23	2025-11-22	招商
222	景园大厦	深圳市南山区景园大厦第七届业主委员会	第七届	2018-08-25	2021-08-24	招商
223	怡庭园	深圳市南山区怡庭园第五届业主委员会	第五届	2019-11-03	2022-11-02	招商
224	文竹园二期	深圳市南山区文竹园二期第五届业主委员会	第五届	2018-09-06	2021-09-05	招商
225	翠薇园小区	深圳市南山区翠薇园小区第五届业主委员会	第五届	2019-03-15	2022-03-14	招商
226	玫瑰园	深圳市南山区玫瑰园第五届业主委员会	第五届	2020-12-28	2025-12-27	招商
227	天海豪景苑	深圳市南山区天海豪景苑第四届业主委员会	第四届	2018-08-17	2021-08-16	招商
228	招商局宿舍1、2栋	深圳市南山区招商局宿舍1、2栋第三届业主委员会	第三届	2020-01-04	2023-01-03	招商
229	雍景湾花园	深圳市南山区雍景湾花园第一届业主委员会	第一届	2019-12-02	2022-12-01	招商
230	桂园、榆园、地税楼	深圳市南山区桂园、榆园、地税楼第二届业主委员会	第二届	2018-12-11	2021-12-10	招商
231	爱榕园（一期）	深圳市南山区爱榕园（一期）第二届业主委员会	第二届	2019-06-27	2022-06-26	招商

续表

序号	项目名称	业委会名称	业委会届数	任期开始时间	任期截止时间	所属街道
232	爱榕园（二期）	深圳市南山区爱榕园（二期）第四届业主委员会	第四届	2019-08-21	2022-08-20	招商
233	雍华府	深圳市南山区雍华府第五届业主委员会	第五届	2018-03-15	2021-03-14	招商
234	金竹园大厦	深圳市南山区金竹园大厦第七届业主委员会	第七届	2018-11-30	2021-11-29	招商
235	兰园商住楼	深圳市南山区兰园商住楼第三届业主委员会	第三届	2019-05-14	2022-05-13	招商
236	蛇口花园城一期	深圳市南山区蛇口花园城一期第六届业主委员会	第六届	2017-11-24	2020-11-23	招商
237	半山海景	深圳市南山区半山海景第五届业主委员会	第五届	2019-09-15	2022-09-14	招商
238	鸣溪谷	深圳市南山区鸣溪谷第四届业主委员会	第四届	2019-05-22	2022-05-21	招商
239	龟山别墅	深圳市南山区龟山别墅第五届业主委员会	第五届	2017-09-06	2022-09-06	招商
240	华采花园	深圳市南山区华采花园第七届业主委员会	第七届	2019-08-14	2022-08-13	招商
241	半山海景.兰溪谷	深圳市南山区半山海景.兰溪谷第五届业主委员会	第五届	2019-10-31	2022-10-30	招商
242	蛇口高山花园	深圳市南山区蛇口高山花园第四届业主委员会	第四届	2020-12-25	2025-12-24	招商
243	半山海景.兰溪谷（二期）	深圳市南山区半山海景.兰溪谷（二期）第一届业主委员会	第一届	2017-03-31	2022-03-30	招商
244	桃花园三期	深圳市南山区桃花园三期第四届业主委员会	第四届	2018-08-01	2021-07-31	招商
245	悠然居	深圳市南山区悠然居第四届业主委员会	第四届	2020-12-27	2025-12-26	招商
246	翠竹园	深圳市南山区翠竹园第四届业主委员会	第四届	2017-02-28	2021-02-28	招商
247	花果山大厦	深圳市南山区花果山大厦第六届业主委员会	第六届	2019-04-12	2022-04-11	招商
248	四海宜家大厦	深圳市南山区四海宜家大厦第二届业主委员会	第二届	2019-04-29	2022-04-28	招商
249	招北小区（招商路北住宅楼）	深圳市南山区招北小区（招商路北住宅楼）第三届业主委员会	第三届	2021-01-10	2026-01-09	招商
250	蛇口花园城三期	深圳市南山区蛇口花园城三期第五届业主委员会	第五届	2021-01-27	2026-01-26	招商
251	振兴小区	深圳市南山区振兴小区第二届业主委员会	第二届	2018-11-10	2021-11-09	招商
252	碧涛苑	深圳市南山区碧涛苑第三届业主委员会	第三届	2020-0116	2022-01-15	招商
253	伍兹公寓	深圳市南山区伍兹公寓第二届业主委员会	第二届	2019-10-24	2022-10-23	招商
254	海景广场	深圳市南山区海景广场第五届业主委员会	第五届	2019-10-11	2021-10-10	招商
255	荔园住宅楼	深圳市南山区荔园住宅楼第三届业主委员会	第三届	2018-03-09	2021-03-08	招商
256	华府假日大厦	深圳市南山区华府假日大厦第二届业主委员会	第二届	2021-01-06	2026-01-05	招商
257	海天楼	深圳市南山区海天楼第二届业主委员会	第二届	2020-12-16	2025-12-15	招商
258	港湾小区	深圳市南山区港湾小区第五届业主委员会	第五届	2017-09-26	2022-09-26	招商
宝安区						
1	福华大厦	深圳市宝安区福华大厦第一届业主委员会	第一届	2020-07-28	2023-07-27	福永
2	永利大厦	深圳市宝安区永利大厦第一届业主委员会	第一届	2020-09-09	2023-09-08	福永
3	宝安山庄	深圳市宝安区宝安山庄第三届业主委员会	第三届	2020-02-20	2023-02-19	松岗

序号	项目名称	业委会名称	业委会届数	任期开始时间	任期截止时间	所属街道
4	双龙花园	深圳市宝安区双龙花园第二届业主委员会	第二届	2020-01-31	2023-02-30	西乡
5	颐合花园	深圳市宝安区颐合花园第一届业主委员会	第一届	2020-01-14	2023-01-13	西乡
6	泰华豪园	深圳市宝安区泰华豪园第五届业主委员会	第五届	2020-09-14	2023-09-13	西乡
7	天悦龙庭	深圳市宝安区天悦龙庭第四届业主委员会	第四届	2020-03-20	2023-03-19	新安
8	雅然居	深圳市宝安区雅然居第三届业主委员会	第三届	2020-03-11	2023-03-10	新安
9	金泓凯旋城	深圳市宝安区金泓凯旋城第四届业主委员会	第四届	2020-05-23	2023-05-22	新安
10	中粮紫云花园	深圳市宝安区中粮紫云花园第一届业主委员会	第一届	2020-01-13	2023-01-12	新安
11	金鼎花园	深圳市宝安区金鼎花园第二届业主委员会	第二届	2020-01-09	2023-01-08	新安
12	新安园	深圳市宝安区新安园第二届业主委员会	第二届	2020-07-21	2025-07-20	新安
13	登科花园	深圳市宝安区登科花园第五届业主委员会	第五届	2020-08-02	2025-08-01	新安
14	庆华花园	深圳市宝安区庆华花园第一届业主委员会	第一届	2020-08-05	2025-08-04	新安
15	新厦苑	深圳市宝安区新厦苑第一届业主委员会	第一届	2020-08-04	2025-08-03	新安
16	滨城安乐小区	深圳市宝安区滨城安乐小区第二届业主委员会	第二届	2020-08-11	2023-08-10	新安
17	富盛苑	深圳市宝安区富盛苑第二届业主委员会	第二届	2020-09-23	2023-09-22	新安
18	黄金台一号综合楼	深圳市宝安区黄金台一号综合楼第二届业主委员会	第二届	2020-09-28	2023-09-27	新安
19	新世界誉名别苑B区	深圳市宝安区新世界誉名别苑B区第一届业主委员会	第一届	2020-09-25	2023-09-24	新安
20	新安湖花园高层住宅区	深圳市宝安区新安湖花园高层住宅区第二届业主委员会	第二届	2020-09-29	2023-09-28	新安
21	泛华苑	深圳市宝安区泛华苑第二届业主委员会	第二届	2020-09-29	2023-09-28	新安
22	理想居	深圳市宝安区理想居第四届业主委员会	第四届	2020-02-23	2022-02-22	新安
23	泰华商业城	深圳市宝安区泰华商业城第五届业主委员会	第五届	2020-04-18	2022-04-17	新安
24	山语华庭	深圳市宝安区山语华庭第二届业主委员会	第二届	2020-12-28	2023-12-27	新安
25	棕榈堡花园	深圳市宝安区棕榈堡花园第一届业主委员会	第一届	2020-09-14	2023-09-13	新桥
龙岗区						
1	中海日辉台	深圳市龙岗区中海日辉台第四届业主委员会	第四届	2020-05-12	2023-05-11	坂田
2	中信果岭假日别墅	深圳市龙岗区中信果岭假日别墅第二届业主委员会	第二届	2020-07-02	2025-07-01	宝龙
3	仁恒峦山美地花园	深圳市龙岗区仁恒峦山美地花园第一届业主委员会	第一届	2020-12-15	2025-12-14	宝龙
4	天籁小区	深圳市龙岗区天籁小区第一届业主委员会	第一届	2020-10-09	2025-10-08	宝龙
5	东鸿雅居	深圳市龙岗区东鸿雅居第二届业主委员会	第二届	2020-09-13	2025-09-12	宝龙
6	逸翠园、山翠居	深圳市龙岗区逸翠园、山翠居第一届业主委员会	第一届	2020-03-19	2023-03-18	布吉
7	怡康家园	深圳市龙岗区怡康家园第一届业主委员会	第一届	2020-10-25	2025-10-25	布吉
8	城市中心花园	深圳市龙岗区城市中心花园第五届业主委员会	第五届	2020-07-16	2023-07-16	横岗
9	怡和山庄	深圳市龙岗区怡和山庄第二届业主委员会	第二届	2020-07-17	2023-07-16	横岗

续表

序号	项目名称	业委会名称	业委会届数	任期开始时间	任期截止时间	所属街道
10	中海大山地	深圳市龙岗区中海大山地第二届业委员会	第二届	2020-04-17	2023-04-17	横岗
11	翠枫豪园	深圳市龙岗区翠枫豪园第三届业主委员会	第三届	2020-06-11	2025-06-09	吉华
12	丽湖花园	深圳市龙岗区丽湖花园第四届业主委员会	第四届	2020-10-19	2025-10-18	吉华
13	水蓝湾	深圳市龙岗区水蓝湾第二届业主委员会	第二届	2020-01-16	2022-01-15	龙城
14	鸿经花园	深圳市龙岗区鸿经花园第一届业主委员会	第一届	2020-11-19	2025-11-19	龙城
15	尚景花园	深圳市龙岗区尚景花园第一届业主委员会	第一届	2020-04-09	2020-04-09	龙城
16	翡翠明珠	深圳市龙岗区翡翠明珠第一届业主委员会	第一届	2020-03-24	2023-03-23	龙城
17	新龙岗花园	深圳市龙岗区新龙岗花园第一届业主委员会	第一届	2020-01-18	2023-01-07	龙城
18	阳光广场	深圳市龙岗区阳光广场第一届业主委员会	第一届	2020-12-11	2025-12-10	龙城
19	公园大地	深圳市龙岗区公园大地第二届业主委员会	第二届	2020-07-17	2023-07-17	龙城
20	碧湖玫瑰园	深圳市龙岗区碧湖玫瑰园第二届业主委员会	第二届	2020-03-17	2025-03-16	龙城
21	和兴花园四期（和煦苑）	深圳市龙岗区和兴花园四期（和煦苑）第二届业主委员会	第二届	2020-07-03	2025-07-02	龙城
22	和兴花园一二期	深圳市龙岗区和兴花园一二期第二届业主委员会	第二届	2020-03-20	2025-03-19	龙城
23	和兴花园四期（和煦苑）	深圳市龙岗区和兴花园四期（和煦苑）第二届业主委员会	第二届	2020-07-03	2025-07-02	龙城
24	运河蓝湾	深圳市龙岗区运河蓝湾第二届业主委员会	第二届	2020-12-25	2025-12-24	龙岗
25	雅豪祥苑	深圳市龙岗区雅豪祥苑第四届业主委员会	第四届	2020-07-18	2025-07-17	龙岗
26	城南雅筑	深圳市龙岗区城南雅筑第二届业主委员会	第二届	2020-08-20	2025-08-19	龙岗
27	深房尚林花园	深圳市龙岗区深房尚林花园第二届业主委员会	第二届	2020-01-20	2025-01-19	龙岗
28	颐景峰苑	深圳市龙岗区颐景峰苑第二届业主委员会	第二届	2020-10-30	2025-10-29	龙岗
29	怡龙枫景园	深圳市龙岗区怡龙枫景园第一届业主委员会	第一届	2020-11-22	2025-11-21	龙岗
30	特丰综合楼	深圳市龙岗区特丰综合楼第二届业主委员会	第二届	2020-12-31	2023-12-30	龙岗
31	左庭右院	深圳市龙岗区左庭右院第二届业主委员会	第二届	2020-12-28	2025-12-27	南湾
32	中兆花园	深圳市龙岗区中兆花园第一届业主委员会	第一届	2020-04-10	2023-04-09	南湾
33	和通花园	深圳市龙岗区和通花园第一届业主委员会	第一届	2020-03-13	2025-03-12	南湾
34	翠峰丽景	深圳市龙岗区翠峰丽景第四届业主委员会	第四届	2020-04-13	2025-04-12	平湖
35	香林世纪华府	深圳市龙岗区香林世纪华府第二届业主委员会	第二届	2020-04-04	2023-04-03	坪地
36	水岸香	深圳市龙岗区水岸香第二届业主委员会	第二届	2020-11-01	2025-11-01	坪地
37	水晶之城	深圳市龙岗区水晶之城第四届业主委员会	第四届	2020-02-04	2023-02-04	园山
		龙华区				
1	可乐园	深圳市龙华区可乐园小区第三届业主委员会	第三届	2021-06-29	2026-06-28	大浪
2	琼珠花园	深圳市龙华区琼珠花园第四届业主委员会	第四届	2020-08-01	2025-07-31	大浪
3	桂冠华庭	深圳市龙华区桂冠华庭小区第三届业主委员会	第三届	2020-10-23	2025-10-22	大浪
4	福东龙华府	深圳市龙华区福东龙华府小区第一届业主委员会	第一届	2017-01-13	2020-01-12	大浪

序号	项目名称	业委会名称	业委会届数	任期开始时间	任期截止时间	所属街道
5	潜龙曼海宁（南区）	深圳市龙华区潜龙曼海宁花园（南区）小区第二届业主委员会	第二届	2018-12-24	2021-12-23	大浪
6	特发和平里花园一期	深圳市龙华区特发和平里花园一期小区第一届业主委员会	第一届	2019-12-14	2022-12-13	大浪
7	龙湖山庄	深圳市龙华新区龙湖山庄第五届业主委员会	第五届	2016-09-11	2019-09-10	福城
8	芷峪澜湾花园	深圳市龙华区芷峪澜湾花园第二届业主委员会	第二届	2021-03-24	2026-03-23	福城
9	迎侨花园	深圳市龙华区迎侨花园小区第一届业主委员会	第一届	2018-11-02	2021-11-03	福城
10	华盛峰荟名庭	深圳市龙华区华盛峰荟名庭第一届业主委员会	第一届	2020-09-12	2023-10-23	福城
11	华盛观荟名庭	深圳市龙华区华盛观荟名庭第一届业主委员会	第一届	2021-01-25	2026-01-24	福城
12	金泽花园	深圳市龙华区金泽花园第一届业主委员会	第一届	2021-05-06	2026-05-05	福城
13	金地塞拉维花园	深圳市龙华新区金地塞拉维花园第一届业主委员会	第一届	2016-12-09	2019-12-08	观湖
14	中航格澜阳光花园	深圳市龙华区中航格澜阳光花园小区第三届业主委员会	第三届	2018-07-06	2021-07-05	观湖
15	招商澜园	深圳市龙华区招商澜园小区第三届业主委员会	第三届	2019-01-18	2022-01-17	观湖
16	银江春晓家园	深圳市龙华区银江春晓家园小区第一届业主委员会	第一届	2019-05-28	2022-05-27	观湖
17	懿花园	深圳市龙华区懿花园小区第一届业主委员会	第一届	2018-08-02	2021-08-01	观湖
18	招商观园	深圳市龙华区招商观园小区第二届业主委员会	第二届	2018-08-26	2021-08-25	观湖
19	爱心家园	深圳市龙华区爱心家园第一届业主委员会	第一届	2017-01-21	2020-01-20	观澜
20	桂花园别墅	深圳市龙华区桂花园别墅小区第二届业主委员会	第二届	2017-09-09	2020-09-08	观澜
21	绿茵华庭	深圳市龙华区绿茵华庭第二届业主委员会	第二届	2021-06-15	2026-06-14	龙华
22	龙泉花园	深圳市龙华区龙泉花园第二届业主委员会	第二届	2020-09-12	2023-09-11	龙华
23	南国丽园	深圳市龙华区南国丽园第二届业主委员会	第二届	2020-11-13	2025-11-12	龙华
24	丹枫雅苑	深圳市龙华区丹枫雅苑第二届业主委员会	第二届	2021-07-08	2026-07-07	龙华
25	大信花园	深圳市龙华新区大信花园第二届业主委员会	第二届	2016-09-12	2019-09-11	龙华
26	富通天骏	深圳市龙华区富通天骏第五届业主委员会	第五届	2016-12-08	2021-12-07	龙华
27	桦润馨居	深圳市龙华区桦润馨居小区第三届业主委员会	第三届	2019-08-12	2022-08-11	龙华
28	福景花园	深圳市龙华区福景花园小区第四届业主委员会	第四届	2021-04-30	2026-04-29	龙华
29	香缇雅苑与泰华新村	深圳市龙华区香缇雅苑与泰华新村第三届业主委员会	第三届	2021-07-09	2026-07-08	龙华
30	城市阳光花园	深圳市龙华区城市阳光花园小区第二届业主委员会	第二届	2020-01-06	2023-01-05	龙华
31	东华明珠园	深圳市龙华区东华明珠园第二届业主委员会	第二届	2020-09-28	2023-09-27	龙华
32	金碧世家	深圳市龙华区金碧世家第四届业主委员会	第四届	2021-07-07	2026-07-06	龙华
33	花半里清湖花园	深圳市龙华区花半里清湖花园小区第二届业主委员会	第二届	2018-01-09	2021-01-08	龙华

续表

序号	项目名称	业委会名称	业委会届数	任期开始时间	任期截止时间	所属街道
34	美丽365花园	深圳市龙华区美丽365花园小区第三届业主委员会	第三届	2018-01-29	2021-01-28	龙华
35	新华苑	深圳市龙华区新华苑小区第二届业主委员会	第二届	2018-03-26	2021-03-25	龙华
36	康华苑	深圳市龙华区康华苑小区第一届业主委员会	第一届	2018-01-25	2021-01-24	龙华
37	华昱苑	深圳市龙华区华昱苑小区第一届业主委员会	第一届	2019-01-11	2022-01-10	龙华
38	东源阁	深圳市龙华区东源阁小区第四届业主委员会	第四届	2018-12-28	2021-12-27	龙华
39	美丽家园	深圳市龙华区美丽家园小区第四届业主委员会	第四届	2018-11-02	2021-11-01	龙华
40	城市明珠	深圳市龙华区城市明珠小区第三届业主委员会	第三届	2019-03-12	2022-03-11	龙华
41	金庸阁	深圳市龙华区金庸阁小区第一届业主委员会	第一届	2019-04-03	2022-04-02	龙华
42	优品建筑	深圳市龙华区优品建筑小区第二届业主委员会	第二届	2019-04-16	2022-04-15	龙华
43	乐景花园	深圳市龙华区乐景花园小区第一届业主委员会	第一届	2019-05-16	2022-05-15	龙华
44	新阳丽舍	深圳市龙华区新阳丽舍小区第一届业主委员会	第一届	2019-07-10	2022-07-09	龙华
45	宇峰苑	深圳市龙华区宇峰苑小区第一届业主委员会	第一届	2019-08-15	2022-08-14	龙华
46	御筑轩	深圳市龙华区御筑轩小区第二届业主委员会	第二届	2019-04-19	2022-04-18	龙华
47	锦绣花园二期	深圳市龙华区锦绣花园二期小区第一届业主委员会	第一届	2019-12-19	2022-12-18	龙华
48	新城市花园及海荣豪苑	深圳市龙华区新城市花园及海荣豪苑第三届业主委员会	第三届	2019-11-11	2022-11-10	龙华
49	锦绣花园一期	深圳市龙华区锦绣花园一期小区第一届业主委员会	第一届	2019-12-11	2022-01-19	龙华
50	金玲花园	深圳市龙华区金玲花园小区第一届业主委员会	第一届	2019-12-31	2022-12-30	龙华
51	金侨花园	深圳市龙华区金侨花园小区第一届业主委员会	第一届	2020-02-29	2023-02-28	龙华
52	龙泉花园	深圳市龙华区龙泉花园第二届业主委员会	第二届	2020-09-12	2023-09-11	龙华
53	万科金域华府	深圳市龙华区万科金域华府小区第二届业主委员会	第二届	2019-07-18	2022-07-17	民治
54	银泉花园	深圳市龙华区银泉花园小区第二届业主委员会	第二届	2019-12-13	2022-12-12	民治
55	汇龙湾花园	深圳市龙华区汇龙湾花园第一届业主委员会	第一届	2016-11-06	2019-11-05	民治
56	莱蒙春天花园	深圳市龙华区莱蒙春天花园第二届业主委员会	第二届	2021-06-22	2026-06-21	民治
57	龙岸花园	深圳市龙华区龙岸花园小区第二届业主委员会	第二届	2019-10-25	2022-10-24	民治
58	汇龙苑	深圳市龙华区汇龙苑小区第一届业主委员会	第一届	2017-07-17	2020-07-16	民治
59	苹果园	深圳市龙华区苹果园小区第五届业主委员会	第五届	2019-05-30	2022-05-29	民治
60	日出印象花园	深圳市龙华区日出印象花园小区第二届业主委员会	第二届	2016-09-17	2021-09-16	民治
61	风和日丽	深圳市龙华新区风和日丽小区第六届业主委员会	第六届	2016-11-21	2019-11-20	民治
62	莱蒙水榭山	深圳市龙华区莱蒙水榭山小区第三届业主委员会	第三届	2019-10-09	2022-10-08	民治
63	金地梅陇镇小区	深圳市龙华区金地梅陇镇第二届业主委员会	第二届	2017-05-03	2020-05-02	民治

序号	项目名称	业委会名称	业委会届数	任期开始时间	任期截止时间	所属街道
64	幸福枫景花园	深圳市龙华区幸福枫景花园第二届业主委员会	第二届	2017-04-25	2020-04-24	民治
65	馨园小区	深圳市龙华区馨园小区第三届业主委员会	第三届	2017-06-17	2020-06-16	民治
66	世纪春城四期	深圳市龙华区世纪春城四期第三届业主委员会	第三届	2017-08-19	2020-08-18	民治
67	中航阳光新苑	深圳市龙华区中航阳光新苑第三届业主委员会	第三届	2017-08-23	2020-08-22	民治
68	潜龙花园	深圳市龙华区潜龙花园小区第三届业主委员会	第三届	2017-07-23	2020-07-22	民治
69	万家灯火	深圳市龙华区万家灯火第五届业主委员会	第五届	2021-07-27	2026-07-26	民治
70	七里香榭花园	深圳市龙华区七里香榭花园小区第一届业主委员会	第一届	2017-09-23	2020-09-22	民治
71	骏景华庭	深圳市龙华区骏景华庭小区第二届业主委员会	第二届	2017-09-06	2020-09-05	民治
72	绿景香颂美庐园	深圳市龙华区绿景香颂美庐园小区第一届业主委员会	第一届	2017-11-27	2020-11-26	民治
73	华业玫瑰四季馨园一期	深圳市龙华区华业玫瑰四季馨园一期小区第一届业主委员会	第一届	2018-01-29	2021-01-28	民治
74	溪山美地园	深圳市龙华区溪山美地园小区第二届业主委员会	第二届	2017-12-26	2020-12-25	民治
75	榕苑	深圳市龙华区榕苑小区第二届业主委员会	第二届	2018-02-13	2021-02-12	民治
76	玉华花园	深圳市龙华区玉华花园第四届业主委员会	第四届	2021-07-22	2026-07-21	民治
77	长城里程家园	深圳市龙华区长城里程家园小区第二届业主委员会	第二届	2018-05-02	2021-05-01	民治
78	阳光新境园	深圳市龙华区阳光新境园小区第一届业主委员会	第一届	2017-05-08	2020-05-07	民治
79	皓月花园	深圳市龙华区皓月花园小区第五届业主委员会	第五届	2019-09-23	2022-09-22	民治
80	滢水山庄二区	深圳市龙华区滢水山庄二区小区第四届业主委员会	第四届	2018-09-28	2021-09-27	民治
81	梅花新园	深圳市龙华区梅花新园小区第二届业主委员会	第二届	2019-01-09	2022-01-08	民治
82	丰泽湖山庄	深圳市龙华区丰泽湖山庄小区第二届业主委员会	第二届	2016-08-18	2021-08-17	民治
83	中央原著	深圳市龙华区中央原著（展远御珑苑及藏珑苑）小区第二届业主委员会	第二届	2019-11-09	2022-11-08	民治
84	锦绣江南	深圳市龙华区锦绣江南小区第四届业主委员会	第四届	2019-12-06	2021-12-05	民治
85	龙源大厦	深圳市龙华区龙源大厦小区第一届业主委员会	第一届	2020-01-08	2023-01-07	民治
86	鑫茂花园	深圳市龙华区鑫茂花园第三届业主委员会	第三届	2020-09-27	2023-09-26	民治
坪山区						
1	金田风华苑	深圳市坪山区金田风华苑第二届业主委员会	第二届	2017-05-27	2020-05-26	坑梓
2	深业御园	深圳市坪山区深业御园第一届业主委员会	第一届	2020-01-06	2023-01-05	坑梓
3	丹梓龙庭	深圳市坪山区丹梓龙庭第一届业主委员会	第一届	2020-01-15	2023-01-14	坑梓
4	豪方菁园	深圳市坪山区豪方菁园第二届业主委员会	第二届	2018-01-31	2021-01-30	龙田
5	中粮一品澜山	深圳市坪山区中粮一品澜山业主委员会		2018-10-19	2021-10-18	龙田

续表

序号	项目名称	业委会名称	业委会届数	任期开始时间	任期截止时间	所属街道
6	京基御景印象家园	深圳市坪山区京基御景印象家园第一届业主委员会	第一届	2019-07-09	2022-07-08	马峦
7	金地朗悦花园	深圳市坪山区金地朗悦花园第一届业主委员会	第一届	2019-11-30	2022-11-29	马峦
8	东方威尼斯	深圳市坪山区东方威尼斯第四届业主委员会	第四届	2017-12-29	2020-12-30	坪山
9	万科金域东郡	深圳市坪山区万科金域东郡第二届业主委员会	第二届	2017-04-07	2020-04-06	坪山
10	万科金域缇香花园二期	深圳市坪山区万科金域缇香花园二期第一届业主委员会	第一届	2018-01-15	2021-01-14	坪山
11	嘉宏湾花园	深圳市坪山区嘉宏湾花园第二届业主委员会	第二届	2019-01-12	2022-01-11	坪山
12	嘉宏湾花园二期	深圳市坪山区嘉宏湾花园二期第一届业主委员会	第一届	2018-03-27	2021-03-26	坪山
13	深业东城上邸	深圳市坪山区深业东城上邸第二届业主委员会	第二届	2018-05-09	2021-05-08	坪山
14	招商花园	深圳市坪山区招商花园第一届业主委员会	第一届	2018-06-14	2021-06-13	坪山
光明区						
1	宏发雍景城	深圳市光明区宏发雍景城第二届业主委员会	第二届	2021-03-15	2026-03-14	公明
2	南星大厦	深圳市光明区南星大厦第一届业主委员会	第一届	2019-12-27	2023-12-26	公明
3	宏发上域花园	深圳市光明区宏发上域花园第三届业主委员会	第三届	2020-01-09	2025-01-08	公明
4	福盈中央山花园	深圳市光明区福盈中央山花园第一届业主委员会	第一届	2020-05-07	2022-05-06	公明
5	深房传麒山	深圳市光明区深房传麒山第一届业主委员会	第一届	2018-06-28	2021-06-27	光明
6	正兆景嘉园	深圳市光明区正兆景嘉园第一届业主委员会	第一届	2019-12-27	2022-12-26	光明
7	锦鸿花园	深圳市光明区锦鸿花园第一届业主委员会	第一届	2018-10-25	2021-10-24	马田
8	峰荟花园一期	深圳市光明区峰荟花园一期第一届业主委员会	第一届	2020-10-13	2025-10-12	马田
9	中粮云景花园北区	深圳市光明区中粮云景花园北区第一届业主委员会	第一届	2020-10-29	2025-10-28	马田
10	宏发美域	深圳市光明区宏发美域第一届业主委员会	第一届	2020-12-17	2025-12-16	马田
11	中粮云景花园南区	深圳市光明区中粮云景花园南区第一届业主委员会	第一届	2020-12-23	2025-12-22	马田
大鹏新区						
1	乌冲小区	深圳市大鹏新区大鹏办事处乌冲小区第五届业主委员会	第五届	2019-12-13	2022-12-12	大鹏
2	大鹏城小区	深圳市大鹏新区大鹏办事处大鹏城小区第五届业主委员会	第五届	2019-12-13	2022-12-12	大鹏
3	岭吓花园小区	深圳市大鹏新区岭吓花园小区第五届业主委员会	第五届	2020-06-01	2025-05-31	大鹏
4	旱塘仔小区	深圳市大鹏新区旱塘仔小区第五届业主委员会	第五届	2020-06-01	2025-05-31	大鹏
5	黄岐塘小区	深圳市大鹏新区黄岐塘小区第五届业主委员会	第五届	2020-06-01	2025-05-31	大鹏
6	王母新村西区	深圳市大鹏新区王母新村西区第五届业主委员会	第五届	2020-06-01	2025-05-31	大鹏
7	中山里小区	深圳市大鹏新区中山里小区第四届业主委员会	第四届	2020-06-01	2025-05-31	大鹏

序号	项目名称	业委会名称	业委会届数	任期开始时间	任期截止时间	所属街道
8	王屋巷小区	深圳市大鹏新区王屋巷小区第五届业主委员会	第五届	2020-06-01	2025-05-31	大鹏
9	王母新村东区	深圳市大鹏新区王母新村东区第五届业主委员会	第五届	2020-06-01	2025-05-31	大鹏
10	王桐山小区	深圳市大鹏新区王桐山小区第五届业主委员会	第五届	2020-06-01	2025-05-31	大鹏
11	上下圩门小区	深圳市大鹏新区上下圩门小区第五届业主委员会	第五届	2020-06-01	2025-05-31	大鹏
12	叠福小区	深圳市大鹏新区叠福小区第五届业主委员会	第五届	2020-06-01	2025-05-31	大鹏
13	半山海花园	深圳市大鹏新区半山海花园第一届业主委员会	第一届	2020-05-27	2025-05-26	葵涌

（资料来源：各区住建和建设局）

第六节　业主满意度总体情况

1.综述

物业管理业主满意度深圳指数作为衡量业主满意程度的指标，对真实把握业主的需求和期望、了解业主对服务质量的客观评价有着不可替代的作用。为深入了解过去一年深圳市物业管理业主满意状况，聆听业主对物业服务的真实感受，分析物业管理行业变化趋势，聚焦物业服务过程中的优势及薄弱环节，进一步提升深圳市物业管理行业的服务质量，深圳市物业管理行业协会、深圳中深南方物业管理研究院以及深圳市维度数据科技股份有限公司联合成立课题组，开展2020年度物业管理业主满意度深圳指数测评工作。

本次测评以PMCSI模型为理论基础，按照物业管理项目规模大小成比例的方式抽取样本，并通过入户访问的形式采集数据。本次调查涉及深圳市228家物业服务企业所管理的305个物业管理项目，课题组综合考虑了区域分布、物业类型等因素，在90%的置信度水平、绝对误差小于1%的前提下，发放问卷7255份，回收有效问卷7000份，问卷回收率为96.5%。在信息采集完成之后，课题组进行问卷审核、数据处理等工作，并引用指标权重和分析模型对物业行业服务水平进行科学评估。

调查显示，2020年度物业管理业主满意度深圳指数为82.5，同比上升1.3。业主评价有明显上升，深圳指数持续向好。在不同类型物业中，写字楼物业满意度最高，为90.7，同比上升1.6；其次为商业物业，满意度为88.5，同比下降0.4；住宅物业满意度较低，为80.1，同比上升0.6。

2.业主满意度指数分析

【2020年度物业管理业主满意度深圳指数为82.5，整体水平持续向好】

调查显示，2020年度物业管理业主满意度深圳指数为82.5，较2019年上升了1.3，再创新高（见图3-6-1）。2020年新型冠状病毒肺炎疫情发生后，深圳市物业管理行业工作人员积极参与联防联控，守住疫情防控的第一道防线，为遏制疫情蔓延、保障正常生产生活、促进社会稳定做出了重要贡献；2020年深圳市物业管理行业协会聚焦物业服务人员能力建设，组织开展了一系列服务能力特训班和职业技能竞赛，持续提升和夯实物业服务人员的专业能力；为打赢脱贫攻坚战，深圳市物业管理行业协会响应政府号召，积极动员和组织物业服务企业参与扶贫济困、公益慈善活动，履行社会责任，得到了业主的赞许，深圳指数出现较大幅度提升。

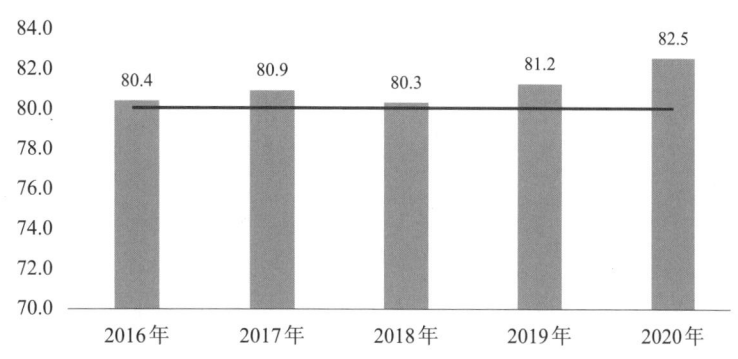

图3-6-1　近五年物业管理业主满意度深圳指数

【不同物业类型满意度整体发展态势良好】

调查显示，不同物业类型中，写字楼和商业物业的业主满意度维持在高位水平，满意度均在88.0以上；住宅物业的满意度低于行业总体水平。与2019年相比，住宅和写字楼物业的满意度分别上升了0.6和1.6，商业物业满意度有所回落，但满意度高于住宅物业（见图3-6-2）。

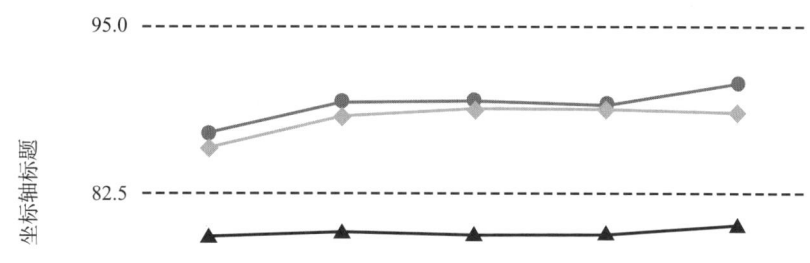

	2016年	2017年	2018年	2019年	2020年
住宅	79.3	79.6	79.4	79.5	80.1
写字楼	87.0	89.3	89.4	89.1	90.7
商业	85.9	88.3	88.8	88.9	88.5

图3-6-2　不同物业类型的业主满意度

【多数基础物业服务满意度上升】

调查显示，2020年各项基础物业服务中，业主对人员服务和客户服务的评价较好，满意度分别为84.6和84.3。相对而言，社区文化和设备设施管理在基础物业服务中满意度较低，分别为81.0和80.5（见图3-6-3）。

与2019年相比，各项基础物业服务满意度均有上升，增幅在0.1～1.3之间。社区文化和设备设施管理满意度均较低，但较2019年均有提升。在社区文化方面，防疫期间，物业服务企业积极配合社区工作站、党群服务中心、居委会等单位，开展线上文艺活动、直播课程、家风家教宣传等活动，丰富了业主居家生活；疫情形势好转后，部分物业服务企业组织业主开展邻里互助、健身、文化节等活动，丰富了社区文化生活，为打造共建共治共享的小区治理新格局发挥了先行示范作用。此外，深圳市物业管理行业党委联合深圳市物业管理行业协会发起"千物企双百万"活动，号召物业服务企业参与脱贫攻坚、公益慈善活动，广大物业服务企业纷纷响应，发动员工、业主共同参与消费扶贫、捐款捐物等活动，为脱贫攻坚、疫情防控贡献了重要力量，营造了人人向善的社区文化氛围。

在设备设施管理方面，首先，物业服务企业积极做好消防设施、供水供电设施以及电梯运行维护等工作，为业主正常生产生活提供保障。其次，针对老旧住宅没有电梯的情况，2020年各物业服务企业积极申请加装电梯，在深圳市有关部门的支持下，近百个老旧单元的电梯已投入使用；再次，随着智慧社区、智慧城市建设步伐的加快，深圳市部分物业服务企业进一步完善智慧物业综合管理平台，加快推广公共设备设施的智慧化应用，相继推出智能停车、水电气线上缴费、智能追溯高空抛物系统、智能地埋式垃圾桶等功能应用，为业主的工作和生活提供了便利；最后，部分物业服务企业还通过举办设备开放日活动，让业主了解小区/大厦公共设施的运行情况，提升了设备设施管理的透明度，增进了业主与物业之间的相互理解。

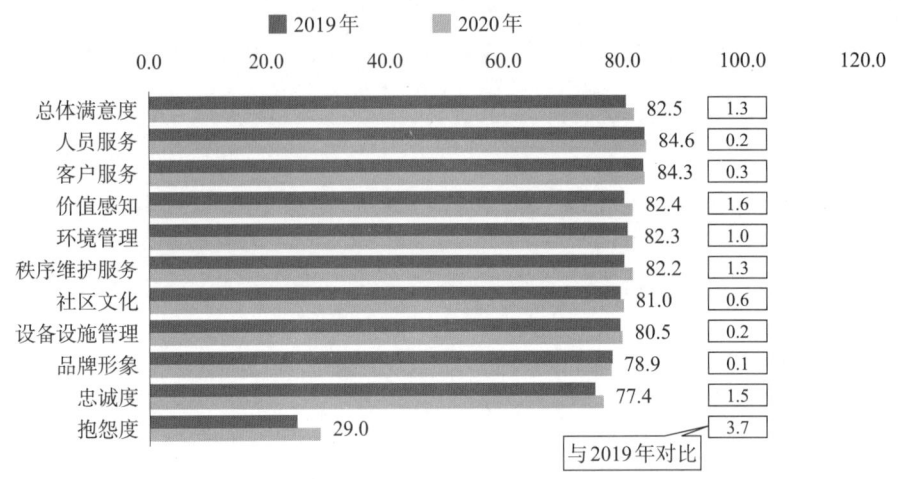

图3-6-3 各项指标的满意度

【品牌形象是影响业主满意度的关键因素，需重点提升】

调查显示，品牌形象、客户服务和环境管理是影响业主满意度的关键性驱动因素，其中，品牌形象是影响业主满意度的第一关键性驱动因素，对提升业主满意度有较大影响。而通过重要度——满意度矩阵可以看到，品牌形象位于劣势区，还有较大改善空间（见图3-6-4）。

2020年品牌形象满意度为78.9，同比上升了0.1，与业主心中的理想水平还有一定差距。2020年，深圳市物业服务企业一方面着力做好疫情联防联控工作，并持续提升各项物业基础服务，用贴心细致的服务守护业主生命健康，涌现出近百名"最美物业人"，树立了物业服务的新形象，赢得业主认可；另一方面部分物业服务企业顺应时代形势，抓住物业服务的新机遇，冲刺资本市场并成功上市，打造出一个又一个物业服务新品牌。但是，整体而言，业主对深圳市物业管理行业的品牌形象整体满意度仍然偏低，物业服务企业仍需继续加强服务品牌打造，提升品牌形象，增强业主黏性和忠诚度。

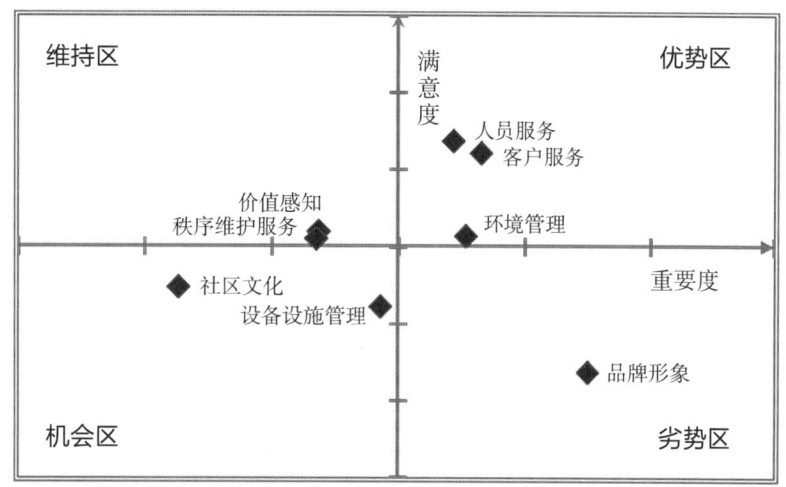

图3-6-4　重要度——满意度矩阵

【智慧物业平台使用率较高，供给率有待提升，使用功能有待扩展】

调查显示，2020年深圳市各物业服务小区/大厦智慧物业服务平台的供给率均在60.0%以上。从智慧物业平台的使用情况看，受访业主的有效反馈率近七成，其中"使用过"智慧物业平台的比例为95.3%。受访物业管理项目使用智慧物业管理平台的比例为60.5%，在秩序维护服务方面的功能应用较多、使用率较高，而在设备设施管理、环境管理、客户服务等多方面的应用还有待扩展（见图3-6-5）。

自2016年智慧城市建设被确认为国家重点工程以来，深圳全力推进智慧城市建设，近年来在智慧安防、智慧交通、智慧政务、智慧生态、智慧园区、智慧社区等一系列应用领域均取得了阶段性成果，其中深圳市龙头物业服务企业为建设智慧社区、智慧园区做出了重要贡献，智慧物业平台的建设步伐加快，在工作效率、精准服务、信息共享、数据安全、用户体验等方面虽有进步，但与真正意义上的智慧物业之间还有一定差距，因此物业服务人员和业主的使用满意度虽有提升，但还有较大进步空间。

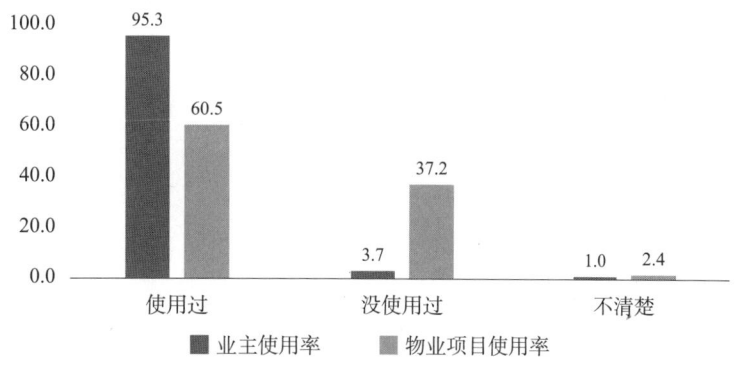

图3-6-5　智慧物业使用情况（%）

【物业管理行业NPS指数与服务行业差距进一步缩小，且首次实现反超】

调查显示，2020年深圳市物业管理行业NPS为17.5%，同比上升了10.5%；比2020年中国服务业行业NPS（17.3%）高0.2%，与2019年相比，差距进一步缩小，且首次实现反超。NPS，即净推荐值，是衡量业主体验与忠诚度的工具，通过一个简单的问题——"您有多大可能愿意将XX公司/产品推荐给亲朋好友或同事"，准确描述了业主对于物业服务企业及其产品的忠诚度。

从不同物业类型来看，写字楼物业NPS为57.4%，商业物业NPS为46.9%，住宅物业NPS为5.6%，目前商业和写字楼物业NPS均远高于服务行业NPS（见图3-6-6）。

物业管理行业是典型的服务行业，顾客忠诚是企业核心能力的重要构成因素。2020年初新冠疫情发生后，深圳市物业管理行业响应疫情防控号召，坚守各物业项目一线，配合属地街道、社区开展群防群控，为广大业主筑起安全屏障，涌现出一个个"最美物业人"，用贴心服务赢得了业主认可。2020年3月1日《深圳经济特区物业管理条例》正式实施，为充分保障业主合法权利、促进服务质量提升和行业良性发展提供了规范。2020年9月17日，首批400余家物业服务企业率先签署《深圳市物业服务行业自律公约》，承诺为业主提供更优质的物业服务。面对新形势新挑战，深圳市物业管理行业立足业主需要，从制度规范、工作机制、服务标准等层面率先作为，做好做优物业服务，积极树立深圳物业优质品牌形象，推动全市物业服务高质量发展，业主幸福感、获得感、安全感进一步提升，顾客忠诚度显著提升。

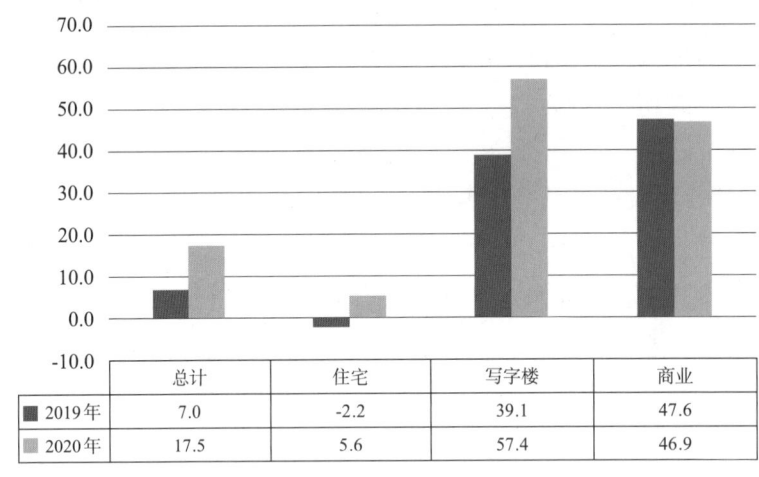

	总计	住宅	写字楼	商业
2019年	7.0	-2.2	39.1	47.6
2020年	17.5	5.6	57.4	46.9

图3-6-6 深圳市物业管理行业NPS指数（%）

（资料来源：《2020年度物业管理业主满意度深圳指数》）

第七节　物业管理市场典型案例

1. 福田区配电房环网柜存在放电的安全隐患整改案例

（1）基本情况

高发城驰苑位于福田区福保街道岗厦社区，由深圳市高发物业管理服务有限公司提供物业服务，该小区位于益田路与福民路十字路口处，靠近福田区区委大院。小区一共有2栋住宅楼，共计752户，其中，多数处于长期出租状态，由于小区业主成立业主大会和业主委员会的条件及需求不够强烈，因此该小区一直没有业主委员会。

（2）事情起因

2020年深圳福田供电局前往高发城驰苑例行检查，发现该小区配电房环网柜存在局部放电现象，极易导致短路故障，进而引发大面积停电事故。因此，深圳福田供电局对物业服务企业下发《安全隐患整改通知书》，限期完成整改。

配电房属于小区公共设施设备，设备维修、整改价格昂贵，物业服务费用中的日常维修维保费用不足以完成配电房的设备维修支出。同时，该小区未成立业主委员会，无法通过业主大会表决相关议题，情况紧急。因此，物业服务企业根据《深圳经济特区物业管理条例》第八十二条和八十三条之规定，启动维修金申报应急程序。

（3）处理经过

物业服务企业将相关情况材料上报辖区福保街道办皇岗社区工作站，经工作人员现场勘查并确认符合应急程序后，上报区住建局备案。物业服务企业根据区住建局指导意见，整理施工方案，通过深圳市物业专项维修资金管理系统对工程费用和工程量进行造价审核，出具专业造价审核书，及时完成应急工程改造，完成了配电房的整改。

（4）处理结果

在区住建局的指导下，街道办、社区工作站通过协调供电部门、物业服务企业、造价审核公司等部门，在规定期限内完成高发城驰苑的配电房环网柜改造工程整改，及时消除了小区公共安全隐患。

（5）特点特色

福田区根据《深圳经济特区物业管理条例》和《深圳市物业专项维修自己管理规定》相关规定，及时优化物业专项维修金的审批环节，制定相关材料清单及模板，开通了应急维修资金申报专线咨询电话，按照"快审、快批、快拨"的原则处理。以最快的速度解决了小区的公共安全隐患，也为物业服务企业在处理小区公共区域应急情况提供了保障支持。

2.罗湖区银丰大厦居委会代行业主大会和业主委员会职责选聘新物业案例

（1）基本情况

银丰大厦位于黄贝街道新秀社区，原物业服务企业为深圳市名磊物业管理有限公司，现物业服务企业为深圳市中民物业管理有限公司，一直为成立业主大会选举业主委员会。

（2）事情起因

黄贝街道办事处收到业主反映银丰大厦物业服务不到位，经多次协调，仍未整改。后经业主提议，于2020年1月份征求业主和物业使用人意见，指定社区居民委员会代行业主大会和业主委员会职责。社区居民委员会通过了不与原物业续聘的决议，并通过招标投标程序，选聘新深圳市中民物业管理有限公司。原物业服务企业表示，其自2004年与深圳经济特区检查站签订了《物业服务合同》期限为2004年12月20日至2034年12月20日，且社区居民委员会代行业主大会和业主委员会职责的程序不合理，拒不办理物业交接。

（3）处理经过

社区居民委员会通过函件、协商等多种措施，欲促成银丰大厦尽早完成物业交接工作，但自2020年1月到6月，历时6个月仍无有效进展。7月初，黄贝街道办事处将相关情况向区住建局报告。区住建局主动作为，积极研处，及时约谈原物业服务企业，并会同黄贝街道办事处、社区工作站组织新旧物业服务企业进行座谈。座谈会上，就原物业服务企业的争议问题进行了协商，最终达成一致意见。

（4）处理结果

在区住建局、黄贝街道办事处的指导、协调下，银丰大厦小区成为罗湖区首个通过社区居民委员会更换物业服务企业的小区，为社区居民委员会代行业主大会和业主委员会职责提供了宝贵经验，同时，促成了银丰大厦物业平稳交接。

3.南山区蓝漪花园破解社区难题案例

（1）基本情况

蓝漪花园是蛇口街道的一个花园小区，总户数416户，常住人口1362人，小区有党员26名，其中60岁以上党员20名。

（2）事情起因

由于小区内公共设施设备老化，外围路面破损，外墙及供水管网渗水，小区部分地方杂草丛生，要维护修缮又缺少资金；同时小区业主、业主委员会及物业服务处之间矛盾重重，彼此互不信任，导致各主体之间隔阂较深，小区面临的问题又不能解决，业主怨声载道。

（3）处理经过

在深圳市住房和建设局、南山区委组织部和南山区住房和建设局的协力指导下，蛇口街道办海滨社区党委以民生微实事为抓手大力开展先行先试，通过做实"党建+"延伸破解社区治理难题，积极探索"党建+小区"途径，推动"党建+社会组织"治理社区。形成小区党支部引领、业主委员会监督、服务促进会公益、物业服务处落实的"四轮驱动"工作机制，在小区党支部的引领下，业主委员会积极履职，圆满解决小区遗留的历史问题，收回4套物业管理用房及近153万元本体维修金。先后完成了小区路灯更换、地下车库出入口玻璃棚改造更新、小区升旗台修建、中心广场绿化提升等41个项目。

（4）处理结果

如今，蓝漪花园老旧公共设施更新改造、园林修补及绿化整体提升成效显著，已经成为省住建厅小区党建省级试点，并被评选成为中国"幸福小区"案例。小区党支部完善了，服务居民的手段也增多了，小区各种矛盾也减少了。

4.宝安区新安街道金海华府新旧物业服务企业交接纠纷调处案例

（1）基本情况

深圳市金海华府花园（以下简称"该小区"）位于深圳市宝安区新安街道73区，隶属布心社区。原物业服务企业深圳市明金海物业管理有限公司服务期满，该小区第三届业主委员会通过业主招标投标程序选聘产生新的物业服务企业长城物业集团股份有限公司。

（2）事情起因

深圳市明金海物业管理有限公司在该小区的物业服务合同履约期限届满未被续聘，该小区第三届业主委员会召开2020年第二次业主大会会议通过招标投标程序选聘新的物业服务企业长城物业集团股份有限公司。在新旧物业服务企业交接过程中，深圳市明金海物业管理有限公司以公司垫付的小区公共通道维修费用、电梯维修费用、抢修水管费用未报销、履约保证金未退还，要求第三届业委会帮其协调追回相关业主未缴纳的物业管理费、水电费、专修维修金等事项为由，不配合与新物业办理交接。

（3）处理经过

为及时有效调处纠纷，把矛盾消除在萌芽状态。宝安区住建局、新安街道办事处、宝安区物业管理协会及宝安区物业管理行业性专业性人民调解委员会、布心社区工作站、辖区派出所、该小区业主、该小区第三届业主委员会、深圳市明金海物业管理有限公司、长城物业集团股份有限公司等多方主体参与，召开多次协调会议，就深圳市明金海物业管理有限公司提出的诉求和理由，组织该小区第三届业主委员会、深圳市明金海物业管理有限公司和长城物业集团股份有限公司三方协商，最终达成解决方案并形成会议纪要。同时，告知深圳市明金海物业管理有限公司严格按照《深圳经济特区物业管理条例》规定，办理交接。并且，参与该小区新旧物业服务企业现场交接活动。

（4）处理结果

经调处，最终深圳市明金海物业管理有限公司、该小区第三届业主委员会和长城物业集团股份有限公司三方最终就相关争议事项达成一致意见，搁置争议，顺利完成新旧物业交接工作。

5.龙华区丰泽湖山庄物业管理区域划分案例

（1）基本情况

丰泽湖山庄小区位于龙华区民治街道民乐社区，一直由深圳星河智善生活股份有限公司（以下简称"星河智善公司"）提供物业服务，2018年，丰泽湖山庄第二届业主委员会解聘了星河智善公司，同年12月30日，星河智善公司退出丰泽湖山庄，由深圳市万科物业服务有限公司进驻管理，但当时仍然遗留一些问题未解决，其中包括某宗地区域如何划分问题。

（2）事情起因

某宗地，《建设用地规划许可证》显示的用地项目名称为丰泽湖山庄三期，土地用途为居住配套用地，单独签署土地出让合同，单独办理了《建设用地规划许可证》。宗地上配套的超市、会所产权归属于安林珊置业（深圳）有限公司，幼儿园产权则属于政府。

丰泽湖山庄小区业主委员会及部分业主与安林珊置业（深圳）有限公司之间关于某宗地物业管理区域划分争议由来已久。2018年以前，由于丰泽湖山庄小区与某宗地统一由星河智善公司提供物业服务，双方相处融洽，但自2008年12月星河智善公司退出以后，双方矛盾爆发，纠纷不断。一方面丰泽湖山庄小区业主委员会及部分业主认为，丰泽湖山庄小区与某宗地历史上已经形成一个统一的物业管理区域，应该统一由深圳市万科物业服务有限公司管理；另一方面，安林珊置业（深圳）有限公司认为区域划分以宗地红线为准，某宗地单独签署土地出让合同，单独办理了《建设用地规划许可证》，属于独立的物业管理区域，应该由该宗地业主依法选聘物业服务企业。

（3）处理经过

因双方纠纷不断，区住建局、民治街道办、民乐社区工作站积极协调，但因双方不肯让步，分歧较大，矛盾难以调和，导致不同意见的业主对立，严重影响社区安宁与和谐。为了化解纠纷，根据矛盾的根源是某宗地的物业管理区域划分问题，区住建局主动作为，联合民治街道办、社区工作站广泛征求丰泽湖山庄一期、二期、三期、四期业主、物业使用人、相关单位意见，多次召开各相关方参加的物业管理区域划分工作会议，并就设施设备、水电设施是否能分割管理向专营单位去函查证。

（4）处理结果

在政府相关部门的指导、协助下，根据大多数业主意见、分割可能性调查以及相关法律规定，区住建局果断作出了将某宗地划分为一个独立的物业管理区域的行政决定，相关纠纷趋于平稳，起到了定纷止争的效果。

6.光明区城中村小区围合建设工作案例

（1）基本情况

光明区地处深圳西北部，实际管理人口149万人，户籍人口10.88万人，外来人口严重倒挂，且主要集中在城中村。

（2）事情起因

由于管理难度大，人口流动性强，城中村一直是违法犯罪易发地。据统计，2019年光明区城中村发生的总警情占全区80.8%。为此，光明区在不影响消防安全通道和城中村经济生态的前提下，对全区114个城中村（围合后为84个城中村围合片区）进行围合标准化建设，着力把城中村打造成加强创新基层社会治理的前沿"主阵地"。

（3）处理经过

光明区以社区小区疫情防控临时围合封闭式管理为契机，全区率先在所有城中村开展物防技防固化围合标准化建设，探索打造"围合+管理+服务+运营"为一体的"物业城市"城中村治理光明模式，有力促进了社区小区疫情防控长效常治，助推辖区复工复产和百姓安居乐业，完善社会治安防控体系，不断巩固了社会治安更加有序、便民服务更加高效、平安幸福更加凸显的基层治理新格局。

物理围合，以标准化物防建设为基础，推出城中村管理新规范。统一设置围合标准，出台《光明区围挡设置指引》，对物理围挡设置标准、使用材质、搭设与拆除规范、样式尺寸、岗亭设置标准和外观等进行规范，确保围合不仅标准化实施而且美观实用。统筹利用现有资源分类推进，坚持"能围则围、围就围严、小围合、真围合"原则，按照"已有的规范化，没有的健全了"，对以住宅为主、商住混合的城中村，进行物理上的全封闭式围合管理，对于已有物理围挡的城中村进行改造提升，共建设49047米围栏，岗亭313个，车辆道闸系统374套，投入费用9469.92万元。

物业服务，以专业化规范化管理为核心，构建城市品质新常态。以建设大美村落、打造新型物业城市为目标，制定并印发《光明区城中村物业管理提升五年行动计划（2020-2024年）》，采取政府补贴与市场收益相结合的方式，将物业公司和物业服务企业引入城中村，不仅壮大了常态化疫情防控力量，推动城中村面貌"蝶变新生"，还为全区打造新型特色物业城市培育了丰沃土壤。目前，全区84个城中村围合片区均100%引入专业物业服务公司。

（4）处理结果

2020年光明区完成全区城中村小区围合标准化工作，共划分围合片区84个，围合楼房

24784栋，围合区域面积达847万平方米，围合区域管理人口数达102.32万人，专业物业公司100%全覆盖。试点以来，全区城中村刑事治安警情同比下降24%，城市品质有效提升，居民群众幸福感、获得感、安全感更加凸显。

7.坪山区马峦街道花园小区党支部引领下的"业委会＋物业服务企业"案例

为破解住宅小区治理难题，深圳市坪山区马峦街道积极创新探索党建引领基层治理新路径，充分发挥党组织在基层核心引领作用，积极组建工作专班，凝聚基层群众合力，建立党建引领综合治理机制，以"支部建在小区"为突破口，按照"3阶段18步骤"的全周期治理路径，全力推进"以社区党委为核心、居委会自治为基础，党支部、业委会、物业公司三大平台协同共治"的社区治理模式，打通基层治理最后一百米，实现"小事不出社区、大事不出街道"，为探索新时代中国城市住宅小区基层治理体系现代化贡献马峦智慧。

（1）"支部建在小区"，夯实党建根基，发挥引领作用

按照"支部建在小区"的原则，精准发力，广泛吸纳小区党员加入小区党支部，鼓励党员多发声、多亮相，发挥党支部书记榜样带头作用，在"小区党支部——党员楼栋长——关键意见领袖"的小区党建格局下，扩大党员楼栋长和关键意见领袖的影响力，在小区内弘扬正能量、凝聚民心。深化OAO群众工作机制，线上收集诉求，线下协调解决，线上反馈结果，将小区治理和居民自治始终置于党的领导之下。明确"支部引领、业委监督、物业落实"的工作格局，由小区所在地社区党委引导，业主大会选举产生业委会，制定业委会章程，推动党支部、业委会成员交叉任职，强化党建引领小区治理的多元主体合力。对于物业服务中普遍存在的办事效率低、服务品质差、矛盾纠纷多、业委监管弱、业主意见大等问题，通过加强对业委会和物业公司领导沟通、顺畅诉求表达渠道、牵头组建专业服务团队、制定物业服务企业管理规范等方式对物业服务企业进行有效监管，督促物业提高办事效率。小区党支部成立以来，线上线下累计收集解决业主各类问题400多个，有问题找党员、找书记、找支部已成为业主共识。

为做好辖区住宅小区治理工作，马峦街道按照党支部领导下的"业委会＋物业服务企业"治理路径，动员力高君御花园、心海城小区物业管理区域占业主总人数百分之二十以上的业主申请成立首次业主大会会议筹备组，现筹备工作已正式启动。目前筹备组已发布委员、候补委员候选人推荐公告，完成小区业委会工作微信公众号申请；管理规约草案、业主大会议事规则草案小区、第一届业主委员会选举办法、微信绑定身份、议题的收集及宣传发动工作正在紧锣密鼓地进行中。

（2）"四机制、三品牌"，构建全方位、立体式的群众工作平台

深化"四个治理机制"。一是"支代业"机制，小区业主一致推选，党支部代行业委会部分职权，负责调处物业纠纷、考核物业服务和监管公共收益等，并代表居民联系政府部门，协调处理小区公共事务。受到市住建局高度评价。二是"售房监督员"机制紧密衔接《坪山区房地产项目全过程监管指导意见》，党支部协调开发商，邀请党员担任售房特邀监督员，全程监督合同签

订、装修抽检和交房验收等售楼关键环节，杜绝虚假宣传、装修减配等违规行为，保障购房者权益。小区交房首次通过率超过95%，未出现因售房违规导致的重大纠纷。三是"单元长"机制党支部组织业主推选出12名单元长，定期召开小区治理议事会，协商群众关切民生问题，调解邻里纠纷矛盾，并通过腾讯会议视频直播交流，便于居民广泛参与。四是构建新老居民融合机制。做好马峦社区原住民回迁工作，依托民生微实事和街道党建理事会平台等，举办客家文化传播、居民足球赛等便民利民服务活动，在社区居民搭建沟通的桥梁，促进新老居民相互了解和融合。

擦亮"三个党建品牌"。一是书香小区服务队党员带头捐款，带动热心业主众筹，捐赠书籍建设各栋党建书吧；联系马峦社区原村民传播客家文化，促进新老居民沟通融合；连续三年举办"优秀小邻居学习分享会"、急救知识培训活动，小区文化氛围愈发浓厚。二是爱心顺风车队支部牵头发动有车业主组建爱心顺风车队，放置"爱心顺风车"标识，利用微信群发动共享，破解居民出行"最后一公里"难题。目前加入爱心顺风车队达125台车，服务居民500余人次。三是"绿居人"义工队成立小区环保"绿居人"义工队，现有成员237人，先后开展清理绿道、清除薇甘菊等活动77次，志愿服务累计超过1500小时。疫情防控期间，天峦湖党支部组织义工队发起"战疫先锋"任务累计168次、参与1512人次，小区率先在全区获得"无疫小区"光荣称号。

（3）群防群治，探索打造共建共治共享的城市小区治理"马峦样板"

常态化构建矛盾纠纷化解机制，提供群众诉求反映与解决平台，组建新闻发言人、居民议事会、急救义工队、妇女工作组等4支队伍服务业主，精准精细服务业主，增强党支部在小区治理中的话语权和向心力。新闻发言人团队，由党支部书记担任新闻发言人，对小区重大事项、矛盾纠纷苗头、社会热点问题等及时掌握、权威发布，对煽动情绪、扰乱视听的行为教育纠正，实现党支部话语权和业主信赖感的"双提升"。建立居民议事会团队，党支部牵头组织有一定群众基础的住户共商共议小区事务，建立最广泛的民意统一战线，扩大巩固小区治理"基本盘"，增强业主的"主人翁"意识。建立急救义工团队，发动小区医生、律师、教师、社工、心理咨询师和热心公益的业主参与，常态化开展急救、环卫、法律、心理咨询等义工活动，把服务做到业主的家门口和心坎里。建立妇女工作组团队，充分发挥女业主的家庭影响和性别优势，组织参与邻里纠纷、家庭矛盾、文明倡导、子女教育等事务，推动一个女性带动一个家庭、辐射一个楼栋、和睦一个小区，营造文明和睦友善的小区生活环境。不断为物业小区基层治理输血、增质。指导金地朗悦、京基御景印象家园等小区进行物业管理服务品牌建设，打造物业服务领域小区名片。

（4）多措并举，推动小区和谐邻里关系建设

聚焦群众诉求，民主办事议事。对于小区居民关心的公共区域健身设施、小区垃圾桶设置、绿化保洁等问题，在党支部牵头下，通过微信群公告、小区公示栏、楼道口张贴公示的方式告知业主解决举措，组织党员、热心群众、楼栋长上门征求业主意见，由民意决策小区重大、急难事项，促进居民共同参与基层自治。

发挥民生微实事"微"作用，做"实"基层服务。马峦街道花园小区民生微实事项目，内容包括花园小区邻里融洽文化活动、党员群众红色教育活动项目、小区志愿队伍发展项目等，重点覆盖家庭、妇女、儿童、老年人、社区志愿者等，街道开展服务活动共计16场次，服务居民

2000余人次，构建"出入相友，守望相助"邻里和睦关系，创建"以邻为伴，与邻为善"的和谐宜居社区，有效提高了社区居民参与社区事务的积极性。通过项目扶持，促进志愿服务增能提效，开展花园小区志愿队伍发展项目，提升志愿者的自我管理和自我服务能力，增强团队成员的归属感和活跃度。发起志愿者服务项目共计52个，志愿服务参与人数140余人，服务时长1700余小时，在社区疫情防控工作中成为一支重要力量，为社区基层治理夯实了群众基础，成为推进小区治理体系和治理能力现代化的一支重要补充力量。

第八节　物业管理四十年深圳物业服务企业经典发展模式

1.综述

自1981年3月10日，中国内地第一家物业管理企业——深圳市物业管理公司成立，至2021年3月10日，中国内地物业管理将走过40个春秋。40年来，深圳物业管理从无到有，从小到大，从星星之火，到全国铺开成燎原之势，成就了深圳物业管理在全国物业管理行业的引领地位。深圳物业管理企业秉承特区开拓创新的精神，从最早涉外商品房展开的新型房屋管理模式，到20世纪90年代初期业主自治与专业服务相结合的"共管模式"，以及被写进《深圳经济特区住宅区物业管理条例》的综合一体化物业管理模式，到2014年6月彩生活在中国香港上市，中海、招商积余等越来越多的物业企业走向资本市场之后展开的智慧物业管理以及城市综合运营服务模式，不断生长，不断扩张，不断成熟，不断升华。物业管理的内涵与外延也随之不断扩大，由管理新建住宅区延伸至老旧住宅区，进而拓展至包括写字楼、工业厂房、医院、学校、后勤机关办公楼、博物馆、仓库、体育场馆、农贸市场、综合性商场、步行街、轨道交通等各种业态。物业管理作为一个劳动力密集型的行业正在向知识密集、专业密集型的现代服务行业转型升级。以下精选部分物业管理企业经典发展模式，以致敬深圳物业管理四十年。

2.部分物业服务企业经典发展模式

【万科物业经典发展模式】
（1）企业发展历程与荣誉
万科物业成立于1990年，以住宅物业为主提供高品质服务。

1990年，万科地产受到SONY售后服务的启示，开始推出物业管理业务。1991年，万科物业在国内首创业主自治与专业服务相结合的"共管模式"，在天景花园成立了中国内地首个"业主委员会"，该模式于1994年被纳入《深圳经济特区住宅区物业管理条例》，在同行业中广泛应用。

1996年，万科物业中标鹿丹村项目，开始初试市场化。同年，万科物业获得国内同行业中第一张国际机构颁发的ISO 9002品质保证证书，成为国内首家被国际机构承认符合国际质量标准的物业管理公司。

2001年，万科物业获得国家建设部首批颁发的物业管理一级资质证书，成为中国首批一级资质物业管理企业。

2005年至2008年，万科物业回归内盘，专注住宅物业服务，率先于同行将"物业管理处"更名为"物业服务中心"。

2009年，万科集团正式成立物业管理事业部，实现组织变革。

2010年，首次荣获由中国指数研究院评选的"中国物业服务百强企业"第一名。2011年、2013年，万科物业荣获中国物业管理协会评选的"全国物业服务企业综合实力百强"第一名。

2013年，业主专属APP"住这儿"上线，同年，万科物业的CRM系统，呼叫中心亦正式上线。

2014年，发布"睿服务1.0"体系，利用互联网技术，将万科物业积累了二十余年的流程和体系"数字化"。

2015至2019年，万科物业开启全面市场化之路，通过"睿服务"合作模式将多年积累的物业管理经验共享给合作伙伴，"睿联盟"体系逐渐壮大。2016年，"睿服务"迭代至3.0，实现了人、财、物的连接。同年，中国指数研究院与中国物业管理协会合并评选，万科物业荣获"中国物业服务百强企业"第一名。

2019年，中国物业品牌价值研究成果发布，万科物业以品牌价值130.25亿元荣膺中国物业品牌价值榜首。2019年，中国物业服务百强企业研究成果发布，万科物业连续第十年蝉联"中国物业服务百强企业"榜首。

（2）企业服务亮点

近年来，万科物业综合布局推动住宅物业服务可持续发展，推出了幸福社区计划和城市配套服务。在保障公共物业管理品质的同时，紧扣房屋保值增值和日常生活需要，面向客户推出"资产管家、房屋管家、生活管家"服务，在社区内开展"美居业务、房屋托管、幸福驿站、万物仓"等新型服务项目和配套服务。鼓励业主参与社区共建、共治、共享，倡导社区邻里友好互助，通过开展"朴里节、社区乐跑赛"系列公益活动、垃圾分类系列环保活动，助力公民与环境、社区与社会的和谐共生，从而践行"好服务、好社区、好邻居"的幸福社区理念。

朴里节是万科物业为回馈业主，促进社区邻里和谐，推动社区文化建设的大型社区公益活动，其前身是万科物业一年一度的"Happy家庭节"。2003年至2014年，万科物业共举办了12届Happy家庭节。2015年，万科物业的市场化道路拉开了新篇章推出"睿服务"合作产品，越来越多的同行引入万科物业"睿服务"，加入"睿联盟"。为了感恩"睿联盟"成员，促进邻里和谐，传承"Happy家庭节"的美好记忆和传统，"Happy家庭节"开始走出万科地产开发项目，走进市场开发项目，成为全体"睿联盟"成员共同的社区节日。2015年，根据睿联盟社区的联合倡议，"Happy家庭节"正式更名为"朴里节"，英文名称"Please Day"。

"朴里"代表最本真的邻里关系，"Please"倡导人人成为和谐有爱的好邻居。"社区是社会的细胞单元，社区和谐幸福将是社会和谐幸福的基础。万科物业致力于让更多用户体验物业服务之美好，致力于让更多用户感受幸福，这是我们坚持举办社区文化节日的初心。"

到2020年，万科物业已经举办了18届朴里节。

（3）"万物云"发展模式

2020年，万科物业发展股份有限公司正式更名为万物云空间科技服务股份有限公司（英文名称"ONEWO"，简称"万物云"），并启用了全新的品牌标识。万物云是一家以空间科技为先导，以空间服务为根基，以成长型生态链为助力的城市空间科技服务平台型公司。截至2021年6月30日，万物云已布局全国105个大中城市（含中国香港），其中住宅服务项目3490个，商企服务项目超1900个，城市服务进驻城市21个，服务项目31个。

万物云的业务模块包括Space（空间）、Tech（科技）和Grow（成长）三个部分，这三个模块相互关联和协同，已成长为"枝繁叶茂"的万物云品牌树（如图3-8-1所示），体系化和专业化不断加强。

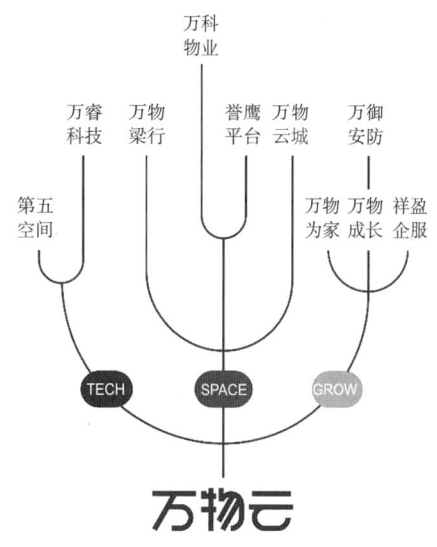

图3-8-1 万物云品牌树

① Space模块。

空间服务模块包含归属社区空间服务的"万科物业"，归属商企空间服务的"万物梁行"，以及归属城市空间服务的"万物云城"等品牌。

a.社区空间—万科物业

万科物业是万物云空间科技服务股份有限公司旗下品牌，以住宅物业为主提供"前期介入——案场服务——资产服务——物业科技——物业服务"房屋全生命周期的高品质物业服务，连续十年蝉联中国物业管理综合第一。万科物业以"让更多用户体验物业服务之美好"为使命，以"生活因幸福而改变"为愿景，以五好（设施设备运行好、秩序井然环境好、有事帮忙管家好、邻里和谐关系好、财务透明权益好）为基本要求，通过多场景、多服务、多产品，积极运营社区生活新价值，以技术驱动营造健康丰盛的人居环境，为业主资产保值增值保驾护航。

万物云深圳代表处作为万物云在各大城市的代表机构之一，主要服务区域为深圳、海南、惠州、中国香港，开放住宅、商企和城市物业服务等各领域的业务合作，代表万物云本部承接空间、科技、成长等各板块的业务合作需求，打通各业务条线的人员、资源、数据协作机制，在流程提效、业务协同、资源联动、数据共享等方面将取得长足进展。万物云深圳代表处的业务范围涵盖住宅物业服务、商写物业服务、城市物业服务、机电安防专业服务、资产服务、基于客户移动互联网终端的服务等多个方面。

b.商企空间—万物梁行

万物梁行是国内首家兼具中外基因的商企服务公司，于2019年12月12日由万物云与戴德梁行强强联合成立，业务聚焦于商企空间全生命周期管理服务的解决方案，包含：物业管理（PM）、综合设施管理（IFM）、泛行政定制化服务、营销中心管理服务，以及围绕商企空间衍生的各类生态业务等。截至2021年6月30日，公司业务覆盖全国超140个城市，服务项目超1900个，服务面积超1.1亿平方米。公司服务涵盖写字楼、购物中心、商业综合体、研发中心、产业园、物流园、学校、城市公共建筑、城市更新特色街区等各业态，客户广泛分布于互联网、地产商、金融、科技、通信、医疗、高端制造业等众多行业，包括腾讯、阿里巴巴、海康威视、字节跳动、招商银行、爱马仕、拜耳等国内头部企业、独角兽公司、国内外知名金融企业及大型跨国公司等。

c.城市空间—万物云城

万物云城是万物云推出的第一个城市服务独立品牌，万物云城与万科物业、万物梁行共同组成万物云三大空间子品牌体系。以万物云三十年空间管理实践为依托，万物云城致力于智慧城市空间运营服务。基于万物云三十年沉淀的空间运营能力，从城市空间整合服务的业务底盘出发，万物云城整合物联网、云平台、大数据等多重力量，合力构建新型数字空间底座，并在遵循市场化的原则下，通过数字化、机械化、专业化的运营手段一体化打通孪生的数字空间与线下实体空间的联结。通过线上线下的精细化运营，万物云城智慧化地服务包括站城一体化、产城融合等多业态在内的城市复合空间，并管理城市数字资产，最终实现政府主导、社会参与、源头治理、执法保障、万物互联的现代智慧城市治理的"新生态圈"，以提升居民城市生活的参与感、获得感和幸福感。

②Tech模块。

Tech模块包括"万睿科技""第五空间"。万物云的空间科技服务（SpaceTECH），是万物云结合在空间（社区、商写、城市）运营领域的最佳实践经验，沉淀出的空间服务专业知识与能力，并将其提炼为科技能力和服务产品，助力服务扩张和生态联结，以科技连接空间中的设施、设备、资产、人的生活、人的工作、人的商业活动，服务更多客户、服务客户的更多方面。主要服务项目包括：空间数字运营服务BPaaS、空间操作系统"星尘"、产品解决方案、智能硬件等。

a.万睿科技

万睿科技是为客户提供涵盖"咨询设计——研发集成——工程实施——运营"的智慧空间科技服务解决方案提供商。秉承着"为美好生活，创造更多AIoT智慧空间"的经营理念，不断超越客户期望，全面推动AIoT技术在建筑智能化中的应用，为用户营造更安全舒适、更便捷有效的生活工作环境，引领空间业务的智能化发展。

b.第五空间

第五空间是以"住这儿"APP为载体，通过服务、商品、权益、内容等方式，将线下社区用户转化为线上平台用户，并通过社区服务、社区电商、社区mall、美居等O2O业务模式的建立，打造出链接用户、服务、商户的社区生活服务平台；同时结合美丽社区计划、友邻计划、社区活动，带动社区业主一起参与，共建美丽社区、促进社区繁荣。

③Grow模块。

万物成长是万物云Grow模块下的品牌，致力于构建"开放、连接、协同"的生态系统，开放多年积累的技术、数据、标准、产品等核心产品与服务能力，战略投资"睿联盟"成员企业并支持其上市，为志同道合的物业服务企业提供全套的BPaaS服务，携手合作伙伴走向高品质服务之路。

a.祥盈企服

祥盈企服全称为深圳万科祥盈管理服务有限公司，于2019年注册成立，前身是万科集团的共享中心（包括人力、财务、IT、呼叫中心等），是一家致力于为企业提供员工招聘（RPO）、人力外包（HRO）、业务流程外包（BPO）等服务的综合企业服务运营商。祥盈企服聚焦蓝领员工招聘、人力外包、共享服务三条产品线，通过流程解构与重塑、信息化平台建设，为客户提供远程集中平台与属地线下服务相结合的、优质高效的一体化服务，助力企业健康发展。截止到2021年6月，公司业务覆盖全国56座城市，自有员工两千余名，服务公司百余家，服务用户总数逾15万人。

b.万御安防

万御安防是一家从事安防科技、机电维保和技术工匠培育的科技安防服务商，是万科物业30年行业领先的安防机电专业服务能力的代表，前身为万科物业安防机电运营中心，主营物业服务"四保"中的安防业务和机电业务，现已从基础的"四保"服务迭代成科技安防公共服务商。目前，万御安防涉足安防服务、电梯维保、消防维保、强弱电、给排水、智能设备和能耗管理等领域，业务范围覆盖全国百余个大中城市，拥有超过5万名员工。万御安防已发展成为全国领先的科技安防服务商。

万物云以"重塑空间效率 服务历久弥新"为企业使命，无论时间与空间如何变化，万物云都坚持以业主与租客为中心不变、阳光健康的文化不变、不进则退敢为人先的追求不变、服务精神不变，在变与不变中坚定前行、创新发展，以科技助力行业，持续领跑物业未来发展。

【中海物业经典发展模式】

（1）企业背景与荣誉

中海物业集团有限公司（以下简称"中海物业"）隶属于中国建筑集团有限公司（2020年度世界500强第18位）旗下中国海外集团，是首批一级资质物业管理企业。最早于1986年在香港地区开展物业服务，1991年进入内地，辅助并战略性配合中国海外发展在香港及内地的房地产业务。2015年10月23日，在香港联交所主板上市，股票代码：02669.HK。

截至2020年12月31日，中海物业已进驻港澳地区及内地122座主要城市，服务面积超过1.82亿平方米，为近5万人提供就业，为精品住宅、商业综合体、超甲级写字楼、政府物业、产业园区等多种业态约1300个项目提供服务。

作为央企、国企、民企最为信赖的合作伙伴，中海物业服务超过100家世界500强客户，2008-2021年，陆续入选中国指数研究院发布的物业服务百强企业TOP10；2018—2021年，蝉联中国房地产报颁发的物业管理企业品牌价值NO.1；2019年5月，获选中国物业管理协会副会长单位；2019年7月，成为BOMA国际认证机构白金会员；2020年10月，加入金钥匙国际联盟；2020年12月，在上市物业公司ESG评级表现分析中，被授予最高级AAA评价，社会责任主体表现水平为最好；2021年入选恒生物业服务及管理指数。

坚信"有品质，更温暖"，是中海物业一路走来的坚定信念。我们初心如磐，行稳致远，深耕服务品质，广谋合作共赢，致力于为股东实现确定的长期持续稳健增长，致力于成长为卓越的国际化资产运营服务商。

（2）企业发展历程

中海物业秉承先进的国际物业管理经验，创立于香港地区，壮大于内地，形成了良好的社会口碑，奠定了领先的市场地位，形成了具有鲜明特色的经营管理模式与企业文化体系，并以庞大的管理规模和极高的服务品质成为"行业龙头"。

诞生期：1986—1990年

依托中海地产在香港地区市场的迅速发展，借鉴国外先进经验，不断探索、创新，逐步创立了融现代性、民族性于一体的个性鲜明的自主品牌——"中海物业"。

蓄势期：1991—1995年

以中海物业深圳公司成立为标志，向内地输入先进的经营理念和管理模式，为中国物业管理行业的发展做出了应有的贡献。中海物业广州公司和中海物业上海公司的相继成立，带动了沿海发达地区现代物业管理的蓬勃发展。

1991年7月18日，中海物业进入中国内地市场，成立"中海物业深圳公司"。

1994年，获得首批全国物业管理示范住宅小区认证。

1995年，首批获得物业管理一级资质企业。

1995年，进入广州、上海市场。

扩张期：1996—2006年

1996年，中海物业深圳公司跨出自建自管的业务领地，开始面向社会拓展业务空间。其后，相继进驻北京、成都、长春、西安、南京、苏州等50多个城市。

1998年，成立电梯公司，获得电梯"双A级"资质。

1996年，全国服务行业首家获得ISO 9000认证企业。

1998年，成立楼宇科技公司。

2002年，开发出拥有自主知识产权的物业管理软件。

2005年，发布《中海物业发展战略白皮书》，引领行业发展。

2005年，推出"中海—深蓝"高端物业管理品牌。

2006年，成功跨出国门，与越南胡志明市享誉盛名的城市建设级开发商达成合作，开创了国内物业管理国际化输出之先河。

精细期：2007—2014年

在全国各大主流城市树立"物业服务样板工程"，用示范效应将品牌项目的"管理特色"与"服务亮点"向全国辐射。

2008年，获得区长质量奖公司，为物业行业首家获奖公司。

2010年，全力打造了高档商业物业管理旗舰一中海物业（商业物业）管理公司。

2011年，首次启动中海物业年度品牌活动"小小业主物管体验营"。

2012年，中海物业集团化运营，迈出中海物业专业化管理新的一步。

超越期：2015年至今

从单一的"服务型"运营模式逐步向"资源型""平台型""资本型"模式过渡，登陆资本市场，促进中海物业的持续繁荣。

2015年，收购中建物业、中海宏洋物业管理有限公司。

2015年，在中国香港联交所主板上市，股票代码：02669.HK，正式迈入国际资本市场。

2016年，中海物业旗下子公司，一站式社区O2O平台"优你家"成立。

2017年，智慧社区在200多个社区推广实施。

2017年，兴海物联，优你互联两大服务平台全国上线。

2018年，中海物业纳入恒生港股通指数系列。

2019年，成立中海物业集团商业物业管理事业部，运营商业物业管理业务。

2021年，中海物业纳入恒生物业服务及管理指数。

（3）企业战略定位

中海物业秉持"成为卓越的国际化资产运营服务商"的企业愿景，以"我们经营幸福"为企业使命，践行"物有所依，业有所托"的服务承诺，以"1155"战略目标与举措引领"十四五"新征程：坚定擦亮"第一管家"金字招牌的目标，持续定义行业标准，引领行业发展趋势；坚持持续、均衡、健康、高质量发展；打造客户满意度标杆、城市与业态项目标杆、业绩增速标杆、子品牌标杆、队伍标杆五个标杆，实现服务力、产品力、市场力、科技力与组织力五种能力领先。

（4）企业创新商业模式

依托中海集团40余年深耕不动产开发与运营的经验积淀，中海物业以"好产品＋好服务"为价值主张，联动中海集团五家上市公司，涵盖投资开发、建造、运营服务三条业务主线，聚合物业管理、城市服务、技术咨询、智慧产城、社区生态、设计规划、战略集采、招商运营、产业运营、城市更新、建筑施工、施工监理、地产开发、开发代建、基建投资十五项专业能力，构建全产业链一体化业务模式。中海物业与各省市地方政府、各行业头部企业基于发展共识，通过股权收购、合资合作等资本化运作方式，共同经营、共担风险、共享收益，充分整合资源优势，输出中海物业的品牌效应、管理体系、服务标准、技术平台，建立长期互利的合作关系。

（5）顾客与市场

中海物业在不动产开发建设期间提供前介品控服务，在不动产交付使用期间为客户提供公共空间权益管理服务，由"管理物""服务人"向"管理空间与人的关系"不断进阶，围绕"空间与人"提供全域全场景服务。

在"四保一服（保安、保洁、保绿、保修、客服）"的基础服务之上，通过"海纳万商"为非住宅业态提供招商运营的资产管理服务；通过"兴海物联"为智慧建筑提供全生命周期的全链服务；通过"优你互联"提供生活服务运营、客户资产运营和社区资产运营服务。

中海物业积极追随科技趋势，利用物联网、智能硬件技术，利用智慧能源技术，改造项目的能源使用方式，优化能耗和成本，保护生态环境；利用信息化手段，提高业务管理、沟通的效率，间接降低运营成本，将人与人、人与物、物与物相连相通，实现高效自主运作的科技物业全系统性解决方案。

（6）企业价值创造的支持过程

中海物业积极融入基层社会治理，以高品质和多样化的服务，通过创新的商业模式、运营模式和市场拓展模式，发掘存量住宅市场与城市更新领域价值，引导多方力量，打造共建共治共享的社区治理模式，促进物业企业高质量发展，不断满足人民日益增长的美好生活需要。

① 整合中海集团资源提供项目全场景一揽子服务。

依托中国海外集团业务资源优势，中海物业联合规划设计、地产开发、战略集采、招商运营、产业运营、城市更新等多元能力，在项目投资到运营管理的全场景、全价值链中，提供一揽子解决方案。在开发建造运营管理各环节预控风险，从客户使用及运营角度提供有益意见，持续提升产品体验、客户体验及运营体验，提高交付率及客户满意度。

② 优化运营管理机制激发强大内生动力。

为解决基础物业服务中"品质提升动力不足""团队激励不足"两大痛点，中海物业推出"项目管理合伙人组织模式"与"智慧物业管理运营模式"，以差异化服务、集约化管理、智慧化运营为目标完成开发设计，通过充分授权、降低后台管理成本、专业能力认证保障、鼓励多劳多得，推动盘活存量、创造增量。

中海物业搭建"社区公共议事平台"和"智慧用工平台"，增加社区事务与客户需求的交互，公开透明、接受监督、多方参与，建立中国式的熟人社区，做有信任、有黏性的平台，以此促进业主对社区公共事务的决策力。中海物业设定一线用工薪酬三大原则，由客户需要决定岗位薪酬；以岗定薪而非以人定薪；让劳动者可以自由选择，弹性班次、计件薪酬。中海物业坚守不以牺牲劳动者权利和尊严换取企业利益的底线，致力成为在劳动力市场最有竞争力的企业。

为了实现高客户满意度的价值转换，中海物业全面推动菜单化服务工程，对现有公共服务实现菜单化设计，充分检讨服务菜单与收费标准的合理性、适配性，精准设计出个性化的公共服务升级产品与服务清单。通过客户满意与优质优价的互相促进，推动存量项目的调涨费，撬动物业服务消费升级的需求，做大增值服务市场，持续提升在管项目单位面积产值。

③ 多元化拓展并举打开广阔市场空间。

为了实现高经济性、高技术性的规模扩张，中海物业通过"定原则、明激励、强数据、高协同"等优化内部运营管理机制，通过五个维度多元化拓展市场。

一是着重拓展住宅物业市场，凭借深耕房地产业40余年的经验，中海物业住宅小区服务客户满意度位列行业标杆，通过对房屋建筑本身和配套设施的精心维护，以及社区居住品质的打造，助力房企和业主实现房屋保值增值和口碑溢价。

二是积极参与社会化后勤采购服务、老旧小区物业服务等，已在北京协和医院、西安幸福林带地下空间等项目上取得业态突破，还通过"零后台管理费、零利润老旧小区服务、集约智慧物管、微创小开发"等运营模式与上海、南昌、长春、济南、厦门、武汉、长沙等重点城市相关部门建立密切联系。

三是深耕大机构资源，持续获取优质项目，与华为西安研究所、中移在线、平安、中国邮政等均保持良好合作。

四是与地方政府平台公司成立合资公司，共同开发城市服务和物业服务市场。

五是收购优质物业企业，快速实现当期规模、营收增长。

中海物业认为，业主的需求是推动物业企业提升服务品质的刚性力量，头部企业正从单一赛道，转化到多元赛道，机会和选择很多，想象空间很大，要在主业与多元赛道之间寻找动态平衡，关键在于找准自己的定位，对公共空间实施卓有成效的权益管理。中海物业的使命是经营幸福，做好公共空间管理与服务，让物业服务更简单，更有价值。

（7）数据资源连接

中海物业认为，"连接"是物业企业的重要定位。从物的连接，扩展到物与人、人与人的连接，从内部管理服务的"连接"扩展到外部服务乃至整个社会的"连接"，将构成物业企业数字化建设的双轮驱动力。中海物业"十四五"工作铺排的信息化、智能化乃至数字化建设，围绕打造全连接的平台型企业展开。通过建设物业产业生态圈IT平台，并融合G端客户业务，C端客户业务，F端客户业务，B端客户业务，把GCFB全部连接打通，为不同的客户提供产业的能力链接，体现平台共生共赢价值。

中海物业自研全场景核心数据价值中心，包括市场拓展业绩管理平台、组织及人才地图平台、物业费测算系统、公司经营风险管理平台等业务场景等，简化一线操作，满足数据收集、分析、展示等不同阶段需求，开启了数据驱动业务的探索。在数据与业务深度融合的基础上，形成规模效应，深度挖掘数据价值，让数据说话，真正发挥数据驱动作用，让数据在精准施策中发力，实现业务数据化、数据资产化、资产价值化。

（8）后记

展望未来，面对中国城镇化、现代化进程带来的发展机遇，加上政府和物业行业的相关政策配套逐步完善和放开，物业管理行业迎来蓬勃发展的历史机遇，中海物业将秉持"精筑幸福 创领潮流"的品牌理念，坚守物业服务主航道，在"我们经营幸福"的道路上"全心奋进每一天"，以"1155"战略目标与举措引领"十四五"新征程，为成为集全球化战略布局、国际化管理视野于一体的行业领导品牌而努力奋斗。

【国贸物业经典发展模式】

（1）企业背景与荣誉

1984年，中华大地第一座超高层建筑——深圳市国际贸易中心大厦拔地而起，伴随着国贸大厦的建成，中国第一家超高层综合建筑物业管理公司——深圳市国贸物业管理有限公司应运而生。

深圳市国贸物业管理有限公司（以下简称"国贸物业"）是深圳市物业发展（集团）股份有限公司（以下简称"深物业集团"）全资子公司。国贸物业身为国企，却并不安于一隅，国贸物业秉着"敢为人先、变革图强"的精神走向全国、开拓市场。历经近三十年的探索与发展，国贸物业的物业服务领域从最初的写字楼已扩展至涵盖产业园区、文旅景区、政府机关、轨道交通、住宅、医院、学校、酒店等各种业态，基本形成多业态综合发展的良好格局，目前正积极布局进入基层社会治理领域，协同政府营造安全、和谐、文明、有序的城市环境。伴随国贸物业人"积极进取，不断开拓"的创业精神，国贸物业业务版图遍布全国，辐射华南、西南、华东、华北等各区。2019年，国贸物业走出国门，成功接管中国·越南（深圳——海防）经贸合作区，为其提供全产业链的物业管理服务，标志着国贸物业正式走向国际市场，是国家"一带一路"政策实践的排头兵。

当前，国贸物业作为市投控公司系统内唯一的物管平台企业，是系统内物管主力军和支撑运营管理升级的核心动能。国贸物业以做大做强做优市属物业管理板块为目标，坚持以服务国资国企发展大局为根本，重点承担市投控公司的战略布局分工，为市投控公司实现城市空间开发与产业发展及品质生活深度融合的战略目标，充分发挥物管板块配套作用，为市投控公司稳居世界500强持续做出重要贡献，为构建深物业集团产业生态链联动发展新格局贡献力量。作为市投控公司系统内唯一的物管平台，国贸物业深知责任重大，在成功收购投控物业公司并进行高效融合提质提效的基础上，从2020年开始，针对系统内企业合作不断探索新的合作模式，已经与深港科创、会展中心、国交中心成功落地项目并正常运营，实现系统内企业1+1＞2的协同效应。

百舸争流千帆竞，乘风破浪正当时，在时代浪潮中，物业服务行业在社会认可度和地位明显变化，各行各业对物业服务的需求也更加多元化，属于物业的"大发展"时代已然来临。国贸物业将明确根植于物业管理的资产运营与增值服务的业务方向，保持"标准化＋数字化＋品牌化"的核心竞争力，塑造"党建引领＋品牌建设＋人才培养"的企业文化，致力成为全球领先的产城智慧服务运营商。

（2）企业发展历程与特点

①扬帆：在探索中实践——建立"标准化＋专业化"。

物业管理是什么？中国的物业管理又是什么？国贸是这样来寻找答案的。

30年前，国贸物业成立，引入中国香港的管理体系，却难以实施，处处受限，于是，这些建设国贸大厦的拓荒者，历经10年索边总结，总结了一本《国贸大厦物业管理指南》，成为行业物业管理启蒙与诸多公司实践的教科书。20年前，国贸物业发现，如何把这些最具有实践与开拓精神的人员组织起来，探索专业化道路，把自己的技术与行业人共同分享共同进行价值创造，于是，国贸物业有了行业内最早的天阙电梯公司与国管机电管理公司。时至今日，专业技术公司已经发展成为国贸价值的核心。

国贸物业发现理论产生于"干"中才是有价值的，想要"干"得漂亮，需要实现物业管理的标准化+专业化。在标准化上，国贸物业针对各类业态形成了QPE/SLA/KPI的质量管理体系，制定了契合各业务模块（前介与接管验收、EHS管理、FM综合后勤、安全风控、应急管理、设施设备管理等）的标准化操作管理手册。在服务客户的过程中制定标准，用专业的标准服务客户、反哺客户，在客户的反馈中不断完善标准，形成标准化可持续发展模式。在专业化上，国贸物业不停打磨自身硬实力，关注项目痛点难点，为客户量身打造专业化的技术团队和服务团队。在1994年的国贸大厦电梯改造工程中，面临着施工受到冬季实施的特殊限制以及必须保证2个月全部工程完工的窘境，国贸物业首先展现的是专业素养——即刻成立施工监管小组，对施工作业区域精细化管理，在工程质量、进度、现场安全管理等每一个环节都安排了专业人员全方位、全进程、多岗位地跟踪、监管及配合；同时，严格落实工程监理制度，一丝不苟地进行阶段及分项验收，保证不留工程隐患。隐蔽工程全部有录像存档，随时验收分项工程，全部主材都按规定送检，材料到货验收都有小组人员参加，管道及金属件焊缝密集抽检，确保不留半点工程隐患。最终，国贸物业在工期内顺利完成国贸大厦电梯改造，国家住建部及全国各省市专家组共60人的现场检查并通过验收。

②启航：在实践中发展——寻求"定制化+贴心化"。

在物业服务领域多次书写各项奇迹后，国贸物业继续带着"源于心诚，臻于完美"的服务理念，秉着"敢为人先、变革图强"的精神，开启了多业态领域的项目拓展。

国贸物业矢志成为园区细分领域综合服务的领航者，服务高端智慧园区成为国贸物业的标杆项目。自2007年起服务于华为，随后又逐步为阿里巴巴、滴滴、巨人网络、深国际、深圳湾科技等知名高科技企业园区提供服务。国贸物业加大企业客户园区服务的顶层设计，完善各项服务系统，提高企业客户园区服务效能，进一步夯实公司园区领域的竞争优势，支撑重点发展园区的差异化战略，公司从客户需求着眼，通过总结萃提华为、阿里巴巴等客户园区的服务经验，在满足客户常规需求的基础上，通过创新升级服务模式，实现从传统物业服务到综合行政后勤专家转型，为客户提供全方位服务和定制化服务：一是提供一站式服务及多元化增值服务，助力园区运营管理，国贸物业在做好基础物业服务的同时，突破传统物业服务内容，为园区企业提供全周期、全链条的生态服务以及多元化的增值服务，在企业服务、园区运营维护、招商运营、产业发展等方面帮助客户解决更多的实际痛点，满足客户的个性化需求；二是科技赋能，打造平安智慧园区，利用科技创新，智能化应用构建智慧园区，配备可视化终端设备，作战指挥中心统一调度，配备NFC电子巡更巡检系统、消防物联系统提升工作效率；视频门禁、动态人脸设备、车牌信息采集系统及4G执法仪实现公安、交警实时联网，三网联动、统一调度，实现智能化安防，全方位提高园区安全指数；三是贴心服务，尽显人文关怀，注重服务细节，园区贴心设置残疾人士的爱心车位、女士车位、女士专享电梯以及地下车库反向巡查系统等，通过细致化的服务树立行业高标准，尽显人文关怀，让物业服务更有温度。

③破浪：在发展中竞争——打造"数字化+品牌化"。

在不断创下多个物业服务综合实力百强、产业园标杆服务企业等荣誉称号的同时，物业服务迎来了"硬软"结合的变革机遇。硬是指智慧化浪潮来袭，在新技术的推动下，现代物业服务几乎告别了过去"一把扫帚和一部对讲机走天下"的时代，取而代之的是各种智能设施和线上服务，物业服务行业正在从传统服务行业向现代服务行业不断转变；软是指文化软实力的高度重视，物业服务不仅仅是满足客户高品质的服务亦或是展示高素质服务精神，更需要满足客户的精神需求和展示公司文化风采，通过建立客户机制和营造文化，打造受社会尊重的物业服务企业。

在硬件上，国贸物业以"互联网+"为桥梁，推动智慧物管建设。公司从实际出发，加大了信息化建设顶层设计，统筹规划、有序推进符合公司发展方向的信息化建设，并加快数字化转型，稳步推进"四位一体"智能运营平台、智能管控平台、智慧停车场管理系统等建设，致力于打造集中管控、上下协同、服务高效的信息化企业。

在软件上，国贸物业以"党建引领+品牌建设+人才培养"为文化价值，推动物管软实力建设，不断提升国贸物业品牌物业度和美誉度，打造人才多通道上升渠道，统一国贸物业作为市投控公司唯一物管品牌形象，塑造全新的国贸新形象。

习近平同志指出，坚持党的领导、加强党的建设，是我国国有企业的光荣传统，是国有企业的"根"和"魂"，是我国国有企业的独特优势。贯彻习近平新时代中国特色社会主义思想，落实新时代党的建设总要求，加强党建引领企业高质量发展是国贸物业战略实施的重要措施。明确党组织在决策、执行、监督各环节的权责和工作方式，使党组织作用的发挥组织化、制度化、具体化，充分发挥党建工作在推动国贸物业发展中的重要作用。结合公司发展实际，充分发挥党委把方向、管大局、保落实作用，准确把握国贸物业改革发展的方向标。同时，充分发挥用党规党纪树企业正气的优势，强化党风廉政建设，营造风清气正、干事创业的氛围。着眼于公司规模扩张后的机构融合需求，加强党建引领工作。开展聚焦资源质量、资产质量、服务质量、经营质量的质量提升活动，发挥自身优势，积极稳妥推动企业有质量的规模扩张；紧盯降负债，严控高风险，不断提升资产质量；打造简明高效有力的管控体系，加快分（子）公司及并购企业间的协同发展；围绕国企深化改革目标，通过党的思想建设工作，发挥基层党组织的政治核心和战斗堡垒作用，推动机构的深度融合和高速发展。

（3）后记

在物业行业大发展的时代，国贸物业将继续打造品质过硬的服务管理体系，主动引领体系内相关物业服务升级，持续提升专业能力，满足体系内高品质物管需求，形成自身品牌优势，反向赋能业务布局开展，用实际行动来打造、来体现国贸的价值。

面临机遇与挑战并存的白热化物业发展形势，国贸物业将谱写属于自己的"十四五"战略规划，将践行持续深耕以深圳为"1"个中心的粤港澳大湾区，形成华北、华东、华中、西南"4"大区域总部，以中心城市向其周边"N"个重点城市辐射延伸的"1+4+N"拓展路线，明确"1个愿景+2大空间+4大业务"的"124"总体发展思路，围绕"单体空间"和"城市空间"两大核心空间精准发力，重点发展以"基础物业管理服务、空间增值服务、非业主增值服务、城市运营服务"为主的四大业务，以科技创新为第一驱动力，充分发挥资本撬动作用，构建统一智能管控服务平台，深耕深圳、布局全国、走向海外，重点承担市投控公司及集团公司辐射圈层的布局分工，发挥服务配套功能，打造全球领先的产城智慧服务运营商。

【社区云物业经典发展模式】

（1）引言

2018年10月24日，习近平总书记在深圳考察期间，首先前往深圳市龙华区民治街道北站社区，了解社区公共服务、基层党建、社区管理等情况。习近平总书记看到社区管理井然有序、居民安居乐业，十分高兴。他强调，要把更多资源、服务、管理放到社区，为居民提供精准化、精细化服务，切实把群众大大小小的事办好。要坚持依靠居民、依法有序组织居民群众参与社区治理，实现人人参与、人人尽力、人人共享。

此前，党的十九大报告明确指出："中国特色社会主义进入新时代，我国社会主要矛盾已经转化为人民日益增长的美好生活需要和不平衡不充分的发展之间的矛盾""人民美好生活需要日益广泛，不仅对物质文化生活提出了更高要求，而且在民主、法治、公平、正义、安全、环境等方面的要求日益增长。"这一论断深刻揭示了人民美好生活需要的基本内涵。

对物业行业来说，物业管理是服务城市、城镇人民群众的"最后一公里"，社区不仅是群众生产、生活、活动的基本单元，也是基层社会治理的最基础单元，与人民生活联系密切。尤其是新冠肺炎疫情发生以来，物业服务企业成为社区联防联控的主力军，为深化社区治理提供了有益经验和启示。与此同时，物业管理的智慧化、数字化加速了服务能力与服务方式的变革，如何进一步构建网格化、精细化服务、数字化支撑、开放共享的基层管理服务平台，更高效地参与社区共建，在协同社会治理方面发挥更大的作用，已经成为摆在物业管理行业面前最为重大的课题。

（2）社区云科技：应运而生　顺势而为

深圳市社区云科技服务有限公司（以下简称：社区云科技）成立于2019年10月。公司成立的初衷，就是以业主住户得到感、安全感、幸福感为出发点，以社区服务为核心，以扩展性极高的综合运营平台为社区和广大业主提供安全、高效、便捷的物业服务，全面满足物业企业的发展需要。同时，提升物业行业的专业地位与专业价值始终是社区云科技的孜孜追求。社区云科技强调"全生命周期"的运营服务理念，通过"人""财""事""物"的运营，为物业企业与物业项目提供全方位、一站式的运营服务。

社区云科技从发掘客户真实需求入手，围绕"政务、商务、服务、家务"的服务场景深化与延伸，进行对应功能模块的研发。集成了人事管理、业财税银一体化、标准服务应用、工单系统、设施设备全生命周期管理系统、项目体检系统、项目运营驾驶舱、智慧物联、AI预警、OA办公等众多管理模块，对物业服务流程和关键环节进行了解构与重构，搭建了一个项目综合管理运营平台。另外，综合管理运营平台的应用，可以避免目前跨系统切换的不便，链接各个管理系统平台间产生的数据孤岛，真正实现项目各项运营管理数据的互通、共享，为社区大数据库的建立以及应用打好基础。

据介绍，作为一家科技型生活服务集团公司，目前社区云科技旗下有：中科院的中科方舟、极致科技、永红源物业、国科城市大脑、聚鹏城市运营、聚美城市空间、聚泊停车运营、聚能科技、金鑫园林环境工程和中介平台等全资合资合作企业。这些专业化企业，业务涉及互联网金融、园林景观工程、景区管理、资产管理等多个行业，这些企业为在管物业项目保驾护航的同时，又都在技术、产品、服务、市场等环节具有高度的独立性和专业性，反应快速，在各自领域内具有很强的竞争优势。

（3）使命与愿景

2020年12月25日，住房和城乡建设部、中央政法委等十部委下发的《住房和城乡建设部等部门关于加强和改进住宅物业管理工作的通知》中提出了二十一项社区相关的规定。其中鼓励有条件的物业服务企业向养老、托幼、家政、健康、房屋经纪、快递收发等领域延伸。推动城市管理服务下沉、扩大物业管理覆盖范围、完善物业服务价格形成机制、加强智慧物业管理服务能力建设、提升设施设备智能化管理水平、促进线上线下服务融合发展、建立物业服务企业信用管理制度等多项内容均为社区云发展方向提供了政策支持。

在政策扶持与行业升级的时代背景下，物业行业迎来了前所未有的机遇，也给了物业行业从业人员前所未有的挑战。社区云科技旗帜鲜明地提出自己的企业使命与愿景：1.用科技化、数字化的手段为传统物业赋能，提升行业的专业地位与专业价值。2.用"云、网、端"的管理模式实现平台管理项目，取代项目现场"人管人"的组织治理结构。3.通过对服务场景，业务流程的解构与重构，重新理解社区服务的需求与解决方案。4.让社区云科技成为美好生活的引领者。

在对物业企业未来发展路径的探索中，社区云科技旨在把眼光放得更宽、看得更远。这一平台不仅把目光聚焦在传统的社区服务，还把社区未来的发展作为探索与实践的主要方向。社区云科技的团队清醒地认识到：市场正在走向成熟，业主才实际操纵着物业服务企业的前途和命运，只有在能够满足业主提升生活品质和物业增值的要求，承担起相应的社会责任的前提下，企业才有发展自己的空间。在未来的几年中，物业行业将进入重新洗牌、重新切分市场的重大变革时期，一个物业企业如何更好地适应未来国家对社区乃至城市治理的要求，把社区的权利与利益最大限度地还给业主，考验着每一个物业企业管理者的智慧。

（4）社区云科技的运营理念

一个物业数字化平台究竟可以给予自己的业主些什么？社区云给出的答案是：对传统物业的管理模式的解构与重构；实现社区日常管理数据化、可视化；通过社区数据的"自生成""自校验""自完善""自成长"；项目上绝大部分重复常规的四保作业的派发、检查与监督可以交给系统"代劳"；为企业老板、业委会、甲方代表随时随地展示项目运营数据，为运营决策、监督管理提供真实可信的依据……

如何帮助物业企业降本增效，实现服务升级，切实从业主的需求出发提升服务品质，真正让业主愿意为服务买单？社区云科技给出了自己的答案，也是他们始终要求贯彻的运营理念——"四度、四化、四全员"。

　　"四度"指的是满意度、温度、透明度以及私密度，针对的是业主的体验与感受而提出。社区云提出社区服务一定要以业主的满意为出发点，满意度不是靠阶段性的抽样调查得出结果，而应该是通过每一次与业主的服务与交互，业主对服务的过程以及服务的结果评价而得出最真实最客观的结果。同时，随着民众对美好生活的需求越来越高，物业服务应该通过场景的深挖，为业主提供更多贴心、暖心、超越期望的服务，加强和谐社区的建设，拉近物业从业人员与业主间的距离，提升彼此间的温度。另外，通过社区云运营平台及各种应用，社区相关参与方能够随时随地了解项目实时运营管理情况，打破信息不对称，打造公开透明的监督管理机制。最关键的是，在数据的采集与数据的运用过程中，如何保证业主隐私，不能造成数据泄密始终作为管理红线，对技术研发团队提出了最严格的要求。

　　"四化"指的是标准化、工单化、网格化、场景化，针对的是企业运营以及项目推进智慧社区建设路径而提出的。传统物业管理模式的痛点大同小异，但解决方案各有不同，见仁见智。社区云科技用自身对行业的理解以及过往积累的经验提出了解决的思路。首先通过自身对各种服务标准的积累形成云标准库，再通过项目业态与服务档次的需求自动形成项目标准库。再通过标准与日常任务的结合形成工单，交由运营平台自动完成工作的派发、任务的监督检查、结果的统计分析，形成业务自闭环，减少人工参与，提高工作效率。网格化与场景化的研究可以帮助项目管理团队分析岗位与作业区域合理划分，进行岗位工作内容的复合，提高人均效能的同时提倡员工通过多劳多得，实现员工收入的增加。

　　"四全员"指的是全员催费、全员保洁、全员巡查以及全员突击，是针对组织效率提升提出的。目前项目上干活的人少，管理的人多，三分之一的老人养活着三分之二的年轻人的问题相对比较突出。社区云通过组织改造，逐步淡化以岗位作为工作分工的方式，强化全员参与的概念，鼓励满足作业要求的员工参加内部资格认证，通过认证的作业资格越多，代表该员工可以跨岗位作业的机会就越多，员工的收益也会越来越多。

　　除此以外，对"人""财""事""物"全生命周期的运营管理也是社区云科技重点关注，重点强调的运营理念。各个运营管理模块中的风险通过系统预警以及自动生成工单的方式帮助项目管理团队迅速高效地聚焦问题，形成有效的监督管理机制，从而为项目平稳运营保驾护航。

　　（5）社区云科技的运营模式

　　有别于传统的物业企业和物业软件研发公司，社区云把自己定位为科技型、平台型的物业公司。在注重科技赋能的同时，秉承物业服务的初心，社区云科技强调自身产品与服务的核心是"工具+运营"，运营是关键也是新型智慧管理模式能够落地、接地气的保证。

　　在社区云管理的项目，总部以及相关管理方可以随时随地地通过项目驾驶舱了解现场的动态运营数据。项目平台通过对动态运营数据的统计与分析自动触发预警提醒，对需要关注处置的事项自动形成工单，对专项管控事务形成自动分析，为决策提供真实有效，科学客观的依据。这种逐步取代依靠人力管理过渡到平台运营管理的模式，社区云内部称之为"云、网、端"模式。通过平台远程指挥、监督检查，可以打破传统管理模式中时间与空间的限制，实现管理规模的突破以及管理效率的提升。

在日常管控过程中，社区云始终提倡一手抓"风险管控"，一手抓"效益提升"。通过自主研发的"体检小程序"，可以帮助项目评测多个专业场景，如项目的管理状态、设施设备的运营状态等。通过体检结果暴露出来的风险与问题能够自动形成报告并且出具对应的解决方案，再结合后期的整改工单，一系列的动作都是为了帮助项目管控风险，防患于未然。另外，通过实时的财务经营数据的统计与分析，系统平台也会提醒经营管理者对应存在的经营风险，以及目标差距。而所有的这些经营管理数据都能通过项目驾驶舱进行呈现，帮助经营管理团队"运筹帷幄，决胜千里"。

（6）后记

通过多年来对市场的认知和把握，社区云科技对将来的行业走向有着自己的预测：市场正在走向成熟，业主和客户才实际操纵着物业服务企业的前途和命运，只有在能够满足业主提升生活品质和物业增值的要求，在承担起相应的社会责任的前提下，企业才有发展自己的空间。在这样一个重新洗牌、重新切分市场的重大变革时期，企业的发展靠的是品牌、口碑和人心，而这些正是社区云科技未来倾力追求的经营目标和恒久不变的文化准则和企业使命：提升行业的专业地位与专业价值，成为美好生活的引领者。

【居佳物业经典发展模式】

（1）筑梦光明

光明区是深圳最年轻的行政区，在这片充满活力的土地上，遍布着大大小小100多个城中村，它以博大的胸怀接纳着来自四面八方的城市建设者。光明区早期的城中村由于人口结构复杂、基础设施薄弱、社区环境混乱等很多问题，严重影响了广大居民的幸福感和城市化进程。2019年，光明区委、区政府着手启动"城中村物业管理提升"工程，提出要打造具有光明特色的城中村物业管理服务长效运行机制。深圳市居佳物业管理有限公司作为首批参与光明区"城中村物业管理提升工程"的专业公司，按照区委、区政府的指示精神，第一时间抽调精兵强将进驻光明，成立了光明分公司，并以自己的实力和优势，先后进驻了公明街道下村、西田村、新湖街道楼村新村、马田街道石围村、将围村等五个城中村的合作管理项目。公司凭借多年的城中村社区物业管理丰富经验，结合各项目的实际情况，迅速制订了行之有效的管理方案，倾力打造城中村样板社区，坚定地迈出了全面推进光明区城中村物业管理专业化的铿锵步伐。

（2）创新经营模式 实现合作共赢

居佳物业在社区城中村物业管理实践中深耕了15年，在15年的探索和实践中，不断创新和探索出一条独具特色的管理之路——居佳模式。

所谓居佳模式，是由深圳市居佳物业管理有限公司独创的合作共赢的经营模式。其具体内涵为：在经营理念上，秉持合作共赢的理念，物业公司和村股份公司各占50%的权益，风险共担、利益均分，达到经济利益与社会效益共同增长。在服务品质上，双方追求尽己所能，为业主提供最大限度的服务和保障。在管理架构的组成上，由乙方（居佳物业）选派专业的项目主任，甲方（社区股份公司）选派一名监事进入所管项目担任副主任，全程参与项目的管理与运作。在财务管理上，甲乙双方各派一名财务人员，实行财务监督和收支透明化。在管理服务层人员配置上，采取"引进"与"培植"相结合的做法，吸收甲方的青年才俊进入项目管理工作，通过"传、帮、带"措施，为甲方培养一批物业管理人才，吸纳社区居民就地就近就业。

居佳模式最大的亮点，就是项目在前期管理没有任何收入的情况下，一切投资全部由居佳物业垫付（包括物业用房、员工宿舍的租赁装修、设施设备的改造、人力成本开支等等），社区股份公司只需提供配合协助，不需要支出任何费用，服务合同到期后，先填平居佳物业垫付的资金，剩余的利润双方平分；如果出现亏损，所有亏损的费用全部由居佳物业独自承担。这种以最不利于自己的合作模式，给予了合作方以最大的信心和尊重，也展现了居佳物业极大的诚意和自信，受到了社区股份公司的青睐和肯定。这一模式，让居佳物业成功打造过许多社区物业优秀项目，也多次被国家住建部杂志刊物，深圳电视台、宝安日报等主流媒体进行专题报道。

实践证明，这种"双赢"的模式，既发挥了专业公司的管理优势，又发挥了社区股份公司的资源优势，两者的紧密结合，也必将在光明区这片最后的处女地上开花、结果，展示出旺盛的生命力。

（3）实施精细管理　构建智慧社区

"以人为本，以诚为宗"是居佳物业的核心理念。为此，居佳人认真做好每一件事，真诚服务每一天，注重细节过程，谋求质量效果。

居家物业进驻各管理项目之后，以人文关怀为出发点，开展调查研究，采集各种信息，从综合管理的源头性、基础性和关键性工作入手，按照政府主管部门提出的"四个全覆盖"要求，制定了专业化管理的实施步骤、措施和方法。并结合管理工作实际，以项目管理处为单位，开展了"样板社区"创建活动，制定了翔实的创建方案。根据方案的要求，各管理处全面开展了精细管理服务工作。

抓好村民租户的信息采集，做到精准服务心里有底。通过上门摸查、登记，按一户一档、房户合一、来有备案、走有留档的原则，建立精细准确、动态鲜活的住户电子档案，并坚持每月一次数据变动更新。同时，对所管项目区域内的公共设施设备、道路交通、人口车辆，及区内相关服务单位等情况也进行了调查汇总登记。这项工作虽然繁杂劳累，任务量很大，但是为物业管理的初始工作打下了坚实打基础，为实施物业管理的精细化服务迈出了关键性一步。

强化过程管理，确保服务质量。各管理处都建立了较为完备的规章制度及岗位责任，要求各项服务工作必须做到执行有流程，检查要到位，效果合标准，并从始到终的全过程都要有责任记录。同时，各管理处都设置了社区群众诉求服务站，坚持实行服务岗位24小时值班，24小时居民住户诉求电话畅通，及时受理住户各类报修、求助、建议咨询和投诉，并做好来电记录，处理结果登记，及回访记录。各管理处还主动实行"推栋进户"服务，按照一栋一菜单的模式开展个性化的上门服务。

主动做好物业管理服务中的各项协调配合工作。城中村物业管理也是一个系统工程，并又有其特殊性，涉及各个方面的服务关系。协调好这些关系，对实施精细化管理是非常重要的。为此，各管理处主动配合相关部门，做好协调和督导区内其他作业单位，做好公共卫生、绿化养护、防害消杀、公共照明、排水排污、消防、用气，以及居民防疫等项服务及安全工作，确保了物业精细化服务的整体效果。

积极推进物业智能管理平台建设。为了提升智慧服务水平，达到科学、精准、效率的服务，不仅在区域内实行全天候实时电子监控，而且在管理处安装了智慧管理大屏，将社区内监控画面显示于大屏上，随时掌握社区实时动态，出现紧急情况，可迅速通过对讲系统，点对点地快速调配人员前往处理，大大加快了服务响应和处理效能。由于实施了智能物业平台管理，不仅对社区的设施设备安全，车辆进出与停放实施了智能化管理，而且社区居民还可以通过平台足不出户完成在线缴费、线上报修、问题反馈等各种事项。

随着精细化管理与智能化管理渐入佳境，居民和住户对社区物业管理的知晓度和认同感也日渐增高，从而为城中村物业管理的不断提升营造了良好氛围，也进一步提高了物业的现代化管理手段。

（4）强化党建引领破解管理难题

城中村物业与商住小区物业有着很大的特殊性，业主都是当地村民，对物业进驻管理有较大的抵触情绪。他们认为：自家的楼房自己管理、自己修缮，不需要向谁缴纳任何费用，更不需要第三方出面与协调，所以拒交管理费用，个别业主甚至辱骂物管人员，导致社区物业管理提升工程困难重重。面对在管理过程中的难点、堵点问题，居佳物业根据区委区政府领导的指示精神，突出抓住党建的引领作用。公司根据多年城中村管理经验，对接提升工程的具体任务要求，居佳物业公司第一时间与社区党群、股份公司沟通成立联合党支部，实现了与社区工作站党群服务中心、社区股份公司展开良性互动，通过坚持社区共建原则、综合服务原则和党群共治原则，建立了完善的城中村党群议事协调机制，指导帮助解决社区管理中的难点、重点、堵点问题。针对这些问题，都是先召开会议征得广大党员干部的共识之后，再张榜公布、征求民意、推动落实。譬如城中村最难的违规乱停车、私用空地、物业服务费收取难等问题，就是由社区、股份公司领导和党员干部，召开座谈会，主动做村民的思想工作，并带头缴纳物业费；譬如在遇到管理人员跟业主之间发生矛盾时，都是由党员干部主动出面进行协调化解，进行相关政策的宣传教育。由于党建引领，实现了协调各方关系，统筹社会资源，统一思想决策，使城中村物业管理中的许多老大难问题迎刃而解。

在党建引领作用下，居佳的5个城中村项目都建立了物业管理联席会议制度，设立了群众诉求服务中心，健全了居民监督机制，畅通了诉求渠道，为城中村住户搭建了信息咨询、报修投诉、安全预警、物业管理矛盾协调的平台。通过组织社区志愿者服务活动，调动了社区居民热爱社区、助人为乐、共建家园的积极性，培养了村民的自我管理、自我教育、自我监督的公民意识。也使物业精细化、专业化管理服务变得顺畅了，村民与物业公司的关系融洽了，村民对围合式物业管理有了认同感、幸福感，小区变得安全、干净、有序、和谐了。

实践证明，强化党建引领，是提升城中村物业管理的政治保证及第一抓手。

（5）注重人才培育　实施固本强基

城中村物业管理提升工作面临的一个较大问题是专业人才缺少，特别是本地的物管人才更是奇缺。根据这一实际情况，居佳公司除了针对项目需要引进一些经验丰富的物业管理人才之外，积极主张由股份公司在村民中推荐选拔一些有文化、有理想、上进心强的青年村民到管理处工作。这一提议得到各村股份公司的大力支持和积极响应，先后选派各岗位工作人员20多人参加了物业管理工作。这些人到管理处后，按照公司的培训计划和要求，先后对他们进行了职业理想道德教育，再对岗位专业技能做到手把手地帮教帮会，一直达到独立上岗工作的要求。除此之外，公司管理处还组织他们参加光明区住建局组织的物业管理专业知识和专业技能骨干培训班的学习。通过参加学习和管理处的帮教与培训，他们的基础知识和管理技能有了普遍提高，加上在管理处岗位上的实际操作，相互学习交流，跟居佳员工一起摸爬滚打，实行同工同酬，兄弟姐妹般的亲情合作，极大调动了他们的积极性。目前这些人大多数已经成为城中村物业管理的骨干力量，即便项目合作到期居佳公司若是离开了，他们也可以托起社区物业管理的责任，使城中村的物业管理继续保持活力和可持续性发展。

居佳公司在项目合作中为本地股份公司培养物业管理人才，从一定意义上说相当于给自己培养了竞争对手，但居佳公司以诚信为本，展示的是绝对自信和一直的率性而为的品格，更是一种高瞻远瞩的大局意识。事实说明，真诚合作换来的是彼此的信任和责任。到目前为止，还没有一家合作对方辞退居佳公司，转用自己的人替代管理，相反的是合作更加紧密，关系更牢固。从中看出，居佳公司为本地培养专业人才，不愧为实施固本强基的一种战略眼光。

（6）打造特色文化建设"三宜"社区

开展社区文化建设是居佳物业最大的特色和亮点之一。居佳物业公司李德生董事长是中华灯谜界泰斗级人物，深圳市灯谜学会的创始人和深圳灯谜界权威，他在灯谜和楹联方面都有很高的造诣。因此灯谜活动和楹联文化在居佳物业的企业文化活动里占据很重的地位。所以在每一个管理的社区内，都将灯谜和楹联这种中华传统文化融入日常管理之中。特别每年春节，每一个社区从大门、楼栋门、管理处、活动中心，甚至居民家都可看到大量由公司董事长结合现场特点、国家时事宣传，亲自创作撰写的楹联。这些喜庆而有文化特点的楹联在各个城中村随处可见，非常喜庆、鲜活，也非常应景。

居佳公司还经常不定期地跟深圳市灯谜学会这种专业的灯谜组织合作，在社区举办各种猜谜活动，所有灯谜都是结合城中村的文化特色，由李德生董事长和深圳灯谜学会的专家们组织创作，非常应景又很接地气，既幽默鲜活又雅俗共赏。现场猜谜也一改以往老旧的悬挂形式，而是引进深圳灯谜学会自己开发的专业猜谜软件，所有灯谜都在活动现场大屏幕上展示，举手猜哪一条就会自动跳出来并在屏幕中间放大，猜对了谜底显示出来，这条灯谜面就自动消失，新的一条自动补上，全部由电脑操控。每次活动物业管理处都出资购买丰厚的奖品，也有不少社区内的企业积极资助，对现场参加的居民进行奖励。对这种长知识，又娱乐的文化活动居民们每次都踊跃参加，既活跃了社区文化，又拉近了居民同物业公司双方的距离，融洽了相互关系。

除了灯谜、楹联活动之外，每一个管理处还结合社区各自特点，场地优势，融入很多文化元素和活动，比如举办文艺晚会、放映电影、建设文化墙，结合各种传统节日展示相关节日文化，并与居民的舞蹈、唱歌、下棋、健身等活动交相辉映，通过系列性的文化活动，不仅活跃了社区文化，而且也提高了社区居民的文化素养和道德水平，为建设宜居、宜业、宜游的文明和谐社区作出了特色贡献。

（7）做好顾问工作　当好政府帮手

在光明区城中村物业管理提升工作中，居佳物业公司凭借着企业实力和城中村物业管理的丰富经验以及行业品牌，被光明区住建局聘为"城中村物业管理提升工程"的顾问单位。作为政府部门聘任的唯一一家顾问单位，居佳物业深感责任重大，任务艰巨。为此公司聘请了由行业资深专家带领组成的顾问团队，积极布局，迅速开展工作。

顾问组甫一成立，就深入一线调研，用近20天时间走进各城中村实地调研普查，对全区6个街道，31个社区，84个城中村围合式社区的物业现状和管理中的具体问题，编写了光明区城中村物业管理提升调研信息统计汇总表，为政府部门指导工作提供了基础性信息。顾问组还根据政府主管部门提出的政策性问题，进行了专题调研，形成书面报告，提出合理化建议。基于对情况的了解和责任，顾问组先后多次参与了政府对城中村物业购买服务、合作模式、服务内容、收费标准、考核制度、党建引领等方面的政策讨论和研究，为政府制定和出台相关政策，提供了许多有价值的意见和建议。为了让政府主管部门及时了解掌握全区城中村物业管理的推进情况和问题，顾问组撰写编辑工作简报，同上级部门及时沟通互动。对一些具有普遍性和影响性较大的问题还进行了深度调研，形成专题材料上报政府。顾问工作期间，顾问组编辑简报、调研报告、政策建议、情况汇报、信息汇总等材料就有近20万字，为区政府领导城中村物业管理提升工程提供了信息支撑和价值参考。

根据区住建局的意见，顾问组还组织了光明区城中村物业管理中高层人员培训班，邀请行业专家为光明区各街道物业管理人员、物业管理单位、各股份公司的中高层管理人员进行了培训。培训班先后组织了4期不同内容和专题的学习，参加人员有400多人次，为全区推进物业管理培养当地管理人才，发挥了重要作用。

自顾问组成立以来，专家们不辞辛苦，尽心竭力，下基层，走现场，提出建议，解疑释惑，为提升光明区城中村的治理能力和治理水平，打造"宜居、宜业、宜游"的样板街区做出了不懈努力，成为政府实施城中村物业管理提升工程的好帮手。

奋斗成就梦想，实干创造未来。

居佳物业以党建为引领，以居民为中心，以专业服务为抓手，围绕光明区"城中村物业管理提升工程"中的重点、难点，大胆实践，敢于创新，真抓实干，将贴心服务送到居民家门口，落在心坎上；用精细化综合管理，提升了居民的认同感和幸福感；不仅使在管的五个城中村发生了彻底的变化，而且在创建"高质量、高颜值"的样板示范社区，打造"宜居、宜业、宜游"的"三宜街区"和"深圳北部科学城"建设作出了积极的贡献。现在全体居佳人，正以昂扬的斗志，在城市化改造的大潮中，不忘初心，牢记使命，砥砺前行，筑梦光明。

【之平管理经典发展模式】

（1）企业背景与荣誉

2004年9月6日，之平管理诞生在深圳特区。是一家专注于物业管理及服务的专业机构，为各类型不动产拥有者、房地产企业及公共机构等提供专业的物业管理、生活服务以及有关企业运营、组织和技术方面的顾问咨询服务。之平管理核心团队拥有近三十年的物业管理服务专业经验，一直致力于帮助不动产拥有者营造更美好的生活场景，以助力价值增长。截至目前已走过波澜壮阔的十七年。17年间，之平管理经历了无数个由0到1；17年间，之平管理打造出了行业优秀物业品牌、帮助千万业主营造了美好生活。之平管理，是一家专业房地产综合服务机构。自2004年作为一个纯市场化、无开发商背景物企亮相以来，其创新精神一直为业界赞誉。成立17年，已能够为房地产企业、物业持有者及各类公共机构，提供设施设备管理、房地产销售、资产管理、运营和技术咨询等多项服务。基于顾客需求，之平管理还先后投资了以养老为专业的旬彩养老、以社区服务为主的邻利荟、以资产管理和楼宇科技为核心的数能楼宇科技、以第三方满意度服务为主的顾问公司等机构，大举进行商业模式创新探索，努力成为国际化的集团公司。经过多年累积，之平管理的业务以住宅为业态主体，涵盖了商业物业、公建物业、学校、写字楼、园区等多种类型的直管物业项目超过200个，提供顾问咨询服务的项目也超过了200个，遍布全国近60个城市，服务顾客超数十万户家庭。目前集团拥有6000余名员工，具备国家物业管理一级资质。之平管理作为美好生活场景营造引领者，致力于为顾客提供物超所值的物业服务；自2017年开始，之平管理营收增长率连续三年超过50%，近三年平均增长47.6%，高于行业平均水平，且顾客满意度始终保持较高水平，解决了行业发展规模与质量的反比关系难题。对物业企业和市场态势的深刻洞察获得了专业成果，并已连续五年获得物业管理百强企业殊荣，这代表了行业对之平管理的专业价值及行业地位的认同，也凸显了整个行业对之平管理追求顾客绝佳体验的认可。

（2）企业发展历程概览

之平管理发展分四个阶段。

第一阶段是从2004年到2007年，之平管理以做顾问咨询为主，是基于当时行业市场化、专业化程度不高，很少有人考虑企业该如何为业主提供专业化服务。之平管理利用自身的专业，帮助其他企业真正理解物业管理，帮助其为业主提供专业的物业服务；在行业内作出了突出贡献。

第二阶段是从2007年到2012年，第二阶段主要是对第一阶段企业发展模式做出调整。由于在实践中发现，做顾问咨询无法盈利、不能形成商业模式，之平管理决定重回物业管理，在经营理念出现大幅变化后，之平管理就开始逐步扩大管理规模，项目主要分布于重庆、浙江等地。

第三阶段是从2012年到2017年。在第三阶段，之平管理开始下大力气提升物业服务质量。2012年，之平管理为了兼顾业主居住体验和诉求，首创FCT技术并自主研发了CRM系统。FCT技术，令其管理能力大幅提升，更具竞争力，CRM系统则与大数据进行巧妙结合，创新力度大增。

之平管理自主研发的CRM（Customer Relationship Management）客户管理系统，是一种基于计算机的电话交互技术。它能够在降低成本同时，有效集合全国所有项目的业主报事、咨询以及回访数据。通过对数据综合运算，系统会自动出具服务质量报告，并督促各项目完成整改。

第四阶段，是从2017年到现在。第四阶段，之平管理推动了增值业务中养老、资产管理等单一事业部，向事业群发展。之平管理发展至今，在近三年企业服务质量明显改善的基础上，现在已到全面冲刺的阶段。

（3）战略定位

之平管理始终致力于做好一件事情，那就是利用自身专业高效的管理、优质的服务和出色的协调能力赢得大部分顾客的认可和尊重，为顾客提供专业的服务，创造服务价值。

之平管理坚持做好核心业务：物业管理，做好物业管理的最核心是顾客导向为基础的——CRM中心，所有管理工作的开展都源于这个中心。做好物业管理需要解决两个问题：1）人（解决团队问题：三大法宝是行为，团队品牌核心是结果）。2）技术（现场管理标准——四项核心技术；设备设施管理——打通数据系统，过程透明）。并且运用异地管控、开放信息平台、全员绩效的手段加强管理；并且发展针对家务工作者的邻利荟、针对老人的旬彩养老、针对大业主资产管理的至信同创，作为助推业务的马达。通过顾问进行技术输出给物业同行，拓展品牌，检验研究成果，收集更多数据，反馈信息，不断优化研究成果。

（4）创新商业模式基本特征

之平管理首倡并实践重新定义物业管理服务，明确新时代的物业管理服务应该是为顾客营造美好生活场景，并在这个基础上为各类型顾客提供更多类型的服务。在房地产市场进入存量房时代下，之平管理也紧抓时代命脉，住宅业委会的存量市场是其未来发展的主要市场之一。之平管理期望在物业管理+社区商业、养老产业、资产管理等体现顾客价值的领域继续发展，主导产业创变，做行业自主企业市场化专业领域发展的先行者，作为为各地中小企业提供真正支持和帮助的专业的布道者，帮助更多的企业不断创新、发展，成就物业管理服务行业的"新经济"。

（5）顾客与市场

2004年至今，之平管理历经了从"只提供基础服务"向"企业多元化发展"转变的全过程。说到多元化发展，之平管理不仅将产业集群化，还确立了"3+1"类人增值服务模式。其中，"3"指老人、孩子、家政工作者，"1"指大资产所有人，比如说开发商、业委会等。

针对老人，之平管理成立了专门养老机构——旬彩长者服务。旬彩长者服务以让长者有尊严地回归家庭和社会为己任，根据不同老龄人群及需要，从居住、餐饮、护理、医疗、康复、精神慰藉等方面，提供社区养老、居家养老、机构养老以及养老社区等多种运营和管理服务。

针对孩子，之平管理在小区内打造了"四点半"学校等一系列活动场景。之平管理执行总裁余绍元称，"现在外界跟孩子有关的服务多种多样，从教育到运动到娱乐。不过，我们没有每个都做，而是着重选择教育这一块。在'四点半'学校，我们会请一些老师来学校教小朋友书法、绘画，丰富课余时间"。

针对家政工作者和大资产所有人。对于家政工作者，之平管理提供居家服务、时令商品服务等，还为此专门开设了商业服务机构——邻利荟，服务包含居家所需，例如空调、抽油烟机、洗衣机清洗等。对开发商、业委会等大资产所有人，之平管理主要负责资产打理。企业专门成立了资产公司，对车位、房间出租等业务进行运营。

同时，之平管理针对顾客诉求沟通体验专门设立了CRM平台——易呼捷应，通过远程客服中心，实行顾客信息数据的集中化管理，对客户意见调查，出具专业、客观、公正的调研分析报告及建议，构建CRM信息系统，实现客户关系管理和服务大数据生态圈。

（6）过程管理

通过顾客对之平管理良好的服务评价及高满意度确定，之平管理在物业服务中为顾客创造的价值是让顾客体验到了专业的物业服务，让业主的资产得到了保值和增值，帮助不动产拥有者营造更美好的生活场景，体现了之平管理最大的优势与不同以及存在价值。

之平管理通过以下方式和服务手段，实现服务价值：

①之平管理敏锐地发现，高速的发展源于物业管理市场发展规模与质量关系的发展模型——PMT，从3个维度揭示行业的专业价值基础，一是专业价值，包含基于物业管理顾客服务大数据的生态系统建立的CRM中心；让设备设施运行、保养、维修全过程透明，保持绝佳安全场景；让物业的销售案场、承接查验、集中装修、正常服务全供应链都能够遵循的标准化体系FCT5.0；最后通过之道平台的服务体系及管理工具让企业成为一个永动机。二是基于顾客需求的价值挖掘产品——社区商业机构邻利荟、养老机构旬彩养老、资产管理机构至信同创。三是打造热忱并乐意尽心服务的团队，系统化的团队培养及管理标准和回报体系使得组织不断自我完善、持续改进。PMT是之平管理执行总裁余绍元先生提炼出的对物业管理市场化具有时代意义的见解和企业实践，这也成为建立行业技术支持系统的典范，它确保了之平管理的高速成长、智慧成长，让之平管理赢得了顾客以及行业的认可，并为今后全面开创新局面、弘扬高速发展奠定基础。

②之平管理下设专业从事楼宇设备设施管理维护，楼宇智能化工程设计、施工，智能家居设计、施工，物业管理技术顾问、培训等业务的专业楼宇设备设施管理维护及施工改造综合服务企业。在践行尊重包容、创新管理的核心价值观基础上，通过专业、科学的保养维护实现楼宇设备设施资产的保值和增值。

③之平管理自主开发了一套集约平台系统——"之到"平台，它的理念是能够改善物业管理服务工作者和顾客的生活，帮助提高物业管理服务的效率，并让更多的人能够获得便利、舒适、安全的生活。平台不仅可以实现一键达到目的的要求，更是延伸到了物业管理营运的各个环节。"之到"平台不仅承载了CRM中心的所有数据，帮助运算、消化，而且能够优化过去采集数据的方式，由被动采集变成顾客可以主动登记。

除了服务数据，平台还与设备设施管理数据相互连接，设备设施管理的透明也能通过平台来实现，无论是集团管控部门还是管理者、还是顾客都能够通过平台看到各项安全管理数据。另外，3＋1服务场景标准也可以通过平台来落地，可以随时调取任何一个项目的管理数据、标准执行状况，以方便管理者能够掌握数百个项目的管理服务水平数据，然后跟进落实。除了管理数据，平台还有沟通管理和内部管理的功能，顾客通过手机端可以看到项目的管理服务大数据报告、社区文化活动开展情况并能够随时互动；通过这个平台，也实现了内部管理的功能，现场问题拍照上传、报事处理流程查询与处理、手机报表统计查询等。这些功能为顾客提供更加即时、便捷的咨询服务，便于内部能实时查询和处理顾客诉求信息，也让现场工作更方便、更快捷。"之到"智慧平台解决了物业管理设备设施、顾客服务、现场品质以及内部团队管理的透明化问题，让物业管理服务过程透明开放。

（7）企业文化与社会责任

之平管理创始人陈之平先生，董事、执行总裁余绍元先生致力于在公司内部营造智慧+民主+努力之企业文化氛围，让之平管理的每一位员工在共同价值观的驱动下，全力以赴提升之平管理的客户服务水平及专业管理质素，在管理服务的设计及推行上锐意创新，从而为提供极具竞争力及物超所值的服务，提升之平管理所辖物业的价值。不断地引导和强调属于之平管理独有的核心价值观：尊重他人，善于沟通；群策群力，锐意创新；专业管理，优质服务。

之平管理每年用利润的3%作为贫困员工的子女教育津贴，力求通过对身边同事的关怀将社区责任传递、传承。同时积极参加行业协会、地方协会以及其他社区团体组织的公益活动、扶贫活动。

（8）经营结果成效

之平管理通过专业、优质的服务，坚持做好物业管理，大客户满意度连续三年95%以上，小业主满意度90%以上；市场连续三年增幅超30%，并且在大型商住社区、学校、商写项目上有了非常大的突破；物业服务费收缴率、营业收入及利润连续三年增长超10%；在人才培养方面，每年输出优秀人才超200人，通过公司内部有针对性的培训以及极具竞争力的薪酬绩效管理系统，基本能实现管理人员的自给自足，并且吸引了非常多行业内的优秀人才加入之平管理；在行业内，展示出了非常大的竞争优势，在物业管理服务基础上，有着与众不同的服务理念及优质的服务质量，成为中国物业管理行业副会长单位，连续五年获得中国物业服务企业百强称号，获得市场服务领先企业称号，获得住宅项目优秀服务单位。

（9）党建引领

之平管理有党员121名，原有支部5个，分别隶属各城市街道党组织和民营工委，由于党支部比较分散，各个城市公司的基层组织之间没有得到更好的衔接，未能充分发挥公司在党建中应有的作用和价值。为此，我们以党建为抓手，将集团内各个分公司党组织以企业自律管理这条主线紧密地凝聚在一起，既能保证公司的正确发展方向，又能更好地服务于社区居民。2021年1月13日，在深圳市社会组织党委和深圳市物业管理行业党委的指导、关怀下，深圳市之平管理党委、纪委成立。坚持完善之平党的基层组织建设，做到全覆盖业务区域，发挥组织力量，引导优秀业务骨干向党组织靠拢，开展党史学习教育，在"三个力求"上下功夫，让更多的干部员工感受到党的先进性。用共产党人的实际行动为党旗增辉、为党徽添彩，让党旗在之平社区防控疫情第一线高高飘扬，我们结合之平管理服务的特点，以"建强组织筑堡垒、之平管理作贡献、为民办事解难题"为主线，组织各个支部开展"营造美好生活场景"，让"红"的标志亮出来，让"红"的旗帜飘起来，让"红"的声音响起来，以此鼓舞广大党员要强化意识，牢记使命，不忘初心，切实为群众办实事。

【阳基物业经典发展模式】

（1）企业背景与荣誉

深圳市阳基物业管理有限公司成立于2003年3月，阳基集团有限公司全资子公司。公司成立以来，一直遵循"业主至上、服务第一"的企业宗旨，树立了"以人为本——人性化管理、以客为尊——超越客户满意"的经营理念创立了具有阳基特色的物业管理模式。阳基物业自成立以来，持续关注和提升业主服务的价值，坚持始终如一的客户取向，逐渐形成了"优质服务、阳光生活"的品牌风格，打造出了独具特色的专业化物业服务团队。携手客户和业主，共创价值与和谐。目前在职员工大约1000人，管理面积超过100万平方米。管理类型包括：商业中心、高层住宅、多层住宅、写字楼、工业区等。公司管理的多个项目先后被政府主管部门评为"安全文明标兵小区""群防群治先进单位""零案发小区"等荣誉。公司通过了ISO 9001质量管理体系、ISO 14001环境管理体系、OHSAS18001职业健康安全管理体系审核认证。连续五年被事务监督管理局认定为广东"守合同重信用"企业，2020中国物业服务防疫满意度企业10强。

阳基物业以精细化管理为中心，重点锻造服务力、拓展力、科技力、增值力和成本力，打造企业核心竞争能力，以"一心四维五力"来构建竞争壁垒，形成企业强大的护城河及品牌效应，向卓越城市综合精细化管理服务商迈进。

（2）**精细化管理服务特色**

阳基物业认为，物业精细化管理的价值已经不局限于传统物业管理的秩序维护、清洁绿化、设施设备的养护与维修。物业精细化管理的价值还应该体现在使物业业主（使用者）能够切身感受到物业使用和居住的舒适度。具体说来，物业服务企业的价值是对建筑质量的专业建议、基础物业管理服务以及社区文化建设等综合供应。物业服务企业应该定位为精细化管理价值供应商。

①向精细化管理上游延伸的物业管理价值。

物业本身较好的设计及施工质量会减少物业所有者（使用者）在日后使用过程中的矛盾与纠纷，增加物业所有者（使用者）较高的舒适度，物业管理对舒适度的提供则来源于物业服务企业凭借专业的物业维护与管理经验为物业的设计和建造者（开发商）提供专业建议，将未来基于物业使用的相关安全隐患消灭至不存在。物业精细化管理对于开发商的专业建议产生三赢的局面：对于开发商而言，优良和舒适的房地产建筑为其减少了日后销售环节因建筑设计或施工质量导致的销售障碍、业主使用产生的质量纠纷；对于物业服务企业而言，对居于产业链上游的开发商提供专业建议，也避免了自身在日后漫长的物业管理过程中的管理风险，同时也为物业服务企业进行多元化的资产经营提供了便利条件；对于业主或者使用者而言，由于物业管理专业意见的出发点是业主或者使用者的角度，因而使物业真正地实现了物业的居住使用价值，减少了业主（使用者）未来在使用过程中与开发单位的矛盾纠纷以及自身对物业的维护、保养成本。高质量是舒适度的最直接的来源。

②物业精细化管理服务是物业管理基础价值。

精细化管理是物业服务企业最本质的业务。包括安全消防精细化管理、交通和车辆精细化管理、清洁保洁精细化服务、绿化养护精细化管理、房屋精细化管理维护等。物业服务企业最基本的服务价值在于高质量的基础服务。阳基物业提出运用"全面绿色管理"的物业精细化管理模式进行基础服务。"全面绿色管理"模式的要点在于：一是物业精细化管理应给予业主绿色的视觉与感觉。具体而言，物业精细化管理服务应关注和保持优良的自然环境以及生活环境。二是物业精细化管理应注重社区内人文环境的建设，即应注重心理、精神上的绿色服务，强调与业主的沟通、理解与接纳倾诉。

③社区文化建设提升物业精细化管理精神内涵。

阳基物业认为物业精细化管理综合价值还应包括提供较好的社区文化舒适度。社区文化不仅仅包括开展社区文化活动，而是涵盖社区环境、社区文化活动、社区精细化管理制度以及社区精神及价值观念的丰富内容。具体而言，物业精细化服务企业通过较高的基础服务质量，首先是创造了较为舒适、整洁的社区自然环境；其次运用一些精细化管理规范形成了社区生活的制度文化；再次，社区文化活动的开展以及物业服务企业对一些生活价值观、道理理念、社会风尚的传播，形成了社区较为高级层次的文化舒适度。对物业的所有者（使用者）而言，物业精细化服务企业创造较高的文化舒适度，给予了他们归属感和凝聚力，形成良好的社会风气，有利于社区住户身心素质的提高和形成较高的幸福生活指数；对于物业服务企业而言，有助于物业服务企业锻造品牌与核心竞争力。更为重要的是，对于物业而言，一所物业拥有良好的生活方式、文化氛围和文化底蕴，会使该物业的品牌知名度和品牌美誉度得到更进一步的提升，给物业主人一种强大的文化内涵。而这种文化内涵将成为精细化管理物业的"灵魂"及特有标志，就会带来物业的增值。阳基物业通过对物业精细化管理综合价值的解读，形成了独具特色的发展思路以及市场拓展策略，同时结合自身特色的精细化管理模式，提出做中国精细化管理物业知名品牌。

④精细化管理服务措施。

a.入住期精细化管理服务措施

● 方便业主顺利办理入住手续，阳基物业将联系如燃气公司、电话公司、有线电视台等相关单位现场办公、集中办理，形成一条龙服务。

● 联系信誉好的装修单位、材料供应商、家用电器供应商现场设点，免除业主奔波之苦。

● 要求建设单位派出专门人员负责工程维修，快速解决业主提出的房屋质量问题。

● 开展开荒清洁、钟点工服务、代请搬家公司等服务项目。

● 邀请智能化设计、施工单位现场为业主进行操作培训。

● 为保持区内环境优美，原则上车辆不允许进入小区，我们将准备一些小推车、防尘布等供业主在区内搬运物品、临时堆放材料用。

b.保护各种预埋管线及公共管线设施的措施

● 制定详细的装修指引及管理规定，并在业主申办装修手续时进行详细的解释，让业主清楚了解哪些设备、管线不得私自拆移。

● 与业主及施工单位签订装修协议，承担共同维护的责任。

● 加强现场精细化监管，落实责任到人，发现预期违章立即予以制止。

● 发放宣传资料，让业主了解私自拆移预埋管、线后果的严重性，自觉遵守有关规定。

c.不同阶段安全防范措施

一个小区的物业管理大致分为三个阶段，即装修期，装修与入伙并存期，正常期。根据不同阶段的特点，在安全防范上应采取不同的措施。

装修期：该阶段的特点是基本都在装修，无人入住，根据这个特点应将安全防范的重点放在装修的安全监管上，加强对现场的巡视；严格按要求配备灭火器；动火之前做好防护措施；现场材料要堆放整齐；禁止违规用电等。工作人员至少每天一次（重点部位两次以上）对施工现场进行巡视，发现违规，应立即采取措施制止。

装修与入住并存期：同该阶段已有部分住户入住，在安全管理方面除对装修期的安全管理重点外，还应重点加强对外来人员的管理。

- 对施工人员严格实行登记办证及凭证出入制度。
- 禁止施工人员在小区留宿或仅允许每户留宿不超过2人看管现场，并有业主担保。
- 在施工时间加强对人员的管理，严禁串户及无事在公共场所逗留。
- 加强重点部位（如死角、易串户地点）的管理，必要时派专人看管。
- 每日装修结束组织人员对施工现场进行清查。
- 货物出小区必须经业主同意。
- 禁止在消防通道等公共区域堆放物品。
- 充分利用安防系统有效管理。
- 实行24小时巡逻。

正常期：该阶段大规模装修基本结束，大部分业主已入住，此阶段除对装修仍旧加强监管外，重点应放在住户居家安全管理上。

- 严格执行来访登记制度。
- 实行24小时巡逻、监控。
- 贵重物品出小区必须有放行手续。
- 严格实行从主任到班长不同层级的监督检查制度。
- 对重点部位如有必要装防盗设施或增派专人看管。
- 加强对安防系统的巡视检查及维修养护，确保系统正常运作。
- 严格控制易燃、易爆及危险品进入小区。
- 定期专人巡视消防设施、设备，确保消防通道畅通、设施设备正常运作。
- 加强对公共设施、设备、场所（地）的巡查，发现安全隐患及时整改。
- 大力开展安全知识宣传、培训工作。
- 建立应急队伍，以便发生紧急情况时能快速反应。
- 每月统计分析安全状况，对安全工作实施动态管理。

（3）后记

阳基智慧服务以客户为中心，以社区为入口，以城市为载体，通过线上线下深度融合，围绕业主生活场景，提供全生命周期服务。阳基租售业务依托专业房地产经纪机构服务平台，为客户提供住宅/写字楼/车位/商业租售、权证代办、新盘全案代理或分销代理等各类服务，助力客户实现不动产的保值与增值。阳基智慧服务租售中心目前已实现全国百余家门店，覆盖全国所有阳基智慧服务进驻的城市。阳基物业服务将科技与智能融入社区服务，聚焦于引进创新科技化产品，通过智慧通行、AI安防、智慧家居、智慧物业云平台四大科技系统的引入，打造科技AI社区，运用科技的手段提升物业服务管理能力和服务品质，对物业服务进行赋能，将物业服务的范畴和业务做横向延伸，构建城市空间服务领域能力和壁垒。

在服务好内部业务的同时，阳基物业服务还致力于构建"开放、连接、协同"的生态系统，通过多年积累的技术、数据、标准产品等核心产品与服务能力，建立全场景客户连接，打通能力层、平台层和应用层，为中小型物业公司提供基于端到端业务流程的信息化运营服务解决方案，提升服务质量与口碑，携手合作伙伴走向高品质服务之路。

第一节　物业管理理论研究

1.深圳市住房和建设局组织开展的研究工作

2020年，深圳市住房和建设局深入行业一线调查研究，切实解决行业发展与民生关注的重大问题，加大行业标准研究与制定，并在调查研究基础上，推动部门之间的联动，推动绿色物业管理、智慧物业管理、物业管理信息化平台的建设。依据《民法典》《深圳经济特区物业管理条例》的规定，对委员会的职责进行梳理总结，在深圳市展开全面书面调研，完成了《深圳市业主委员会监管机制研究报告》。对全市物业管理安全现状开展专题调研，完成了《深圳市物业管理安全蓝皮书报告》。完成了《2020年深圳市物业服务质量分数指数测评报告》《深圳市物业管理行业2019年度及2020年上半年统计数据与分析报告》(见表4-1-1)。

2020年深圳市住房和建设局部分课题成果一览表　　　　　　表4-1-1

序号	课题名称	年份	课题目录
1	深圳市业主委员会监管机制研究报告	2020	1 研究背景 2 业主委员会监管机制研究的必要性 2.1 深圳市业主委员会发展情况 2.1.1 深圳市业主委员会成立情况 2.1.2《条例》实施对业主委员会发展的影响 2.2 业主委员会发展存在的常见问题 2.2.1 侵犯业主利益 2.2.2 扰乱公共秩序 2.2.3 违反法定程序召开业主大会 2.2.4 越权行使业主大会职责 2.2.5 离任前不配合财物交接 2.2.6 业主委员会涉信访案件类型 3 深圳市对业主委员会监管现状研究 3.1 深圳市业主委员会的法定职责 3.1.1《民法典》有关业主委员会的职责 3.1.2《条例》有关业主委员会职责 3.2 深圳市对业主委员会监管现状分析 3.2.1 基层党委对业主委员会的领导监督 3.2.2 业主对业主委员会的监督

序号	课题名称	年份	课题目录
1	深圳市业主委员会监管机制研究报告	2020	3.2.3 区主管部门、街道办对业主委员会的监督 3.2.4 居委会对业主委员会的监督 3.2.5 业主监事会对业主委员会的监督 3.2.6《条例》有关业主委员会的法律责任 4 其他城市、境外香港有关业主委员会的监管实践 4.1 上海市 4.1.1 上海市业主委员会成立的基本情况 4.1.2 上海市对业主委员会监管创新规定 4.1.3 上海市对业主委员会监管的创新实践 4.2 成都市 4.2.1 对业主委员会实行信用管理 4.2.2 建立业主委员会工作制度 4.3 杭州市 4.3.1 建立业主委员会工作的重点制度 4.3.2 对商品房小区业主委员会工作进行考核 4.4 重庆市、武汉市 4.4.1 强化街道办监管职责 4.5 香港 4.5.1 管理委员会人数及组成 4.5.2 管理委员会的选出方式 4.5.3 管理委员会的法律责任 5 对深圳市业主委员会监管的建议 5.1 切实发挥社区党委对业主委员会的领导监督作用 5.1.1 建立组织堡垒，组织引领 5.1.2 重大事项由社区党委审核后再提交业主大会表决 5.1.3 制定社区党委对业主委员会领导、监督的工作细则 5.2 建立业主委员会工作标准机制 5.3 建立对业主委员会工作考核评价机制 5.4 建立业主委员会委员诚信履职承诺制度 5.5 加强物业管理社区工作者队伍建设 5.6 加强"管理规约""业主大会和业主委员会议事规则"的宣传
2	深圳市物业管理安全蓝皮书	2020	一、深圳市物业管理安全现状概述 （一）深圳市物业管理发展现状 （二）深圳市物业管理安全现状 二、深圳市物业管理安全专项调研综述 （一）调研背景和基本情况 （二）调研总结 三、深圳市物业管理安全存在的问题 （一）政府相关部门职责划分不明确 （二）政府相关部门责任落实不到位 （三）物业服务企业未能提供优质的物业管理安全服务 （四）业主/物业使用人的安全责任意识薄弱 （五）物业管理区域前期设计与后期物业管理脱节 （六）专项维修资金筹集、使用困难 四、提高物业管理安全水平的对策和建议 （一）完善法规章与标准体系 （二）加强组织领导，加大执法力度 （三）提高物业服务企业的安全管理水平

续表

序号	课题名称	年份	课题目录
2	深圳市物业管理安全蓝皮书	2020	（四）加强宣传教育，提高业主/物业使用人安全意识 （五）做好物业管理区域前期设计与后期管理的衔接 （六）加大科技支撑力度，推进智慧物业建设 （七）推进老旧小区改造，规范专项维修资金管理 五、结论和展望 附件一　深圳市物业管理安全专项调研分析报告 附件二　调查问卷 附件三　物业管理安全检查表 附件四　"十三五"时期重要物业管理安全事故汇总
3	2020年深圳市物业服务质量分数指数测评报告	2020	前　言 第一章　基本情况介绍 一、质量指数指标体系介绍 二、质量指数测评结果 第二章　观测指标数据采集 一、数据采集方法 二、指标计算方法 第三章　各层级指标数据处理 一、指标数据的无量纲化 二、根据权重计算综合指标得分 第四章　测评结果及分析 一、2010—2019年深圳物业管理质量指数测评结果 二、驱动要素分析 三、核心指标测评结果分析 四、质量指数结果反映出的问题及分析 五、促进深圳市物业管理行业质量提升的对策及建议 附件一　原始数据表 附件二　调查问卷
4	深圳市物业管理行业2019年度统计数据与分析报告	2020	第一章　深圳市物业管理行业的总体发展情况及分析 第二章　深圳市物业管理行业不同分类情况分析 第三章　深圳市物业管理行业发展的特点及相关建议 《深圳市物业管理行业2020年上半年统计数据与分析报告》 一、在管物业项目数量持续增加 二、在管物业总建筑面积持续增长，外地拓展势头较好 三、从业人员数量稳步提升 四、2020年上半年物业管理行业的经营状况 五、物业管理行业集中度（CR8） 六、中小微物业企业发展状况

2. 深圳市罗湖区住房和建设局组织开展的研究工作

2020年深圳市罗湖区住房和建设局组织开展的研究工作（见表4-1-2）。

2020年深圳市罗湖区住房和建设局部分课题成果一览表　　　　表4-1-2

序号	课题名称	年份	内容摘要
1	透明物管模式	2020	2017年国务院全面取消物业资质管理后，当前物业服务企业政策监管出现空档期。为夯实基层社会治理基础、规范物业行业建设，突破现有政策监管盲区，大胆推行透明物业服务模式。开发建设透明物业服务监管系统，该系统将汇总各相关单位对物业服务企业的考核数据及采集业主对物业服务的评价，并在小区设置的电子屏实时显示。将物业服务质量数据化，让业主更直观地体验物业服务。做好全区透明物业监督电子屏安装并与各单位考评数据实现联网传输，让业主可以明明白白消费，物业服务企业清清楚楚服务。 "透明物管"平台建设，拟打破数据孤岛，实现物业数据互联互通和共享应用。"透明物管"平台功能包括物业基础资料收集、报备通知信息公示、居民互动便民服务、线上会议培训、考核评估认证、物业服务规范平台、自治组织运作支持、应急响应部门联动、大数据筛选统计分析等，推动物业管理服务的线上线下融合发展。 结合未来社区的物业APP，洞察居民需求，引导居民参与互动，接受居民监督，实现精细化、信息化、规范化管理，满足业主、业主组织、物业服务企业、行业协会和政府机构等相关方的物业相关需求，助力政府决策科学化、公共服务高效化、社会治理精准化。 以人民为中心，依托"透明物管"智能平台，将物业管理基础数据纳入统一平台进行监管，形成以居民需求和社区安全为核心的新型物业服务模式，利用基于5G的物联感知技术与"互联网+"模式推进信息透明化和智能化。激励和引导居民参与社区治理，实现政府监管指导、企业提供服务、居民共建共治共享的协同发展

3. 深圳市宝安区住房和建设局组织开展的研究工作

2020年，宝安管理局开展了有关商品小区物业纠纷的研究，经广泛调研、多方借鉴出台了《关于规范物业管理行为妥善化解矛盾纠纷的若干意见（试行）》；开展了关于宝安区物业管理存在的问题及对策的研究，出台了《宝安区物业服务主体退出和交接指引》《宝安区商品住宅业主委员会换届指引》；开展了提升宝安区原农村城市化社区物业管理的研究工作，经过研究出台了《宝安区2020年物业管理品质提升工作方案》和《宝安区城中村住宅小区物业管理专业化工作指引》，同时将村改居、小产权房一并纳入考评体系，实现星级评价全覆盖（见表4-1-3）。

2020年深圳市宝安区住房和建设局部分课题成果一览表　　　　表4-1-3

序号	课题名称	年份	内容摘要
1	关于当前宝安区商品房小区物业纠纷有关思考的转化情况	2020	出台《关于规范物业管理行为妥善化解矛盾纠纷的若干意见（试行）》，针对物业矛盾纠纷最多的普遍性难题，靶向发力，推出公示信息、规范专项维修资金使用、规范新老物业交接秩序、优化停车管理、维护业委会选举换届、强化业主权责、完善惩戒制度、实施约谈警示、建立分类分级处置机制、多方联动治理等十大举措，进一步规范全区物业管理服务行为，遏制物业管理矛盾高发趋势，将物业矛盾纠纷化解在基层

续表

序号	课题名称	年份	内容摘要
2	关于宝安区物业管理存在的问题及对策的转化情况	2020	出台《宝安区物业服务主体退出和交接指引》《宝安区商品住宅业主委员会换届指引》，针对业委会换届选举和物业服务企业交接问题，健全完善制度框架。鼓励"两代表一委员"、退休干部以及公信力强、热心小区管理的人员积极参与业委会选举，切实把好人员关。组织各街道办、社区工作站提前介入新老物业交接工作，提前研判，全程指导，确保新老物业交接平稳有序。同时，持续研究化解物业矛盾纠纷新途径，出台《宝安区预防和化解物业管理矛盾纠纷工作实施方案》以及治理物业行业矛盾纠纷"铁十条"等规范性文件，厘清物业管理各方主体责任，规范各方主体履职。 此外，宝安管理局大力做好新物业条例的宣贯工作，充分抓好新老政策衔接和宣贯等工作，要求各街道广泛开展宣传培训，重点培训物业服务企业、业委会，同时印制宣传资料，分发至各物业小区，提高群众知晓率和支持率，引导物业小区各方主体尽快熟悉法律法规，依法维护自身权益
3	关于提升宝安区原农村城市化社区物业管理的调研报告的转化情况	2020	持续推动原农村城市化社区物业管理专业水平提升。一是优化健全物业行业制度框架，出台《宝安区2020年物业管理品质提升工作方案》，将原农村城市化社区专业水平提升纳入推进重点事项；并针对城中村以奖代补结束后物业管理持续发展问题，出台《宝安区城中村住宅小区物业管理专业化工作指引》，明确城中村物业管理专业化的自管、合作、顾问、引进、市场、自治六条路径，并对企业诚信、现代企业制度、投诉处理、财务管理、遵纪守法、履行合约、参与基层社会治理等方面做了基本要求。二是推动城中村标杆小区建设，在全区10个街道打造样板小区，航城后瑞村、松岗沙二新村获"深圳城中村综合治理三年行动十佳城中村"，新桥上寮社区、沙井沙二社区、福海塘尾11区等各街道小区也正通过合作经营、自建管理、智能建设等多途径实施样板工程。三是纳入星级评价考评体系，将村改居、小产权房一并纳入考评体系，实现星级评价全覆盖

4.深圳市普华博睿公共管理和行业标准化研究中心开展的研究工作

深圳市普华博睿公共管理和行业标准化研究中心（以下简称"研究中心"），前身是深圳物业管理研究所，是由深圳房地产和物业管理进修学院、深圳市国土资源和房产管理局部分事业单位和国内多家知名物业管理公司于2003年在深圳成立，全国第一家物业管理行业具有独立法人资格的"民办非企业"专业研究机构。

研究中心秉承"不唯书、不唯上、不唯利，只唯实、只唯真、只唯理"的探索精神，大胆借鉴国内外先进的研究方法，不断创新理论研究方式，始终致力于为政府、企业和社会各界提供优质的智力成果，服务于中国的现代化事业，推动中国和谐社会的发展。自成立以来，承接各类大型课题、政府一般项目近600项，先后完成了多项住房和城乡建设部甲级课题，国家、省、市物业管理条例及其配套文件起草修订，深圳市人民政府及相关主管部门城市管理、住房建设与分配、行业标准制定、物业管理、教育专项课题和政策研究，中国物业管理师执业资格考试大纲及参考教材撰写等工作。

经过17年的探索和实践，研究中心以物业管理领域研究为基点，不断地向新的研究领域拓展，如今已成为一所综合性的智力研究输出机构，研究领域涉及公共管理、房地产业、社会保障、行业标准化、企业战略规划、方案策划、教育培训以及行业第三方监理、评估、顾问咨询、纠纷调处等；已经打造出了一支具有创新意识和敬业精神的研究团队，拥有大量职业化、专业化、高层次、知识结构合理、学科构成多元化、行业经验和实践经验丰富的专家、学者和教授，保证研究中心智力成果输出的品质，践行"一个项目，一个精品"的研究理念（见表4-1-4）。

2020年深圳市普华博睿公共管理和行业标准化研究中心部分课题成果一览表   表4-1-4

序号	课题名称	年份	内容摘要
1	龙华区政府公共物业管理服务	2020	第一部分： 物业安全生产管理项目以重在防范事故、重在消除隐患为指导思想，为政府和承租方提供专业、周到的安全管理服务，提升政府物业安全管理水平，确保政府物业资产的安全。为加强龙华区政府物业安全生产管理，进一步提升龙华区政府物业安全管理水平，确保政府物业资产安全、稳定，确保政府物业安全形势平稳可控。物业安全巡查工作是至关重要的环节。 第二部分： 通过"安全基础管理""房屋结构""消防系统""用水用电"及"燃气燃器"五个方面。安全巡查采取按内容、要求进行现场查验，通过"一听""二看""三查"的方式。"一听"即听取使用单位或物业企业介绍安全生产情况；"二看"即深入政府物业看现场，设备的使用情况；"三查"即查阅相关安全生产管理的各类资料，相关制度的落实情况。 第三部分： 检查范围涵盖了教育类、办公类、工业类、住宅类、医疗类、市政类、商业类和敬老院八大类；涉及管理（使用）单位有区物管中心、区六个街道办、区教育局、卫健委、区水务、区民政局和区公安等224处老旧物业。 通过安全生产巡查的方式，指导督促政府物业的使用单位和个人对政府物业存在的安全隐患进行整改，从而确保政府物业的安全生产工作保持良好的态势
2	盐田区棚户区改造工作技术服务	2020	盐田区棚改工作是作为改善盐田区群众居住条件、以提升城区功能品质的重要民心工程，以高标准、高质量推动项目进程；将助力盐田建设成为宜居宜业宜游的现代化国际化创新型滨海城区。 通过协助开展棚户区改造工作，棚改工程项目设计方案施工图等保健资料的收集、整理、初步审核、提出完善建议；开展棚户区改造前期项目调查统计、质量检测、可行性研究、编制概念规划、专项规划等工作，并协助甲方相关科室对棚户区改造项目的审核、报建、施工、竣工、移交等建设全过程进行监管；协助实施项目施工现场安全及工程质量监督管理等工作；定期巡查建设现场，加强工程建设的协调、检查指导、监督管理，确保建设项目按质按量按进度要求完成；协助开展棚户区改造建设规划、绿色建筑、装配式设计方案审查及工程资料整理归档工作。有序推进住房保障工作，助力住房保障事业快速发展
3	龙岗区示范标杆物业服务项目打造	2020	第一部分： 龙岗区共有478个城中村小区，占到全市总量的26%。对于本地居民建房为主的小区或者早期外地人在深圳建设的小区，社区股份公司在物业管理上具有一定的优势。这部分社区目前暂由社区股份公司提供环境卫生治安等基础的物业管理服务，而社区股份公司是20世纪90年代深圳推进农村城市化进程的产物，经过近30年的发展，目前也遇到了一定的管理发展瓶颈，尤其是在物业管理行业在"资质取消、资源整合、资本介入、新技术运用"等深刻变革的背景下，社区股份公司提供的物业管理服务不能满足居民日益增长的服务需求，服务质量纠纷问题日益凸显。因此，在体量如此之大的社区物业管理中，以社区股份公司物业管理为抓手，更好地发挥社区股份公司在社区物业管理的作用，打牢社区股份公司物业管理平台，是龙岗区构建城市社区治理"共享共建共治"的新格局，提升社区治理水平，提升社区居民幸福感和获得感的一个重要突破口。 第二部分： 通过2018年度物业管理调研报告，按照花园式小区、城中村小区、综合类社区等类型刷选一定数量的项目进行前期调研，并匹配《深圳市龙岗区社区股份合作公司示范物业管理项目服务质量评价标准》和《深圳市龙岗区股份合作公司物业管理示范项目评比细则》两个评价标准。从不同维度了解社区股份公司物业管理项目基本情况、建设情况、经营情况、人员情况、未来发展情况等。

续表

序号	课题名称	年份	内容摘要
3	龙岗区示范标杆物业服务项目打造	2020	第三部分： 通过标杆项目顾问实施方案的制定和实施，打造一批具有标杆示范效应物业管理公司或物业管理项目。"以点促面、深入推进"的方式，助力龙岗创建与城市定位相匹配的社区发展环境；以创新社区股份合作公司的物业管理水平及服务，不断提升社区物业服务企业的管理能力和服务水平，提高社区管理综合品质，从而改善龙岗区社区物业管理公司的经营情况与物业管理现状，助力龙岗创建与城市定位相匹配的社区发展环境

5.深圳市住房研究会组织开展的研究工作

深圳市住房研究会是依法登记设立的主要从事住房和城市建设相关问题研究的公益性社会智库。深圳市住房研究会成立于2010年12月，由工商银行深圳分行、建设银行深圳分行、万科地产、招商地产、中航地产、市建筑科学研究院、市燃气集团、中建钢构等多家知名企业和多位知名专家学者共同发起，其业务主管单位为深圳市住房和建设局。自成立以来，先后受中华人民共和国住房和城乡建设部、市区住房和建设主管部门及相关部门、单位委托，开展了200多项专业课题研究。主要成果有：中华人民共和国住房和城乡建设部委托的《住房公积金制度定位研究》，《深圳市保障性住房条例》《深圳市住房保障制度改革创新纲要》等法规政策课题研究。其中，《创新住房保障体制机制，构建多层次多渠道多元化住房保障体系》获深圳市委市政府"重大调研课题一等奖"。

6.深圳市物业管理行业协会开展的研究工作

2020年，深圳市物业管理行业协会（以下简称"协会"）加强行业课题研究方面的投入，完成了"专业物业引入现状分析和物业管理区域纠纷解决机制建立研究报告"，并取得了一定的成果（见表4-1-5）。

2020年深圳市物业管理行业协会部分课题成果一览表　　　　表4-1-5

序号	课题名称	年份	内容摘要
1	专业物业引入现状分析和物业管理区域纠纷解决机制建立研究报告	2020	第一部分： 深圳市业主大会专业物业管理引入研究。具体包括深圳物业管理招标投标制度建设及运行情况；深圳各区在业主大会招标投标的实践；国内主要城市物业管理招标投标制度上的创新；专业物业引入问卷调查情况及分析；业主大会专业物业引入的对策和建议。 第二部分： 深圳市城中村专业物业管理引入研究。主要包括深圳市城中村物业管理的治理及发展情况；深圳市城中村物业管理特点和存在的问题；城中村引入专业物业管理的模式分析及典型案例；城中村引入专业物业管理建议。 第三部分： 物业管理区域矛盾纠纷研究。主要包括：商品房物业管理区域矛盾纠纷的主要表现形式；城中村物业管理区域矛盾纠纷的主要表现形式；化解商品房区域物业管理纠纷解决机制的建议；化解城中村物业管理区域纠纷解决机制的建议

随着经济的快速发展，社会的进步以及信息传播渠道的通畅，业主的权利意识也日渐提高。在《深圳经济特区物业管理条例》修订后发布的背景下，除了将物业服务企业的选聘、续聘和解聘的权利全面归还给全体业主以外，还应当为业主制定选聘、续聘和解聘物业服务企业的操作指引，建立选聘、续聘和解聘物业服务企业的纠纷解决机制。此类措施不仅有利于物业管理行政主管部门监管的同时，也有利于促进社会的稳定发展。

7.深圳市罗湖区物业服务行业联合会开展的研究工作

2020年深圳市罗湖区物业服务行业联合会开展的研究工作（见表4-1-6）。

2020年深圳市罗湖区物业服务行业联合会部分课题成果一览表   表4-1-6

序号	课题名称	年份	内容摘要
1	制定《罗湖区普通住宅物业服务等级及收费参考价》	2020	2007年10月发布的《深圳市住宅物业服务收费指导标准》(深价规〔2007〕1号)已逾十余年未调整，现行物业服务水平与收费标准严重不匹配，物业与业主之间的矛盾日趋严重。为了推动物业行业规范和高质量发展，满足业主对美好居住环境的需要，2020年9月份，协会根据罗湖区物业管理现状，编制了《罗湖区普通住宅物业服务等级及收费参考价》。此收费标准体系完善，将住宅物业分为老旧住宅、多层住宅和高层住宅几大类，涵盖了综合管理、安全管理、工程管理、清洁管理、绿化管理等物业服务的方方面面，具有深远的指导和实践意义，可操作性强，有利于推进物业行业市场秩序的规范化发展
2	2020年度罗湖区物业项目服务质量考评	2020	为有效提升全区物业行业整体服务水平，提高物业服务质量，促进行业良性发展及转型升级，结合罗湖区物业管理实际情况，2020年11月份，组织物业行业专家对全区1427个物业项目开展了服务质量考评工作，通过考评，加大了物业企业服务品质的监管力度，并通过定量分析的考核评分，促使全区物业服务工作达到优质高效，促进了物业行业良性发展
3	2020年罗湖区"窗户安全日"系列活动	2020	以1（区）+10（街道）+83（社区）+1000（物业管理单位）层层联动模式，在全区辖区内开展"七个一"窗户安全日系列活动，即拍摄一辑警示教育短片、组织一次专门安全培训、实施一次全民排查整改、开展一次线下宣传活动、开展一次签名承诺行动、开展一次警示展板巡展、开展一次全程跟踪报道，倡导全民参与"拒绝高空抛物，守护你我平安"，引起各界高度关注，各级媒体全程跟踪报道罗湖区"窗户安全日"活动情况，突出了工作亮点，树立了人物典型，扩大了影响范围，同时，通过媒体呼吁社会各界行动起来，全面开展"窗户安全日"活动，引起人大、政协及政府有关部门的广泛关注。该活动已形成了常态，将每年的"7·11"定为"窗户安全日"，在7月份广泛开展系列活动，取得社会共鸣成效

8.深圳市南山区物业管理协会开展的研究工作

深圳市南山区物业管理协会开展的研究工作（见表4-1-7）。

2020年深圳市南山区物业管理协会部分课题成果一览表 　　　　　表4-1-7

序号	课题名称	年份	内容摘要
1	党建引领下的物业管理创新	2020	按照《南山区党建引领社区治理改革方案》要求，围绕推进基层治理体系和治理能力现代化总目标，聚焦小区治理中社区党委抓小区缺抓手、各方力量有参与无秩序、矛盾纠纷想化解没核心等实际问题，通过增强社区党委权力和能力，建强小区党支部，引领业主委员会、物业服务企业、社区社会组织、楼栋长、小区居民等各类主体有序参与社区治理，实现以小区党支部为核心来组织和管理小区，呈现小区治理"众星拱月"良好局面，加快形成党建引领社区治理的崭新格局。协会组织起草《南山区物业管理服务评价工作方案》《南山区物业管理招标投标实施办法》及《深圳市南山区物业服务企业红黑榜发布办法》；协助区主管部门推动成立区级试点社区、街道级试点社区共42个物业管理指导委员会；制定相应的评价标准，建立物业管理服务评价专家库，对试点街道、社区的152个物业管理项目进行物业管理服务评价

9. 深圳部分物业服务企业开展的研究工作

（1）金地智慧服务公司开展的研究工作

金地智慧服务公司2020年度开展的研究工作主要围绕着"行业发展趋势、商业模式研判、对标企业研究和增值业务分析"等四大维度，其中行业发展趋势主要聚焦行业生态发展和行业核心痛点，研究成果包括《行业宏观发展趋势》《疫情之下物业如何实现机制跃升和发展蜕变》《疫情之下宏观政策解读及物业行业发展机遇研判》等；商业模式研判是以商业模式、核心竞争力和壁垒三位一体的研究范式，研究成果包括《商业模式研究》和《商业护城河分析》等；对标企业研究是以行业内或行业外的一流企业作为标杆，综合性进行比较、分析和判断，研究成果包括《物业头部企业对标分析》《上市物企经营分析解读》等；增值业务分析是锚定发展空间较大的增值服务赛道，挖掘发展潜力和机会点，研究成果包括《城市运营服务》《多种经营业务发展规划》等（见表4-1-8）。

金地智慧服务公司部分课题成果一览表 　　　　　表4-1-8

序号	课题名称	年份	内容摘要
1	疫情之下物业如何实现机制跃升和发展蜕变	2020	第一部分： 疫情之中物业行业及公司的价值跃升。住宅物业管理在城市基层治理体系中价值凸显，政府对物业态度由中性变为支持。物业管理服务已经成为社会的必需品，成为基层治理的一部分。这次疫情是政府对于物业管理行业的第二次价值发现，将物业行业定义为群众生活必需。 第二部分： 被动服务显性化，更深的客户连接，社区"最后一公里"由概念转变为事实。在疫情特殊时期，平时"润物无声"的被动式物业服务进而显性化，亦创造了与客户之间更紧密的连接。战斗在项目上一线工作人员的付出和努力让业主亲身感受到对物业公司态度和看法的转变，是加强和业主之间关系的重要契机，对未来提升业主满意度和物业费收缴率有很好的促进作用，客户黏性增强也有助于提高物业增值服务的渗透率。 第三部分： 品牌物业脱颖而出，为区域深耕、开疆拓土奠定坚实的基础。头部品质物业公司在此次疫情中通过高品质的服务质量脱颖而出，无论对区域内的深耕拓展，以及未来在更大范围内的市场化拓展提供良好的契机。

序号	课题名称	年份	内容摘要
1	疫情之下物业如何实现机制跃升和发展蜕变	2020	第四部分： 智慧社区和智能家居迎来发展的时间窗口，物业和科技进一步融合。未来可对风向、气压、雨量、温度、湿度、太阳辐射、PM2.5等环境要素进行全天候现场精确测量的社区环境监测系统会更受客户青睐。公共区域的智慧社区、私人房屋的智能家居建设预计会迎来快速发展的时间窗口。 第五部分： 后勤社会化改革趋势加快，公建物业一体化服务模式逐渐成形。长期来看，公建物业和城市服务的市场化物业公司覆盖面将明显上升，大量自管物业将交付到专业公司手中。同时，单个客户的服务一体化程度将明显提升，以往分标段孤立的保洁、保安合同将加速整合为大金额的一体化合同。此次疫情大考中表现好的品质公司，将占据优势。 第六部分： 资本市场物企股价上涨，更加得到资本市场的认可。物业赛道存量服务的逻辑，以及抗周期波动的特征获得资本市场的普遍看好，短期内物业上市机会窗口期尚未关闭，PE估值暂时不会出现大幅回落
2	疫情之下宏观政策解读及物业行业发展机遇研判	2020	第一部分： 宏观政策分析。中央加大宏观政策调节力度，地方密集发布房地产支持政策。中央强调要加大宏观政策调节力度，央行引导利率下行态度明确，逆周期调控力度或将进一步加大。最新货币政策解读，对房地产定调"不将房地产作为短期刺激经济的手段"。多地政府密集发布房地产前端支持政策，在稳经济+保财政诉求下，预计"因城施策、一城一策"力度将进一步加大。疫情下地方财政压力进一步加剧，土地财政的依赖再一次提升，也或预示后续供给侧地方政策放松力度加大。本次疫情对地产开发的影响：销售负面影响、供给端政策放松利好投资拿地、产品设计创新、品质物业服务"放大效应"。 第二部分： 新冠肺炎疫情后物业管理行业的危与机。疫情之下，物管行业的危中有机，行业价值将获得再认识，推动行业进入黄金发展阶段。物业行业未来发展机遇研判，行业总规模机遇吗，存量不动产的物业渗透率将进一步提升；政策倾斜行业，市场化进程有望加快，物业费提价和非住赛道后勤社会化改革；行业竞争格局将进一步聚合，马太效应更加凸显；城市布局策略，重点城市深耕价值高、城市下沉短期有风险；物业服务科技时代来临，数据驱动、大智慧社区、服务线上化；住宅物业服务专业化、医疗化可能是未来的重要发展方向；与生活相关的业主增值服务迎来新契机
3	金地物业城市运营服务简介	2020	第一部分： 金地智慧服务整体介绍。金地智慧服务是金地集团成员企业，中国物业管理协会名誉副会长单位，经过二十余年的经营发展，服务近100家政府机构、开发商、知名大型企业总部，服务范围遍及全国260余座城市，并在美国覆盖东西海岸的8个不同城市和地区。基于对行业外部发展态势的研判以及人民对美好生活的追求，启动"3+X"战略布局，打造"三横九纵"服务矩阵，住宅、非住以及城市服务三大业务板块服务全业态覆盖。 第二部分： 针对推进"物业城市"改革的总体趋势与要求，金地智慧服务提出城市综合协同治理模式，是服务城市整体的一个"大管家"，对现有流程与培训再造，通过"专业服务+智慧平台+全域治理"深度融合，将城市服务整体外包，对公共空间、公共资源、公共项目进行全流程"服务+运营+管理"，形成政府、市场和社会多元主体协同治理的综合性城市服务。 第三部分： 城市运营服务业绩经验。2019年10月，新昌城投集团和金地物业管理集团杭州物业公司合作成立新昌县城投金地城市运营服务有限公司，以政府和市民所需为导向，以品质物业管理和服务为支撑，全方位关注新昌人民追求"美好生活"的需求，朝城市高端经营管理领域迈出了实质性的一步

（2）深圳吉祥服务集团有限公司开展的研究工作

深圳吉祥服务集团有限公司作为深圳物业行业的一员，对物业城市业务的开展进行了积极的研究和思考。自2018年"物业城市"的概念首次被珠海市横琴新区提出并实施，国内各大城市对新型城市现代化治理进行了积极的探索。吉祥服务集团在深圳"物管城市"治理模式方面展开研究并形成研究成果（见表4-1-9）。

深圳吉祥服务集团有限公司部分课题成果一览表　　　　　　表4-1-9

序号	课题名称	年份	内容摘要
1	深圳"物管城市"治理模式研究	2020	第一部分： 研究背景及相关理论。城市治理是国家治理体系和治理能力现代化的重要内容。中央支持深圳建设中国特色社会主义先行示范区，深圳"物管城市"治理模式需进一步创新工作思路，创新方式方法，打造精彩的"深圳样板"。物业城市理论基础主要有：新城市治理学理论、多中心城市治理理论、数字治理与智慧城市理论、网格化城市治理理论等。 第二部分： 当前"物管城市"模式开展现状。自2018年"物业城市"的概念首次被珠海市横琴新区提出并实施，国内各大城市对新型城市现代化治理进行了积极的探索。 第三部分： 深圳物管城市模式研究。未来五年，深圳要推动城市治理体系和治理能力现代化，走出一条超大型城市治理新路子。深圳市政府工作报告提出要着力打造"宜居城市""韧性城市""智慧城市"，强调以创新思路推动城市治理体系和治理能力现代化。 第四部分： 展望。中央支持深圳建设中国特色社会主义先行示范区，深圳被定位为：高质量发展高地、法治城市示范、城市文明典范、民生幸福标杆、可持续发展先锋。政府与企业一起携手实现"像绣花一样管理城市"，推动城市治理体系和治理能力现代化

第二节　物业管理教育、培训

1.物业管理学历教育

【深圳职业技术学院开展的学历教育】

深圳职业技术学院于1998年开始成立物业管理专业并招生，首任系主任是刘少文，后历任主任为周中元、欧国良，现任专业主任为周志刚。面向全国生源招生，规模为每届两个班级约80人，在校生约240人。随着深圳房地产及物业管理市场的蓬勃发展，物业管理人才需求量进一步扩大，学校为了适应市场需求，曾扩大招生规模为4个班约160人。自本专业成立以来，就定位为深圳物业管理行业输送"理论够用，技术娴熟"的物业管理专业人才，做行业的能工巧匠。学生毕业后能在物业管理公司、房地产公司、社区工作站、政府相关部门等胜任物业管理员、物业咨询策划人员及部门经理等岗位。专业在教学过程中注重结合深圳市场实际，切合岗位需求，并且根据市场变化对教学内容做适当修正和调整。专业组建了由星河物业、明喆物业、莲花物业、中海物业、世邦魏理仕等业界资深专家组成的专业教学指导委员会，对专业教学计划和课程内容进行指导，确保了课程设置紧贴产业发展方向。

在20多年办学历程中，物业管理专业立足深圳，服务行业，为社会输送了近2000名物业管理专门人才，就职于万科物业、招商物业、华侨城物业、城建物业、星河物业等多家物业管理企业，为深圳物业管理行业的发展贡献了深职力量。专业现拥有广东省大学生校外物业管理实训示范基地，分别与世邦魏理仕、碧桂园、易居、明喆、星河、宝能等多家企业签订了校企合作协议，联合培养复合型技术技能人才。办学过程中本专业也注重社会服务，分别为万科物业、广晟集团、石岩街道办、大鹏社区等多家单位提供物业管理培训课程，与深圳明喆物业管理有限公司探索订单班人才培养模式，实现校企深度融合。通过扎实办学，本专业历届毕业生就业率达98%以上，本专业毕业生专业性强，适应性好，发展后劲足，广受用人单位的好评。本专业教师中，研究生占比100%，其中博士5名，85%为"双师型"教师，具有万科、碧桂园等一线企业工作经验。本专业开设的专业课程有：物业管理概论、物业管理实务、物业管理法规、物业公关礼仪、楼宇智能化管理、建筑识图、客户心理与沟通、楼盘调研、房地产经营管理、物业管理方案编制实训、职业素质综合实训等。

【广东新安职业技术学院开展的学历教育】

广东新安职业技术学院成立于1998年，是由杰出的人民教育家王屏山同志创办，并经广东省人民政府批准设立的一所全日制民办普通高等院校，集高等职业教育、国际合作、继续教育、社会培训为一体，系深圳三所高职院校之一。学校把立德树人作为培养人才之根本，始终坚持以"学会做人、打好基础、培养专长、加强实践、报效祖国"为校训，实现全员育人、全程育人、全方位育人。目前开设有8个系（部）、26个专业，在校生规模5600余人。

学校秉承教育家一心一意办学的初心，经过二十余年的调整、更新与积累，业已发展成为一所治学严谨、教风优良、学风日盛的民办高职院校，社会知名度和美誉度不断提升。历获"全国民办百强学校""广东省首届十佳民办高等院校""广东省民办高校就业竞争力十强""广东当代民办学校突出贡献奖"等荣誉。2020年在全省"创新强校工程"考核中位列25所民办高职院校第8；连续三年（2018年、2019年和2020年）上榜"广州日报高职高专排行榜——民办院校TOP100"，且所在榜单排名连年上升。

学校坚持"工学结合、产教融合"发展，重视加强与企业深度合作。目前与包括华大基因、华为、腾讯、万科、金蝶软件、香格里拉酒店、深圳市中建南方建设集团有限公司等著名企业在内的近百家企业建立了校企合作关系，并与招商、宏发、中海等龙头物业公司以及海王集团等知名企业开展现代学徒制试点项目，与中兴教育成立"广东新安职业技术院——中兴ICT产业学院"，与猛犸基金会、华大智造共建了国内首个真实场景基因测序教学实训室，为学生实习、实训和就业搭建了良好的平台。学生掌握实践技能的能力得以提高，近年来，学校先后在国家级、省级和市级各类技能竞赛中获得300余个奖项。

物业管理专业介绍：管理系目前开设有工商企业管理、人力资源管理、物业管理、旅游管理、酒店管理、社会工作、社区管理与服务等七个专业。管理系拥有一批优秀的专兼职教师队伍，专职教师有教授、副教授、高级工程师、讲师、工程师等，研究生以上学历12名，兼职教师来源于业界的技术专家和中高层管理者，老师们责任心强，教学水平高，受到历届师生好评。物业管理专业旨在培养掌握现代城市智能物业管理方法、服务标准、实操能力，能够在现代化场馆、商厦、办公楼、高端居住区从事物业管理的高素质技能型专业人才。

开设的专业课程有：物业管理概论、物业文函写作、楼宇智能化管理、建筑识图、物业环境管理、物业管理法规、物业客户服务管理、物业管理实务、物业园林规划、物业管理信息系统、房地产开发经营等。

2.物业管理培训

【区住建局开展的培训】
2020年部分区住建局开展的培训（见表4-2-1）。

2020年部分区住建局开展的培训一览表

表4-2-1

序号	区局	培训名称	培训内容	培训对象	培训效果
1	罗湖区	关于开展罗湖区物业行业线上安全生产培训	主要内容为消防安全、新能源充电桩安全管理、化粪池安全管理、新《深圳经济特区物业管理条例》等，开展为期3天5场的培训。	各物业项目负责人	通过培训，巩固了各项目负责人消防、法规等知识，敲响了各项目负责人心中安全的警钟；压实了物业服务企业安全主体责任
2	南山区	《深圳市经济特区物业管理条例》及《南山区社区物业管理指导委员会工作指导意见（试行）》等配套文件宣讲	宣讲内容包括专项维修资金交存及使用、业主共有资金管理、物业管理信息公开与应用、物业招标投标及交接、物业纠纷处理、业主大会和业主委员会运作指导、政府监督与管理、党建引领社区治理、物业服务合同及法律责任等。针对宣传对象为辖区街道办事处和社区工作站的场次，将着重于对新物业管理条例中涉及的业主大会备案制度、业主共有制度等重点条款进行深入解读宣讲，并通过结合新旧条例，列明政府监管部门职责清单，让与会人员对新物业管理条例有更深层的了解、尽快掌握，以便于熟练得运用到未来的工作当中	南山区各街道办事处、社区工作站、业主委员会、物业服务企业	通过培训，使南山区各街道办事处、社区工作站、业主委员会、物业服务企业对新条例有更深层的了解、尽快掌握，以便于熟练运用到日常工作当中，确保《深圳市经济特区物业管理条例》(以下简称"新条例")在南山得到贯彻落实。使辖区物业服务企业可进一步熟悉、理解物业安全法律法规，提升安全生产法律意识，明确自身法律责任
3	盐田区	盐田区2020年度业主委员会专项培训	对标新《深圳经济特区物业管理条例》，解读业主委员会履职相关内容	辖区业主委员会成员，参会人员140余人	有效提高业主委员会成员法律意识，规范业主委员会履职
4	盐田区	盐田区2020年物业安全管理和物业电气安全培训	向辖区各物业服务企业从业人员普及物业小区消防、新能源充电桩、用电用气等各类安全管理知识	辖区各物业服务企业，参会人员300余人	有效提高物业服务企业从业人员安全管理意识，提升物业安全管理水平，切实保障居民群众生命财产安全
5	宝安区	住宅小区垃圾分类工作培训	解读《深圳市生活垃圾分类管理条例》，开展垃圾分类培训	各街道城建办（物业办）主要负责同志、各物业小区负责人服务企业负责人	督促物业服务企业依法履约服务，建立组织架构、工作制度和管理台账，全力确保垃圾分类工作措施落实到位

续表

序号	区局	培训名称	培训内容	培训对象	培训效果
6	宝安区	宝安区物业小区垃圾分类暨安全生产摩电整治专题培训会	一是传达市区垃圾分类工作要求，明确垃圾分类作为物业管理的重点工作任务，开展垃圾分类培训；二是部署安全生产摩电整治工作要求	各街道办物业负责同志、各物业小区负责人服务企业负责人	一是督促物业服务企业依法履约服务，建立组织架构、工作制度和管理台账，全力确保垃圾分类工作措施落实到位；二是督促各街道和物业服务企业按要求开展摩电整治工作
7	龙岗区	专题培训	共有资金的使用、民法典与条例衔接使用、小区停车位的管理、各职能部门职责、物业管理招标投标、物业管理安全与使用、业主委员会和业主大会指导规则、专项维修资金使用、业主大会和业主委员会议事规则、新条例下物业服务企业的职责和义务等内容	培训人数达到2500余人次	通过开展系列培训，提高了行业从业人员对条例的正确认识，为新条例的顺利实施打下坚实基础
8	光明区	2020年光明区物业管理区域安全生产培训会（2020年6月29日）	邀请专家通过法律法规讲解、案例分析、讨论互动、专题培训会、多渠道开展宣传教育等措施，强化小区物业服务企业安全生产主体责任，提升光明区物业安全防范管理水平	光明区94个物业服务项目的项目负责人和安全负责人148人	物业管理领域全年未发生较大或重大安全生产事故
9	大鹏新区	2020年大鹏新区物业管理从业人员安全生产及房屋结构安全线上培训会	高空抛物安全管理、小散工程和零星作业安全管理、物业消防安全管理、新能源汽车安全管理、房屋结构安全	大鹏新区住房和建设局房地产和物业管理科相关工作人员，各办事处物业管理及房屋安全管理工作负责人及相关工作人员。大鹏新区物业管理服务企业负责人及相关工作人员、25个社区工作站物业管理负责人及房屋安全管理人员	通过此次工作培训会议，进一步强化安全隐患排查整治力度，有效防范大鹏新区物业管理区域安全生产事故的发生
10		2020年大鹏新区住宅区物业管理领域消防安全大约谈大培训及物业管理行业专项整治工作宣贯会	第三方机构专业讲师进行消防安全培训，大鹏新区住房和建设局对物业管理行业专项整治工作进行宣贯。专业讲师从消防法规、防火安全、灭火常识、应急逃生等4个方面进行了讲解	大鹏新区住房和建设局房地产和物业管理科相关工作人员，各办事处物业管理相关工作人员，大鹏新区物业管理服务企业物业经理及安全主任	此次培训提高了参会人员对物业消防安全重要性的认识及对火灾隐患的防范意识，为构建物业小区消防安全的"消"和"防"体系打下坚实基础

【深圳市房地产和物业管理进修学院开展的培训】

国家建设类一级培训机构——深圳房地产和物业管理进修学院，又名"全国房地产业深圳培训中心"，其前身为"深圳市房产管理培训中心"，1990年经深圳市教育局批准正式成立，是深圳市较早的十个成人教育办学机构之一，先后系原深圳市住宅局、深圳市国土资源和房产管理局直属事业单位。1992年经原国家建设部房地产业司批准，被命名为"全国房地产业深圳培训中心"，作为建设部的培训基地，担负全国房地产和物业管理从业人员的培训任务。1997年6月，经建设部住宅与房地产业司和深圳市教育局批准，成立了中国第一家物业管理专业教育机构——深圳物业管理进修学院。由于行政体制改革的原因，2004年，经市教育主管部门批准，深圳物业管理进修学院更名为"深圳房地产和物业管理进修学院"（以下简称"学院"）。2006年，国土资源部批准学院为"国土资源部干部培训中心深圳基地"，使学院增加了国土资源管理等方面的培训业务，扩大了学院的培训领域和业务范围。2006年，根据深圳市市属事业单位分类改革实施方案，学院正式划转至深圳市国资委，并于2017年12月更名为"深圳房地产和物业管理进修学院有限公司"。

学院开展房地产及物业管理行业培训31年，为物业管理在全国的推广和全行业人员整体素质的提高及深圳市荣获"中国人居环境范例奖"做出了重要贡献。据不完全统计，全国从事物业管理的企业经理和主要骨干约有三分之一接受过本学院的培训，学员遍及全国30多个省、市、自治区和香港、澳门特别行政区，形成了名师荟萃、英才辉映的盛况，为我国物业管理行业发展尤其是人才培育作出了特殊的贡献，学院先后出任了中国物业管理协会、广东省物业管理行业协会和深圳市物业管理行业协会副会长单位。学院被中国物业管理协会授予"中国物业管理改革开放三十年突出贡献奖"、深圳市人民政府授予"深圳市教育系统先进单位"、中共深圳市委组织部授予全市"干部培训先进单位"、深圳市教育局评估为全市首批"成人教育一级办学机构"，被誉为"中国物业管理的人才摇篮"和"中国物业管理的黄埔军校"。

（1）教学研究工作

开展教学研究工作是提升物业管理培训质量的重要基础。多年来，学院在教学研究方面做了大量的工作。

①行业需求调研。

深入市场和企业调研，及时掌握培训需求。为了满足物业管理企业对培训的需求，学院组织人员到知名的物业管理企业进行调研，充分了解企业对培训的需求与企业培训运作模式，了解不同企业对培训需求的差异，为学院下一步在产品研发收集重要的信息资源。

②教学产品研发。

系统构建和完善全国物业管理项目经理岗位技能培训（以下简称"项目经理培训"）产品。自2012年开始，学院在各主管单位的指导下，完成了全国物业管理项目经理培训教材的编写，开创首个市场化培训产品标准模板。2013年3月，项目经理培训以中国物业管理协会的名义向全国7.1万家物业管理企业和700多万从业人员推广，产品质量及教学手段得到业界的高度认可。

为使培训产品更加贴近物业从业人员需求，以全新的培训项目为物业行业提供智力支持，近年来自主研发了各类新产品课程，包括：物业服务企业创新养老服务模式培训班；向标杆学习系列之彩生活商业模式研讨班；全国首创写字楼资产管理高级研修班；全国首创物业服务企业发展战略与经营沙盘模拟班；首次在学院推出物业管理法律风险防范和物业项目精细化管理专题讲座；首次举办项目经理岗位技能培训晚间班；推动物业管理师考前培训网络在线教育；推进深圳宝安区物业管理人才定制培训等培训产品等，多样化的培训产品结构，为行业各层次的学员提供了丰富的培训选择。目前，学院已构建起8大产品系列40个子类、80门亚类创新培训产品，进一步满足了行业人才培训的需求。

③全国物业管理师教材编写。

开展教材的改版编写工作。受住房和城乡建设部、中国物业管理协会委托，学院负责完成了国家注册物业管理师考试教材《物业管理实务》的编写和改版编写工作，得到了住房和城乡建设部、中国物业管理协会的高度认可。

④课题研究。

学院及所属研究所承担并完成国家建设部甲级课题《城市暂住人员住房问题研究报告》，广东省建设厅《广东省中低收入人群住房政策与策略研究》，深圳市国土资源和房产管理局《深圳市暂住人员住房政策研究》《深圳市农村城市化及老住宅区物业管理问题研究》《深圳市老旧住宅区配套设施完善及综合改造》《深圳市军队离退休干部住房问题调研及政策建议研究》《深圳市住房公积金制度综合改革研究》《深圳物业管理向现代服务业转型升级研究》等重大课题和政策的草拟与制定。同时，学院在物业管理法律法规研究，教学培训研究，行业热点、难点问题研究，综合研究与交流工作，书刊编纂与出版，物业管理应用研究与咨询顾问等方面也取得了明显成绩，为我国物业管理行业填补了一个又一个空白，获得业界的广泛好评，不仅保证了学院的持续、稳定和健康发展，也促进了物业管理行业的发展与壮大。

（2）教学资源整合工作

①师资。

学院通过重新梳理师资资源，创建师资库模型。一是全面盘点现有师资名录，逐步构建师资管理体系，完善师资和专家评委档案的相关信息。二是在全国范围内挖掘和培育新的师资力量，扩大师资队伍。三是利用培训管理系统逐步推动师资调度平台化运作，合理调度师资，有效保障培训质量。四是根据培训产品的不同特点建立课程设置和师资配置表，优化产品资源配置。至2018年底，学院已拥有一支规模达150人的教职工队伍，其中行业专业讲师100余人，囊括了物业管理行业各个业态、专业模块师资，为学院教学工作开展提供坚实的基础保障。

②分院。

为将物业管理培训覆盖至全国，促进行业交流发展，学院在重庆、广州、上海、郑州、兰州、济南、西安和南宁建立了八所分院，分院可充分利用学院教学资源与师资力量，为当地物业行业工作者带来高质量培训。

③企业实训基地。

深圳是全国物业发展起源地，有全国一流的物业管理企业，拥有先进的管理方法与丰富的管理经验。学院为挖掘标杆企业先进管理方法与管理经验，特与招商局物业、万厦居业、长城物业、中航物业、航天物业、中旅联合物业和荣超物业等一流物业管理企业合作，建立实训基地、培养企业师资，让企业优秀经验通过学院平台传播到全国各地。让学员能进入到企业与业内精英交流学习，共同促进物业行业发展。

④硬件设施。

学院总部位于深圳市福田区红荔西路莲花大厦，地处深圳市中心区，地理位置优越，交通十分方便，教学楼拥有按照国际职业继续教育规范设计的先进的教学设施，设有大中小型多媒体教室、多功能厅和会议室等，并配有先进的现代化教学设备。

（3）培训教学工作

①物业管理项目经理培训。

全国物业管理项目经理岗位技能培训是学院自主研发的培训产品，其最大特色在于实行全新的分组沙盘推演教学模式，学习形式新颖、理论联系实际紧密，该课程产品以提升从业人员物业管理项目经理综合素质与执业能力，培养实用型物业项目管理人才为目的，充分把握学员的真实技能提升需求，达到学以致用的目标。2010年和2013年，广东省物业管理行业协会和中国物业管理协会先后授权委托学院面向全省和全国广泛开展物业管理项目经理岗位技能培训工作。项目经理课程自开展以来，已面向全国20多个省市自治区举办项目经理培训班300多期，培训学员已达到3万余人次，受到行业主管部门、广大企业和从业人员的普遍好评。

②学历教育。

学院积极搭建学历提升平台，从国家开放大学学分银行立项到行业学习成果认证中心落地、从学分银行体系建设到行业学院成立，学院积极参与各项筹备工作。一分耕耘、一分收获，2020年7月，国家开放大学行业学院将广东学习中心正式设立在学院，已经连续两年招收物业管理本科和专科生，开展学历教育。此外，多年来受中国物业管理协会的独家委托，面向全国各省市举办了百余期"全国物业管理项目经理岗位技能培训班"，学员所取得的《全国物业管理项目经理岗位技能证书》已被国家开放大学审核认准，可以置换国开大学物业管理专业学历教育学习积分。

③物业定制类培训。

不同的物业企业在培训的需求方面各有不同，为了有效提升物业企业的管理水平，学院多来年坚持深入企业开展调研，充分了解企业的人才培养需求，深度剖析企业在人才能力方面的短板，设计制作精细化人才提升方案，并在物业企业中得到有效实施。如北京首开物业、招商局物业、中海物业、保利物业、广东珠江物业、粤华物业、华信物业、越秀物业、广电物业、龙城物业、万厦居业、华发物业和中石油物业等上百家物业企业均由学院提供定制式人才培训。

④跟岗实训。

"全国物业管理项目经理岗位技能之跟岗实训班"是由学院开发的另一类新兴课程，是由学院组织全国各地物业管理项目经理深入到深圳、广州等地各品牌物业服务企业（同时也是学院实训基地）不同业态的先进标杆项目进行跟岗实训，亲临现场感受和学习品牌企业项目管理日常运作与经营的实践经验，对应自身技能弱点和项目管理存在的问题寻找解决对策，该项目的实施将极大地提升项目经理的现场管理能力和经营能力，帮助全国各地物业服务企业提升管理服务水平，更好地服务好社会与广大业户，并为我国的物业管理行业从业人员的总体发展与提升而提供有利条件，其综合效益显著，社会价值凸显，行业意义深远。

⑤在线教育。

在线学习，不受时间和地点的限制，覆盖面广，可以满足在职人员以及二、三线城市边远地区人员的学习需求，且学习费用实惠。多年来，学院不断完善在线学习系统，通过建立优化网站、专家课程录制、加强在线培训宣传以及在线考试等，逐渐探索互联网+培训模式。在线上教学中，实现三种形式的交互：自我交互、人与学习系统的交互和人际交互，通过使用多种新媒体技术，实现了交互式的教学。师生之间、学生之间不仅可以双向交流，而且还可进行多向的合作式交流，有效提高了办学质量。近年来，学院先后完成了物业管理员（师）助教培训课程体系、全国物业管理师在线继续教育课程、深圳市物业管理在线水平测试与考试平台的建立。

⑥践行社会义务与行业责任。

为了以实际行动落实习近平总书记和党中央、国务院相关精准扶贫精神，践行学院的社会义务与行业责任，2012年至2020年，学院多次组织专家教师团队远赴西藏、新疆、青海及粤北粤西韶关等物业管理欠发达地区义务支教，为老少边穷省区的物业管理人才培养贡献学院的专业力量，除了义务支教外，学院每年还经常选派教师奔赴各省市自治区免费开办大型公益讲座，为当地物业管理水平的提高尤其是人才培养起到了重要作用，受到各地行业主管部门和广大企业的高度评价，充分体现了一家国家级专业培训机构所肩负的社会责任与行业使命感，见图4-2-1。

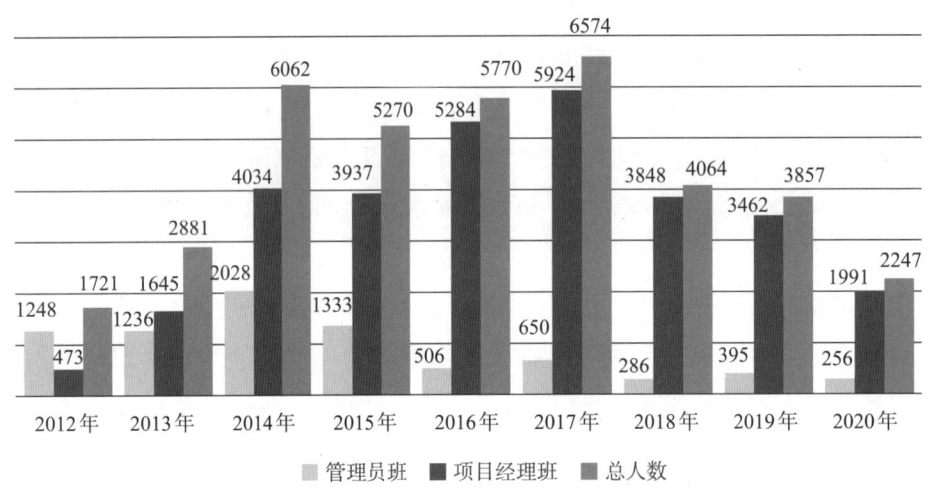

图4-2-1　2012—2020年物业项目经理及管理员培训情况

（4）课程与数据列表

2020年，为了配合全国防疫抗疫工作，学院停止线下集中培训，对物业行业人才培训工作造成了较大的影响，物业管理人才的培训需求无法得到满足。直至六月份，全国疫情得到全面控制后，学院在继续狠抓疫情防控的同时，有序启动培训工作，全体教职工不分昼夜，在全国范围内落地各项培训工作，缓解释放行业内的培训需求，为物业行业的发展持续输出高质量人才。

（5）新时期学院培训业务的发展与展望

近年来，为了适应市场培训需求，学院的培训事业开始朝多元化的方向发展，业务领域从物业行业培训延伸至党政干部培训、法律教育培训、红色革命传统教育培训、党性教育、物业管理从业人员培训、红色物业培训、继续教育培训、企业管理培训、社会工作人才培训等，随着培训业务的多元化，学院的培训量与日俱增，在新时期下，学院进入了迅速发展的快车道，见图4-2-2。

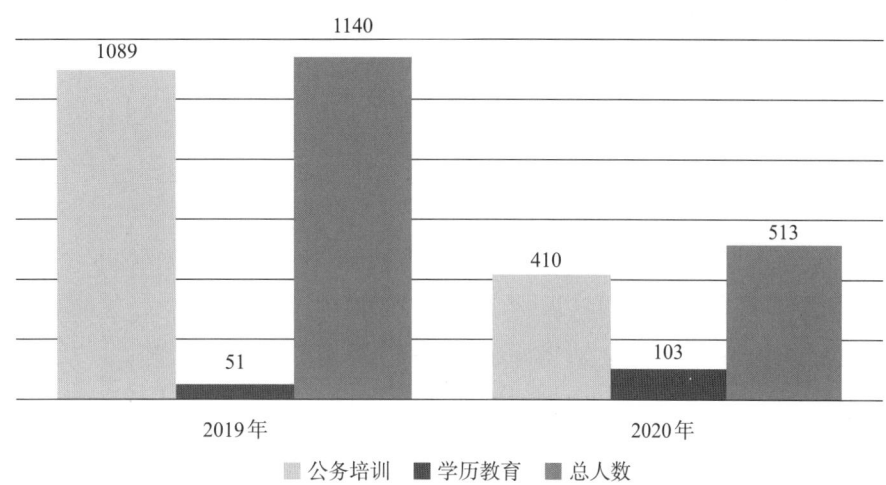

图4-2-2　2019—2020年公务类与学历教育培训情况

回望数十年的沉淀与传承，放眼百年的发展与弘扬，学院将伴随中国物业管理行业乃至中国教育行业的发展，不忘初心，铭记自己的使命与重任，持续创新培训产品与教学方法，始终坚持为物业行业、政府单位、专业人才的发展提供优秀的智力供给，时刻把培训质量作为学院发展的第一要素，为中国建成人力资源强国贡献自己的力量。

【行业自律组织开展的培训】
（1）深圳市物业管理行业协会开展的培训

深圳市物业管理行业协会除了组织开展传统的培训课程以外，还根据会员企业的需求，开展了形式多样的专题讲座、沙龙、培训。培训工作取得了多项突破：一是培训工作常态化；二是培训课程丰富多彩，满足了不同层次从业人员的需要；三是培训内容紧贴形势，助力企业转型升级；四是培训价格低廉，减轻了企业负担。

①举办了深圳市物业管理项目经理技能提升精修培训班。

培训时间：2020年6月16日～30日（共15讲，每讲1.5小时）。

培训对象：物业服务企业项目经理、各职能部门主管以上中高层管理人员等物业从业人员。

培训内容：

● 如何实现企业与项目年度经营管理目标的有效平衡

● 如何打造高绩效项目团队

● 项目经理职业生涯规划与自我认知

● 强化客户关系管理，提高项目运营效率

● 如何有效应用客服行为管理方法，提升项目整体满意度

● 如何增强与业委员会成员有效沟通的技巧

- 如何有效配合业主大会筹备成立工作，共同打造品牌项目
- 社区文化及品牌宣传
- 物业服务费提价策略
- 物业管理催费宝典
- 物业工程管理实操与样板设备房创建
- 新科技、新技术在项目品质管理中的运用
- 物业管理全过程风险防范与应急事件处置
- 以案说法——物业管理法律法规在项目管理中的应用
- 项目经理对资产保值增值的再认识

此次培训内容丰富，实用性强，对做好项目经理工作有很强的指导意义。为了巩固学员们的学习成果，培训结束后，协会还统一安排了测试。

②举办了"第二期深圳市物业管理项目经理技能提升精修培训班"。

培训时间：2020年10月26日—11月9日（共15讲，每讲1.5小时）。

培训对象：物业服务企业项目经理、各职能部门主管以上中高层管理人员等物业从业人员。

培训内容：

- 后疫情时代的社区治理
- 物业管理立法对行业规范化发展的影响
- 《民法典》视角下的物业管理责任边界
- 物业服务合同订立的法律实务
- 《民法典》之物权编下的车位管理与风险防范
- 案说装修管理——装修管理的责任边界
- 案说承接查验的法律地位
- 物业管理费催收沟通智慧
- 物业管理消防安全及风险防控
- 电梯安全管理与风险防范
- 物业企业与业主委员会相处之道
- 物业劳动用工管理实务与风险防范
- 物业管理公司现场管理法律风险与防范
- 物业经营法律风险破解与应对
- 物业服务中侵权行为与法律责任

此次培训内容丰富，实用性强，对做好项目经理工作有很强的指导意义。为了巩固学员们的学习成果，培训结束后，协会还统一安排了测试。

③举办了"物业项目全流程风险管控特训班"。

培训时间：2020年11月19日至20日。

培训对象：物业企业项目经理、助理经理以上级物业企业中高层管理者。

培训内容：第一部分什么是风险和风险管理；第二部分物业管理风险的主要表现和内容。此次培训实用性强，不仅增强了自身的风险防控知识，对物业企业工作开展也有很强的指导意义。

④举办了"物业管理风险防控"培训。主要针对物业管理行业从业人员，帮助物业企业把物业管理安全事故控制在临界线，把安全事故危害降到最低，提高物业风险防控水平。培训分五期进行：第一期：4月20日《以案说法——物业法律风险防范》；第二期：4月21日《如何稳定项目管理权，增强与业委会的有效沟通》；第三期：4月22日《物业重点设备核心点风险管控》；第四期：4月23日《物业前期介入——缺陷防范的关键过程管理》；第五期：4月24日《项目承接查验规范化与风险防范》。

⑤举办了"《民法典》培训班"。

培训时间：2020年10月17日至18日。

培训对象：物业管理行业从业人员。

培训内容：第一部分理论篇:《民法典》、《深圳经济特区物业管理条例》解读；第二部分实务篇:《民法典》颁行后物业管理的变化与对策在物业管理相关司法案例中的应用。通过培训让物业企业全面提升物业管理行业从业人员对《民法典》内容的理解与运用。

⑥举办"垃圾分类"专题班。

培训时间2020年8月31日。

培训对象：物业管理行业从业人员。

培训内容：深入解读生活垃圾分类管理条例，帮助各物业服务企业了解垃圾分类知识及《条例》相关政策法规，正确开展垃圾分类工作。

（2）深圳市福田区物业企业联合会开展的培训

2020年深圳市福田区物业企业联合会组织开展了14场物业管理专题培训和参观交流活动，参与人次达1300余人，使物业企业各类骨干的专业知识得到了提升，也受到物业企业的广泛好评。

①6月20日，组织召开福田区产业发展专项资金政策宣讲会。把福田区政府抗击疫情恢复生产的鼓励政策通过物业管理平台传达到各企业公司。

②7月16日，组织开展了《商务写字楼物业服务——深圳标准认证》的专题讲座，来自物业企业的90多名学员参加了本次讲座。

③7月15日、27日，组织开办第一期和第二期《中级消防设施操作员》培训专班，2期共有200余名学员参加。

④7月28日，组织开展了《职场商务礼仪》专题的培训，130多名一线客服人员参加。

⑤8月13日，组织开展了《物业消防安全》专题培训，150多名项目负责人、消防安全责任人及消防安全相关人员参加本次培训。

⑥9月24日，组织开展了《礼塑形象 心致服务》专题培训，100多名会员企业代表参加本次培训。

⑦9月21日、24日，组织开办了第三期和第四期《中级消防设施操作员》培训专班，2期共有120多名学员参加。

⑧10月28日，组织召开了《福田区物业企业"党建+物管"工作经验交流座谈会》，理事会单位代表和19年度"党建+物管"先进物业项目负责人等30余位代表参加会议。

⑨10月30日，组织开展了《物业服务企业如何打造高绩效团队》专题培训，来自物业企业的80多名学员参加了本次培训。

⑩11月17日，组织开展了《物业早期介入与承接查验》专题培训，来自物业企业的110多名学员参加了本次培训。

⑪11月19日，组织了28名理事会单位代表赴珠海横琴自贸区标杆物业项目——保利国际广场进行了参观交流学习。

⑫12月9日，组织开展了第一期《民法典与物业管理》（共计3期）专题讲座，来自物业企业的100多名学员参加了本次讲座。

⑬12月10日，组织了40余名2019年度福田区物业管理先进个人赴广州开展了"不忘初心使命，传承红色基因"红色之旅活动。

⑭12月29日，组织开展了《物业服务项目市场拓展》专题培训，50多名会员企业代表参加本次培训。

（3）深圳市南山区物业管理协会开展的培训

2020年，深圳市南山区物业管理协会开展了党建引领社区治理有关配套文件、物业法律法规宣讲活动。

培训内容：南山区党建引领社区治理有关配套文件、《深圳经济特区物业管理条例》及配套文件法律法规普及。

培训对象：对辖区内各街道办事处、社区工作站、业主委员会、物业服务企业共计3200余人开展宣讲活动共计54场。另外，在南山区8个街道办10个小区通过定点宣传的方式对业主进行新规普法。

取得效果：通过集中讲授、互动交流的形式，从法律法规层面为相关人员提供管理经验和工作方法，加强专业知识及运作能力。结合党建引领社区治理改革、《民法典》、物业行业安全法律法规等文件多形式开展培训；通过街道定点宣传的方式"普法到家"，持续开展《条例》宣传，让更多社区居民了解物业知识，提升权益保护意识，化解了物业和业主之间的矛盾。此次培训活动共计发放《条例》、培训教材各2000余册，宣传册1000余份。

（4）深圳市罗湖区物业服务行业协会开展的培训

①2020年1月3日，组织《物业费催费技巧及劳动用工风险》培训。

培训内容：物业沟通技巧、催费技巧、劳动合同、用工风险。

培训对象：客服主管、客服。

取得效果：通过培训，物业从业人员掌握与业主的沟通技巧能力从而提高物业费的收费率，普及了企业劳动用工的法律知识，规避风险。

②2020年4月22日，组织开展住宅小区电动自行车消防应急演练观摩。

培训内容：住宅小区电动自行车消防应急演练。

培训对象：物业项目负责人或安全负责人。

取得效果：通过培训，普及应急知识，提高物业从业人员的应急处置能力，防范安全事故。

③2020年6月12日，开展罗湖区超高层建筑极端天气应急演练观摩。

培训内容：超高层建筑极端天气应急演练。

培训对象：物业项目负责人或安全负责人。

取得效果：通过培训，普及应急知识，提高物业从业人员的应急处置能力，防范安全事故。

④2020年8月13日，组织物业企业参加全省物业单位消防安全工作视频会。

培训内容：消防安全；

培训对象：物业项目负责人或安全负责人。

取得效果：通过培训，重视安全消防工作，防范安全事故。

⑤2020年9月3日，举办中级消防设施操作员培训专班。

培训内容：中控室消防设施设备操作相关知识。

培训对象：中控岗消防操作员。

取得效果：中控岗消防操作人员通过脱岗培训学习，掌握中控室消防设施设备操作程序，取得相关职业证书。

⑥2020年9月10日、16日、17日，12月17日，开展《民法典》学习交流（1～4期）。

培训内容：《民法典》对物业行业产生的影响。

培训对象：物业项目负责人。

取得效果：通过培训，使罗湖区物业管理人员充分认识颁布实施《民法典》的重大意义，正确理解和使用《民法典》，提高物业行业法律和风险管控意识，提升物业服务质量，全面推进依法治企，为企业发展保驾护航，进一步打造高品质和谐生活社区。

⑦2020年10月31日，开展罗湖区物业项目服务质量考评工作培训会。

培训内容：解析考评标准、具体分工。

培训对象：物业项目负责人。

取得效果：通过培训，有助于参训人员提高认识，明确物业项目服务质量考评的重要意义，把握物业服务质量考核的各项要求。同时，加大了政府职能部门对物业公司服务品质的监管力度，通过定量分析的考核评分，促使全区物业服务质量优质，促进了物业行业良性发展，为人民对美好生活的向往提供了保障。

⑧2020年11月2日、9日、16日，开展物业专项资金线上政策培训。

培训内容：维修金使用申请及注意事项（首款、尾款、应急）。

培训对象：物业项目负责人。

取得效果：通过培训，普及物业维修金使用管理规定，提高物业人员对维修资金使用程序的掌握。

⑨2020年11月27日，开展物业"守土有责"培训。

培训内容：如何防范物业管理行业恶性竞争，如何做好物业服务工作，防范"职业物闹"。

培训对象：物业负责人。

取得效果：通过培训，使企业了解、防范物业管理行业恶性竞争，促进会员单位之间的互动与合作，创建诚信经营、公平竞争的物业管理行业发展环境，建立良好的物业管理行业诚信自律机制，规范行业从业人员行为，全面提升罗湖区物业服务企业社会形象，促进行业健康稳定发展。

（5）深圳市盐田区物业管理联合会开展的培训

①解读《深圳市物业专项维修资金管理规定》培训活动

培训内容：邀请律师讲解深圳市物业专项维修资金管理规定，包括物业专项维修资金基本概念、各主体职责、收缴方法、使用流程以及管理方式等内容。

培训对象：物业服务企业。

取得效果：通过讲解法规和解惑答疑，进一步推动盐田区物管企业开展物业专项维修资金的使用管理工作，不断提升全区物业管理人员专业素养和法律意识。

②《民法典》时代的物业管理新趋势的培训

培训内容：邀请律师介绍了《民法典》实施概况，指出《民法典》对物业管理未来发展方向提供的法律指引；结合本市案例和自身从业经验，围绕《民法典》中与物业管理相关的法律条款进行了全面细致地解读；在合同事务、侵权责任、自甘风险责任、用工责任等热点问题上提供了解决方案和处理建议。

培训对象：物业服务企业。

取得效果：帮助了物业服务人员正确理解《民法典》中的物业管理，切实提高物业服务管理水平，加强物业行业法律风险管控意识，为今后开展物业管理工作奠定了法规理论基础。

③解读《深圳经济特区物业管理条例》培训活动

培训内容：邀请律师全方面解读新出台的《深圳经济特区物业管理条例》及解答物业服务企业的问题。

培训对象：物业服务企业。

取得效果：帮助盐田区物业服务企业迅速了解政策方向和新条例的具体内容。

④开展生活垃圾分类微课堂

培训内容：邀请蒲公英课堂志愿者讲师为物业企业会员单位讲授垃圾分类的正确方法和基本常识。

培训对象：物业服务企业。

取得效果：引导物业企业根据小区实际情况制定可行措施，进行全面的宣传引导，做好垃圾分类工作。

⑤盐田港物业专项培训

培训内容：此培训是盐田港物业专项培训，结合盐田港物业项目的实际情况，围绕入伙管理及业主投诉处理技巧授课。

培训对象：盐田港物业。

取得效果：加强盐田港物业新员工的客户服务意识与提高项目管控意识，不断提升物业公司员工的业务水平和操作技能，增强严格履行岗位职责的能力。

（6）深圳市宝安区物业管理协会开展的培训

①"新的法律环境对物业管理带来的重大影响"公益课，引导物业从业人员深度学习《民法典》关于物业行业方面的重点内容，为物业企业做了精彩的专题讲座，吸引了众多企业约5000多人集中参与网上学习。参加学习的物业企业纷纷表示，这次公益大讲堂非常及时、实用，如雪中送炭一般，并寄予协会以后多多举办类似活动的厚望。

②《礼塑形象 心致服务》专题讲座，100个人参与，推动宝安区物业企业的服务品质得到提升，促进区物业企业骨干人员的专业水平、综合素质得以提高。

③"广东省物业管理项目经理执业技能及物业服务人员培训（宝安）班"培训活动。参加人数100人，为宝安的物业企业的继续教育提供便利化服务。

④举办消防设施操作员培训活动，参加人数50人，为宝安区物业企业从业人员提供消防安全及设施操作进行培训。

⑤区住建局联合协会召开宝安区人防工程知识宣讲会系列活动，宣讲范围覆盖宝安区全部十个街道，成功举办8场，400多人参加。宣讲会系列活动，在各街道分批次举办，举办的形式以专题讲座与现场讲解为主，针对人防工程使用管理的物业企业相关工作人员开展。旨在加强人防宣传教育，增进市民群众特别是管理人员对人防工作的了解。从专业角度对人防工程分类及作用、人防工程维护保养方法及常见问题进行了细致讲解，同时系统解读了人民防空法律法规。

⑥组织宝安区物业企业开展"安全出行文明相伴"系列宣传活动。分别落实各会员单位长期对所辖服务小区驾驶电动车未戴头盔的人员、在机动车道行驶的乱象进行交通安全劝导，派发上万余份交通安全宣传册。希望各物业企业通过宣传、教育，真正让安全出行、文明出行成为居民的自觉行为，提高社区居民的交通安全意识。

【企业开展的培训】

（1）金地智慧服务公司开展的培训

2020年，受新冠疫情影响，为保障长跑系列计划各层次能顺利开展，金地智慧服务总部长跑中心联合下属三大分部，采用"线上+线下"灵活模式，确保了长跑系列计划的顺利实施，以保障组织领导力人才的培养工作，全年长跑系列计划共开展5期，其中起跑1期，速跑1期，稳跑2期，长跑1期，累计培养覆盖1064人次。

2020年，深潜系列计划结合业务发展情况对业务条线能力模型及培养目标进行更新迭代，设立新业务条线5个，累计上线39个业务条线；课程开发通过结构化升级，迭代条线课程质量，在原有知识、技能、经验课程资源基础之上，重点推进技能类专项课程的开发，累计完成93门专业技能课程，全方面构建各条线课程库，32个条线学习地图100%覆盖。同时基于深潜专业培养目标，推导各专业（技术）条线学习发展计划，围绕关键业务进行"金师精课"师课队伍建设，打造10门精品线下技能类课程，发展认证讲师493人；师课共享平台逐步上线，想学讲师中心约课渠道开启，各下属公司累计线下授课1000H+。

针对公司片区化转型加速需要，满足内部金牌生快速发展需求而搭建的"预备少将计划"正式启动。通过三步走，打通端到端，强化仪式感，做好正宣导，围绕业务支持与星级管家条线策略，甄选96名学员入池培养，打造适应业务发展，胜任岗位要求的新生后备力量。为保障片区管理干部的持续性供给，2020年启动持续中基层关键管理干部战略储备项目——"双将计划"二期，旨在保障关键人才数量的持续性供给，强化人才引进和人才发展的规范性和科学性。自2019年启动以来，共开展两批次人才培养，累计入池182人，出池131人，任用69人，极大程度上保障组织业务对片区化人才的需要。

基于物业行业劳动力密集且分散的特点，为有效做好人员赋能，长跑中心在内部移动学习平台"想学"平台上持续发力，共计新开发微课982门，新认证微课开发师860人，线上移动学习和线下赋能培养需做到良好配合互补，全集团后台培训达9600课时。在过去的2020年里，想学更为细致地支持各业务细分领域，在专业知识赋能和人才梯队培养等多个场景中持续发力。全年"想学"平台用户人均在线时长78小时，平均学习完成率达90.8%，用户保持定期登录学习的黏性，课程学习成为最主要的使用场景。

2020年在原"星火系列"培训项目的运营基础上，完善新入职管家的专业能力培养，打造聚焦管家岗位胜任赋能体系建设。通过建立导师团队，在工作成长过程中实时对管家进行指导监督，促进标准要求的落地执行和业务技能的萃取提炼，助力成长。

通过26°管家星火锻造计划，通过客户服务类的专项培训项目，搭建起金地物业26°管家一星至五星的人才成长梯队，四五星高级管家占比从开始的0%上升到5%，三星中级管家占比达到25%。

（2）吉祥服务集团年度开展的培训

吉祥服务集团于2020年7月30日正式成立吉祥学院，并将1800平方米业务技能训练基地设置在深圳宝能科技园。2020年，吉祥服务年度培训总学时共计62501.91小时，参与人数1962人，人均学时31.32小时。吉祥服务培训项目运营共分为三个模块：新入职员工培训、在职员工培训和梯队人才培养。

新员工培训。新入职员工培训采取线上+线下的运营模式。新员工入职后通常在7天内完成入职培训相关课程内容，全年共有1410人完成入职培训在线考试，共举行新员工线下培训8场（含2场新入职安管员岗前培训）；针对关键岗位，还要进行入职带教，旨在帮助新员工迅速了解公司文化，更快更好地融入工作环境。

在职员工培训。2020年共举行内训讲师提升沙龙1次、六点半课堂9次、吉祥读书社3场。培训方式的多样化一方面提升了培训的趣味性，员工参与积极性高涨，同时围绕业务展开的技能培训，也有利于工作效率的提高，增强了员工凝聚力。

梯队人才建设。主要包括2020届吉祥生训练营、客服能力提升训练营、安管领班能力提升训练营、工程领班能力强化训练营、头马训练营。此类培训目的在于发展公司科学的梯队人才建设体系，维护各业务线条的良性运转，促进公司和员工的双向发展。

第三节　物业管理出版

1.期刊、连续公开出版物

(1)《住宅与房地产·物业管理》(上旬刊)

2020年,《住宅与房地产》物业管理版编辑部,在纸媒受到新媒体冲击以及媒体改革的种种不利因素冲击之下,依然一如既往,坚持人文理念,坚持职业操守,坚持专业精神,继续发挥物业管理行业专业媒体的优势,站在行业前沿,对物业管理行业的发展趋势、物业管理的本质、物业管理法制建设、物业服务企业的转型升级、社区经济、居家养老、绿色物业、智慧物业、物业管理招标投标、社区多元共治等问题进行了深入探讨,并刊发了大量的全国各地汇聚的物业管理行业、企业以及业主委员会的先进经验与做法,为深圳物业管理品牌的传播、行业及企业的交流借鉴作出了贡献;同时,配合政府做了大量安全生产、节能环保等公益宣传。

2020年,《住宅与房地产》物业管理版,逐步完成了传统媒体向融媒体方向发展的转型升级工作,拥有"中国物业之窗"网站、"住宅与房地产"官方公众号、"住宅与房地产"今日头条、"住宅与房地产"App等新的平台。"住宅与房地产"官微曾有多篇文章达到10万+阅读量,杂志与新媒体平台形成了很好的互动,扩大了媒体的影响力。与此同时,编辑部还不断升级表现形式,从文章发布、图片直播,到视频策划、录制等,给受众带来了全新的感受与体验。

2020年,是一个特殊的年份。因新冠肺炎疫情的突然而至,住宅小区成了疫情防控的第一道防线。面对病毒的肆虐,全国千万物业人挺身而出,勇担重责。为了展现他们的风采,《住宅与房地产》在2020年3月刊及时推出一本专刊,大篇幅地记载了这场全国物业企业防疫攻坚战。随着疫情的反复,疫情防控成了常态工作,物业人不敢掉以轻心,依然坚守在自己的岗位上,《住宅与房地产》又陆续刊载了许许多多物业人防疫抗疫的事迹。这些报道引发了社会各界对物业管理行业价值的重新认识以及物业管理行业在全国应急体系中的定位等方面的思考(见表4-3-1)。

《住宅与房地产》编辑部坚守着行业舆论阵地的情怀与决心,同时,希望通过全国性的幸福社区范例评选活动与演讲活动,重点打造"中国幸福社区第一传媒"媒体品牌。

2020年《住宅与房地产》物业管理版刊发的部分论文及主要内容　　　　表4-3-1

文章标题	作者	主要内容
新经济形势下的超高层建筑管理	陈琦琪	一、平安金融中心概况 二、新形势下的超高层建筑管理策略 1.未雨绸缪，预算先行 2.优化团队生产力，培养储备人才 3.提升安防等级，加强巡查力度 4.打造至尊工程服务体系 三、把握趋势，积极探索
浅议港珠澳大桥的物业管理	廖由召	一、港珠澳大桥的概况 二、港珠澳大桥的运营特点 三、港珠澳大桥的管理经验 1.推动完善联动工作机制 2.柔和更新管理制度 3."标准化"服务的引入 4.完善的设施管理，保障"发展"+"环境"的可持续 5.先进的智慧物业"π"平台运用 四、"超级桥梁"物业管理者的思考 1.管理体制的启示 2.安全管控的启示 3.团队建设的启示 4.信息化建设的启示
零售商业物业的服务操作	李　韵	一、商业物业服务的前世今生 二、现在商业物业服务的特点 1.商场客流量问题 2.有害生物防治 3.安全 4.商户异常行为 三、组织协调与供应链管理 四、成本 1.商业物业服务人数与风险有关 2.商业物业服务人数与设计缺陷有关 3.商业物业服务人数与体量有关 4.商业物业服务人数与管理能力有关 5.商业物业服务人数与服务质量要求有关 五、技术介入后果 六、结语
疫情下物业服务企业法律问题解析	方湘子	一、【对外】严守规定，坚决守护业主美好家园 1.疫情防控期间，物业企业应尽到哪些义务？ 2.物业公司拒不配合疫情防治工作可能面临何种处罚？ 3.疫情属于不可抗力，但并不等于完全免责 二、【对内】关爱员工，妥善解决劳动用工问题 1.做好员工培训、加强自身防护 2.如何解决疫情防控期间遇到的用工问题

文章标题	作者	主要内容
浅谈疫情防控中物业企业员工的心理问题及应对措施	祖晓红	一、如果认知疫情防控中物业企业员工的心理问题 1.疫情防控中物业企业的员工是一个非常时期的特殊群体 2.物业人员所承受的工作压力、心理压力及导致的心理问题堪比一线医务人员 3.物业人员作为疫情防控一线人员的存在事实及所承受的风险和压力社会感知度不够，缺少舆论关注、人文关怀和心理支持 二、物业企业应该如何重视和有效应对员工心理压力问题 1.物业企业领导应该在意识层面高度重视员工心理压力问题 2.物业企业应该有组织地计划和实施以心理援助为核心的员工关爱行动 3.物业企业在疫情期间公共心理卫生资源不敷使用的环境下，应尽快建立企业层面的具有现实可行性的员工心理援助系统 三、物业一线人员如何对待自己的心理压力问题 1.首先是理性地进行压力溯源和压力归因找出问题的真正来源，消除或一定程度上缓解心理压力问题 2.主动学习病毒传播规律、疫情防控知识以及如何提升机体免疫力等方面的知识并付诸行动 3.如果在正本清源后还不能消除或缓解心理压力，在积极行动后尚不能减轻焦虑和抑郁，那就试一试自我心理调适技术或向心理咨询师求助 四、物业一线人员如何安抚业主
防疫周期，物管企业打开家庭生活服务业的正确方式	郭金龙	一、机会来了，你抓住了吗 1.绝无仅有的三个唯一 2.平时功力的考验 二、为什么此时卖货思维摇不到 1.防疫周期的社区，你看到了什么 2.用户还是那个用户，改变是暂时的 3.战略性应对还是战术性应对 三、疫情过后，你能留存下什么 1.增加了多少信任 2.培养了什么习惯 3.整合了什么资源 4.打造了什么模式 5.历练了怎样的团队
住宅小区物业管理行政监管职责探讨	翟能友	一、住宅小区物业管理涉及多个行政监管部门 1.住建部门不是物业服务行业唯一行政监管部门 2.各行政监管部门均要履行监管职责 二、行政监管部门必须进小区 1.行政监管部门不进小区的根源 2.行政监管部门不进小区的后果 3.有法必依执法必严违法必究 三、管理业必须管安全 1.监管物业行业安全不等于监管住宅小区安全 2.按行业类属确定安全监管行政部门 四、依法依规主次得当职责分明 1.住建部门配合其他行政部门督促物业企业履行"发现、劝阻、报告"义务 2.多头监管等同于无人监管

续表

文章标题	作者	主要内容
北京和深圳物业管理立法比较研究	王必丰 叶 劲	一、两地物业管理概况 二、关于业主自治方面的比较分析 1.业主大会备案制度 2.业主组织运作机制 3.共有资金管理制度 4.业主共有物业制度 三、关于物业服务的比较分析 1.物业承接查验制度 2.前期物业服务 3.应急安全责任 4.新旧物业交换 四、关于基层治理方面的比较分析 1.党建引领物业管理 2.设置物业管理委员会 3.政府行政监督 五、经验与启示 1.加强党建引领是确保物业管理立法质量的整治保障 2.坚持科学民主立法是确保物业管理立法质量的根本途径 3.正确理顺政府与市场边界是确保物业管理立法质量的关键环节 4.坚持市场化、社会化和专业化改革是物业管理立法的核心内容
刍议《北京市物业管理条例》的进与退	任晨光	《北京市物业管理条例》于2020年5月1日起实施。对这样一部事关北京市全体业主和居民切身利益的地方法规，笔者细细研读之下，发现有不少的规定是进步了，但问题依然不少，有点甚至是退步了，与商品房小区的实际情况不符。 一、进了一步：物业管理区域重新划分 二、退了一步：行政权力直接介入了业主委员会的选举 三、退了一步：对业主委员会任期和选举方式做了不必要的限制
《民法典》时代物业管理之思	陈永全	一、久练成"经"《民法典》 二、《民法典》的重大意义 三、《民法典》对物业行业的影响 1.关于业主保护与物业责任 2.关于业主委员会的合法性对物业合同权益的影响 3.关于业主表决、同意的比例变化 4.物业共有部分收入归属的明确 5.关于接受监督、问询和配合 6.关于难点问题，各方义务与权责 7.合同的内容与形式 8.对企业的硬性要求 9.明确制止、报告义务 10.关于物业活动的公开、报告 11.物业费的支付与收取 12.关于续聘与解聘 13.明确服务区域公共道路管理的责任义务 四、《民法典》时代，行业未来的展望 1.给行业带来发展之"利" 2.给行业思维带来改变之"迫"

文章标题	作者	主要内容
物业服务合同与业主大会入典解读	陈德福 李慧贤	一、物业服务合同入典使物业管理行业进入新时代 二、物业服务合同从无名合同到有名合同的重大意义 三、业主大会、业主委员会的民事主体地位正式确立 四、行政主管部门监督管以及行政指导工作的职责范围将更加清晰 五、结语
《民法典》建筑物区分所有权视角下业主权利义务的再认识	鲁 捷 王粤钦	一、凸显业主合法权益的保护 1.保护业主物权 2.保护业主共有部分收益权 3.保护业主合法权益 二、引导业主"共同意识" 1.以"问题导向"破题治乱 2.引导"共同意识"共建共管 3.强化业主的"物业养护维修意识"
变中寻"机"的行业力量	陈永全	一、抗击疫情的价值体现与公共关系重建 1.巨大战疫力量重复展示价值体现 2.社会评价与政策支撑的不断优化 3.行业迎来价值定位关系重建契机 二、党建引领基层社会治理作用日益凸显 1.人民需求变化与行业的政策确认 2.党建引领物业是时代发展的需要 3.党建引领基层治理的作用与优势 三、关于不稳定的变革中探索创新突破发展 1.行业整体发展呈现强劲有力态势 2.通过六大方式扩大规模突破发展 3.行业进步与发展取得较大的成效 四、在大时代大变局中高质量发展的建议 1.加强行业党建引领融入基层治理 2.尊重市场规律参与社会基础管理 3.党建引领物业服务举措内容创新
物业行业社区经济的"五一三"综述	郭金龙	一、2020年社区经济的五大特点与分析 1.社区场景价值凸显，资本热度持续升温 2.物业成为社区经济三大势力之一 3.用户为本理念回归 4.物业多种经营的多元化 5.物业行业纵向整合模式开启 二、一件大事：社区生鲜团购大战 1.阶段一：物业公司主导的物业电商战 2.阶段二：创业公司主导的社区团购阵型战 3.阶段三：互联网巨头主导的家庭用户私有化战 三、2021年社区经济三大发展趋势 1.社区混战加剧 2.第三方势力崛起 3.物业行业的纵向一体化整合加快

续表

文章标题	作者	主要内容
越走越窄的中小物业企业生存之路	李 聪	一、2020年中小物业企业发展概况 1.新冠疫情突袭，福祸相依的考验 2.头部企业拓展下沉，三四线城市已无法安逸 3.减税降费政策落实，企业利润下滑成比必然 二、2020年中小物业企业发展特点 1.企业经营发展不稳定因素激增 2.企业经营大概率亏损 3.社会评价上下半年两个极端 三、2021年发展趋势预测 1.大量中小物业企业会消亡，但企业总量会继续增长 2.向专业分包商转型，在标杆企业羽翼下生存 3.经营成本继续攀升，经营状况进一步恶化
2020社区社群经济发展趋势报告	佟 少	一、社区社群的定义 二、社区社群的基本特征 1.经济形态凸显 2.共享管家是社区社群的标配 3.公域流量 4.通过社区不断加强信任 5.明确的区域范围 三、多方助理推动社区 1.社区经济的快速发展 2.用户需求、社交方式的改变推动社区社群的发展 3.技术的不断迭代 4.政策出台推动社区生活服务业快速发展 5.中国互联网及移动互联网的发展逐步成熟 四、社区的建立方式 1.物业企业主导的业主群 2.团购企业主导的团长群 3.生活服务企业主导的管家群 五、社区社群经济的核心是以人为本 六、社区社群经济的三大变现途径 七、社区是主阵地，社群是主战场
物业公司上市只是资格赛，决算胜负要看这三点	郭金龙	一、对行业未知的认知 二、拥有怎样的核心竞争力 三、持续盈利能力
物业公司的第二增长曲线是怎样划出来的	郭金龙	一、物业公司的第二曲线在哪里？ 1.第一曲线和第二曲线的关系 2.第二曲线的原点和支点 二、物业公司如何才能划出第二曲线？ 1.改变观念：从管理到服务 2.构建新的信任：信任是经营的起点和终点 3.培养用户的新习惯：只有能养成用户习惯的经营才是可持续的
人是第一个可宝贵的 ——毛泽东的人本主义思想及其在企业管理中的应用	王兆春	一、对人的珍视一以贯之 二、人比物重要得多 三、关心其身，得到其心 四、通过关心把人团结起来

文章标题	作者	主要内容
"物业"深度融入社区治理的三点建议	毛志远	一、推进红色物业企业建设 "红色物业"是武汉市2017年提出实施的红色引擎工程之一，经过三年的发展和推进，"红色物业"已经成为武汉市社区治理的"名片"，在武汉市社区治理工作中发挥着重要作用，同时也成为全国各大中城市争相学习的标杆。 二、支持民营物业企业发展 以武汉市武昌区为例，武昌区共有物业服务企业163家，其中民营物业服务企业有124家。 三、关心物业服务人员成长 物业服务人员，特别是物业保洁员、保安员、绿化工、维修工等，其工作性质与环卫工人、建筑工人一样，劳动时间长，劳动内容最苦、最脏，也是社会中少有几类被"看不起、不受待见"的群体
新冠肺炎疫情防控期间高层楼宇设备设施的运行管理要点	卞守国	一、空调通风系统 1.空调设备设施的管理要点 2.空调系统的控制策略和运行原则 3.不同工作场景下空调设备的控制策略 二、给排水系统 1.排水系统的水封、存水弯、地漏 2.保持水封有效 3.封闭不使用的排水点 4.供水水质保障 5.集中热水系统军团菌的消除 6.中水处理站 7.其他注意事项 三、电梯设备 四、结束语
守正创新——回归物业管理本质的思考	叶阳勇	一、物业管理市场机制失效 二、相关者的角色错位 三、包干制的最大弊病 四、窝心的业主委员会 五、体弱病残的房屋设施 六、物业行业的无证时代 七、这是最好的时代，也是最坏的时代 八、回归本质，再行创新
疫情拐点之后，物业管理行业发展的拐点会来吗？	黄光宇 顾玉兰	一、当前物业管理行业发展的正常环境没有发生根本性变化 二、关键性业主的物业管理消费观念没有发生根本性变化 三、业主的物业管理消费行为没有因疫情而发生根本性变化 四、疫情期间物业服务企业的经营理念未发生根本性变化——行业内有组织的系统创新时代仍没到来
疫情影响下物业管理行业发展趋势探索——从物业行业层面思考	李望	一、物业管理行业在本次疫情中所凸显的价值，将加速物业管理行业资本化进程 二、此疫物业管理企业面临种种困境，行业协会作用凸显，有利促进协会主导行业联盟，完善行业预付风险和管控机制 三、此疫对物业管理项目管控要求的提高，将进一步提升物业智能化应用与升级，互联网平台将得到更有效利用 四、"疫情"给物管企业提供了一个契机去思考，如何扩大增值服务的生态圈、布局新业务以及加快推进智慧社区的建设

续表

文章标题	作者	主要内容
加强和改进维修资金工作的思考	徐 成	一、维修资金的问题，本质上是物业管理的问题，而物业管理问题最核心的是业主自治问题 二、有效破解维修资金监管工作权责不清责任不明的问题 三、协调解决维修资金监管中使用安全与使用方便的矛盾 四、创新途径，逐步解决维修资金续筹问题 五、逐步建立完善嵌入基层社区治理的业主自治活动新机制 六、逐步建立维修资金嵌入物业管理活动的监管工作新模式 七、逐步在具备条件的地区推行维修资金业主大会自管
加强财务数据管理，为管理者听决策支撑——物业服务企业如何建立财务实时核算机制	吕晓云	一、物业服务企业面临的财务问题 二、财务管理人员应如何进行财务数据管理 1.收入和成本配比，尽可能做到一一对应 2.重视现金流量表 3.在成本控制中发挥数据控制的作用 4.财务实时核算机制中数据的准确性、及时性尤为重要 5.利用财务数据分析工具来评价服务质量 三、建立稳健的财务储备
深圳市绿色物业管理的发展现状与思考	何 楠	一、绿色物业管理在深圳的推广情况 1.试点阶段 2.星级标识试评估阶段 3.星级标识认证阶段 二、绿色物业管理推广工作的困难 1.绿色物业管理尚未在政府物业项目中广泛推行 2.深圳市大型物业服务企业未起到行业引领作用 3.很多老旧物业项目的技术改造费用不足 4.绿色物业管理激励政策力度不足 三、关于进一步推广绿色物业管理工作的建议 1.要求物业服务企业在政府物业项目（包括保障性住房）必须按照《评价标准》的要求实施绿色物业管理 2.将绿色物业管理工作费用纳入"业主共有资金"的支出范围，保障绿色物业管理活动的顺利开展 3.完善绿色物业管理政府资金扶持政策 4.加强宣传引导，增强基层政府部门和业主绿色物业管理共识
新视角：社会基层治理是一个新型物业服务市场——谈物业管理融入社会基层治理的市场吸引力设计	黄光宇 顾玉兰	一、物业管理融入社会基层治理的新视角 1.物业管理除了商品价值，在社会治理领域具有更高的社会管理价值 2.物业管理融入基层社会治理，是政治经济学基本原理的又一次生动再现 3.物业管理融入基层社会治理，是我国基层社会治理的"中国特色" 二、物业管理融入基层社会治理政策设计的新方法 1.企业承担社会责任不仅是个道德问题，更是一个经济承受能力问题 2.基层社会治理不仅要有政治站位，更需要市场经济思维 3.将物业管理融入社会基层治理不仅是需要概念的创新，更需要市场创新 4.物业管理融入基层社会治理的瓶颈不仅要理顺机制，更要统筹基层物业管理资源

文章标题	作者	主要内容
从经济学角度观察住宅专项维修资金问题	徐 成	一、信息不对称条件下的委托代理问题 二、集体行动的"公地悲剧"问题 三、维修资金使用安全监管的实践经验及启发 1.通过事先民事约定为应急使用维修资金奠定法理基础 2.申报材料格式化、标准化，为监督监管提供信息基础 3.与产权登记部门定期核误业主信息，为手机短信送达相关通知奠定基础 4.网上公示存放留证据，分小区设板块便于查询 5.规避代理人之间的串谋，委托银行进行把关 6.合理确定微信项目审价起点，确保维修资金安全
央产房物业管理改革工作之我见	王 帅	一、央产房物业管理历史 二、央产房物业管理改革工作的进展 1.新旧政策平稳过渡 2.业主满意度持续提升 3.物业收费率超出期望 三、央产房物业管理改革工作的困难 1.业主共有和产权单位专有之间的权属边界存在争议 2.业主自我管理机制尚未形成 3.老旧小区管理仍处困难 4.物业服务费用收不抵支 四、央产房物业管理改革工作的建议 1.加强宣传培训 2.继续加强央地共建 3.积极贯彻和践行《北京市物业管理条例》和《民法典》 4.协同推动业主自治 5.明确共有部分权属 6.加大住宅专项维修资金使用效率 7.完善产权单位购买物业服务的正常通道 8.明确物业费动态调整的触发条件 9.增加恶意欠费限制央产房上市相关规定 10.创新变革，开展智慧社区建设
对当前住宅专项维修资金监管重点的趋势分析	徐 成	一、当前维修资金监管工作中值得关注的内容 1.部分城市资金用得快、存量低、续筹难的问题已经初现 2.应急使用制度的副作用逐渐凸显，如何准确把握值得关注 3.专业第三方监督的作用日渐凸显，需要进一步健全体制机制 二、各地正在尝试探索推进的维修资金监管措施 1.南京引入新型专业第三方实施全过程监督 2.成都维修资金紧急使用的应急预案 3.深圳市的做法是与产权登记部门定期核误信息，相关事项通过手机短信及时送达所有业主 4.武汉等城市委托银行进行把关维修资金使用 三、关于维修资金监管重点发展趋势的思考
深圳新《条例》的解读与使用	陈德福	一、业主委员会的任期将由过去的三年变更为五年 二、业主委员会将获颁发统一生活信用代码证书 三、业主委员会换届必须换公章将成历史 四、业主大会可以开设业主共有资金基本账户 五、业主委员会如何确认和管理业主共有物业 六、业主委员会如何确定物业服务费的价格 七、业主大会对物业管理服务公司的续聘、选聘与解聘 八、业主大会、业主委员会如何管好自己的钱袋子

续表

文章标题	作者	主要内容
简析城市社区治理	邵里庭	一、社区、社区管理、社区治理、社区组织、社区治理和社会管理 二、社区治理突出问题、社区治理问题的诊治、加强社区治理的思考和建议 三、社会治理的十大要点 1.党建引领 2.家国关联 3.民主协商 4.良性互动 5.网格化管理与网络化管理 6.关联无权、相邻物权与共有存物 7.三治融合与以法入礼 8.社会联动 9.情感治理 10.共建 共治 共享
承接查验在小区物业管理中的重要性	严向红	一、承接查验的定义 二、承接查验的内容 1.房屋主体 2.公共设施 3.供配电系统 4.电梯 5.给排水系统 6.消防系统 7.安防系统 三、承接查验的作用 1.承接查验报告让新老物业交接权责分明 2.承接查验报告是业委会制定年度预算和维修计划的依据 3.承接查验报告是对设施设备维修的核算 四、承接查验的意义

（2）《深圳物业管理年鉴》

《深圳物业管理年鉴》(简称《年鉴》)是在住房和城乡建设部住宅与房地产业司指导下，由深圳市住房和建设局主持编辑出版的大型连续出版物，是全国最早编撰的物业管理年鉴，自1999年起已连续出版了1999、2003、2004、2005、2006、2007、2008、2009、2010、2011、2012、2019共12期。它汇集了截至2019年12月31日有关深圳物业管理行业发展的大量数据资料，全景式地展示了深圳物业管理行业的发展数据。

《年鉴》是一部较全面系统记录深圳物业管理行业当年发展状况的行业编年史册，也是供政府相关部门、企业及其他人士了解和研究深圳物业管理发展的一本大型工具书。《年鉴》在完善深圳物业管理行业信息统计、收集分析行业发展态势、促进行业理论研究以及为政府提供决策参考等方面起到了良好的作用，受到了物业管理主管部门及业界的极大关注与支持，已成为记录深圳物业管理发展的权威史书。同时，《年鉴》在宣传和推广深圳市物业管理整体形象、构建和谐深圳、效益深圳等方面也起到了良好的作用。

《深圳物业管理年鉴2020》除按以往体例进行编撰外，为纪念中国物业管理与深圳物业管理诞生40周年，总结40年来深圳物业服务企业所取得的巨大发展成就，推广深圳物业服务企业多年积累的先进经验，特辟"物业管理四十年深圳物业服务企业经典发展模式"章节，精选在不同类型物业服务领域具有较高知名度与美誉度的企业，挖掘企业经典发展模式以及对行业完善与行业发展的独特价值，充实了年鉴的内容，增强了年鉴的可读性。

2. 行业协会会刊

深圳市物业管理行业协会2020年共出版《深圳物业管理》会刊12期，编发各类稿件500余篇，累计向企业发送3万余册。会刊分别围绕疫情防控、共有资金监管、城市服务、《民法典》颁布、行业自律、满意度评价、房屋安全、特区40年、老旧小区物业管理、城中村物业管理等热点难点问题策划专题，宣传行业正能量，探讨工作中的热点难点，分享企业先进经验思路、搭建行业交流平台。会刊还发动广大物业人围绕习近平总书记给圆方集团回信和在深圳特区建立40周年庆祝大会上的讲话精神，以及十九届五中全会等撰写体会，得到广大物业人的响应。

在2020年抗击疫情中，深物协借助行业协会微信公众号、会刊等宣传平台，推出406篇疫情防控有关的文章，其中包括29期《防控肺炎疫情，物业人在行动》专题，7期《疫线直击：咱们巾帼有力量》专题，对近200家物业企业疫情防控和复工复产方面的先进经验，以及200多名以党员、退役军人、先进分子等为代表的一线物业人员立足岗位、不惧艰险、迎难而上的抗疫正能量事迹进行宣传报道。

2020年，《深圳物业管理》编辑部继续加强与《信息快报》《南方日报》《深圳特区报》《深圳晚报》等媒体的交流，借助媒体宣传深圳物业行业正能量，展示行业品牌形象。全年共通过媒体发出各类稿件37篇。

在深圳出版业协会发布的2020年度深圳内刊界"优秀内刊传媒奖"评选结果中，《深圳物业管理》获2020年度"优秀城市内刊奖"，同时，还获得多个单项奖项。

3. 企业内刊

内刊作为一个企业的窗口和企业文化的塑造者，作为员工和企业之间的桥梁和纽带，在公司内部建设、扩大市场影响力和企业品牌宣传中发挥着重要的作用。截至2020年12月31日，深圳市不少物业服务企业均创立了自己的内刊，其中办刊比较出色的有《莲花物业》《金地物业》《万厦居业》《深业物业》《国贸之窗》《长城物业》《联合物业》《佳兆业物业》《中航物业》《深物通讯》《城建物业》《鹏基物业》《承越》(之平管理创办)、《航天物业》《天利物业》《信托物业资讯》《特科物业》《臻》(保利物业创办)、《特发物业》《龙城报》《华佳宏物业》《卓越物业》《开元国际》《振业物业》《万科VOICE》《中海物业报》。部分内刊还获得"广东省优秀企业期刊""深圳市十优企业期刊""深圳优秀内刊传媒奖"等称号。

(1)《莲花物业》创刊于1998年，是一份理论性与实践性兼备的刊物。以宣传企业文化、树立企业形象、提升物业管理服务水平、促进行业发展为办刊宗旨，积极促进行业内外交流，成为莲花物业企业文化宣导的窗口。

《莲花物业》自办刊以来，开设卷首语、特稿专题、总部视野、职场论坛、资讯速览、流光掠影等栏目，除积极宣传物业管理法规、跟踪行业动态，对行业发展现状和方向进行深入研讨外，还坚持办员工、业主喜爱的刊物，刊登员工、用户的文章，反映员工心声、展示员工风采，反馈用户意见，时刻关注用户的服务需求，促进管理者与服务对象的交流和互动。阅读面和受众面广泛，突出文艺与时尚相结合，形成独自特有的品位和文化韵味。

《莲花物业》已逐渐成为业内一道亮丽的风景线，受到广泛的赞誉和好评，《莲花物业》将不断创新和完善自我，致力做出物业管理行业内最好的期刊精品。

（2）金地智慧服务内刊《掘金》，旨在探究并还原金地智慧服务发展历程中的重要价值积淀，积极报道及提炼金地智慧服务文化内涵及发展历程，《掘金》首期发行时间为2016年4月1日，发行2小时点击量即破万。

自2019年起《掘金》全新改版，由单月发行改版为双月刊，注重深挖掘、重展现、打造小而精的文化载体，记录公司当下、当时、当刻发生的、具有文化价值导向的人、事、物，在文化价值积淀中，挖掘塑造文化内核，打造奋斗者文化，提炼特有的专属文化符号，增强公司文化融合，营造良好的企业文化氛围，有效地推进企业文化建设，全面提升企业竞争力。

截至2021年6月，《掘金》总发刊25期，累计阅读量达90万+。其中，2021年度发刊4期，包含纸质刊1期，电子刊3期，累计阅读量15.61万次，综合满意度98.17%。

第四节　物业管理品牌宣传与抗疫活动

1.深圳市住房和建设局开展的品牌宣传活动

【深圳市"最美物业人"评选活动】

为落实住房和城乡建设部以及广东省住房和城乡建设厅关于住房城乡建设系统精神文明建设工作指导意见精神，大力加强先进典型宣传工作，宣传推广在物业行业中涌现的先进典型和模范人物，弘扬先进典型的强大正能量，提升物业人的行业认同感和职业荣誉感，在行业内挖掘一批爱岗敬业、无私奉献、业务精湛的基层物业人。深圳市住房和建设局委托深圳住宅与房地产杂志社于2020年4月24日在全市组织开展了深圳市"最美物业人"评选活动。

本次活动的评选对象是在深圳市各物业服务项目从事物业管理和服务的保安员、保洁员、设施设备维修人员、项目经理等工作人员，评选设"最美物业人"奖项，共评选出50人，其中在新冠肺炎疫情防控工作中表现突出的10人、保安员或秩序维护员10人、保洁员10人、维修管养技工10人、物业项目经理10人。

此次评选活动分为资格初审、公众投票、监管评审、专家评审与公示表彰五个阶段。评选初审时间为2020年5月24日至6月15日，主办方根据各单位提交的申报材料，结合参评条件，对候选人进行资格初审，为每个类别遴选出20名候选人（资格初审环节，每个类别最终遴选出多少名候选人，根据实际报名情况予以调整）；公众投票阶段，市民通过关注"深圳住宅与房地产"微信公众号，可对自己心中的"最美物业人"人进行投票，被投票人所获得投票数将折算其相应得分；监管评审阶段，由市、区（新区）住房和建设局、街道办以及社区工作站等相关单位或部门代表组成的监管评审小组，根据初审筛选结果，结合参评材料等方式进行评分；专家评审阶段，由权威专家组成专家评审组，根据初审筛选结果，结合参评材料或实地走访等方式为参与公众投票的候选人进行专业评分，并核算出每位候选人的相应分值；评选公示阶段，经资格初审、公众投票、监管评审、专家评审确定的拟获奖人员名单会在相关网站或媒体上公示7天；最后由主办单位组织表彰并颁发荣誉证书。

2020年9月21日上午，深圳市"最美物业人"颁奖仪式暨新闻发布会在深圳市住建局科研楼隆重举行。深圳市住房和建设局局领导朱文芳、物业监管处处长张雁、副处长瞿能友，深圳市物业专项维修资金管理中心主任谢吾德，深圳市物业管理行业协会会长曹阳，深圳住宅与房地产杂志社总编李春云等出席了本次颁奖仪式与新闻发布会。

在活动中，深圳市住房和建设局局领导朱文芳为活动致辞。她表示，深圳市"最美物业人"颁奖仪式暨新闻发布会旨在表彰一批在平凡岗位上对社会作出不平凡贡献的优秀物业人，宣传一批在物业管理行业中涌现出来的先进模范，弘扬他们的强大正能量，推动深圳市物业服务高质量发展，发挥深圳特区先行示范作用。

同时，她也在讲话中强调，2020年是全面建成小康社会和"十三五"规划收官之年，是深圳经济特区成立40周年。40年来，深圳物业管理始终秉持"先行先试"的特区精神，从无到有、从小到大，创造了多项国内第一；40年来，深圳物业管理不仅培育了一批在各自经营领域中拥有丰富经验和成熟品牌的优秀物业管理企业，还涌现了一批有影响、有追求、勇担当的优秀的物业管理经理人，更离不开一批几十年如一日，始终坚守在平凡岗位上，默默付出的物业人。所以在行业里开展"最美物业人"评选活动是非常意义的事，通过评选活动，大力讴歌模范，展现深圳物业人的平凡故事，不仅能够引导行业积极向上，激励物业服务企业和员工提高服务本领和服务品质，而且能够对于提升物业管理行业精神文明创建水平，弘扬社会主义核心价值体系具有十分重要的意义。

朱文芳直言，2020年也是物业管理行业受到极大关注和肯定的一年。在面对突如其来的严重疫情，是物业人不顾安危、不讲条件、不辞辛苦地奋战在小区疫情防控第一线，积极配合街道、社区认真落实疫情防控措施，为守护人民群众的健康安全保驾护航，彰显了物业管理专业服务的价值，得到了社会和广大住户的认可。物业人在这次疫情中的表现令人欣慰、令人感动，他们是美丽的逆行者，他们是新时代下的楷模。

朱文芳在致辞的最后表示，2020年是物业管理行业发展的新起点。新修订的《深圳经济特区物业管理条例》已于2020年3月1日正式施行，它对物业监管部门、物业服务企业和业主组织都提出了更新、更高的要求。她希望物业人站在新的起点上，面对赋予的新使命，再接再厉，持续发扬物业人坚持、坚韧、坚守的精神，为建设诚信、规范、和谐的物业管理服务市场，促进物业服务行业持续健康发展贡献自己的一份力量。不断提高物业管理服务水平，推动打造与深圳城市定位相匹配、与国际一流水平相接轨的现代物业服务行业，为我国物业管理行业转型升级探索新路、提供示范！为人民对美好生活的向往而不懈努力！

活动自开展以来受到社会各界，尤其是物业管理从业者的广泛关注，五大评选奖项吸引了众多优秀的物业人报名参与。这次评选出的"最美物业人"，他们的年龄、职业、经历虽然不尽相同，但他们都在平凡的岗位上兢兢业业、恪尽职守，干出了不平凡的成绩。他们的事迹温暖了人心，感动了社会，为全行业树立了榜样。他们为提升城市形象和品位、提高城市管理水平、改善人居环境、打造和谐文明社区、提升居民幸福感作出了积极贡献。深圳市"最美物业人"的评选活动，是为了向这个行业无数平凡的劳动者们致敬。同时，也是希望借助各大媒体平台，宣传物业人在服务业主、构建和谐社区等方面的优秀事迹，加深社会公众对物业管理的认知，提升行业的社会美誉度，促进深圳市物业管理服务行业持续健康发展（见表4-4-1）。

奖项名称	序号	获奖人员	所在企业
最美抗疫人	1	李友金	深圳市万厦世纪物业管理有限公司
	2	李红达	深圳市鹏联豪物业有限公司
	3	姚春军	深圳市中航楼宇科技有限公司
	4	朱新涛	深圳市抱朴物业服务有限公司
	5	肖城	深圳市洁原物业管理有限公司
	6	魏小军	深圳市物业管理有限公司
	7	冯文濠	深圳市宝实物业管理有限公司
	8	陈继	深圳招商物业管理有限公司
	9	廖伟鸿	中海物业管理有限公司
	10	吴晓斌	深圳市荣津物业管理有限公司
最美维养技工	1	魏庆锋	深圳市物业管理有限公司
	2	李强	深圳市泰然物业管理服务有限公司
	3	邹彦科	深圳市中航楼宇科技有限公司
	4	关忠	深圳市尚美物业管理有限公司
	5	陈学华	深圳市赛格物业管理有限公司
	6	曹光利	深圳市特发服务股份有限公司
	7	刘远力	深圳市城建物业管理有限公司
	8	邓桂林	深圳市凯盛物业管理有限公司
	9	蔡新权	深圳市家华永安物业管理有限公司
	10	杨剑松	福田物业发展有限公司
最美保洁员	1	边海荣	深圳市明喆物业管理有限公司
	2	何春红	深圳市泰然物业管理服务有限公司
	3	陈历芳	深圳市万厦居业有限公司
	4	李彦克	深圳市大族物业管理有限公司
	5	张洪艳	深圳招商物业管理有限公司
	6	石欧阳	众安康后勤集团有限公司
	7	闭小会	深圳市万科物业服务有限公司
	8	唐胜芬	深圳市午越物业管理有限公司
	9	吴希	福田物业发展有限公司
	10	杨晓萍	深圳市恒裕物业管理有限公司
最美保安员	1	曾思骞	深圳市洁原物业管理有限公司
	2	田欢欢	深圳市保利物业管理集团有限公司
	3	丘永童	深圳天安智慧园区运营有限公司
	4	王志强	深圳市新东升物业管理有限公司
	5	吴洋洋	招商局物业管理有限公司
	6	邱荣松	深圳市北方物业管理有限公司

续表

奖项名称	序号	获奖人员	所在企业
最美保安员	7	尹清恒	深圳市龙城物业管理有限公司
	8	屠志锋	深圳市天健物业管理有限公司
	9	王荣	中航物业管理有限公司
	10	戚鹤	深圳市特发服务股份有限公司
最美项目经理	1	文爱华	中海物业管理有限公司
	2	王莉	招商局物业管理有限公司
	3	刘晟任	深圳市凯盛物业管理有限公司
	4	沈燕	深圳市万厦居业有限公司
	5	陈瑞娇	深圳市颐安物业服务有限公司
	6	何红斌	深圳市特发服务股份有限公司
	7	王露	深圳市中洲物业管理有限公司
	8	曹卫平	深圳市莲花物业管理有限公司
	9	陈伟亮	深圳市物业管理有限公司
	10	陈文忠	深圳市城建物业管理有限公司

【2020年深圳技能大赛——物业管理员技能竞赛】

2020年10月23日，由深圳市人力资源和社会保障局、深圳市总工会、深圳市住房和建设局主办，深圳市建设工会、深圳市物业管理行业协会承办的"2020年深圳技能大赛——物业管理员技能竞赛"在莲花大厦东座18楼完美落幕。深铁物业刘伟胜、恒基物业田园获一等奖，北方物业曾曙光、深铁物业尹治金、鸿荣源物业张国理、中航物业胡宸获二等奖，之平物业王明、龙城物业李宏伟、天健物业张光亮、鸿荣源物业王淑芳、龙城物业王彦喆、城泰物业张永志获三等奖。

市总工会党组成员、经审委主任李红兵，市建设工会主席王鸿利，市总工会基层组织建设和经济工作部王利、市住房和建设局物业监管处副处长仇晨卉、科员杨少静，市物业协会副秘书长刘双乐出席竞赛闭幕式并为获奖选手颁奖。

仇晨卉副处长发表致辞，她感谢市人力资源和社会保障局、市总工会给选手们创造一个切磋技艺，展示水平的舞台，感谢市建设工会、协会和现场工作人员的辛勤付出，她希望通过此次竞赛，激发从业人员学习动力，在行业内营造比、学、赶、超的良好氛围，打造一批高素质人才，为物业行业发展增砖添瓦。

李红兵在致辞中对获奖选手表示祝贺，同时对各位工作人员的付出表示感谢，他希望通过此次竞赛把广大职工的智慧和力量凝聚起来，激发广大物业人员的劳动热情和奋进力量，加强物业行业人才能力素质建设，真正达到"以赛促学、以赛促训、学以致用"的目的，推动行业高质量发展。

会上，刘双乐副秘书长宣读了本次竞赛的奖励办法以及获奖人员名单。他希望获表彰人员以此次竞赛为新的起点，再接再厉、勤勉奋进、锐意进取，立足本职岗位，大力弘扬工匠精神，不断提升技能水平，在平凡的岗位上再创佳绩。现场领导嘉宾为获奖选手进行了颁奖。

本次竞赛于9月份启动后，短短两天收到了近百名选手的报名。为了让选手们赛出最佳成绩，主办方特别为学员们准备了两轮共五天的赛前辅导。在首轮的理论知识竞赛中，65名选手脱颖而出晋级决赛。10月22日至23日，为期两天的实操竞赛中，65名选手经过一天半模拟案例与抢答的激烈比拼，最终角逐出一、二、三等奖。

根据规则，此次竞赛综合成绩第1名的选手可由所在单位及工会推荐，经审核符合条件的，由市总工会授予"深圳市五一劳动奖章"，同时申报深圳技能大奖；综合成绩前8名的参赛选手，由市组委会授予"深圳市经济技术创新能手"称号。

此次竞赛旨在全社会弘扬精益求精的工匠精神，激励广大职工崇尚技能、勤学苦练、增创一流培养造就一批精湛技艺的高技能人才，推动技能人才队伍的发展壮大和整体素质的提高，助力深圳"双区"建设。

本次活动得到了深圳房地产和物业管理进修学院的大力支持。

2.深圳市物业服务企业开展的系列抗疫行动

2020年伊始，令人始料不及的新型冠状病毒感染的肺炎疫情，席卷了中华大地。面对来势汹汹的疫情，习近平总书记主持召开了中央政治局常委会议并发表重要讲话，对加强疫情防控作出全面部署，强调要把人民群众生命安全和身体健康放在第一位，把疫情防控工作作为当前最重要的工作来抓。在他的亲自指挥、亲自部署下，全党全国人民充分发扬伟大的中国精神，迅速行动起来，全力以赴，众志成城、多措并举、科学有序地展开疫情联防联控工作。

这是一场勇毅又温暖的抗疫防控阻击战，疫情在前，所有逆行者可歌可泣，在疫情防控一线，涌现出的许多背影和故事令人热泪盈眶。深圳市作为人口密度高、外来人员流动性大的城市，面对复杂艰巨的防疫形势，始终坚决贯彻落实党中央决策部署和省委工作部署，在承载着巨大压力的同时，用科学创新的实践和行动交出了一份满意的战疫答卷。其中，住宅小区、办公楼等区域是抗疫中极为重要的一部分，深圳市物业管理行业协会作为推进深圳物业管理行业健康、稳定、协调、持续发展的行业自律组织，在这场全民战疫中积极响应政府防控防治工作的号召，发挥了重要的组织协调和引导作用，深圳市全体物业服务企业在其带动下，为保障人民群众的生命健康安全，组织了最强的工作力量开展了一系列抗疫行动，彰显了物业行业的责任与担当。以下从深圳市物业管理行业协会的"抗疫印记""抗疫之声"和"抗疫报道"这三大抗疫事实中，回顾疫情期间政府相关部门、深圳市物业管理行业协会、各物业服务企业以及社会各界的系列抗疫行动。

【抗"疫"印记】

在此次疫情中，深圳市物业管理服务行业涌现出了很多温暖感人的瞬间，从政府部门领导的关怀到企业坚守，从深圳市物业管理行业协会为各个企业摇旗呐喊、鼓劲撑腰到业主为物业积极援助、共渡难关，各方携手共同谱写了一曲众志成城的赞歌。疫情最严重的两个多月里，深圳1500多家物业企业克服人手严重不足、防疫物资紧缺、岗位易感风险和企业成本陡增的困难，坚守在全市在管的4000多个住宅小区、3000多个其他类型的物业项目，配合属地街道、社区开展群防群控，为控制疫情发展发挥了巨大作用。以下五大方面回顾深圳市物业企业难忘的抗"疫"瞬间。

（1）有一种关怀备受鼓舞

疫情发生后，深圳市政府及市主管部门领导的关心让物业企业备受鼓舞，1500家企业的数十万物业人纷纷表示将全力做好小区疫情防控工作，守好社区安全这道防线。深圳市委常委杨洪、市住建局局长张学凡、局领导朱文芳、市住房保障署署长裴颖颖、市住建局物业监管处处长张雁、副处长仇晨卉、瞿能友、副调研员魏志勇、维修金管理中心主任谢吾德、副主任王斌、协会会长曹阳、副会长兼秘书长吕维等领导赴全市多个物业小区调研，实地了解物业企业疫情期间面临的实际困难，慰问深圳市坚守一线的物业人员，检查指导各项目的疫情防控工作，为行业争取防疫物资和补助。市住建局局领导朱文芳、物业监管处处长张雁等领导为物业人员送上口罩、酒精等防护用品，市住房和建设局、市慈善会还为深圳物业行业调配多批防控物资，缓解物业企业物资紧缺的困难，他们用负重前行默默守护着民众的岁月静好，用奉献与付出彰显社会正能量，用实际行动书写着初心与使命。

2月14日，由市住建局为物业行业调配的第二批防护物资近2万个口罩，以及一批酒精和消毒液，委托从深圳市物业管理行业协会优先发放给此次参加援助抗击疫情志愿服务预备队的53家物业企业。

2月17日，上级党委拨付了1万元关爱资金用于疫情防控物资的采购，并通过行业党委把党的关爱送到战斗在一线的党员同志，同时，市住建局将爱心单位深圳市建筑产业化协会、深圳市启瑞建设工程有限公司联合捐赠的一万个"防护面罩"调配至物业行业，由协会向物业企业进行发放。

2月26日，经市住建局与卫健委协调，再为深圳市物业行业调配了364桶84消毒液，由协会统一发放至深圳市星级优秀项目经理所在的优秀（示范）项目。这也是市住建局为物业行业调配的第三批防护物资。

3月2日，爱心企业深圳福山生物科技有限公司、深圳市环球物业管理有限公司联合向协会捐赠20万罐宝锐力"西兰花植物饮品"，由协会全部发放至物业企业，用于慰问坚守在疫情防控一线的物业人员。疫情发生后，市慈善会通过各种渠道筹集防控物资，并优先调配至物业行业，由协会全部发放至物业企业。

3月3日，爱心企业金诺恒科技公司通过市慈善会为物业行业捐赠34桶酒精；3月3日，深圳市社会组织管理局副局长李文海率爱心单位海浦蒙特科技公司、平安养老保险深圳分公司相关人员，为物业行业捐赠6000个口罩和2000份保险。

3月5日上午，根据深圳市机关事务管理局刘广阳局长指示，管理局周建文副局长、物业中心魏江红主任在市委大院召开疫情防控现场会，向龙城物业、中航物业、深业发放防控物资。在龙悦居调研期间，协会曹阳会长向深圳市委常委杨洪、时任市住建局局长张学凡等领导反映企业在防疫期间面临的成本压力及物资紧缺问题。

值得一提的是，2月7日，深圳市委、市政府出台了《深圳市应对新型冠状病毒感染的肺炎疫情支持企业共渡难关的若干措施》，对辖区物业管理服务企业的疫情防控服务，按在管面积每平方米0.5元的标准实施两个月财政补助，成为全国第一个出台政策支持物业企业参与疫情防控服务的城市。广大物业人纷纷在圈子里转发该文件，感谢深圳市人民政府对物业行业的关注和支持。深圳的这一做法也得到了国内多个城市的效仿，多地也纷纷出台对物业行业的扶持政策。

（2）有一种坚守润物无声

疫情是一场考验。在这场充满挑战的疫情防控阻击战中，广大物业人始终坚守在岗位，迎难而上，同时间赛跑、与病魔较量，主动服务疫情防控大局，他们辛勤守护着小区大门、24小时为进出人员测量体温、进出登记、生怕漏掉一户可疑人员；他们冒着感染风险为居家隔离业户购买生活用品、回收生活垃圾；他们加班加点排查小区外地返深人员的健康情况，并上门跟进；他们不厌其烦地为业户宣传防控知识；他们还化身消毒人员，背着消毒喷雾剂奔波于小区的各个角落；为了应对防护物资的紧缺，有些物业人的口罩要戴两三天甚至更长时间……他们用润物无声的服务书写着温暖与感动。

深圳万科物业党员志愿者在帮隔离业主送快递；华侨城物业人员为住户介绍防控知识；中海物业的志愿者在疫情期间为业主运送网购物品；为了解决疫情期间业主们的理发问题，华业物业南海玫瑰花园一期、二期两个客服中心积极配合南山区蛇口街道海昌社区党委，在小区内组织义剪活动；福田物业安管员主动为业主理发，解决业主在疫情期间的理发难题；美易家集团花样年国际物业所有在管项目都配备了杀菌紫光灯，用于电梯杀菌；明喆物业深圳市第三人民医院项目的物业人员正在协助运送患者；天安运营自主研发了一个复工人员查询系统，经政府批准的企业复工人员在园区入口扫码二维码后，输入电话号码，岗亭人员即可查验是否为企业复工人员，减轻了岗亭查验难度，提高了园区管控的精度；新东升物业医院项目的物业人员引导盲人大姐就诊、中粮大悦城物业的电梯自动感应按钮……

（3）有一种担当责无旁贷

疫情发生后，深圳市物业管理行业协会第一时间发出了组建抗击疫情志愿服务预备队的倡议，众安康、明喆、方益、深华、玉禾田、新东升、凯盛、中航、龙城、鹏基、特科、赛格、宏发、和碉、绿清、招商局、新国信等53家会员企业的2000余人主动"请战"，申请加入预备队。其中，中海物业申请参战员工达到1008名，宏发物业达213名。最终，各物业企业在保证自身工作的前提下，通过优中选优的原则，共挑选出400余人报至协会，作为志愿服务预备队成员，随时待命，接受政府相关部门和协会的安排。这种在关键时刻的挺身而出，更将新时代的物业人精神诠释得淋漓尽致。值得一提的是，为积极响应当地政府和协会号召，全力协助火神山、雷神山及方舱医院做好后勤保障服务，金地、万科、招商、彩生活等深圳驻武汉企业积极组建援助志愿服务队，展示了关键时刻物业人的使命和责任。

2月1日，万科物业首批10名志愿者在现场签完"请战书"后，相互整理制服和帽子，他们要向武汉火神山医院逆行挺进。

2月2日，金地物业支援火神山医院的志愿服务队员。

2月19日，彩生活武汉天宇弘事业部总经理魏杰接到武汉科技会展中心（洪山区）方舱医院指挥部命令，他和同事柳捷需要立即到方舱医院报到，参与支援工作；鹏基物业总经理徐作成带领报名参加抗击疫情志愿服务预备队的同事一起进行宣誓；招商物业首批七位突击队员进入方舱医院提供后勤保障服务；信德行物业召开成立抗击疫情志愿服务预备队动员大会；绿清集团抗击疫情志愿服务预备队成员和党员干部一起进行宣誓；华佳宏物业华丽园管理处两名志愿者签下请战书；中洲物业报名参加抗击疫情志愿服务预备队的成员宣誓；众安康集团深圳北大医院管理处报名参与抗击疫情志愿服务预备队的物业人员庄严宣誓。请战书上的每一个鲜红的手印，都是物业人抗击疫情的坚定决心。

（4）有一种援助倾心竭力

1月26日，疫情最为严重的武汉市物协向全国物业同仁发出的求助信，数十万武汉物业人正坚守在防疫一线，各类防护物资极度匮乏，急需得到社会各界的帮助。深圳虽然也面临着防护物资紧缺的困惑，但武汉作为疫区，疫情形势比深圳要严重得多。而深圳在武汉的物业企业有几十家，从业人员近万人，服务着数百项目，他们既是支援者也是本地抗击者。深圳市物业管理行业协会紧急在行业内连发三道倡议，最终在爱心企业的共同努力下，不到一个月时间共为武汉物协筹集到八批物资和23.5万元捐款，包括一吨消毒泡腾片、10000双手套、1220个护目镜、4100只口罩、300条消毒灯、20包消毒粉、10个喷壶、2台测温门、300条石英紫外线低压汞消毒灯等，这些物资中，除了有协会通过各种途径购买的外，还有嘉力达科技、国民物业、安杰信息科技、皓璟照明等爱心企业捐助的。为宜昌物协募捐一批物资，具体情况如下：

1月28日，深圳市物业管理行业协会筹集的第一批爱心物资3000个口罩，通过顺丰紧急送往武汉物协；同日，协会发起开展抗击疫情捐助倡议，深圳市物业管理行业党委通过深圳市慈善会向武汉物业同行募集捐款23.5万元。

1月29日，由协会副会长单位，深圳嘉力达节能科技有限公司董事长李海建联合深圳物协共同捐助的口罩、护目镜和消毒泡腾片等防控物资。

3月3日，由协会和皓璟照明为武汉物协捐赠的第七批物资300条石英紫外线低压汞消毒灯通过快递寄给武汉物协；由深圳物协和深圳国民物业共同为武汉物协捐赠的10000双胶手套、20包消毒粉、10个喷壶，通过快递送往武汉物协。勤诚达物业除了企业捐助1万元外，还发动员工捐款2.7万余元，累计募集款项3.7万多元，另有多家物业企业捐款超过1万元。协会副会长、中旅联合物业董事长陈德宁为了解决行业口罩紧缺问题，利用各种关系寻找货源，并自行垫付几十万元的款项。在这场疫情防控中，全体物业人员始终积极贯彻落实市政府、市住建局等政府有关部门对疫情防控工作的相关部署，履行深圳物业行业的社会责任。

（5）有一种爱心鱼水情深

疫情防控期间，物业人员顶着防护物资紧缺的问题坚守在岗位，他们的辛勤付出业主们看在眼里、记在心里。"投我以桃，报之以李"，许多小区的业主委员会和住户自发向小区物业管理处捐赠物资，慰问一线物业人员，与物业人员一道守护家园、共渡难关，谱写了一曲鱼水情深的赞歌。其中多个小区筹集捐款超过十万元，业主们通过各种渠道帮助物业筹集防护用品，甚至将家中仅存不多的口罩、消毒液分出一部分送给物业人员；他们把亲手做的饭菜送到物业岗位上；甚至有业主提出涨两个月物业费，作为疫情期间物业人的奖励；他们还为物业人送来感谢信、锦旗……据协会统计，172家企业在管小区业主捐助款项已达1090万元，捐助的各类物资折合人民币近1600万元。

招商物业鲸山九期的业主向物业人员发放爱心慰问金12.25万元；万科物业鼎太风华、中海怡翠山庄、东方尊峪、九号大院、骏景华庭、十二橡树等40多个小区的热心业主和住户捐赠给物业服务中心防疫物资和慰问食品等。

2月16日下午，万泽物业云顶翠峰一二期七位热心业主捐赠2000个爱心口罩慰问抗疫一线的物业员工。

2月24日，荣超物业荣超新成大厦客户深圳市室内设计师协会捐赠手套、免洗洗手液等防疫物资，以表达对战斗在抗疫一线荣超人的敬意。

2月25日，星河智善生活银湖谷项目363位热心业主自发捐款4.5万余元，慰问疫情时期坚守在一线岗位的物业人员；中海物业中信红树湾花城爱心业主捐款七万余元，慰问一线物业人员；长城物业华南大区深圳西区金泓凯旋城业委会从公共收益中支出1万元捐给服务中心，用于慰问物业人员和小区防控疫情的奖励金，另外业主还捐赠了2720元。长城物业华南大区累计共收到业主捐款约5.4万元及部分防护消毒物资；抱朴物业雍景豪庭项目业主为物业捐赠消毒粉、消毒液、医用酒精；北方物业康桥花园业主捐款3.7万余元，慰问坚守在疫情一线的物业人员；合正物业荣悦府430户业主自发组织捐款72990元，向物业服务中心员工派发红包，赠送锦旗、鲜花进行慰问；华佳宏物业华丽园业主委员会募捐16550元及部分抗疫物资赠送给管理处，主要用于奖励一线员工；华侨城物业香山里小区业委会组织业主为战疫一线物业员工捐款十万余元；华润物业润府二期业主为物业人送来锦旗，并自发筹得慰问金8.8万余元，对疫情期间坚守岗位的72名员工进行奖励；首地物业各项目业主共为物业值班人员送来了口罩约1800个，酒精约100公斤，消毒液约300公斤，手套约900双，防护服、面罩、护目镜、鞋套等各类防疫物资；莲花物业假日名居业主为身处抗疫一线的莲花物业"防疫先锋"们送上锦旗，以及筹集的9.4万多元的慰问金和一批水果、消毒液、防护物资等；莲花物业莲花二村业主代表将66位爱心业主自发捐赠的16500元以及100斤消毒液送到莲花物业人员手中；午越物业振业国际商务中心客户为物业人员捐赠200袋中药以及口罩250只；龙城物业深云村物业服务中心累计收到爱心业主捐款金额14万余元，收到社区工作站、小区业主捐赠的防疫物品1300余件；前海物业绿茵丰和小区业委会为物业人员捐助防疫物资，以及清洗机、手推车等工具，还到一线慰问物业人员，与物业人共克时艰……

【抗"疫"之声】

疫情发生以来，深圳市物业管理行业协会根据疫情发展情况，始终紧密围绕疫情形势和物业企业需求，审时度势、因时而变、因势而导，先后发出各类红头文件20余份，其中针对武汉物协求助发出募捐倡议3份，针对物业企业物资紧缺问题向市政府、住建局、市防控办、民政局等政府有关部门发出报告共4份，拟向人大代表（政协委员）提交的建议函1份，针对物业行业防控工作发出指引性文件3份，其他相关文件10余份。其中，《致全市各界人士和全体业主的公开信》在社会上引起强烈反响，不到一周时间阅读量就突破40万，为行业争取政策及物资支持起到了重要作用。下面是深圳市物业管理行业协会部分重要文件刊出，是疫情发生后的一系列工作情况。

1月23日《关于做好物业管理区域新型冠状病毒感染肺炎疫情防控工作的紧急通知》在广东省启动重大突发公共卫生事件一级响应的同一天，深圳市住房和建设局、深圳市物业管理行业协会先后向深圳物业行业发出了《关于做好物业管理区域新型冠状病毒感染肺炎疫情防控工作的紧急通知》，全面拉开了深圳物业行业疫情防控工作的序幕。

1月26日～1月28日，三份援汉倡议彰显行业担当：26日《倡议书——有困难我们一起扛，驰援武汉，让我们行动起来！》武汉疫情形势愈发严峻，数十万武汉物业人正坚守在防疫一线，各类防护物资极度匮乏，急需得到社会各界的帮助。而当时深圳物业企业的防疫物资紧缺问题也逐渐凸显，协会最终决定一方面通过协调各方资源向武汉物协伸出援助之手，以解武汉物协燃眉之急；另一方面及时收集企业诉求，以报告形式向政府相关部门反映。当天，深圳市物业管理行业党委和协会在武汉物协发出求助信的同时，深圳市物业管理行业党委和协会也发出《倡议书——有困难我们一起扛，驰援武汉，让我们行动起来》，号召全行业行动起来，驰援武汉同行，先后为武汉物协募集到八批物资，武汉毕竟作为疫区，疫情形势比深圳要严重得多，在那里坚守的一线物业人员正经历着一场比深圳更加严峻的前所未有的挑战；此外，深圳在武汉的物业企业有几十家，从业人员近万人，服务着数百项目，他们既是支援者也是本地抗击者，深圳物业行业更要义不容辞。

1月28日《关于组建援助武汉抗击疫情志愿服务预备队的倡议（第二号）》随着疫情形势的严峻，武汉火神山等医院也开始启动建设，深圳确诊人数也在持续增长，考虑到无论是武汉还是深圳，如果未来建设应急医院后都急需大量后勤保障人员，而物业企业在这方面又有一定的优势，本着"宁可备而不用、不可用而不备"的原则，协会紧急发布援助武汉二号倡议《关于组建援助武汉抗击疫情志愿服务预备队的倡议（第二号）》，号召广大物业企业积极发动人员加入志愿服务预备队，展现行业在关键时刻的担当。该倡议发出后，很快便成立了一支400余人的抗击疫情志愿服务预备队，疫情期间，如果政府和协会有需要，可随时接受派遣。

1月28日《关于开展抗击新型肺炎疫情捐助活动的倡议（第三号）》在了解到很多深圳物业企业由于无法筹集到援助物资，但又想通过捐款向武汉物业同行表达爱心的情况后，协会在发布驰援武汉物协防控物资的同时，再次发布了《关于开展抗击新型肺炎疫情捐助活动的倡议（第三号）》，呼吁深圳企业伸出援助之手，提供力所能及的帮助，此次倡议共为武汉物协募集23万余元。

1月28日《致奋战在防控新型肺炎疫情一线物业人的一封信》随着疫情形势的愈发严峻，物业行业防疫物资紧缺问题也越来越严重，很多企业的口罩等防护用品已到了捉襟见肘的地步，深圳数十万物业人更是顶着"缺衣少粮"的挑战和易感风险，奋战在社区一线，全力守护着业主家园。行业党委和协会心系忧难，联合发出《致奋战在防控新型肺炎疫情一线物业人的一封信》，向奋战在防控新型冠状病毒肺炎疫情一线的物业人致以新春的问候和崇高的敬意！对广大物业人在疫情关键时刻勇于担当的精神给予肯定。深圳也是全国物业行业内率先给物业人发出慰问信的城市。

1月29日《关于在物业管理区域做好废弃口罩、手套等污染物回收管理的指引》疫情防控一线小区居住成千上万业主，而服务业户、守护小区防线的物业人员有些并不具备专业防传染病学知识，同时每天双向多方接触各方人群。所以随着疫情形势愈发严峻，为了防止物业小区废弃口罩、手套等废弃防护物造成小区二次污染、交叉感染，做好小区废弃物的回收管理和自身防护，协会发挥智库作用，引导科学防控，发布《关于在物业管理区域做好废弃口罩、手套等污染物回收管理的指引》，引导物业企业做好污染物回收管理工作。

1月29日《关于保障物业管理小区一线防控物资供应的请示》为解决防护物资紧缺问题，协会分别向市政府、市住建局、市民政局、市疫情防控指挥部等单位发出《关于保障物业管理小区一线防控物资供应的请示》，请求市人民政府及有关单位建立防护物资重点供应机制，保障物业服务企业防护物资的供应，充分发挥好物业服务企业和一线员工的屏障作用，做好小区疫情防控工作。

1月30日《医院物业管理人员在工作中如何避免交叉感染》医院是治疗感染肺炎病人的重点区域，避免交叉感染也是医院的核心工作之一，深圳也有多家物业企业在管医院项目，为避免让这些项目的物业人员在服务中做好保护，避免交叉感染，协会根据协会绿色、智能与机电专委会专家提供的意见整理汇总，制定了《医院物业管理人员在工作中如何避免交叉感染》文件，该文件从"个人做好预防交叉感染的防护""特别注意拖把抹布与医用垃圾的处理""对空调的运行管理与消毒"等方面对医院物业人员在工作中如何避免交叉感染提供指引，供医院物业相关人员在实际工作中参考。

2月1日《关于加强节后返深高峰期物业管理区域疫情防控工作的通知》为引导物业企业应对即将到来的返工潮，协会发布《关于加强节后返深高峰期物业管理区域疫情防控工作的通知》，要求各物业服务企业及物业项目负责人严阵以待、高度重视，以更加积极严谨的工作态度，加强节后返深高峰期物业管理区域疫情防控工作。

2月2日《致全市各界人士和全体业主的公开信》为引起政府及社会各界更广泛的关注，解决全市1500家企业防控期间的成本压力，协会发出《致全市各界人士和全体业主的公开信》，呼吁全社会关注小区疫情防控，将小区防控纳入公共管理，由财政保障；也希望慈善捐助的范围能关注到小区物业这片区域，希望广大业主能献出爱心，与物业员工携手共克时艰。该公开信在社会上引起强烈反响，累计阅读量突破40万。

2月10日《关于复工复产期间加强党员思想政治工作的通知》随着复工复产人数的增多，各物业企业在管的写字楼、产业园区和商业楼宇的防控任务逐渐加大，小区的疫情防控压力和一线物业人员的心理波动也越来越大，深圳市物业管理行业党委立即下发了《关于复工复产期间加强党员思想政治工作的通知》，要求各党组织要高度重视目前状态下一线员工的思想动态和心理变化，着力加强党组织和党员的力量，织密小区疫情防控防线。

2月12日《关于发布〈深圳市物业管理区域易感（四岗位）人员防护指引〉的通知》为了指导物业企业安管、客服、消杀、清洁等岗位员工在防疫工作中做好自我防护，避免产生交叉感染，筑牢社区小区疫情防控严密防线，协会结合深圳市物业管理区域疫情防控的现状和技术漏洞等基本情况，制定了《深圳市物业管理区域易感（四岗位）人员防护指引》，该指引结合行业实际，从易感岗位分类及个人防护、穿脱防护用品程序及注意事项、易感岗位人员的其他防护三大方面对相关情况进行细化，供深圳市物业服务企业及从业人员在防控抗疫工作中参考。

3月2日，该文件被深圳市新型冠状病毒肺炎疫情防控指挥部办公室疫情防控组修订后向全市发布。

2月13日《关于规范管理物业项目所收防控物资和小额零散捐助资金的通知》疫情发生后，很多热心人士和爱心业主积极为物业企业和小区一线人员资助和捐赠了防护物资和小额零散爱心资金。为了规范企业使用这些爱心捐助，协会发布《关于规范管理物业项目所收防控物资和小额零散捐助资金的通知》，为物业企业规范防护物资和小额零散资金的管理提出规范指引。

2月15日《关于建议物业服务企业组织员工领取"疾病守护金"免费专属保险的通知》物业是抵御疫情的第一道防线，而广大物业企业一线人员都处于防护物资紧缺的事实状态下，这些一线人员一直保障小区住户的健康安全和他们在特殊时期的物业服务需求，但自身安全却不能完全得到保障。为此，协会与平安产险积极进行了沟通，携手平安产险，为全市物业服务企业从业人员提供一份免费的专属"疾病守护金"保险，让物业从业人员在疫情防控期间增添一份防护保障，数万名物业从业人员领取了保障。

2月17日《关于向会员单位免费发放新冠肺炎疫情防控物资的通知》考虑到物业行业防护物资紧缺问题，市住建局再次给物业企业征集到来自深圳市建筑产业化协会和深圳市启瑞建设工程有限公司捐助的"防护面罩"一万个，向全市物业服务企业免费进行发放。疫情发生以来，市住建局、市慈善会为物业行业调配多批防护物资，由协会全部发放至物业企业。

2月27日《关于延期交纳2020年度会费的通知》每年第一季度为会费收缴时间，考虑到会员企业在抗疫期间大量费用超常支出，政府补贴尚未完全到位，也给企业第一季度的经营运作带来压力。为了缓解物业企业在抗击疫情期间的成本压力，协会发出了《关于延期交纳2020年度会费的通知》，将会费交纳时间延期至下半年，缓解了企业的工作压力，让他们能够全力投入到抗疫战役中，集中精力打好防控攻坚战。期间，协会还根据有关政策法规和相关部门要求，发布了关于规范管理物业项目所收防控物资和小额零散捐助资金的通知，对物业企业使用热心业主和社会各界的爱心捐赠行为进行了规范。

【抗"疫"报道】

在此次疫情防控中，深圳市物业管理行业协会积极贯彻落实习近平总书记关于疫情防控和新闻舆论工作的重要指示批示精神，将舆论宣传与疫情防控进行了有机结合，为深圳物业行业抗击疫情凝聚起强大的精神力量。

截至3月底，协会利用微信公众号推出350余篇疫情防控有关的文章，对近200家物业企业疫情防控和复工复产方面的先进经验，以及200多名以党员、退役军人、先进分子等为代表的一线物业人员立足岗位、不惧艰险、迎难而上的抗疫正能量事迹进行宣传报道。协会微信公众号累计阅读次数71.82万次，阅读人数44.93万人，分享次数4.19万次，分享人数2.66万人，累计净增关注人数近5000人；协会的工作也得到了深圳特区报、深圳晚报、南方日报等社会公开媒体的关注，各大媒体累计发出各类稿件近20篇，对广大物业企业和数十万深圳物业人疫情期间的坚守与担当进行正面宣传，对行业防护物资紧缺、防疫成本压力等问题进行呼吁，得到了社会各界的广泛关注和政府相关部门的重视，起到了良好的效果。

其中，深圳特区报刊发的《1500多家物管企业坚守社区疫情防控一线》不仅被"学习强国"平台收录，也同时被"广东省住房和城乡建设厅"网站转载，《深圳60万物业人 守好社区防疫关口》登上了深圳特区报头版。在协会微信公众号推出的29期《防控肺炎疫情——深圳物业人在行动》的推文中，很多留言数量都达上百条。

2020年1月21日，协会通过南方日报——南方+发布报道《深物协组织企业捐赠防护物资驰援武汉》。2月3日，协会通过读特客户端发布报道《共同防疫，深圳市物业管理行业协会发布致全体业主公开信》。呼吁全体市民配合与支持物业人员的防控检查和消杀工作，支援口罩、手套、防护服、酒精等紧缺的消毒和防护物资，共克时艰。

2月3日，协会通过深圳晚报报道《小区物业人员防护物资严重紧缺，深物协呼吁将小区防控纳入公共管理》。深圳市物业管理行业协会向全市各界人士和全体业主发表公开信，呼吁全社会关注小区疫情防控，也希望慈善捐助的范围能关注到小区物业。

2月3日，协会通过深圳特区报读特客户端报道《业主动嘴，物业跑腿 深圳1500家物业企业坚守社区防疫一线服务更精细》。

2月4日，协会通过深圳特区报报道《1500多家物管企业，坚守社区疫情防控一线》。深圳市物业管理行业党委和协会组织全市1500多家物业企业，在全市4000多个住宅小区、3000多个其他楼宇，坚守物业管理疫情防控一线，积极发文倡议深圳物业企业积极捐助，同时组建援助武汉抗击疫情的志愿服务预备队。

2月5日，协会通过深圳特区报读特客户端报道《深圳1500多家物业坚守一线，业主踊跃捐赠物资共守家园》。深圳市物业管理行业协会积极响应"动员和引导社会力量参与疫情防控工作"，主动作为，开展了大量精细化的疫情防控工作。中国物业管理协会对深圳物业管理疫情防控的做法给予了充分肯定，通过官微向全国同行转发推介其做法。

2月6日，协会通过南方日报——南方+报道《急！小区"管家"急缺防疫物资，深物协发公开信求助》。2月10日，协会通过深圳特区报读特客户端报道《全民战疫！"深圳惠企16条"坚定60万物业人守好社区防疫关口信心决心》。

2月12日，协会通过深圳特区报读特客户端报道《火线支援！深圳千名物业人请战市三院二期院区》。深圳市第三人民医院二期工程临时院区即将完工，行业主管部门和深圳市物业管理行业党委、深圳市物业管理行业协会向全市物业企业发出了"动员令"，首批征召381名志愿者投

人物业和护工服务，各物业企业积极响应，党员冲锋在前，物业人踊跃报名。

截至12日全市30多家物业企业1000多名物业人自愿报名，首批381人前往深圳市第三人民医院二期工程临时院区支援。中海物业深圳公司党支部坚持党建引领，充分发挥基层党组织的战斗堡垒作用和广大党员的先锋模范作用，动员下达后，全国各地管理项目中自愿报名的员工很快突破千人，中海物业从1008名报名员工中第一批挑选出10人准备参加支援服务；招商物业积极展现央企担当，第一时间下发招募通知，短短1个小时就有20名物业人员报名响应；万科物业深圳分公司党支部第一时间召开紧急会议，部署并下发《关于援助市第三人民医院应急院区物业后勤保障工作的倡议书》，动员令发出仅仅1个小时，深圳区域就有21名志愿者报名；赛格物业第一时间发出了深圳国企要"勇当先锋、敢于担当"的号召；鹏基物业管理服务公司作为深圳国有企业，第一时间响应，收到符合条件的各类岗位人员报名共15名；宏发物业党支部发出号召后，一天内收到213名员工的自愿报名，其中党员和退役军人占了半数；汉京物业中心得知临建医院需要大批机电工程人员后几乎报名；龙城物业发出动员后，短短一天时间收到全国各地管理项目的物业人请战书32份；此外玉禾田、和礵、绿清、新国信等物业企业皆加入请战队伍。

2月15日，深协会通过深圳特区报报道《深圳60万物业人 守好社区防疫关口》。深圳市物业管理行业协会动员全市物业企业和物业人继续发挥不畏艰险、勇挑重担的精神，在全国同行中做好表率，积极配合街道、社区开展联防联控，为打赢疫情防控阻击战作出新的贡献。

2020年三八妇女节之际，深协会微信公众号连续推出7期《疫线直击：咱们巾帼有力量》，全面展示了女性物业人在疫情防控中的良好形象，展现了物业管理行业的巾帼担当。《深圳物业管理》以疫情发生以来采集并刊发的近200名物业人疫情防控事迹为基础，从中优选出了82名女性物业人在抗击疫情中的优秀事迹，开展微信投票，选出了38名最美"疫"线巾帼。这次线上活动得到了14万人（次）的参与，在社会上引起良好反响。这些精神的鼓舞，更让坚守在疫情防控一线的物业人员坚定了战胜疫情的信心和决心。

这场没有硝烟的战"疫"中，正是因为深圳市政府相关部门领导的统筹规划和调研指挥，深圳市物业管理行业协会的积极响应和组织协调、各物业服务企业以及社会各界的帮助与支持，全体物业服务人员的忠于职守和竭诚服务，使得疫情之下的物业行业价值更为凸显。惟其艰难方知勇毅，广大物业服务企业在守护社区、园区等时敢于担当、勇于奉献，不舍昼夜，为人民群众的健康和城市的安全，贡献了不平凡的力量，彰显了物业行业的责任与担当。

3. 深圳住宅与房地产杂志社开展的品牌宣传活动

【2020第二届中国幸福社区范例奖颁奖盛典】

党的十九大上，习近平总书记对进入新时代我国的社会主要矛盾进行了深刻总结与精准定位，即"人民日益增长的美好生活需要和不平衡不充分的发展之间的矛盾"，并在多种场合强调："人民对美好生活的追求就是我们的奋斗目标！"同时，十九大也提出了"打造共建共治共享的社会治理格局"，中共中央、国务院《关于加强和完善城乡社区治理的意见》中也要求补齐社区治理短板、改进物业服务管理，建立健全社区党组织、居委会与业委会、物业服务企业的议事协调机制。社区作为社会的一个最小单元，社区建设是一个系统化建设工程，也是人们体验幸福、实现幸福最直接的载体。为了实现中国梦，推动社区治理与社区建设，全面提升居民生活质量构建幸福社区，深圳住宅与房地产杂志社联合新浪乐居、腾讯网、凤凰房产等媒体，发起"中国幸福社区范例奖"活动，聚焦全国共建共治小区，总结幸福社区建设先进经验，挖掘社区治理经典案例与先进个人，并通过多媒体联动的方式，总结、宣传、推广，深入推动中国社区治理与物业改革创新再出发。

2020年11月25日下午，"2020第二届中国幸福社区范例奖颁奖典礼暨第三届幸福社区超级演说家大会"在深圳中洲圣廷苑酒店锦绣厅隆重举行。这次活动是由已有27年历史的专业媒体、在物业服务行业与业主圈极具影响力的《住宅与房地产》杂志社主办。多家高校与学术机构提供了学术支持，活动还得到了数十家物业行业与业主类协会、学会组织的支持。

深圳市住房和建设局局领导朱文芳在致辞时表示，这次由住宅与房地产杂志社组织的中国幸福社区范例奖评审活动，得到了政府、企业、业主等各方的热烈响应，社区与个人参与的积极性很高，感受到了大家对于所在社区美好家园建设的关注与期待。她希望有更多的政府、组织、企业和个人参与社区共建共治共享的研究和探索，做幸福社区建设的开拓者与践行者，让幸福社区成为人人都能分享的成果。同时，她说道："行业需要标杆，社会需要范例。住宅与房地产杂志社做了一件非常有意义的事，在全国搭建了一个幸福社区优秀案例与先进人物分享的平台。此次受到表彰的优秀项目和优秀个人，分布在全国各个城市，他们都在平凡的岗位上兢兢业业、恪尽职守，干出了不平凡的成绩。这些带给全社会幸福与温暖的范例感动了社会，也为全行业树立了榜样。"

中国社会科学院社会学研究所城市社会学研究室副主任、民政部第三届"全国基层政权建设和社区治理专家委员会"委员、住房和城乡建设部科学技术委员会社区建设专家委员会委员肖林博士，代表独立专家评审团发布评审意见。肖林博士首先介绍了此次幸福社区范例奖评选活动经过。13位评审专家遵循民本原则、导向原则、特色原则和兼顾原则，对全国三十多个城市的申报候选项目和候选个人（团队）进行了为期近一个月的认真评选，经投票、公示和评审督查委员会专家、社会公示等环节，最终有54个范例社区及46位个人（团队）获奖。其次，他总结了此次范例奖的三个鲜明特点，一是体现了多方共同参与治理的多元化趋势；二是体现了时代的发展要求和具体实践的前沿性；三是注重了治理机制建设和治理效能导向。肖林博士认为，物业管理和小区治理是城市基层社会治理最重要的内容之一，幸福社区是新时代广大人民对美好生活向往的重要组成部分。评选出的"幸福社区范例奖"虽然还存在不足更非完美，但重在播撒希望的"种子"。最后，肖林博士引用著名社会学家、人类学家和民族学家费孝通先生的十六字箴言表达了自己的期待："各美其美，美人之美，美美与共，天下大同。"

颁奖现场，来自政府、物业协会组织、业主组织、人大代表、专家学者们，共颁出"2020第二届中国幸福社区范例奖——物业服务范例奖、多元共治范例奖、社区场景服务范例奖、绿色智慧物业范例奖、专业服务范例奖"54个，"特殊贡献人物奖、最美抗疫物业人奖"46个。这些获奖社区来自中国香港、中国澳门、北京、广州、深圳、武汉、杭州、成都、南京、贵阳、郑州、重庆、长沙等数十个地区。既有当地街道办、社区工作站申报，又有业委会、物业服务企业、地产企业申报。申报的社区多数是当地有标杆意义的社区。

获奖的特殊贡献人物，他们具有无私奉献的精神，他们在自己的岗位上兢兢业业，为社区治安、社区环境、居民自治、公益慈善等方面，贡献了聪明才智。他们联合自身团队，加快社区治理创新推进步伐，打造具有社区自身独特风采的治理模式。这些成功的、具有开创性的治理模式，推进实现社区善治，也为其他社区自治的实现提供了借鉴性经验。他们不仅激活了居民参与的热情，推动居民在社区治理事务中实现由"旁观"到"在场"的改变，也推动了社区环境、社区治安、社区服务方式和治理方式的变化，积极作用显著。

2020年是非常特别的一年，也是物业管理行业受到极大关注和肯定的一年。面对突如其来的"新冠"严重疫情，在政府主管部门的坚强领导下，全国各地的物业人不顾安危、不讲条件、不辞辛苦地奋战在小区疫情防控第一线，为守护人民群众的健康安全保驾护航，最好地彰显了物业管理专业服务的价值。为此，第二届中国幸福社区范例奖特别设置了最美抗疫物业人奖，全国共有27个集体与个人获得此奖项，也是获奖人数最多的一个奖项。获得最美抗疫物业人的个人与团队，面对疫情大考，他们勇敢无畏，行动迅速；面向居民诉求，他们冲锋在前，不辞劳苦。在社区疫情防控的第一线，他们舍小家、为大家，坚守岗位，投身于封控筛查、摸排消杀、链接资源、生活保障、心理疏导等工作中。面对严峻的疫情形势，他们有组织、有策略，发挥优势，创新社区防控工作经验，将防控工作落到实处。他们有效阻隔病毒，但不阻隔爱，以自身的"奉献指数"提升居民的"幸福指数"，获得了社区居民广泛认可。

主办方及活动组委会在活动最后颁出了"基层治理创新奖"，本届大奖由成都温江区柳城街道获得。城乡基层治理如何实现百舸争流、百花齐放？成都市温江区柳城街道以"党建引领"为核心统揽，创新"柳城平伙"社区发展治理模式，推动"多元参与"融合共治，构建整体联动、互联互动的共建共治共享场景，打造"市井亦诗境，公园即家园"的高品质和谐宜居"柳城"。从社区营造项目的处处盆景，到19个社区"串珠成链、连点成线"的片片风景，一个个公园社区场景拼接了居民生活的全貌，承载着居民梦想的诗意与远方，让"诗意栖居在柳城，此心安处是吾乡"的美好愿景真正实现！中国物业管理协会会长与深圳市住房和建设局局领导朱文芳，共同为成都温江区柳城街道党工委副书记、办事处主任陈洪均颁发了奖牌。

此次评选活动，为了保证专业性、权威性与公正性，主办方设立了独立专家评审团与督查委员会。独立专家评审团专家由来自社科院、中科院、复旦大学、深圳大学等机构与学府，以及国内、国际物业管理相关机构的专家组成（名单附后）。督查委员会专家则全部由具有丰富经验的法官、业主组织的代表、社区治理领域专家、社区管理与服务经验的专家与会计师、律师、研究机构专家组成（名单附后）。主办方还对经过专家评审出来的社区与人物进行了多媒体公示，并采取了一票否决制，即社区发生过重大治安事故、恶劣影响的事件、群体性事件、责任事故的一票否决。

此次活动也得到了中国人民大学公共政策研究院社区治理与研究中心、全国智标委绿色智慧物业应用推广中心绿色物业管理专委会、红旗新愿景社区文化与治理研究院、湖北人文社会科学重点研究基地城市社区建设研究中心、深圳大学城市治理研究院、深圳市普华博睿公共管理和行业标准化研究中心、深圳市减灾救灾联合会、英国特许房屋经理学会亚太分会、澳门物业管理商会、长沙学院物业管理研究所等学术机构，以及北京市海淀和谐社区发展中心、深圳市风范和谐社区促进中心、上海市信息协会现代物业信息服专委会、上海德同宜居（社区服务）事务中心、安徽中特律师事务所业主物权研究与调解中心、湖南省三湘文明社区促进中心、海南省业主委员会协会、成都市新兴社区发展中心、成都市城乡社区发展治理促进会、沈阳市业主委员会协会、温州业主委员会协会、山西朔州市业主联合会、为心社区等机构的大力支持。主办方试图放眼全国基层社区和物业行业，通过总结幸福社区建设先进经验，挖掘社区服务经典案例，表彰社区服务先进人物的方式，凝聚社区共同价值，激发各方参与幸福社区建设的内生动力，引导各方力量推动幸福社区的建设。

中国幸福社区范例奖是在2016年中国幸福社区公信榜基础上的升级与深化版，每两年举办一次。在后期会将独立第三方的调研数据，作为范例奖客观评价的指标，不断完善范例奖的评价体系，使"中国幸福社区范例奖"成为未来基层治理、智慧社区、绿色社区、幸福社区最专业最经典的品牌奖项。

2020年中国幸福社区范例奖独立专家评审团专家名单

陈幽泓：中国人民大学公共政策研究院社区治理与研究中心主任，北京海淀和谐社区发展中心主任，中国人民大学副教授

肖　林：中国社会科学院社会学研究所城市社会学研究室副主任、民政部"全国基层政权与社区建设专家委员会"委员，博士

池　宏：中国科学院科技战略咨询研究院研究员，中国优选法统筹法与经济数学研究会理事长，中国科学院大学教授、博士生导师

曹吉鸣：同济大学设施管理研究院院长，复杂工程管理研究院副院长，同济大学建设管理与房地产系教授、博导

陈　文：深圳大学城市治理研究院执行院长、廉政研究院执行院长，广东省人文社科重点研究基地"党内法规研究中心"主任，教授、中共中央编译局博士后

袁方成：湖北人文社会科学重点研究基地城市社区建设研究中心常务副主任，教授，博士生导师

程　鹏：北京林业大学物业管理系主任，物业管理专业研究生导师，中国科学学与科技政策研究会副秘书长，中国物业管理协会产学研专业委员会副主任委员，管理学博士

黄　蕾：长沙学院物业管理研究所所长，工商管理博士，副教授

王鉴忠：辽宁大学积极心理学研究中心主任，辽宁大学商学院人力资源管理系副教授，南开大学管理学博士，硕士生导师

刘　政：全国智标委绿色智慧物业应用推广中心主任，全国物业服务标准技术委员会委员、中国物业管理协会标准技术专委会委员

吴沂城：现任英国特许房屋经理学会亚太分会主席，颐华不动产管理（深圳）有限公司董事长，北京大学工商管理硕士，法国蒙彼利埃高等商学院工商管理博士，特许测量师，绿建工程师

王兆春：全国物业服务标准化技术委员会委员、中国物业管理协会行业发展研究中心研究员、中国物业管理协会标准化工作委员会专家委员

杨　勤：深圳市第十届文明市民（道德模范），深圳市五届、六届人大代表，深圳市减灾救灾联合会会长

【第三届幸福社区超级演说家】

幸福社区超级演说家是深圳住宅与房地产杂志社重点打造的一个幸福社区演说品牌，配合主办方的颁奖活动，传播幸福社区的理念、情怀与理想。截至2020年12月31日，已举办过三届。第一届以"什么是幸福社区""幸福社区需要什么样的推动者""幸福社区需要什么样的物业服务企业""未来幸福社区畅想"为主题，分别邀请万科物业"住这儿"工作室第一合伙人吴剑侠、业主委员会代表杨志敏、招商局物业管理有限公司总经理谢水清，绿城物业服务集团助理总经理兼发展中心总经理樊琍进行演讲。

第二届，首位演讲的是深圳市住房和建设局物业监管处副处长瞿能友，其用三首自己创作的打油诗，表达了自己对于幸福社区的期待与向往，赢得了全场热烈的掌声。北京国奥村业委会副主任丁武详细介绍了国奥村业主社群运营情况，表达了他们在推动业主内生型社交方面所做的不懈努力。长城物业集团股份有限公司高级副总裁兼华中大区CEO梁志军在演讲中分别从"道"与"术"的两个层面，表达了自己对于幸福社区的理解，并深情总结："先进的技术让彼此之间的连接变得更加简单，但只有把心连接在一起才能把握社区互联网＋的未来。让古道热肠温暖社区，让业主在社区找到故乡般的热情，这是我们的梦想，也是我们践行的事情，做起来简单，但任重而道远。"绿城物业服务集团助理总裁、集团产品研发中心负责人刘玲玲在演讲中表示，高端物业服务要回归健康与自然的本质。和家生活科技集团副总裁、红旗新愿景社区文化与治理研究院院长张红喜，表达了自己"幸福科学，丈量幸福；幸福不远，就在身边"的幸福观念与情怀。深圳市彩生活服务集团有限公司总裁唐学斌在视频演讲中，重点强调了"社区温度"。

第三届，5位超级演说家从不同角度传播幸福社区的理念、情怀与理想。长城物业集团股份有限公司董事长陈耀忠以"'链接与利他'是幸福社区建设的基石"为题，阐述了他对幸福社区核心要义的理解。他认为，幸福社区的核心是社区人的幸福，人的幸福来自好的人际关系，而不是社会地位和财富。当邻里变得陌生，社区关系淡漠，家园情怀缺失，这个社区就不可能是幸福社区。真正的幸福社区，是"人与人和谐＋人与环境和谐"。陈耀忠在演讲中还与大家分享了他对社区运营三个层次的理解，认为社区经营者应该以客户为中心，要满足并且超越契约及法律法规的要求，积极践行"链接与利他"理念，与业主坐在一条板凳上，持续实现社区相关方的价值公约数最大化。"链接与利他主义"，就像远处的一束光，向光而行，必定越来越光明！心中越

来越有力量！

深圳市风范和谐社区促进中心监事会监事长陈寅生，作为这次范例奖获奖社区的代表，以他所在的长城二花园为例，分享了老百姓心中的"幸福社区"是怎样的。长城二花园实行酬金制管理模式，以酬金制物业服务合同为契约，通过公开透明的财务管理和物业服务，让业主参与进物业管理过程中，业主享有充足的知情权、决策权和监督权。业委会作为业主大会授权的执行机构，充分表达和执行了长城二花园全体业主的意愿与诉求，并监督和协助物业公司履行物业服务合同。长城二花园还创新小区管理，成立了业主监事会。陈寅生认为，一个努力践行"不忘初心，牢记使命"的社区基层党组织；一个热心公益、甘愿奉献的小区业委会；一众有情有爱、乐善好施的小区业主；一群勇于担当、感恩敬业的物业服务人，成就了老百姓心中的幸福社区。

绿城服务集团首席品质官、绿城物业集团副总裁翁亚飞的演讲主题是回归里仁之美，打造幸福社区。她重点分享了"绿城幸福里"的理念、做法与方向追求。"绿城幸福里"是由政府（社区）、业委会、物业多方携手打造的共建、共治、共享的幸福园区。旨在复兴友爱、分享、关怀的中国式邻里文化，加速实现城市幸福生活。"让更多业主参与到生活服务中来，每个人都能自治自为，人人都是服务者，人人都是被服务者。""绿城幸福里"未来的三大方向是：以安全共治为底，满足业主生存最基本的安全需求，共同打造平安稳定生活；以品质共建为本，行使业主在园区内最高监督权力，监督物业，提升品质；以人文共享为核，挖掘业主兴趣爱好，营造文化氛围，增强园区精神文明建设。

第三届超级演说家主办方还邀请到中海物业港澳公司（澳门）副总经理张勇，解读了港澳地区物管服务的幸福内涵。张勇通过中海物业担负着香港10个口岸的健康监察重任、澳门特区回归20周年、澳门大学国旗队的成立、澳门寰宇天下项目的管理、人情化的香港公屋管理等一线案例，表达了企业"发扬央企担当，履行社会责任；发挥人才所长，实现自我价值；建立良性沟通，实现多方共赢；坚持以人为本，营造和谐社区"的幸福理念。

最后一位压轴演讲的是深圳市住房和建设局法规处处长王必丰。他的演讲主题是：让法治守护幸福社区的安全。王必丰从2019年发生在深圳的一起高空坠物导致6岁儿童死亡案例说起，从司法、立法、行政监管多个方面，深度解读了让法治守护幸福社区安全的重要性。小切口，大纵深，让我们看到了一位政府官员、一位法律人的专业与情怀。

三届演讲活动均由物业行业金牌主持、中国物业管理协会副会长、深圳之平物业执行总裁余绍元主持。

【第一届中国幸福社区城市论坛：10城10人社区治理经验分享】

第一届中国幸福社区城市论坛是深圳住宅与房地产杂志社举办的中国幸福社区范例奖的重要组成部分。论坛由住宅与房地产杂志社和深圳市风范和谐社区促进中心共同举办。主办方特别邀请到了来自全国10个不同城市的10位社区治理专家进行经验分享，并通过圆桌互动的方式与其他与会嘉宾进行了热烈地探讨。论坛由安徽中特律师事务所业主物权研究与调解中心执行主任凌德庆主持。

深圳市风范和谐社区促进中心理事长施法振围绕"深圳新物业条例下业主大会主体地位的落实"主题进行分享。他分析了物业住宅小区的问题及原因，其中，业主大会没有市场主体地位，业主权利无法自主得到有效的保障是其根本原因。而深圳业主大会主体地位新条例的确认，标志着业主在物业市场管理中的甲方地位得到的法定认可，从根本上解决了市场地位不对等、权责不清的状态，为有效解决业主与物业双方矛盾提供了法律制度保障。他表示，给予业主大会市场主体地位是深圳新物业管理条例的一大亮点和创新，最后对条例的落实也发表了一些看法，"按照业主大会主体进行会计核算和管理运营，这是一个实质的核心问题，也是一个专业问题。"

知名社区治理专家舒可心分享主题"党建引领，从冲突走向善治——信托制物业服务的运行逻辑及其成都实践"。中国共产党第十九届中央委员会第四次全体会议公报里曾提出，社会治理是国家治理的重要方面，必须加强和创新社会治理，完善党委领导、政府负责、民主协商、社会协同、公众参与、法治保障、科技支撑的社会治理体系，建设人人有责、人人尽责、人人享有的社会治理共同体，确保人民安居乐业、社会安定有序，建设更高水平的平安中国。成都市推行的"信托制物业管理"模式正是基于该目标而实践的，发挥制度优势，提升治理效能，通过业主组织与物管公司从买卖关系转变成信义义务关系（签署相应模式的合同文本），每个业主、居民和社区两委都成为法定的"受益人"和"监察人"，以"信托"理念建立起业主与物业企业之间的"信任"和"忠诚"的信义关系。

成都市城乡社区发展治理促进会秘书长张海波分享主题"探索治理中物业归位与作为——以成都市'物业+社工'试点为例"。阐述了"物业+社工"模式含义，即由物业公司通过引入社工人才驻点小区，采取陪伴式与物业公司一同开展社区营造，推动物业公司工作人员以及居民意识转变和能力提升，协同指导物业公司党建和试点开展小区治理，构建以物业公司为支撑单元的"需求搜集——多方议事——问题解决——信息通达"的小区治理新模式。在此过程中，社会组织以"第三方"的身份可以有效地与居民融合，协同解决部分居民内部问题。在行动过程中，开始延伸服务并由物业介入，延伸物业对于居民的服务内容，增加接触可能。同时培育一批认同物业服务，支持物业服务的居民，提升小区的居民满意度。最后，推动居民结社，加强居民教育，让居民权责边界清晰，助推小区自治。他认为，"物业+社工"的模式符合新社会发展的物业服务模型，能推动物业行业归位。

南京城市治理委员会公众委员王兴宏以"南京物业服务市场的发展及特点"为主题进行分享，他阐述了业主及业主组织、物业服务与企业、政府及行业主管部门、物业服务费、物业服务标准5个方面的变化和特点，其中，业主及业主组织越来越认识到物业服务重要性的，对四保一综合（保安、保洁、保绿、保修和综合服务）要求越来越高，认为物业管理委员会的人员组成，应当在所在物业管理区域内显著位置公示；在物业服务企业层面，主要是物业服务市场竞争越来越激烈，分工越来越细，专业化公司纷纷崛起；而政府及行业主管部门对物业企业的管控，从准入门槛的事前监管到事中和事后监管的转变，专项检查和示范项目评审，对物业企业和项目经理人进行守信激励和失信惩戒。这些方面是目前南京物业服务市场的发展及特点，值得探究，让物业企业与业主及业主组织之间取得平衡。

海口市业主委员会协会会长肖江涛分享主题"发挥业协平台作用，创新社区治理机制"。他表示，业协一直秉承"共建、共治、共享"的建会宗旨，为健全和完善海南社区治理机制进行了许多有益的探索和尝试。其通过积极构建物业中多元参与的沟通协调渠道、有效推动业委会的规范成立和省物业法律法规的修订工作、提供大量公益咨询和专业指导培训、创新小区事务电子化决策手段、探索推出面向小区的服务模式、创办海南省社区治理理论研究刊物和制定并发起海南省业主委员会行业自律公约宣誓等7个方面的创新社区治理机制，不仅让全省业委会数量大幅增加，让成立了业委会的小区更加和谐稳定，物业和业主之间的纠纷得到有效调解，更是让业委会在2020年的疫情防控中作用凸显，推动了业委会行业社会影响持续扩大。

东莞市天安数码城有限公司园区联合党总支书记向阳在论坛上展示了东莞市天安数码城志愿者服务队的宣传短片，围绕"以园区力量助推社会治理"主题分享经验，通过"什么是幸福""什么是幸福社区"打开对话，介绍了东莞市天安数码城的总体概况和未来发展，即"一个愿景、两种精神、三区融合"，一个愿景指一座园区成就一个城市的未来，两种精神指企业家精神和志愿者精神，三区融合指园区、校区、社区相融合。其定位是助力中小微科技企业形成聚集式发展的"产城人文融合企业公园"，特征是产学研融合、土地·科技·金融三资融合、产城人文融合、园区·社区·校区三融合的创新型产城社区。

江苏盐城浦江名苑小区党支部书记、业委会主任刘爱平分享主题"业主自治促和谐共建共治结硕果"。他所在的江苏省盐城市大丰区浦江名苑小区党支部、业主委员会，以业主自治为契机，积极与大丰区委、区政府各相关职能部门实行共建共治，在创新社会管理、强化社区多元化主体协同治理方面，做了大胆的实践探索和有益的尝试，取得了显著的成效，成为目前全国唯一被列为国家社科项目案例研究的小区，这是条块联动、部门共建、活动联搞、资源联用、服务联做、信息联享"六联"服务平台深入推进的结果，是小区治理、城市治理和社会治理工作项目化、工程化、有形化、长效化、规范化"五化"并进的结果，是业主自治、创新社会管理、社区多元化主体协同治理成功实践的结果。

安徽淮南业主自治论坛发起人陈灿淮以"为业主自治营造良好的法治环境"为主题进行分享，他认为，目前我国各地业主组织发展不均衡，其筹建和运行过程中存在政策、监管、法律地位方面的问题亟待解决。要想真正保障和维护业主的根本利益，就需要提高业主维权的层次，将有利于业主自治的意见和建议充分反映到立法的过程之中，推动良法善治。他曾在淮南物业管理条例立法调研中建议，首先，要强化政府依法依规指导小区成立业主大会、业委会的职责；其次是提倡成立业主委员会协会；再则通过省市人大代表、政协委员向地方"两会"建言献策；最后是参与职能部门出台无法律依据且阻碍业主自治的规定进行质疑。在他的指导下，淮南通过依法依规与基层政府沟通协调，基本上都避开了政府职能部门设置的不合理门槛，推动业主组织顺利产生。

"为心社区"创建者梁晓东带来的主题是"微信社区在济南住宅项目的三年实践总结"，他表示，微信是弱关系，但是包含着信用，他们在启动济南微信社区项目前就已经确定了一件事：微信社区不是任何一方揽权和独裁的权力工具，而是基于幸福社区愿景，多方协同多方参与多方治理的线上工作模式。旨在提高社区治理效率，提升业主满意度，促进社区治理水平。在这过程中，他分析了多个实践项目，包括遇到的问题和采取的措施，突出了微信社区项目的亮点，最后他用一句话进行了总结"每一次变革都是有准备者的重大机遇"。

宁波广庭社区三和嘉园小区业委会主任熊佩娜则分享主题"被业主认可的业委会主任所具备条件"。她认为，小区业委会主任是一个团队的领头羊，只有在大多数业主的认可下，带领业委会班子团队经大家不断共同努力的付出，逐步改善小区各项面貌，提升小区品位，才能赢得业主的信任，只有不断地各项工作积极配合，才能取得各级政府部门的支持，只有不断地提高专业性的技术监督，才能让物业提高良好的现场服务品质，要成为一个良好的业委会团队，作为担任领头羊的主任必将在工作、生活上作出个人的极大付出与奉献。

深圳物业管理发展大事记

（1980—2020）

【1980年】

8月，由深圳市房地产管理局所属的房地产开发公司（现深房集团前身）与香港公司合资开发建设的深圳第一个涉外商品房住宅小区——东湖丽苑开工兴建，小区的销售对象主要是港澳同胞。为了适应业主要求，深圳市房地产管理局决定在东湖丽苑建成后，比照香港房房屋管理模式，实行物业管理。

【1981年】

3月10日，深圳市编制委员会向深圳市房地产管理局下发深编字[1981]6号文件——《关于成立深圳市物业管理公司报告的批复》，同意成立深圳市物业管理公司，这是国内第一家专业化的物业管理企业。

9月，东湖丽苑第一期216套商品住宅交付使用，深圳市物业管理公司同时成立了东湖丽苑管理处，这是深圳第一个对商品房实行物业管理的小区管理处。

【1982年】

1月，深圳市房地产管理局被撤销，商品房、公产房的管理职能分别由市房地产公司和市住宅公司管理。

【1983年】

4月，深圳市物业管理公司接管国内首家出售写字楼的大厦——国际商业大厦，成立国际商业大厦管理处。

【1984年】

1月24日，邓小平视察深圳，登上由深圳市物业管理公司管理的国际商业大厦顶层平台俯瞰深圳全景。

2月，深圳市住宅公司与市基础工作组合并，成立深圳市城市建设住宅开发公司。

4月，李鹏、谷牧、陈慕华、秦基伟等领导先后视察由深圳市物业管理公司管理的怡景花园。

7月，加拿大总理特鲁多参观深圳怡景花园。

【1985年】

3月，深圳市城市建设住宅开发公司改为深圳市城市建设开发（集团）公司，继续管理公产房。

10月4日，深圳市政府决定恢复成立深圳市房地产管理局（升格为处级建制），负责管理特区内房地产。

【1986年】

9月22日，深圳市城市建设开发（集团）公司管辖的特区内公产房及其负责管理公产房的人员、机构移交给深圳市房地产管理局。

11月3日，深圳市政府调整深圳市房地产管理局职能，地产业务划归深圳市规划局国土处管理。

【1987年】

3月24日，因机构改革，职能调整，深圳市房地产管理局改为深圳市房产管理局（升格为局级建制）。

5月5日，深圳市房产管理局首次举办全脱产房管员培训班，全市各房管部门、开发公司53人参加了学习。

7月2日，深圳市首次住宅区管理经验交流会在怡景花园召开。

10月7日至10日，国际住房年中国住房问题国际研讨会在深圳举行。

【1988年】

1月，深圳市房产管理局组团赴香港考察物业管理。

7月1日，深圳市各住宅区全面收取住宅区公用设施管理维修养护费。

【1989年】

7月7日，深圳市房产管理局增设房屋监察处，负责监察管理全市房屋功能的正常使用等。

7月20日，深圳市房产管理局成立"深圳市房屋建设、分配、管理、咨询委员会"。

7月27日，深圳市房管理局制定的《深圳经济特区居屋发展纲要》由深圳市政府分布实行。

7月，深圳市房管理局把属下事业性质的房管所全部改组为企业性质的物业管理公司。

8月20日，深圳市房屋委员会成立，负责统筹全市房屋事宜，研讨房屋建设、经营、管理方面的重大问题，制定政策、计划和规定，并通过深圳市房产管理局予以实施。

12月，深圳市房产管理局开展文明住宅区评选活动。

【1990年】

1月28日，深圳市房管理局对1989年度房产管理8个先进单位和107名先进个人及11个文明住宅区进行了表彰。

1月，深圳市物业管理公司编著的《深圳经济特区涉外商品房产的管理》一书由经济日报出版社出版，这是国内第一本物业管理论著。

3月15日，深圳市住宅区设施配套完善工作组正式成立。

7月1日，深圳市房产管理局成立房产管理培训中心。

10月13日，深圳市莲花物业管理公司成立，直属深圳市房产管理局领导。

10月，波兰国家规划国土建设部部长一行18人到深圳市物业管理公司参观。

【1991年】

1月22日，深圳市万科物业管理有限公司天景花园业主管理委员会成立，这是国内第一个业主管理委员会。

7月23日，广东省建设委员会1990年度广东省住宅小区建设优秀奖评比揭晓，深圳市怡景花园和文华花园获奖。

【1992年】

3月5日，因机构改革，深圳市房产管理局改为深圳市住宅局，负责全市住宅政策和住宅发展计划的编制，组织福利房、微利商品房的开发建设和对物业管理实施行业管理。

9月10日，庆祝世界住房日之前，深圳市住宅局被联合国授予"人居荣誉奖"。

10月9日，莲花二村、怡景花园被评为全国模范文明住宅小区，文华花园被评为全国文明住宅小区，深圳市副市长李传芳被评为"创建全国文明住宅小区优秀市长"称号。

10月29日，时任联合国副秘书长、联合国人居中心执行主任的拉马昌德兰博士在北京新世纪酒店会议大厅为深圳市住宅局颁发"人居荣誉奖"。

11月10日，全国房地产业深圳培训中心成立，该中心在建设部房地产业司领导下，作为全国城市房地产业职业教育委员会的培训基地之一，承担房地产行业人员培训任务。

【1993年】

6月30日，深圳市物业管理协会成立，这是国内第一家物业管理行业协会。

10月6日，深圳市住宅局、深圳市物业管理协会在莲花二村游泳场举办了第一届"物业杯"游泳比赛，18个单位100多人参加了比赛。

10月，深圳市物业管理协会创办会刊《物业管理动态》。

【1994年】

1月10日，莲花北村物业管理内部招标开标，深圳市万厦居业公司以总分95.59分中标取得物业管理权。这是深圳也是国内第一次采用招标方式确定物业管理单位。

4月，深圳市长城物业管理公司在深圳物业管理行业率先实行电脑收费。

5月6日，肯尼亚总统莫伊到莲花二村参观。

6月8日，深圳市机构编制委员会批准成立深圳市房产管理培训中心。

6月18日，深圳市第一届人民代表大会常务委员会第23次会议通过了《深圳经济特区住宅区物业管理条例》，并于11月1日开始实施。这是国内第一部有关物业管理的地方性法规。

【1995年】

3月24日，深圳市机构编制委员会发文批准深圳市住宅局成立《住宅与房地产》杂志社。

8月30日至9月1日，在山东青岛召开的首次全国物业管理工作座谈会上，深圳市领导作了题为《锐意改革、开拓创新、发展特区物业管理事业》的发言，介绍深圳物业管理经验。

12月3日，国家建设部组织的全国城市物业管理优秀住宅小区考评验收总结表彰大会在北京人民大会堂举行，深圳莲花北村、莲花二村等8个住宅小区被授予"全国城市物业管理优秀示范住宅小区（大厦）"称号，另有3个单位被授予"全国城市物业管理优秀住宅小区（大厦、工业区）"称号，其中莲花北村以99.2分的最高分荣登全国34个优秀示范住宅小区榜首。

12月6日下午，正在深圳考察的中共中央总书记江泽民参观了莲花北村住宅区，并与居民亲切交谈。

【1996年】

1月1日，深圳开始实施物业管理行业从业人员持证上岗制度。

2月16日，中海物业管理（深圳）有限公司通过深圳市质量认证中心ISO 9002质量认证，这是国内第一家通过ISO 9002质量认证的物业管理公司。

9月20日，《〈深圳经济特区住宅区物业管理条例〉实施细则》经深圳市政府二届三十五次常务会议审议通过，深圳市政府以第五十二号令颁布实施。

10月24日，深圳市住宅局发布《深圳市物业管理资质证书管理规定》。

10月，深圳市住宅局开始大规模的物业管理普查。

11月27日，深圳市住宅局发布《物业管理合同》示范文本、《业主公约》示范文本。

12月3日，鹿丹村物业管理权向社会公开招标开标，深圳市万科物业管理有限公司以95.45分的最高分中标。这是深圳物业管理第一次面向社会公开招标。

【1997年】

1月1日，深圳市住宅局房屋监察处更名为物业监管处。

2月5日，深圳市住宅局发布《深圳市物业管理优秀住宅区（组团）、优秀大厦、优秀工业区考评标准》。

5月，深圳市住宅局组织了大规模物业管理考评，有102家物业管理单位通过了市级考评达标。先后有41家于9月和10月分别通过了省级和国家级的达标验收。

6月28日，深圳物业管理进修学院成立。

8月，深圳市住宅局组织的全市物业管理普查结束。这次普查对1980年以来建成的2900多个物业项目进行了全面调查统计。

8月11日，深圳国贸物业公司与重庆一房地产开发公司签下了深圳第一份在外地接管非自有物业的全委合同，深圳物管向外扩张的帷幕由此拉开。

11月22日，深圳市物价局发布《深圳市物业管理收费指导标准》。

11月22日至23日，《住宅与房地产》杂志社第一届编委会暨全国通联站成立大会在深圳召开。

11月，深圳市住宅局对全市物业管理企业进行资质认定，88家企业首批通过资质审定。

【1998年】

1月，深圳市城市建设开发（集团）公司将下属多家物业管理单位合并，组建深圳城建物业管理有限公司。此举标志着深圳物业管理向规模化、专业化、集约化方向迈出了重要一步。

7月1日，深圳天安车公庙物业管理有限公司进入国际互联网，成为深圳物业管理行业首家有自己网域和网址的物业管理公司。

10月5日至8日，深圳市住宅局举办"98深圳住宅建设成就及物业管理设施产品展览会"，住宅与房地产杂志社承办了此次展览。

10月26日，深圳市政府发文，开始在莲花北住宅区和桃源村住宅区进行居委会改革试点。

12月24日，深圳市物业管理委员会成立。

【1999年】

5月22日至25日，全国物业管理工作会议在深圳召开。此后，深圳物管企业开始大举进军内地市场。

6月30日，深圳市第二届人民代表大会常务委员会第三十三次会议通过新修订的《深圳经济特区住宅区物业管理条例》。

11月11日，备受关注的深圳南深总物业公司状告深圳南油世纪广场业主违规装修、改变房屋使用功能及名誉侵权案一审物业公司胜诉。次年二审判决结果未变。

【2000年】

1月1日，深圳万科物业正式接管建设部大院。建设部作为全国房地产和物业管理行业的最高行政机构，率先引入了企业化、专业化的物业管理。

1月，全国第一本物业管理年鉴——《深圳物业管理年鉴》正式出版，该年鉴是由深圳市住宅局组织，住宅与房地产杂志社承编的。年鉴客观记载了深圳物业管理行业的发展历史，全面总结了深圳物业管理行业的成果和经验。建设部副部长宋春华为年鉴题写书名，建设部住宅与房地产业司司长谢家瑾作序。

8月，根据深圳市住宅局公布的数据，深圳市物业管理企业进军内地市场的管理面积突破了1000万平方米。

【2001年】

3月18日，深圳物业管理20周年庆典大会在深圳会堂隆重举行，建设部副部长宋春华、住宅与房地产业司司长谢家瑾、广东省及深圳市主管领导，以及北京、上海、香港等大城市和在国内物业管理行业较有影响的兄弟城市的主管部门、协会代表，深圳市政府各有关部门及各区政府、各区主管部门领导，全市各物业管理公司和开发公司代表，中央电视台及深圳市各新闻媒体记者等1000人参加大会。大会由深圳市政府副秘书长陈应春主持。宋春华副部长在庆祝大会上高度评价了深圳物业管理二十年发展所取得的巨大成就。下午，各位领导和嘉宾参加了"深圳物业管理第一村"东湖丽苑商品住宅小区的揭牌仪式，谢家瑾、广东省建设厅副厅长刘锦红与深圳市副市长卓钦锐共同为"深圳物业管理第一村"揭牌。

12月26日，深圳万科物业与人保深圳分公司签订了全国首例物业管理责任险协议，两个多月后的2002年3月8日，深圳中海物业也购买了此险种。

【2002年】

3月8日，备受业界关注的"笔架山庄索赔案"作出终审判决，驳回被上诉人一审原告业主家属的全部诉讼请求，认定物业管理公司对小区业主及非业主使用人的人身、财产安全不负有法定义务。

6月，为解决业委会成立、管理和运作过程中的众多问题，深圳在福田、龙岗两区进行"社区管理和物业管理相结合"试点，明确将业委会纳入街道办、居委会的管理和监督体系。

6月9日至10日，国务院法制办和建设部《物业管理条例》调研组在深圳进行立法调研。

9月6日，深圳开始建立深圳物业管理统计报表制度。

9月，深圳市住宅局同意《住宅与房地产》月刊分成两个专刊，上半月刊——《住宅与房地产》物业管理版，下半月刊——《住宅与房地产》综合版。

10月29日，深圳市首期物业管理高级从业人员培训班开学。这是深圳首次对物业管理高级从业人员进行政策法规专项培训。

【2003年】

1月21日，深圳市物业管理行业表彰大会隆重举行。

2月20日，深圳市以推行物业管理项目获得"中国人居环境范例奖"。

4月28日，深圳市住宅局向全市物业管理企业发出《关于做好非典型肺炎防治工作》的紧急通知，对物业管理行业防治非典型肺炎工作提出具体要求。

6月8日，温家宝总理签署国务院第379号令，颁布《物业管理条例》，标志着中国物业管理从此走上规范化、法制化的发展道路。

7月1日，中共中央政治局常委、国务院总理温家宝到梅林一村视察，受到业主们的热烈欢迎。

7月5日，深圳市住宅局举办《物业管理条例》宣讲会。

9月18日，为庆祝深圳市物业管理协会成立十周年，举行了首届深圳市物业管理行业运动会，共有89家物业管理单位报名参加。

9月23日，深圳物业管理进修学院派员赴拉萨免费举办"西藏自治区物业管理企业经理、管理员岗位培训班"。

9月25日至26日，由国家体育总局游泳运动中心、中国游泳运动协会主办，广东省社会体育中心、深圳市莲花物业管理有限公司承办的"莲花物业杯"全国第六届成人游泳赛暨国家邀请赛在深圳市莲花二村举行。来自日本、中国台北、中国香港、中国澳门等国家和地区及国内各省市的27个代表队参加了角逐。

10月6日，深圳市住房制度改革办公室和深圳市住宅局在五洲宾馆举办了"2003世界人居日深圳住房发展论坛"。

10月30日，深圳市住宅局出台《深圳市物业管理区域档案管理规范》，加强物业管理区域档案的规范化管理。

11月6日，深圳市住宅局、深圳市物业管理委员会联合发布《关于进一步加强我市物业管理招投标管理工作的通知》。

11月19日，国内首家独立注册的物业管理研究所——深圳物业管理研究所成立。

【2004年】

1月9日，深圳市住宅局召开物业管理市、区两级主管部门第一次联席会议。

2月9日，深圳市盐田区行政文化中心的物业管理招标，由深圳市中航物业管理有限公司夺得，这是深圳政府投资性物业管理招标投标的第一标。

3月17日，《物业管理企业资质管理办法》于2004年2月24日经建设部第29次常务会议讨论通过，从2004年5月1日起正式施行。

4月8日，深圳市住宅局下发《深圳物业管理考评专家库管理暂行办法》和《深圳市物业管理招投标专家库管理办法》，进一步规范物业管理招标投标及考评工作程序。

6月21日，国内第一部物业管理电视情景剧式教学系列片《物业管理是怎样炼成的》在深圳正式开拍。

8月23日，深圳市国土资源和房产管理局正式挂牌。

9月25日至30日，深圳市国土资源和房产管理局组织了首届深圳物业管理周活动，为物业管理持续健康发展营造良好的外部环境。

【2005年】

1月17日，《深圳市业主大会和业主委员会指导规则》出台，通过细化业主大会和业主委员会的运作程序，加强对业主大会和业主委员会的管理。

4月28日，在深圳市第三届常务委员会第24次会议上，深圳市万厦居业有限公司总经理周宏泉当选为新一届深圳市政协委员，成为深圳市物业管理行业有史以来第一名政协委员。

5月8日，深圳市国土资源和房产管理局印发了"关于发布《深圳业主公约（示范文本）》和《深圳市业主大会和业主委员会议事规则（示范文本）》的通知"，进一步规范业主大会和业主委员会的运作。

8月31日，深圳市国土资源和房产管理局在深圳会堂召开"深圳市物业管理企业资质管理专项执法检查动员大会"。

9月26日晚，深圳市举办了2005年物业管理行业文艺汇演。

11月26日，第二届中国物业管理发展论坛暨深圳物业管理周论坛在深圳五洲宾馆隆重举行。

【2006年】

3月13日，深圳市政府发布《深圳市房屋公用设施专用基金管理规定》（深府[2006]40号），深圳市房屋公用设施专用基金收取与追缴管理工作全面启动。

3月20日，深圳市人民政府办公厅下发了《关于开展老住宅区综合整治并引入物业管理工作的通知》（深府办[2006]40号）。

5月31日，深圳一小学生小雨放学回家，经至"好来居"大厦北侧人行道时，被一块从高空坠落的玻璃砸伤头部，后送往医院抢救无效死亡。公安机关调查数月，未能查出玻璃是从哪家掉落。小雨父母于是将"好来居"大厦北侧二楼以上73户业主及小区物业公司告上法庭。2008年3月法院一审判定物业公司承担30%的赔偿责任，合计229945元，二审撤销一审判决，改判物业公司不承担赔偿责任，"好来居"北侧73户使用人各补偿受害人家属4000元人民币。

6月1日，深圳市人民政府办公厅印发《关于收缴房屋公用设施专用基金实施意见的通知》（深府办[2006]85号）。

6月28日上午，深圳市首个维修资金管理中心——龙岗区房屋维修资金管理中心正式挂牌，这标志着全市房屋维修资金收取与追缴管理工作取得实质性进展。

8月9日，深圳市物价局和深圳市国土资源和房产管理局联合发布了《深圳市物业管理服务收费管理规定》，该规定自2006年9月1日起执行。

8月31日，深圳市国土资源和房产管理局和深圳市物业管理委员会联合印发了《深圳市物业管理信访处理办法》。

9月12日，深圳市国土资源和房产管理局组织召开全市物业管理行业质量月活动动员大会。

10月28日，全国物业管理师认证考试，我国首批注册物业管理师将诞生。

11月13日，深圳市房屋公用设施专用基金管理中心正式成立。

【2007年】

3月，深圳国土资源和房产管理局受建设部委托起草了国家《物业管理承接验收指导意见》。

3月，深圳南山区粤海街道率先尝试聘请社区民警等公职人员担任业委会委员，以避免过激维权事件出现，更好地维护业主利益与社区和谐。

3月16日，《中华人民共和国物权法》经第十届全国人民代表大会第五次会议表决通过。

6月，深圳市物业服务行业启动了"捐助山区教育，燃亮希望之火"的图书募集爱心活动。活动遍及1000余个社区，共募集爱心图书6万余册，书籍4万余册，募集图书共捐助学校31所。

9月25日，深圳市四届人大常委会第十四次会议审议通过了《深圳经济特区物业管理条例》，并于2008年1月1日起正式实施。

10月18日，深圳市国土资源和房产管理局和深圳市物价局联合颁布《深圳市住宅物业服务收费指导标准》。

12月28日，深圳市国土资源和房产管理局颁布《深圳经济特区物业管理条例行政处罚实施标准》。

【2008年】

5月21日，深圳市物业管理行业召开抗震救灾献爱心动员会，号召深圳物业管理全行业积极行动起来，履行社会责任。

6月，深圳市国土资源和房产管理局物业监管处将申报国家示范的物业管理项目在媒体上公开发布并接受广大业主的直接监督，得到业主广泛好评。

8月20日开始，由深圳市国土资源和房产管理局牵头，各区政府物业管理行业主管部门组织开展了全市范围的物业管理行业执法大检查工作。

9月，深圳市国土资源和房产管理局物业监管处被广东省建设厅推荐，成为广东省建设系统唯一一个参加"全国社会治安综合治理先进集体"评选的候选单位。

【2009年】

2月，深圳市政府在《政府工作报告》中提要出在年内"实现特区内住宅区物业管理全覆盖，特区外原农村社区物业管理覆盖率达到50%"，并将该工作列入当年度十件民生实事之一。

5月31日，首家全国性的股份制物业管理集团——长城物业集团成立。

6月22日，深圳市政府办公厅印发了《推进物业管理进社区民生实事办理方案》。

8月4日，深圳市物业管理协会荣获深圳市民间组织管理局评选的"深圳市AAAA级行业协会"。

8月，深圳市公布政府机构大部制改革方案，深圳市国土资源和房产管理局物业监管处职能和业务划归新组建的深圳市住房和建设局，全市物业管理行政主管部门由原深圳市国土资源和房产管理局变更为深圳市住房和建设局。

12月，深圳景洲大厦小区超过半数业主选举出了业主自治管理委员会。

【2010年】

4月22日，长城物业集团股份有限公司、深圳市科技园物业管理有限公司、深业集团（深圳）物业管理有限公司、深圳市特发物业管理有限公司荣获第七届深圳知名品牌称号。深圳市方益物业管理有限公司荣获"最具潜力的深圳品牌"称号。

9月10日，深圳市人民政府发布《深圳市物业专项维修资金管理规定》。

10月12日至19日，由深圳市住房和建设局组织，各区住房和建设局、深圳市物业管理协会、深圳市物业管理进修学院、《住宅与房地产》杂志社以及部分物业服务企业代表参与的深圳物业管理援疆考察团一行赴新疆喀什等地区考察调研。

【2011年】

3月，深圳市住房和建设局印发《"迎大运、创全国文明城市标兵"物业管理服务质量提升工作方案》。

3月17日，深圳市政府举行"深圳物业管理30周年纪念大会"，同日，深圳物业管理30周年文艺晚会在罗湖区委礼堂举行。

6月21日下午，在第六届深圳物业管理周·开幕式上，深圳市住房和建设局发布了《深圳市绿色物业管理导则（试行）》，这是我国物业管理行业首部以绿色物业管理为主题的技术规程。

7月27日，深圳市市场监督管理局发布《物业服务通用规范》。

10月22日，全国物业管理改革发展30周年大会和文艺汇演在东部华侨城举行。会上对物业管理先进集体和先进个人进行了表彰，在"全国物业服务企业综合实力百强"中，深圳共有26家企业入选，其中前10强有5家深圳企业，深圳万科物业发展有限公司排名榜首。

【2012年】

9月25日，深圳市住房和建设局发布《关于开展物业维修工程造价预（结）算第三方审核服务的通知》，全国首创物业维修工程造价预（结）算第三方审核制度。

2012年、2015年、2018年，深圳莲花物业顺利通过三届"深圳知名品牌"复审，连续四届保持荣誉称号。

3月16日，深圳市建设工程交易服务中心分别在设计大厦和盐田海客山庄举行了市物业专项维修资金专户银行招标开标会。

【2013年】

2013年，万科物业上线睿服务平台，利用互联网技术，将积累了二十余年的流程和体系"数字化"，借以提高运营效率。同时，CRM系统正式上线，标志着万科物业对客户服务迈入标准化、专业化、集约化行列。

3月12日，深圳市质量协会召开年会暨协会成立25周年纪念大会，会议表彰了近年来为深圳市质量传播做出突出贡献的讲师、企业质量领袖人物、功勋贡献卓越的单位和个人，中航物业管理有限公司因近几年来在标准化管理上的优异成绩，入榜深圳市质量贡献奖榜单。

7月，启动"深圳市物业专项维修资金宣传进社区"活动，全面开展打击维修资金违规使用行为。

【2014年】

6月，深圳彩生活物业在香港联交所挂牌上市，成为中国内地第一家以社区服务运营为主业的上市公司。

10月19日，发布《深圳市住房和建设局关于开展日常收取的物业专项维修资金自行管理试点工作的通知》，明确日常交存的维修资金业主自管的基本原则、试点的条件、试点区域资金划转流程及责任分工等。

【2015年】

2015年，深圳市住房和建设局制订《日常收取的物业专项维修资金业主大会自行管理规约》（示范文本），确定了10个自管试点小区。

2015年，完成《深圳市物业专项维修资金使用规则》和《深圳市物业专项维修资金续筹和补建办法》两个课题研究，在全国率先开展了维修资金续筹的探索模式，走在行业前列。

5月，长城物业以"开放、合作、共享"的理念，联合多家知名物业服务企业发起了一应云联盟。

10月23日，中海物业在香港联交所主板上市。

12月15日，深圳市住房和建设局召开使用深圳市物业专项维修资金共济金会议，两种情形紧急情况可以使用物业专项维修资金共济金。

12月22日，由深圳市住房和建设局打造的"深圳市物业管理"微信公众号成功上线，并在福田区天然居小区展开试运行，受到小区业主的热切关注。这是全国第一个官方性质的市级物业管理微信服务平台。

【2016年】

1月，福田区天然居采用微信投票方式召开业主大会，成功进行业委会换届选举。

3月31日，承办"中物协维修金专委会2016年全体委员大会"，全国70余个城市维修金管理工作同行参加。

4月，在全市正式推广物业管理微信投票系统。

4月21日，深圳市住房和建设局组织召开专题会议，积极应用"互联网+政府"的新思维来破解目前物业管理存在的业主大会投票难、维修资金监管不透明、事务暗箱操作等难题，实现政府、企业和业主"三方共赢"的重要举措。

5月3日下午，深圳市物业专项维修金管理中心带队，赴南天一花园社区会议室组织召开了一场微信投票系统培训会，向全市50余家小区的业委会成员详细介绍了物业管理微信投票系统的主要功能及使用流程。

6月3日，经深圳市科创委授权，深圳市专家高新科技有限公司组织对深圳市住房和建设局物业管理综合服务平台进行了专家鉴定，本次鉴定以物业维修专项资金管理系统为主体，重新设计物业管理综合服务平台总体架构，以微信投票、共有资金管理为典型应用。鉴定委员会认为

"该平台达到国内同类系统领先水平，一致同意通过科技成果鉴定"。

10月，共有资金管理系统建设上线，选取福田区天然居等9家小区试点采集所有账户收支项目，并分别与快付通公司和试点小区物业公司签订托收协议，实现日常维修金自动扣款，促进小区账目公开。

12月13日，深圳市住房和建设局印发了《深圳市物业管理微信投票规则（试行）》（深建规〔2016〕12号），规范了深圳市物业管理微信投票行为。

【2017年】

2017年，《关于进一步优化维修金使用流程的通知（试行）》发布，维修金使用简化审批深入实施"放管服"。

3月15日，深圳市物业管理行业协会正式发布2017年度物业管理业主满意度深圳指数测评结果。调查显示，2017年度物业管理业主满意度深圳指数为80.9，较2016年上升了0.5，与2015年满意指数持平。

5月20日，首届全国物业管理行业职业技能竞赛在上海举行，中海物业选手李刚、陈承凭借扎实的技能水平以及良好的心态，从191名参与决赛的选手中脱颖而出，分别跻身电工组、物业管理组前十强，被授予"全国住房城乡建设行业技术能手"荣誉称号。

10月，深圳市物业管理标准化委员会正式成立。标委会主任由深圳市住房和建设局物业监管处处长张雁担任，秘书处设在深圳市物业专业维修资金管理中心。

10月8日，首届国际物业管理产业博览会在深圳会展中心开幕。

10月20日，中海物业以1.9亿元人民币收购中信物业。

【2018年】

1月，《深圳市城中村综合治理2018—2020年行动计划》开始实施，该计划建立了以"政府监管、企业实施、村民参与"为核心的"三方联动方式"机制，携手共治城中村。

4月19日，在《深圳特区报》《深圳商报》《南方都市报》等媒体公开亮剑，将全市日常金交存专项行动中排查发现的59家物业服务企业纳入"深圳物业黑榜"，连同71个未移交小区名单予以公开曝光。

4月，深圳市政府在广泛征求社会各方面意见和建议的基础上，历时一年多形成《深圳经济特区物业管理条例（修订草案）》，提交深圳市人大常委会审议。

5月24日，深圳市住房和建设局、深圳市财政委员会联合印发了《深圳市建筑节能发展专项资金管理办法》（深建规〔2018〕6号），明确了对绿色物业示范项目的资助要求和标准。

5月28日上午，深圳市住房和建设局召开《深圳市绿色物业管理项目评价标准（送审稿）》专家评审会。《深圳市绿色物业管理项目评价标准》由深圳市建设科技促进中心作为主编单位牵头编制，是全国首部以"绿色物业"命名的评价标准，填补了深圳市在建筑物运营阶段绿色管理方面缺乏有效评价方法的空白。

6月5日下午，深圳市物业管理行业廉洁从业动员大会召开，全市各物业服务企业等共500多名相关负责人参加此次大会。

6月5日下午，深圳市住房和建设局关于深圳市物业管理行业安全生产警示及培训大会在深圳会堂召开，各区局、全市各物业服务企业等共700多名相关负责人参加此次大会。

9月初，深圳市住房和建设局印发了物业领域扫黑除恶治乱专项整治工作方案的通知，以及《深圳市物业领域扫黑除恶治乱专项整治工作方案》(2018—2020年)。

9月中旬，深圳物业人众志成城，抗击超强台风"山竹"，为保一方平安，他们在台风暴雨中坚守了数十个小时，并在台风过后迅速组织重建家园。

10月，万科物业的"HSQ万科物业高端物管认证体系"正式发布，这标志着万科物业高端物业管理正式进入产品化阶段。

10月15日至17日，第二届国际物业管理产业博览会在深圳圆满举办。本次博览会观展人数达4万人次，参展企业与客户达成合作意向13800余项，其间举行论坛、交流洽谈、签约交易等各种活动400余场。

11月2日，"中国共产党深圳市物业管理行业委员会"和"中国共产党深圳市物业管理行业纪律检查委员会"经中共深圳市社会组织委员会正式批准成立。深圳市住房和建设局物业监管处处长张雁任深圳市物业管理行业党委第一书记。深圳市物业管理行业党委和纪委的成立，标志着深圳市物业管理行业在党的领导下进入了全新的历史发展阶段。

12月3日，深圳市品牌建设促进大会在市民中心召开，会上发布了首届"深圳品牌百强"企业榜单，深圳市中航、招商局、龙城、赛格等四家物业企业被授予"深圳品牌百强"荣誉称号。

12月6日，佳兆业物业集团有限公司正式于香港交易所主板挂牌上市，标志着佳兆业物业正式迈入国际资本市场。

12月31日，万科物业发布消息，2018年度实现营业收入突破100亿元，成为国内第一个营收破百亿元的物业公司，这也标志着深圳物业行业的百亿元巨头正式诞生。

【2019年】

4月29日，深圳市物业管理行业协会根据深圳市住房和建设局提出集中打击惩治，彻底铲除物业领域黑恶势力及行业乱象赖以生存的土壤"第二段目标"工作方案，正式启动2019年物业管理领域扫黑除恶治乱专项整治工作。

5月21日，深圳市住房和建设局发布《深圳市绿色物业管理专家管理办法》。

8月15日，第七届深圳物业好声音《长征组歌》视频选拔赛拉开帷幕，24家企业选送的25个参赛节目参加了本次选拔赛。最终招商物业选送的《四渡赤水出奇兵》《祝捷》、中航物业选送的《大会师》获得一等奖。

8月29日，《深圳经济特区物业管理条例》经深圳市第六届人民代表大会常务委员会第三十五次会议通过修订。

10月15日至17日，第三届中国国际物业管理产业博览会在深圳隆重举行。

【2020年】

1月23日，深圳市住房和建设局、深圳市物业管理行业协会先后向深圳物业行业发出了《关于做好物业管理区域新型冠状病毒感染肺炎疫情防控工作的紧急通知》，全面拉开了深圳物业行业疫情防控工作的序幕。疫情防控中，1500多家深圳物业企业克服人手严重不足、防疫物资紧缺、岗位易感风险和企业成本陡增的困难，坚守在全市在管的4000多个住宅小区、3000多个其他类型的物业项目，配合属地街道、社区开展群防群控，为广大群众筑起安全屏障。

1月，深圳市物业管理行业党委联合深圳市物业管理行业协会在全行业发起"千物企双百万"活动。截至2020年12月31日，深圳物业企业通过自身及其所属1376个物业小区，发动员工、业主共同参与扶贫、公益慈善活动，累计捐赠现金2900万元（含捐赠物资和购买扶贫产品）；有909家物业小区为抗击新冠疫情捐赠防控物资累计折合人民币4253.30万元。

2月7日，深圳市委、市政府出台了《深圳市应对新型冠状病毒感染的肺炎疫情支持企业共渡难关的若干措施》，对辖区物业管理服务企业的疫情防控服务，按在管面积每平方米0.5元的标准实施两个月财政补助，成为全国第一个出台政策支持物业企业参与疫情防控服务的城市。

3月1日，《深圳经济特区物业管理条例》正式实施。《条例》强化以人民为中心，构建共建共治共享的社会治理格局的中心思想，从充分保障业主合法权益、促进服务质量提升和良性发展、规范业主大会和业委会运作、加强党的领导和政府监管等四个方面先行示范。《条例》还创新性地提出，业主大会（物业服务企业）需在数据共享银行开设业主共有资金基本账户（共管账户），并通过深圳物业管理信息平台向全体业主实时公开业主共有资金基本账户（共管账户）信息。

3月8日，深圳市物业管理行业协会开展"最美'疫'线物业巾帼"评选活动，在200多名物业人的感人事迹中选出38名"最美'疫'线物业巾帼"。

4月，由深圳市住房和建设局指导开展，深圳住宅与房地产杂志社主办的深圳市"最美物业人"评选活动正式拉开帷幕，经过主办方初审、专家评审、监管评审以及网络投票、公示等环节后，最终评选出了"最美保安员""最美保洁员""最美抗疫人""最美维养技工"和"最美项目经理"各10名。

5月28日，《中华人民共和国民法典》经十三届全国人大三次会议表决通过，自2021年1月1日起施行。

7月1日，《深圳市业主共有资金监督管理办法》（深建规〔2020〕8号）正式施行。

8月5日，《深圳市业主大会和业主委员会备案管理办法》（深建规〔2020〕13号）正式施行。

9月，《2019年深圳物业管理行业发展报告》显示，深圳物业行业在2019年总收入已达1103.19亿元，提前完成了行业"十三五"规划中设定的千亿产值目标。此外，"十三五"期间，深圳企业在管非深圳区域物业建筑面积突破20亿平方米，引导推进3至5家企业在主板上市等指标也于2019年提前完成。

9月17日，深圳市住建局、深圳市消委会与深圳市物业协会联合发布《深圳市物业服务行业自律公约》。首批共407家物业服务企业率先签署《自律公约》，承诺为业主提供更优质的物业服务。

11月1日，《深圳市物业专项维修资金管理规定》（深府〔2010〕121号）正式施行。

2020年，继彩生活、中海物业、佳兆业美好登陆港股、招商积余重组上市之后，深圳物业企业再次发力冲刺资本市场，先后有三家物业企业成功上市。其中，卓越商企服务、华润万象生活登陆港股市场，特发服务登陆A股市场。截至2020年12月31日，深圳共有七家物业企业登陆资本市场。

2020年，由深圳市总工会、深圳市人力资源和社会保障局、深圳市住房和建设局主办，深圳市建设工会、深圳市物业管理行业协会承办，深圳市职业技能鉴定指导办公室指导的"深圳市第十届职工技术创新运动会暨2020年深圳技能大赛——电工（物业电工）、物业管理员职业技能竞赛"先后举办。

2020年，深圳市住房和建设局积极配合市委组织部，大力推进"党建进小区"试点工作，充分发挥党建引领作用，探索建立"社区党组织＋小区党支部＋业主委员会＋物业公司"四级联动机制。在南山区蓝漪花园、罗湖区百仕达三期等小区建立党支部，探索建立以基层党组织建设为核心，以业主组织为基础，以各方参与为依托的小区治理新体系，为打造共建共治共享的小区治理新格局发挥了先行示范作用。

致 谢

本书编写过程中，得到以下单位的大力支持与配合，在此一并感谢（排名不分先后）：

协助编辑单位（排名不分先后）
深圳市住房保障署
深圳市福田区住房和建设局
深圳市罗湖区住房和建设局
深圳市盐田区住房和建设局
深圳市南山区住房和建设局
深圳市宝安区住房和建设局
深圳市龙岗区住房和建设局
深圳市龙华区住房和建设局
深圳市光明区住房和建设局
深圳市坪山区住房和建设局
深圳市大鹏新区住房和建设局
深汕特别合作区住房建设和水务局
深圳市物业管理服务促进中心
深圳市房地产和城市建设发展研究中心
深圳市物业管理行业协会
深圳市房地产和物业管理进修学院
深圳住房研究会
深圳市万科物业服务有限公司
中海物业管理有限公司
招商局积余产业运营服务股份有限公司
金地物业管理集团
深圳市之平物业发展有限公司

长城物业集团股份有限公司

深圳市天健城市服务有限公司

深圳市赛格物业发展有限公司

莲花物业集团

深圳市锦峰物业经营管理有限公司

深圳市国贸物业管理有限公司

深圳市富通物业管理有限公司

深圳市保利物业管理集团有限公司

深圳市居佳物业管理有限公司

深圳市物业管理有限公司

深圳市社区云科技服务有限公司

深圳市阳基物业管理有限公司

深圳吉祥服务集团有限公司